suhrkamp taschenbuch 762

»Genie und Irrsein«, »Schöpfertum und Neurose«, »pathologische Begabtheit« – solche und ähnliche Formeln, die ihr Gegenstück haben in Formulierungen wie »unheilbar gesund«, verweisen auf ein eigentümliches Phänomen, das zumindest für die abendländische Geistesgeschichte konstitutiv zu sein scheint und immer von neuem fasziniert. Große Kunstwerke und geistige Produkte, so könnte man sagen, erwachsen aus den Spannungen von Normalität und Abweichung. Wie aber geschieht dieses »Wachstum«? Daß sich gerade die Psychoanalyse immer wieder schöpferischen Prozessen zuwendet, ist kein Zufall. Freud hat den Weg gebahnt, zum Beispiel mit seiner Arbeit über den Moses des Michelangelo. Aus der großen Zahl psychoanalytischer Interpretationen von literarischen Werken und sog. kreativen Persönlichkeiten, die seitdem entstanden sind, wird hier eine Auswahl vorgelegt.

Psycho-Pathographien des Alltags

Schriftsteller und Psychoanalyse

Herausgegeben und
mit einer Einleitung versehen
von Alexander Mitscherlich

Suhrkamp

suhrkamp taschenbuch 762
Erste Auflage 1982

Drucknachweise am Schluß des Bandes
Suhrkamp Taschenbuch Verlag

Satz: Fotosatz Hümmer, Waldbüttelbrunn
Druck: Nomos Verlagsgesellschaft, Baden-Baden
Printed in Germany
Umschlag nach Entwürfen von
Willy Fleckhaus und Rolf Staudt

Inhalt

Alexander Mitscherlich
Einleitung

Das Geheimnis schöpferischer Leistung wurde von Psychoanalytikern immer respektiert. So betonte noch 1969 Kurt Eissler in seiner Wiener Gedenkrede zur Wiederkehr des 30. Todestages von Sigmund Freud: das Schöpferische im Menschen werde psychologisch immer ein Rätsel bleiben. Solcher Respekt vor dem überaus komplexen Geschehen der kreativen Begabung bedeutet aber nicht, daß der Rückzug aus der Psychologie anzutreten wäre, als sei sie ein ungeeignetes Konzept zur Erklärung des Phänomens. Die Annahme einer metaphysischen Begnadung führt nicht weiter; sie verdeckt im Gegenteil den größeren Zusammenhang des Problems. Eine solche Auffassung gibt vor, die geniale Begabung sei das große Ignoramus. In Wahrheit sind uns jedoch nicht nur die genial-kreativen Prozesse verschlossen geblieben. Das Zustandekommen jedes »Charakters«, die definitive Ausformung einer normalen wie einer seelisch-gestörten Persönlichkeit ist psychologisch ebensowenig befriedigend in alle ihre Determinanten auflösbar.
Wie in dieser Lage nicht anders zu erwarten, muß sich der Psychologe die Frage gefallen lassen: wofür ist es überhaupt gut, die Biographie eines schöpferischen Menschen zu ergründen, wenn es unklar bleibt, was an lebensgeschichtlichen Fakten auf die Begabung eingewirkt, den Prozeß der Schöpfung gefördert oder gestört hat. Wenn wir hier die weitere Beobachtung anschließen, daß diese Frage zunächst auch für die »Ausgeglichenheit« eines Individuums oder für die Symptomwahl im Falle neurotischer Erkrankung gilt, dann zerfällt, jedenfalls für den psychologischen Beobachter, die Menschheit nicht in Genies und gleichsam selbstverständlich leicht durchschaubare Normalexistenzen.
Die Merkmalkombination, die psychophysisch für eine geniale Begabung Voraussetzung ist, mag unzugänglich bleiben; damit ist aber nicht alles psychologische Interesse am schöpferischen Prozeß abgefunden. Wie Begabungselemente schöpferischer Qualität mit anderen mitgebrachten oder erworbenen Begabungen korrelieren oder bloß koexistieren – seien es Ich-Leistungen, seien es Prozesse im Es oder Strukturierungen im Vorbewußten –, das bleibt ein Forschungsfeld, das uns keineswegs verschlossen

ist und in das wir allmählich wichtige Einblicke gewinnen. Nur in den Ausnahmefällen der unbeirrbaren Hochbegabungen setzen sich die schöpferischen Antriebe gegen jeden Widerstand aus der Umwelt durch. Die Analyse vieler schöpferischer Persönlichkeiten hat uns im Lauf der Jahre Aufschluß über das Schicksal der Ich-Leistung »Kreativität« in weniger extremen Fällen gebracht. Mit anderen Worten: die schöpferische Begabung zeigt uns nicht nur ihren oft grandiosen Werkaspekt, ihre ästhetische Leistung, sie ist immer auch Teil eines Menschen im Umgang mit sich und seiner Welt. Wie sich dieser Kontakt gestaltet, darüber kann nun tatsächlich nur die psychologische Beobachtung berichten.

Allgemeine Zustimmung ist darüber zu erreichen, daß die geniale Begabung geschützt werden soll. Am Anfang ihrer Laufbahn, wenn die Gesellschaft ihr Urteil noch nicht gefällt hat, spüren die kreativen Individuen meist wenig von diesem edlen Vorsatz. Ihre verblüffenden, nicht-konformen Darbietungen erregen vielmehr häufig Empörung, Widerwillen, aggressive Attitüde. Um wieviel schwerer hat es die »kleine Begabung«, die aber doch ausreicht, um Momente des Glücks, befreiende Einsichten im näheren Umkreis zu vermitteln. Sie steht wegen der durch Definition zur Kreativität gehörenden Fähigkeit, sich nicht vorgefundenen Ausdrucksmustern der Gefühle, nicht vorgefundenen Werteinstellungen zu fügen, stets in der Gefahr, nicht als befreiend neu, sondern als mißglückt und unfähig eingeschätzt und auf Normalmaß zurechtgebogen zu werden. Das schließliche Einschwenken vieler Künstler auf die publikumswirksame Gefälligkeit legt davon Zeugnis ab.

Die wirksame Pflege der Begabung ist also an Toleranz für das Ungewöhnliche, noch nicht Durchschaute, noch nicht als Symbol Verstandene geknüpft. Um nun aber nicht bei der Beurteilung der Produkte angeblicher Kreativität schlicht dem Bluff oder dem intellektuellen Selbstbetrug aufzusitzen, ist es notwendig, nicht nur materiale Sachkenntnis, sondern ebenso psychologisches Verständnis für den Arbeitsvorgang zu besitzen, aus dem ein Produkt schöpferischer Leistung hervorgegangen ist. Was damit gemeint ist, vermittelt der Ansatz, den *Lawrence Kubie* im ersten Beitrag dieses Buches anbietet. Ursprung der kreativen Leistung sei das Vorbewußte und nicht, wie bisher eigentlich selbstverständlich angenommen wurde, das Es, der Bereich unbewußt verlaufenden psychischen Erlebens. In diesem unbewußten Bereich geschieht vielmehr die Verflechtung des Kreativen mit neurotischen Ausdrucksformen, die im Gegensatz zu dem Vorbewußten auf Starrheit der Reaktion, auf identische Wiederholung drängen. Aufgrund der klinischen Beobachtung zieht Kubie den Schluß: »Das Neurotische in der Kunst vermag sich ebensowenig selbst zu heilen wie das Neurotische in der Klinik.«

Hätte die Psychoanalyse nur diesen Einblick in die antagonistische Teilhabe von vorbewußten und unbewußten Prozessen am schöpferischen Vorgang gebracht (Vorbewußtes setzt die Kräfte für neue Kombinatorik des Erfahrungsmaterials frei – Unbewußtem haftet der Zwang zur variationslosen Repetition an), so hätte sie immerhin schon eine zentrale psychologische Erkenntnis vermittelt.

Sie hat aber noch einen weiteren Beitrag geleistet und ist damit einer alten Angst aufklärerisch begegnet. Seit langem wird, vor allem von schöpferischen Menschen selbst, die Meinung vorgebracht, ihre psychopathologischen Züge (wie Suchten, Perioden langer Austrocknung der schöpferischen Potenz und ähnliches) seien untilgbarer Bestandteil ihrer schöpferischen Fähigkeiten. Die Neurose eines Künstlers zu heilen, heiße sein Talent zerstören. Ist die Neurose tatsächlich ein tragender Bestandteil der schöpferischen Persönlichkeit? Muß der Künstler *neurotisch* leiden, über das für uns alle unvermeidliche Maß an »gemeinem Elend«, wie Freud sagte, hinaus? Die psychoanalytischen Erkenntnisse sagen: er muß es nicht! Die Furcht, daß der kreative Mensch, um kreativ zu sein, neurotische Kompromißlösungen mitschleppen muß, ist grundlos und »beruht auf der irrigen Annahme, daß unsere schöpferischen Fähigkeiten dem Unbewußten entspringen, während tatsächlich das Unbewußte unsere Zwangsjacke ist, die uns ebenso schablonenhaft, steril und ewig wiederkäuend werden läßt, wie die Neurose selbst es ist« (L. Kubie).

Wenn eine Definition des Schöpferischen in der Fähigkeit besteht, Wahrnehmungen, Erfahrungen neu, »frisch« machen zu können, dann braucht diese Kraft nicht mehr für das Genie oder das große Talent allein beansprucht zu werden. »Ein Bild oder ein Haus oder ein Garten oder ein Kleid oder eine Frisur oder eine Symphonie oder eine Skulptur können eine Kreation sein«, betont gleichsam mit umfassender Geste Donald W. Winnicott.[1]

Die beachtenswerte Schöpferkraft fängt nicht erst bei den spektakulären Begabungen an. Sie ist im Gegenteil die Teilhabe des kleinen Mannes am großen Glück, sich ausdrücken, formen, noch nicht Existentes in die Realität holen zu können. Diese Fähigkeit, den Widerstand der existenten Realität gegen »Neues« zu überwinden, bringt die vielleicht tiefste Befriedigung, die einem Menschen zuteil werden kann.

In diesen Bereich der Kreativität gehört natürlich auch die Selbstgestaltung, die Profilierung der eigenen Person in ihren das Leben bestimmenden mitmenschlichen Beziehungen. Zwischen der ereignislosen Öde, in die zahllose Lebensläufe in dieser Hinsicht geraten sind, und dem Aufwand an zivilisatorischem Komforttrost könnte eine Wechselbeziehung bestehen. Nochmals Winnicott: »Auf quälende Weise haben viele Menschen gerade soviel an Kreativität erlebt, daß sie wahrnehmen können, wie sie die meiste Zeit unschöpferisch leben, als ob sie sich in der Kreativität eines anderen oder einer Maschine verfangen hätten.« (ib., S. 65.)

Die Pflege der Kreativität ist um so weniger auf die leichte Schulter zu nehmen, als eine Angelegenheit des Sonntags oder auch der Freizeit anzusehen, je mehr Menschen zu einem rhythmuslosen Arbeitsakt, maschinenartig, gezwungen werden. Das Erlöschen der schöpferischen Kraft in ihnen ist identisch mit der entfremdenden Arbeit sich selbst schon entfremdeter Individuen.

Zudem sind zwei Auswege verlegt: ein Äquivalent des Schöpferischen war der Aufbruch zu den großen und gefährlichen Entdekkungen, seien sie von der Art des Columbus oder des Kopernikus. Die Landkarten sind geschrieben. Man muß eine Caravelle zur Zeit von Columbus mit einer Mondfähre vergleichen, um zu verstehen, daß schöpferische Vorgänge bei einer Mondlandung nur noch höchst vermittelt erfahren werden. Das Unternehmen ist von Beginn an viel zu unspielerisch, viel zu riskant – quasi auf nationaler Konkurrenzebene –, um anderes als rechnerische Rationalität zuzulassen. Diese ist ein Nebenweg der Kreativität; gewiß nicht ihre via regia. Es ist also zu prüfen, wieweit etwa noch in der bildenden Kunst oder Musik und vor allem in der Politik kreative Möglichkeiten offenstehen. Eröffnet sich hier der schöpferischen Begabung ein Weg, der in die gesellschaftliche Wirksamkeit führt, oder soll es dabei bleiben, daß sie – vielleicht sogar teuer bezahltes – Privatvergnügen bzw., was das Politische betrifft, sonntägliche Phantasieausschweifung bleibt? Angesichts des internationalen Kunsthandels oder wohlgemeinter Grundsatzerklärungen ohne Konsequenz ist es doch zulässig, die Frage nach der gesellschaftlichen Wirksamkeit zu stellen. Der ins Fabelhafte wachsende Preis, die politische Deklamation könnten die erwähnte Entschärfung der ungewöhnlichen, zuallererst Ordnung sprengenden Kraft kreativer Vision sein.

Der zweite fast gänzlich verrammelte Ausweg ist die Ablösung von den Rollenzwängen der Gesellschaft im meditativen, asketischen Rückzug. In der Selbstgestaltung ist er unerläßlich, um die Distanz zu sich selbst zu gewinnen. Erst in dieser Distanz wird Freiheit eine psychisch erlebbare Realität. Die manipulatorischen Zwänge, mit denen das Individuum an die Ersatzbefriedigung gleichsam magnetisch festgeklebt wird, sind nahezu unentrinnbar; manche sind tatsächlich unentrinnbar. Sie wirken jeder Selbstgestaltung durch Selbstdistanzierung eher wütend entgegen, denn das in Introspektion entwichene Individuum ist ein Risikofaktor bei der totalen Manipulierung der Population – nur zu ihrem Nutzen, versteht sich, wie das unlängst wieder von Skinner futuristisch entworfen wurde.

Auch das Glück der Selbstentdeckung, die innere »passage to India«, soll der Vergangenheit angehören. Wie in Wildparks, so läßt sich angesichts der Skinnerschen Allmachtsphantasie einer total auf Angepaßtheit manipulierten Menschheit vermuten, werden dann einem derart gelenkten schöpferischen Training entstammende Prachtexemplare ihre bedeutungslose, zur ästhetischen Floskel abgesunkene Freiheit genießen dürfen.

Zukunftsperspektiven solcher Art werden in diesem Buch kaum entworfen. Aber die schnellebige Zeit legt sie nahe. Die Anwendung des klinischen Wissens der Psychoanalyse auf das, was man Didaktik am zeitgenössischen Bewußtsein nennen könnte, wird dringlicher. Einerseits wird schöpferische Potenz auf anarchistische Weise in Happenings vertan (die sie kaum etwas transparenter machen), andererseits von totalitärer Seite in Parteikunst oder »Volkskunst« an die Kandare gelegt.

Die Pathographien dieses Bandes sind Demonstrationen an bürgerlicher Kunst. In dem Maß, in dem diese Epoche sich ausgehöhlt, sieht von den großen Massen und den schrecklichen Vereinfachungen, mag es scheinen, als wäre das Material unzeitgemäß. Dies zu glauben, ist wahrscheinlich irrtümlich. Wahrscheinlich läßt sich die Exzentrik der phantasierten Wahrnehmungen jenes kreativen Menschen, der neue Ordnungen entdeckt und vermittelt, auch am Lebensschicksal eines Künstlers des 12. Jahrhunderts beschreiben, vorausgesetzt, wir verfügten über so viele psychologisch nutzbare Angaben, wie dies für die meisten hervorragenden Künstler des 19. Jahrhunderts der Fall ist. Der Prozeß des Hervorbringens ist intrapsychisch durch geschichtliche Zeiträume hindurch strukturell kaum verändert.

Das beste Ergebnis, welches das vorliegende Buch erzeugen könnte, wäre, daß der Leser die Distanz zwischen idealisierter Künstlerfigur und sich selbst zu verringern vermöchte. Er kommt, sich einfühlend, dem schöpferischen Vermögen um soviel näher, wie er die Idealisierung überwinden kann. Denn die Idealisierung ist doch der große Widerstand gegen die kreative Erfindung, gegen die schöpferische Umwälzung, die der Idealist gerne von sich weggeschoben, allein dem Künstler aufgebürdet hätte (wie es tatsächlich charakteristisch für das bürgerliche Kunstverständnis war). Im übrigen möge der Leser nicht vergessen, daß die Psychoanalyse als eine über klinische Aufgaben hinausreichende Methode neueren Datums ist und ein großes Feld für schöpferische Entdeckungen, die uns heute schon gut täten, vor sich hat.

1 D.W. Winnicott, *Playing and Reality,* London 1971, S. 67.

Lawrence S. Kubie
Die Wechselwirkungen zwischen schöpferischen und neurotogenen Vorgängen[1]

I. Die sondierenden und schöpferischen Funktionen freier Assoziationen

Freie Assoziationen haben eine allgemeine Bedeutung jenseits ihrer explorativen Wichtigkeit in der psychoanalytischen Technik. Nur durch freie Assoziationen vermag der Geist gleichsam aus dem ausgefahrenen Geleise zu springen oder – um mit Max Müller zu sprechen – sich auseinander- und wieder zusammenzuschütteln, indem er den ausgetretenen Pfad verläßt und unsicheren Schrittes auf neue Zusammenhänge zugeht. Allein durch freie Assoziationen kann der Geist ohne bewußte vorsätzliche Tendenz, ohne Vorurteile von Gedanken zu Gedanken, von Empfindung zu Empfindung fortschreiten; wenn kein verformender Druck von seiten unbewußter Vorgänge ausgeübt wird, ist dies der spontane, primitive, natürliche und schöpferische Denkvorgang schlechthin. Außerdem ist damit der unmittelbarste Ausdruck für eine der beiden wichtigsten Funktionen des vorbewußten Systems gegeben.

Doch wird es noch nicht immer erkannt, daß die freie Assoziation der natürliche Vorgang ist, durch den der Mensch zum Schöpfer wird, mag er nun ein Künstler, Wissenschaftler, Jurist, Geschäftsmann, Analytiker oder dessen Patient sein. Mit Hilfe der freien Assoziationen können die psychischen Vorgänge frei umherschweifen von den geistigen Hauptstraßen zu den Nebenwegen, unbehindert durch bewußte Einschränkungen; dabei lesen sie analoge, scheinbar zusammenhanglose Gedanken und Eindrücke auf und stellen diese zu wechselnden Kombinationen zusammen, bis sich neue Beziehungen und Muster abzeichnen. Die freien Assoziationen spielen eine entscheidende Rolle, wenn der schöpferische Geist in Kunst und Wissenschaft neue Wege sucht. Es ist der Prozeß des *cogito,* des Zusammenschüttelns.

Danach müssen die neuen Muster im bewußten, selbstkritischen Rückblick einem notwendigen zweiten Prozeß des Nachprüfens und Testens unterzogen werden. Das ist das *intelligo,* das Auswählen unter vielen Möglichkeiten. In der psychoanalytischen Behandlung wird vor allem am Anfang das *cogito* vom Patienten geleistet, während das *intelligo* fast gänzlich vom Psychoanalytiker vollzogen wird. Im späteren Verlauf kann dies vom Psychoanalytiker und vom Patienten zu gleichen Teilen getan werden. Im Schaffen des schöpferischen Künstlers oder Wissenschaftlers müssen *cogito* und *intelligo* von Anfang an mehr oder weniger allein bewältigt werden. Der erste Schritt wird hier meist vorbewußt gemacht, der zweite größtenteils bewußt. Wenn wir bedenken, daß der schöpferische Prozeß einen solchen beweglichen Rollenwechsel erfordert, wird uns seine Anfälligkeit nicht mehr überraschen.

Zwischen dem schöpferischen Prozeß in Kunst und Wissenschaft und den Vorgängen der freien Assoziation besteht eine Analogie, die beinahe Identität bedeutet. Dies rührt daher, daß es unmöglich ist, freie Assoziationen hervorzubringen, also freie Phantasie und Schöpferkraft zu entwickeln, wenn man im Augenblick der »Freiheit« das, woran man arbeitet, unter wacher, kritischer Kontrolle zu halten sucht. Wer freie Assoziationen mit einem Minimum an innerer Reibung und Einmischung hervorbringt, kann hinterher gewöhnlich nicht den Ablauf seiner Assoziationen in allen Einzelheiten rekonstruieren (denken wir dabei daran, wie schwierig es ist, sich eine Liste von sinnlosen Silben zu merken, die im sinnvollen Wort- und Satzzusammenhang leicht als eine Einheit zu behalten wären). Jede rückschauende Einsicht in freie Assoziationen muß sich deshalb eines distanzierten, ihre Abfolge registrierenden Beobachters bedienen oder aber einer automatischen Aufzeichnungsvorrichtung. Der schöpferische Wissenschaftler oder Künstler verfährt ebenso: Erst muß er sein Werk hinstellen, dann legt er es beiseite und läßt einige Zeit verstreichen, bevor er sich ihm wieder zuwendet, dann freilich mit objektiv kritischem Blick und ohne das im Augenblick des Schaffens übermächtige Bestreben, sich mit ihm zu identifizieren oder es zu verteidigen. Diese Fähigkeit, gleichsam ›aus seiner Haut zu fahren‹, sein Werk so zu betrachten, als wäre man völlig unbeteiligt, bedeutet den Übergang von vorbewußten symbolischen Funktionen und vorbewußten Identifizierungen zu bewußter und objektiver Selbstkritik. Gleichzeitig erfordert dies, daß man von den bewußten und vorbewußten Vorgängen alles Unbewußte, eigenen Interessen Dienende fernhält, das aus den tieferen Schich-

ten schmerzhafter Konflikte stammt. (Beispiele für solche Konflikte findet man in den folgenden Abschnitten.)
Wir wollen nun unsere Fragestellung präzisieren, indem wir weitere Einzelheiten dieses Prozesses der freien Assoziationen anführen:

I. Die Technik der freien Assoziationen basiert auf gesicherten Tatsachen der Neurophysiologie. Wie ich an anderer Stelle gezeigt habe (8, 12), bilden die freien Assoziationen die Kehrseite der bedingten Reflexe. Der bedingte Reflex beruht darauf, daß in einer bestimmten Zeiteinheit nicht zwei Wahrnehmungen auf das Nervensystem einwirken können, ohne daß ein Bindeglied eingesetzt würde, dessen Beschaffenheit teilweise vom zeitlichen Abstand zwischen beiden Wahrnehmungen abhängt. Umgekehrt ist das Funktionieren freier Assoziationen darauf angewiesen, daß Handlungen, Gedanken und Gefühle, die aus dem Nervensystem zeitgebunden *auftauchen,* zueinander in sinnvoller Beziehung stehen müssen.

2. Außerdem sind Technik und Ablauf der freien Assoziationen eine Art Vorrichtung, die mühelos und blitzschnell abtasten kann wie die entsprechenden Einrichtungen beim Fernsehgerät oder beim Elektronengehirn. Diese Feststellung ist für alle Vergleiche zwischen schöpferischen Arbeitsvorgängen der vorbewußten Funktionen und den Operationen der Elektronenmaschinen von Bedeutung (12).

3. Im psychologischen Sektor stellen die freien Assoziationen unsere Meinungsforschung dar. Die menschliche Rede ist – wie bereits angedeutet – ein langsamer und hochgradig auswählender Prozeß, der »gewichtete Stichproben« der geistigen Tätigkeiten hervorbringt. Freie Assoziationen gewährleisten eine annähernd repräsentative Auswahl aller jeweils auftretenden geistigen Vorgänge. Außerdem stellen sie die einzige Methode dar, durch die wir das »Gewichten« des Auswahlprozesses, der während gewöhnlicher Mitteilungsvorgänge automatisch abläuft, auf ein Minimum reduzieren können. Wir drücken einen Sinn aus, indem wir bewußt ein Thema wählen, über das wir sprechen wollen. Dies führt zu einer bewußten Auswahl verwandter Gegenstände, während gleichzeitig störende Gedanken, die mit der Sache nichts zu tun haben, ausgeschaltet werden. Das hat zwei Konsequenzen: Einmal wird der Nachdruck mehr auf die logischen als auf die analogen Bezüge gelegt, wodurch die schöpferische Ent-

deckung neuer Beziehungen erschwert wird, und zum andern wird der gleichzeitige Einfluß der unbewußten Vorgänge auf den Strom der Assoziationen vollständig getarnt.
4. Das Wort »frei« soll nicht bedeuten, daß hier die kausalen Gesetzmäßigkeiten nicht gelten. Auch bleibt alles Mystische und Übernatürliche hier ausgeschlossen. »Frei« bedeutet in Verbindung mit »Assoziationen« zweierlei:
Freiheit von bewußter und absichtlicher Einmischung in den spontanen Strom der Gedanken und Gefühle, soweit menschliches Bemühen das erreichen kann. Wenn wir unsere Gedanken ihre eigenen Wege gehen lassen, dann entscheiden wir nicht im voraus, über welchen Gegenstand wir denken oder reden bzw. bei welchem Thema wir bleiben wollen. Andererseits haben wir nicht die Absicht, über etwas *nicht* zu denken oder zu reden. Alles bewußte, willentliche Sieben wird so sehr stark eingeschränkt.
Dies ermöglicht eine noch wichtigere Freiheit. Die Wahl eines Gesprächsgegenstandes setzt – wie bereits gesagt – automatische vorbewußte Vorgänge des Aussonderns und des Abweisens gegenüber den zahllosen Möglichkeiten im Assoziationsstrom in Bewegung. Wenn wir jedoch unseren Gedanken ohne ein festes Ziel freien Lauf lassen, bleibt dieser Prozeß des vorbewußten Auswählens und Abweisens verhältnismäßig wirkungslos und macht dabei Einflüsse deutlich, die
a. *unbewußten* Gefühlen wie Furcht, Schuld, Haß und ungelösten Konflikten entspringen;
b. von analogen Bezügen im Assoziationsstrom (dem alle Kreativität entspringt) abhängen;
c. von gleichzeitig ablaufenden physiologischen Variablen ausgehen.
Folglich hängt die Kreativität zwar vom Ablauf der freien Assoziation ab, welche die vorbewußten analogen Vorgänge möglich macht, läßt diese aber gleichzeitig durch den Einfluß gleichlaufender unbewußter Vorgänge empfindlich stören. Dieses unentrinnbare Paradox führt uns nun zum Kern unseres Problems. Ohne freie Assoziatonen gibt es keine schöpferische Tätigkeit; denn sie befreien das empfindliche, fließende und plastische vorbewußte System von der Erstarrung, die am bewußten Ende des Symbolspektrums auftritt. Gleichzeitig aber liefern sie es erst den Verzerrungen und der Rigidität aus, die das unbewußte System verursacht.

Diese konfliktreiche Massierung starker Einflüsse kann auf zweierlei Weise erfolgen: a) sie wird absichtlich für therapeutische Zwecke verwendet, um den verzerrenden Einfluß unbewußter Vorgänge bloßzulegen, b) sie ereignet sich in spontanen oder künstlich herbeigeführten Zuständen teilweiser Dissoziation wie Einschlafen oder Aufwachen, in hypnagogen Tagträumen unter dem Einfluß von Hypnose oder Drogen, im Zustand von Geistesabwesenheit oder Trance, schließlich auch in Augenblicken äußerster Konzentration, die dem Prozeß hypnotischer Induktion nahekommen, wobei wissenschaftliche oder künstlerische Kreativität auftreten kann.
Die freien Assoziationen stellen also den natürlichsten und spontansten schöpferischen Prozeß dar, dessen der menschliche Geist fähig ist. Es wäre jedoch ein Trugschluß anzunehmen, sie seien auch der leichteste. Es gibt Menschen, denen dieser Vorgang verwehrt ist, es sei denn in Zuständen völliger Unkontrolliertheit: beim Dösen, Einschlafen, Aufwachen, im Delirium oder unter dem Einfluß von Drogen. Es sind Leute, bei denen dieser geistige »Sprung ins Dunkel« so sehr mit Schuld- und Angstgefühlen belastet ist, daß sie ihren Gedanken ebensowenig freien Lauf lassen, wie sie mit geschlossenen Augen eine Treppe herunterrennen können. Solche Leute müssen gleichsam ihre geistigen Zehenspitzen ausstrecken, um nach der nächsten Stufe zu tasten, bevor sie es wagen weiterzureden. Sie klammern sich an logische und chronologische Sequenzen wie an ein Geländer. Für manche gilt das selbst, wenn sie allein, für andere nur, wenn sie in Gesellschaft sind. Schließlich gibt es einige, die diese Hemmungen nur haben, wenn sie mit bestimmten Leuten zusammen sind. Kurz, für jeden bringen die freien Assoziationen mehr oder minder spürbare Schuld- und Angstgefühle mit sich.
Die Angst ist nicht die einzige Gefühlsregung, welche das freie Spiel dieses Suchens, Abtastens und Durcheinanderschüttelns hemmt, das wir »freie Assoziation« nennen. Selbst wer sich einige Zeit gehenzulassen vermag, kann plötzlich merken, daß der unkontrollierte Gedanken- und Gefühlsstrom ihn über unbekannte Meere an nie geahnte Küsten verschlagen hat, wo er seltsame Antriebe und Gedanken vorfindet. Seine schläfrige Unaufmerksamkeit wird da von plötzlichen Anfällen der Wut, der Furcht und der Schuld unterbrochen. Viele Leute spüren das, wenn sie gerade beim Einschlafen sind. Das kurze Nicker-

chen, aus dem man plötzlich hochfährt, ist ein altbekanntes Beispiel hierfür.
Es ist deshalb ganz klar, daß der Einfluß schmerzhafter Empfindungen auf allen drei Bewußtseinsstufen die schöpferische Freiheit stark einschränkt, selbst wenn es sich um hochbegabte Menschen handelt. Ein Künstler oder Wissenschaftler mag in einer gewissen Richtung frei von Schuld-, Haß- und Angstgefühlen sein; die gleichen Affekte können ihm aber in anderen Bereichen zu schaffen machen. Dieser Mensch wird auf gewissen Gebieten seine schöpferischen Energien frei entfalten, auf anderen aber völlig gehemmt sein. So zeigten in einem Falle objektive Tests, daß eine junge Frau von außergewöhnlicher Allgemeinbegabung auch beste angeborene mathematische Fähigkeiten besaß; aber sie war nicht imstande, auch nur die einfachste mathematische Berechnung durchzuführen. Die Mathematik war bei ihr unbewußt tabuiert; denn diese bedeutete für sie das verbotene Gebiet des Lebens und des Körpers eines Mannes. Jeder von uns wird ähnliche Beispiele kennen.
Gewisses, allerdings unvollkommenes Beweismaterial spricht dafür, daß der Einfluß vornehmlich im Unbewußten wirksamer störender Affekte die Tendenz hat, sich immer weiter auszubreiten, bis er einen ganz allgemeinen Hemmungseffekt ausübt und den Fluß der freien schöpferischen Assoziationen aufhält. Wenn diese Affekte dagegen überwiegend vorbewußt arbeiten, wird ihr Einfluß mehr selektiv sein, so daß sie auf einigen Gebieten hemmend, auf anderen enthemmend, ja sogar steigernd wirken werden. Gesicherte Ergebnisse liegen hier nicht vor; aber es gibt Fingerzeige, denen man nachgehen sollte, um herauszubekommen, warum manche durch Angst völlig gelähmt werden, während sich andere von ihr angespornt fühlen, und warum bei einigen die Angst einen unwiderstehlichen Drang auslösen kann, verschrobene künstlerische oder naturwissenschaftliche Leistungen hervorzubringen.
Ich habe bereits erwähnt, daß es außer der Angst noch andere Affekte gibt, welche die uns angeborene Fähigkeit, freie Assoziationen zu bilden, stark einschränken oder sogar lähmen. Bewußte oder getarnte Schuld und Scham kommen hier ebenso in Betracht wie Wut und Haß. Für diese Gefühle gilt dasselbe wie für die Angst.
Bevor wir diesen Teil unserer Diskussion abschließen, bleibt

noch zu betonen, daß aus der algebraischen Summierung dieser vielen Vorgänge sowohl positive als auch negative Kräfte kommen. Unser Geist ist ein Instrument, das seine eigenen Ziele häufiger unbewußt als bewußt verfolgt. Er versucht etwas zu beweisen, was er beweisen muß, und er zögert nicht, die Wahrheit zu strapazieren, um dieses Ziel zu erreichen. Mit anderen Worten: Unbewußte Konflikte und Nöte aus der frühen Kindheit und aus dem Schulalter tauchen in mannigfacher Tarnung das ganze Leben hindurch immer wieder auf. Sie können zum Ausdruck kommen in dem Bemühen, etwas zu widerlegen, was wahr ist, oder sie mögen umgekehrt jemanden zu dem Versuch verleiten, das Unmögliche zu beweisen. Sie treiben gar den schöpferischen Drang blindlings an, um eine Zwangslage zu beseitigen, eine alte Schuld zu begleichen oder einen alten Groll zu vergessen, einen Kindheitstraum zu verwirklichen oder um einen Fluch zu bannen, der seit der Kindheit eine Quelle des Schmerzes, der Erniedrigung und des Schreckens gewesen ist. Dies ist die Wirkung der rationalen und gleichzeitig irrationalen, unerreichbaren und doch notwendigen Zielsetzungen des Unbewußten, die den Ablauf der freien Assoziationen stören. Alle diese Kräfte arbeiten, sind sie nur wirklich unbewußt, unter der Oberfläche und verbiegen die beweglicheren analogen Glieder in der Kette der freien Assoziationen. Sie zeigen sich in voller Stärke nur dann, wenn das bewußte Auswählen und Abweisen mitsamt dem vorbewußten Sortieren ausgeschaltet ist oder wenn Zustände dissoziierten Bewußtseins eintreten, etwa in Traum und Schlaf, in Delirien und hypnagogen Tagträumen, unter Hypnose oder dem Einfluß von Drogen, bei Krankheiten und schließlich in den automatischen schöpferischen Erlebnissen, die von vielen Dichtern und Wissenschaftlern beschrieben worden sind.

Dies ist eine wesentliche Feststellung; denn sie unterstreicht den Unterschied zwischen dem freien, schöpferischen Zusammenspiel vorbewußter und bewußter Vorgänge (dieses erleichtert ein Hervortreten freier Assoziationen, solange sich die unbewußten Vorgänge nicht vordrängen) und der Verzerrung des schöpferischen Prozesses, die immer dann auftritt, wenn bei den drei gleichlaufenden Systemen des psychischen Prozesses unbewußte Vorgänge die führende Rolle übernehmen.

2. Verzerrungen durch Verlagerung der Herrschaft über das Vorbewußte von bewußten auf unbewußte Prozesse

Es dürfte kaum möglich sein, mit einiger Genauigkeit und Vollständigkeit alle Unterschiede zu beschreiben, die zwischen den Funktionsweisen der vorbewußten Vorgänge einmal in der Umgangssprache, zum andern im schöpferischen Tun auftreten. Es ist aber sehr wohl möglich, einige wesentliche Unterschiede herauszugreifen. Bei jeder Verständigung besteht – wie bereits erwähnt – die Haupttätigkeit der vorbewußten Vorgänge darin, Belanglosigkeiten sofort automatisch und mühelos auszuschalten und jene Einzelheiten auszuwählen, die sich um das gewählte Ziel gruppieren. Auf der anderen Seite besteht die Funktion der vorbewußten Vorgänge beim schöpferischen Tun darin, mit gleicher automatischer Leichtigkeit die fragmentarischen Einzelheiten durch Analogien in neue Zusammenstellungen zu bringen.
Beide Vorgänge können durch den Druck unbewußter Kräfte verzerrt werden. Bei der Kommunikation offenbart sich dies in den bekannten Erscheinungen des Sich-Versprechens, -Verschreibens und -Verhörens. Im schöpferischen Bereich ist dieser Druck weniger auffallend und weniger eindeutig und zeigt sich vor allem im Abbau der Fähigkeit, neue Daten zu sammeln oder alte Daten zu neuen Mustern zu ordnen. Dies ist die Folge einer Neigung, einen stereotypen Wiederholungszwang zu entwickeln, die überall auftritt, wo unbewußte Vorgänge eine beherrschende Rolle spielen, und die letztlich für alle neurotischen Störungen charakteristisch ist.
Dafür könnte man zahllose Beispiele aus allen Bereichen der Kunst bringen, aus dem Schaffen von Malern, Dramatikern, Dichtern, Tänzern und Komponisten. In der Malerei kann sich dieses Stereotyp jahrelang in den Werken weltbekannter Meister offenbaren: Sie machen eine Zeit innerer geistiger Verkrampfung durch und beginnen dann eine neue »Periode«, in der vielleicht eine neue Farbe, ein neuer Vorwurf, eine neue Technik der Farbe, der Konturen oder der verzerrten Proportionen die Oberhand gewinnt; doch enthüllt jede dieser Neuerungen bald die gleiche Erstarrung, und oft sind unter dem neuen Gewand dieselben unbewußten Vorurteile zu erkennen. Dies wird jedem klar, der eine kunstgeschichtliche Arbeit über Picasso gelesen hat.
Ebenso mag ein Dramatiker ein halbes Dutzend Stücke schrei-

ben, die das gleiche Thema in verschiedener Verkleidung behandeln, z.B. den Kampf eines Vaters, seine zerstörerischen homosexuellen Neigungen gegenüber seinen Söhnen zu verbergen. Dieses Thema wird in einer Reihe von Verkleidungen ausgedrückt, ohne Lösung und mit einer sich steigernden Frustration, die jede folgende Fassung färbt. Doch kann es so geschickt getarnt bleiben, daß Zuschauer und Kritiker das Stück ebensowenig verstehen können wie jene neurotischen Symptome, die banalere und alltäglichere Formen annehmen. Deshalb gewinnt bei dieser Art der Kunst, mag sie noch so gekonnt sein, niemand etwas, weder der Dramatiker selbst noch der Schauspieler oder das Publikum. Triumphieren wird hier allein die unzulängliche, hartnäkkige Starrheit, in der sich die Unfähigkeit der Kunst verrät, die neurotischen Elemente im Künstler und in der Kultur, aus der er kommt, aufzulösen. Das Neurotische in der Kunst vermag sich ebensowenig selbst zu heilen wie das Neurotische in der Klinik.
Ein anderer Fall: Eine Tänzerin läßt im Ballett ihre Arme herabhängen, als ob sie Beine wären, und wirbelt ihre Beine herum wie Arme, während sie sich in die choreographische Linie zurückfallen läßt, sich dabei nach vorne beugt und, das Hinterteil zuerst, mit kurzen Trippelschritten rückwärts geht, wie Kinder, die Tschutschubahn spielen. Der Inhalt ihrer Tänze mag dabei eine Umkehrung aller sexuellen Rollen verraten. Dies kann sich in einer Reihe von Einstudierungen über Jahre hinweg wiederholen. Befruchtungsriten werden getanzt, bei denen die Männer Frauen sind und umgekehrt. Oder wenn – wie es manchmal tatsächlich geschieht – Frauen erlaubt wird, die Frauenrolle zu tanzen, dann verhöhnen sie das Weibliche, indem sie es in Haltung und Gebärde lächerlich machen, begleitet vom lustvollen Gegacker homosexuellen Gelächters eines ausschließlich ballettomanischen Publikums. Auch hier fällt wieder am meisten die Tatsache auf, daß dies ungeachtet größter Könnerschaft ein wesenhaft unschöpferisches, steriles und starres Stereotyp ist, mit keiner geistigen oder seelischen Entwicklungsmöglichkeit für Choreographen, Tänzer und Zuschauer.
In der Musik kann es dieselbe Versklavung der vorbewußten schöpferischen Fähigkeiten geben durch die eigenen unbewußten Vorgänge im Komponisten, die den freien Spielraum seines vorbewußten Erfindungsreichtums einschränken, seine musikalische Einbildungskraft in eine sterile, starre Form bannen, ihn zu Wie-

derholungen zwingen – und es ihm oft unmöglich machen aufzuhören, wenn er bereits alles gesagt hat, was er zu sagen hat. Solche Komponisten – unter ihnen finden wir einige der größten – gleichen dem Abschied nehmenden Gast, der sich nicht losreißen kann, weil er die zwingende Notwendigkeit empfindet, gerade noch den einen geistreichen Satz anzubringen.
Wenn wir nun unsere Augen nicht vor der Tatsache verschließen, daß das Wesen des neurotischen Prozesses darin besteht, daß hier Kräfte am Werk sind, die eine automatische Wiederholung jeder Verhaltensweise oder ihre ebenso automatische Aufhebung vorherbestimmen, dann erkennt man dieses Sich-selbst-Betrügen in tragischer Weise im Werk selbst der begabtesten Künstler. Dieser Umstand erklärt nicht nur die persönliche Sterilität großer Künstler und Wissenschaftler, sondern auch die kulturelle Sterilität und Ohnmacht von Kunst und Wissenschaft selbst. Diese These birgt so unheimliche Konsequenzen in sich, daß sich jeder ernsthaft mit ihr beschäftigen sollte, der unsere Kultur in ein wirkungsvolleres Instrument der Entwicklung des menschlichen Geistes verwandeln zu können hofft. Spielt das System unbewußter symbolischer Vorgänge in bezug auf die Kreativität wirklich die von mir behauptete zerstörerische Rolle, indem es das ungeheure schöpferische Potential des Menschen in sterile, impotente Monotonie verkehrt, dann erscheint, wie mir jeder zugeben wird, die Vorstellung, das Unbewußte sei die Quelle des Schöpferischen, als eine tragische Perversion und Verspottung jeglichen höheren menschlichen Strebens.
Wir lernen am meisten aus den Erscheinungen, die von der Norm am weitesten abweichen. So lernen wir am Sektionstisch das, was es letztlich ermöglicht, todbringende Krankheiten zu verhindern. In gleicher Weise begreifen wir an den Extremen des Krankseins, wie das Normale erkannt und letztlich gerettet werden kann. Das galt schon immer für die Physiologie, und es wird sich immer mehr auch für die Psychologie als richtig bestätigen.
Als Beispiel mag hier das Werk eines hochbegabten, aber paranoid-schizophrenen Architekten stehen, das alle Welt durch seine Kühnheit, aber auch durch seine Unverständlichkeit beeindruckte. Der dauernde unerbittliche Druck seiner Wahnvorstellungen zwang schließlich zu seiner Einweisung in eine Anstalt. Im Laufe der Behandlung sagte er: »Ich muß einen Raum schaffen, der sich durch Form und Dimensionen von jedem Raum unter-

scheiden muß, den ich kenne, selbst von jenem, aus dem ich letztlich gekommen bin.« Diese krankhaften, aber dichterischen Worte geben uns wenigstens eine Spur von Ahnung dafür, warum die hervorragenden Leistungen dieses Genies allen, auch ihm selbst, unverständlich waren und in welchem Maße sein umfangreiches vorbewußtes Instrumentarium von seinem Unbewußten zu Wahnvorstellungen mißbraucht worden war. Die nächsten Abschnitte werden weitere Beispiele bringen.

3. Beispiele aus dem Bereich des Traums und der Traumzustände

1. Ein Patient erzählte mir einen Tagtraum, der in außerordentlich verdichteter Weise, aber mit erstaunlicher Genauigkeit ein Problem rekapitulierte, das eine andere Patientin, eine Schriftstellerin, beschäftigte und von ihr nicht im Traum, sondern in einem Buch bewältigt wurde. (Ich kann hier keine Einzelheiten bringen, ohne die Intimsphäre zu verletzen.)
Der Patient hatte jahrelang zeitweilig unter schwerer Schlaflosigkeit gelitten, wobei er von drohenden, bruchstückhaften Vorstellunge geplagt wurde. Jahre bevor er sich in Behandlung begeben hatte, war ihm einmal in einer schlaflosen Nacht, als er dalag und sich herumwälzte, der merkwürdige Satz gekommen: »Hitler tötet 43 000 Deutsche.« Fast augenblicklich hatte er sich entspannt und war ruhig eingeschlafen. Später merkte er, daß diese Wirkung jedes Mal dann eintrat, wenn ihm der Satz während seiner Anfälle von Schlaflosigkeit einfiel. Im Laufe der Jahre wurde dies eine regelmäßige, automatische Aufforderung zum Schlaf.
Das konfrontiert uns mit dem Problem: Wodurch erhielt dieser Satz für ihn diesen ganz subjektiven Wert eines Auslösers? Seine freien Assoziationen klärten das Spiel der vorbewußten und unbewußten Vorgänge in ihrer Entstehung. Dieser Patient ist ein antisemitischer Jude. Hitler ist der Judenmörder, der von ihm gedungene Helfershelfer, seine »Murder Incorporated«. Er fühlt sich sicherer in der Welt, weil so viele Juden ermordet worden sind. Er empfindet Triumph. Er tanzt einen Kriegstanz, begleitet von dem Siegesgesang der Wilden nach dem Blutbad. Sein Gewissen verhindert, daß er diese befreiende Wirkung etwa mit folgenden Worten erfahren könnte: »Hitler tötet 6 Millionen Ju-

den.« Deshalb treten 43 000 Deutsche an deren Stelle. Sein Gewissen verwandelt es in einen Racheakt an den deutschen Totschlägern statt an den Juden. Aber warum die Zahl 43 000? Er erinnert sich, daß es einmal 80 000 waren. Achtzig bedeutet für ihn das reife Alter. In seiner Kindheit standen die Zahlen von 86 bis 96 für »so alt wie Gott«. Seine Mutter ist über 80. Seine Großmutter war Deutsche. Er hing sehr an ihr und war für sie eine Art »Mädchen für alles«. Ein Mann in den Vierzigern kann nun allerlei Dummheiten machen. 1943, mitten im Krieg, der ihm innere Konflikte bereitete, brach er mit einem Mädchen, das ihm mehr bedeutete als jeder andere Mensch und das dann später einen Arzt heiratete. Bei einer kritischen Gelegenheit hatte er mit ihr Geschlechtsverkehr ausüben wollen, hatte ihn aber sogleich abgebrochen mit den Worten: »Ich kann nicht weitermachen.« Damals war er 43 gewesen. Sie war keine Jüdin. Das war seine letzte ›erfolgreiche‹ Affäre gewesen. Tatsächlich hatte er in der Nacht vor dem ersten Auftauchen dieses fetischhaften Satzes von ihr geträumt, ebenso in der Nacht, bevor er mir zum erstenmal davon erzählte; er war vorher schon fast zwei Jahre bei mir in Behandlung gewesen. Die unbewußten und vorbewußten Quellen dieses psychopathologischen Prozesses sind durchsichtig. Aus mehreren Gründen halte ich es für unangebracht, hier die ganze Geschichte dieses symbolischen »Auslösers« zu rekonstruieren.

2. Als weiteres Beispiel diene ein Traum, der aus dem einzigen Wort »Zwilling« bestand, worin aber die ganze Tragödie eines Lebens beschlossen war. Dieses einzige Wort erschien einem Manne im Traum, der bei mir für einen besonderen Fall Rat suchte. Als Kollegen hatten wir gelegentlich schon bei einem anderen Projekt zusammen gearbeitet. Er war ein Mann, dessen ganzes Leben an der Gewalt äußerer Umstände zerbrochen war. Deshalb hielt er sich als Erwachsener ebensosehr für einen Außenseiter, wie er es als Kind gewesen war. Er war durch Kinderlähmung zum halben Krüppel geworden und hatte es mit einem jüngeren Bruder aufnehmen müssen, der kräftiger, zäher und größer war als er. Seine Beziehungen zu seinem Bruder befanden sich in einer kritischen Phase, als es so aussah, als könnte nur einer von ihnen eine gefährliche Situation überstehen. Sie hatten deshalb geknobelt, schließlich waren aber beide durchgekommen. Dieser gräßliche Vorfall hatte ihn jahrelang quälend verfolgt.

Während unserer gemeinsamen Arbeit entwickelte er eine warme und nahe Identifikation mit mir, tatsächlich so eng, daß er einmal bei einer Abendgesellschaft, als mich jemand lobte, in ein lautes »Dankeschön« ausbrach, als hätte das Lob ihm gegolten. Deshalb bedeutete sein unbewußter Wunsch, mein Zwillingsbruder zu werden, für ihn den Beginn eines neuen Lebens mit neuer *Identität* und neuer Hoffnung, ein Entrinnen aus aller Problematik der Vergangenheit, ja beinahe eine Wiedergeburt. Gleichzeitig schwangen in dem Wort unbewußte homosexuelle Andeutungen mit, die im Laufe unserer Zusammenarbeit eindeutig wurden. Und zugleich mit starkem Ehrgeiz traten verborgene Wahnvorstellungen auf, mich umbringen zu müssen und dann an meine Stelle zu treten, so wie er in seiner Phantasie oft seinen Bruder getötet und ersetzt hatte. Welches Kunstwerk könnte eine größere Verdichtung erreichen?

3. Kurz nach dem Tod des letzten Repräsentanten der älteren Generation seiner Familie sah sich ein Mann ohne eigene Schuld und mit Schmerzen der Auflösung seiner Ehe gegenüber. Segeln bedeutete ihm viel, das Familienleben aber alles. Nachdem die Depression überwunden war, zu der die Ehekatastrophe den ersten Anlaß gegeben hatte, begann er, mit Schmerz und Hoffnung zugleich, wieder vorwärts und rückwärts zu blicken, und plante eine kurze Kreuzfahrt. Da träumte er, daß er spät am Nachmittag in einem Hafen vor Anker ging. Er wanderte auf den Strand zu, entlang einem Landeplatz, der von der Flut fast überspült wurde. Als er beinahe an Land war, führte die Rampe ins Wasser hinein, so daß ihn eine kalte blaue Welle, die ihm bis zu den Schultern reichte, beinahe hinuntergerissen hätte. Man rief ihm zu: »Friert es Sie nicht?« (Seine späteren Gedanken kreisten um die »kalte Dusche«, welche die Haltung seiner Frau für ihn bedeutete, um die Starrheit, die ihr Geschlechtsleben hatte erkalten lassen, und um die kalte blaue Farbe der Augen und des Kleides seiner Frau bei der endgültigen Trennung.) Im Traum antwortete er, daß es ihn nicht friere. Er war stolz darauf, daß er sich den Weg durchs Wasser bahnte, genauso wie er ihre kalte Bläue durchstoßen hatte, ohne den schützenden Panzer der Gleichgültigkeit, den er nicht tragen konnte, wie sie es tat. Schließlich rettete er sich in ein altes Haus, wo er eine alte Verwandte vor dem Feuer sitzend vorfand, die gerade gestorben war und die für ihn eine Art zweite Mutter gewesen war. Sie trug Trauerkleider, schien fern und

schweigsam, ja unwirklich. Er wußte im Traum, daß sie tot war. Trotzdem konnte er sich mit ihr unterhalten, und er fragte sie zögernd: »Wie sieht es dort aus, wo du herkommst?« Darauf gab sie nur eine ausweichende, aber herzliche Antwort. Für ihn war das ein Trost, und er wachte auf.

4. Vom komplexen Traum einer Frau blieb nur das lebendige Bild eines *Kaninchens* übrig. Assoziationen führten naturgemäß und unvermeidbar zu den Kaninchen der Kindheit zurück, zu den üblichen Kinderbüchern von Mollie Cottontail bis zu Peter Rabbit und dem schließlichen Triumph des Bescheidenen, zum Verschwinden und Tod des Lieblingskaninchens, zum Kaninchen als dem dauernd gejagten Tier, zu falschen Beschuldigungen wegen angeblich mangelhafter Pflege, ihrem Spitznamen als Kind, dem Harvey-Spiel (das Häschen, das nicht vorhanden war), dem umgangssprachlichen Namen für den Phallus, den sie nicht besaß, zu ihrem impotenten Mann und ihrem Wunsch nach Kindern, schließlich zum Kaninchen als Symbol der Zeugung und der Fruchtbarkeit. Man müßte lange suchen, um in der Kunst eine stärkere Form der Verdichtung zu finden.

5. Die hochbegabte Malerin, von der ich bereits sprach, hatte einen besonderen Traum während eines schwierigen Lebensabschnittes, als sie mehrere verwickelte Probleme auf einmal angehen mußte: die ihres beinahe psychotischen Mannes, einige verworrene Rechtsangelegenheiten, mehrere hochbegabte Kinder. In ihrer Familie war sie die jüngste gewesen, und man hatte sie immer als eine unzuverlässige, ungebärdige und streitsüchtige Person angesehen. Tatsächlich hatte sie jedoch eine ganz andere Rolle gespielt.

Ihr Traum war, daß sie lief und lief und lief in dem verzweifelten Bemühen, jemanden von einem Fleck zu einem anderen zu bewegen. Es war ein Mann, der ihr irgendwie bekannt und unbekannt zugleich vorkam; es war ihr Psychoanalytiker. Um nun diese Gestalt endlich einordnen zu können, mußte sie sie aus einem unerfindlichen Grund weiß, kalkweiß anmalen, nicht den Clown, den sie so oft malte, aber eine Andeutung davon. Sie mußte vor allem das Gesicht, die Augenpartie oder die Augenhöhle anmalen. Die Augenhöhle war wohl leer; ein einziges Auge ohne Sehkraft. Es war die Art von Gesicht, die sie liebte, obwohl sie es nicht identifizieren konnte. Auch das Alter blieb ihr unklar. Das war der ganze Traum.

Dazu assoziierte sie schnell: Ein Clown trägt sein Make-up auf oder wischt es ab; ein Clown albert; ihre eigene Clownsrolle zu Hause als eine Art Hofnarr, der alle glücklich macht; ihr Vater, der jahrelang von zu Hause weg war und ihr doch sonderbar nah blieb; ein Onkel, der an seine Stelle getreten war; ihre Mutter als das matriarchalische Haupt der Familie; ihr psychopathischer Mann mit seinen Familienclownerien und Mohrenwäschen, alles Dinge, mit denen sie ihr Leben zugebracht hatte; nach außen den Clown spielend, einen Hofnarren mimend, während sie im geheimen einen anderen zum besten hatte.
Dann dachte sie über den Traum genauer nach und fand heraus, daß nur ein einziges im ganzen Traum klar herauskam: das Gefühl ihrer eigenen Hand in Bewegung, der weißen Farbe, mit der sie die Augenhöhle ausmalte – das Auge, das fehlte, das nicht sehen konnte, was sie vorhatte. Und dann wurde das Auge, das sie ausmalte, zum alles erkennenden Zyklopenauge des Psychoanalytikers, und zum ersten Male begann sie über ihre eigene Zukunft und die bevorstehende Freiheit, die sie zugleich herbeisehnte und fürchtete, nachzudenken.
All dies drängte nun aus ihr heraus. Plötzlich merkte man, daß hier eine ungeheure Verdichtung erreicht war, das Konzentrat eines ganzen Lebens, eingefangen in eine einzige, vieldeutige Geste, nämlich in das Ausmalen der Augenhöhle des Clowns, Analytikers, Patienten, Hofnarren: eine Reinigung der Innen- und Außenwelt, vom Vergangenen ins Zukünftige weisend. Diese einzige Geste vereinigte in sich viele Erscheinungen, Örtlichkeiten und Menschen. Sie band Raum und Zeit zusammen. Sie träumte mit der gleichen Knappheit, mit der sie malte. Das Ergebnis ihres Traums war freilich eine rein persönliche Aussage, die für niemanden sonst gültig war, für sie auch nur deshalb, weil sie eine solche Kraft der Übersetzung erworben hatte.
6. Ein Mann kehrte aus dem Krieg heim und mußte feststellen, daß seine Frau ihn verlassen wollte. Er wußte, daß es von ihrem Standpunkt aus richtig war. Sie war eine begabte Musikerin und ärgerte sich dauernd über den Energieverschleiß, den das Familienleben mit sich bringt. Im Herzen war sie noch ein ungebundenes Mädchen, warmherzig und fröhlich, freilich nur, wenn sie ihre eigenen Wege gehen konnte. Die Kinder waren herangewachsen, lebten schon ihr eigenes Leben oder begannen gerade damit. Er

wußte, daß es für alle die beste Lösung darstellte und daß er schon irgendwie klarkäme, wenn nur seine Kinder und Freunde in seiner Nähe blieben und er sich seiner geliebten Arbeit widmen könnte; aber eine tiefe Traurigkeit befiel ihn, und er träumte folgendes:
»Sie« waren dabei, einen steinigen Hügel hochzuklettern, d.h. sie waren schon oben, und wie sie so dastanden, sahen sie ein Dorf, das unterhalb des Gipfels in einem Hochtal lag: kleine weiße Häuser, Holzzäune, eine weiße Kirche, ganz wie in dem Neu-England-Dorf seiner Kindheit, und es glänzte im Lichte der untergehenden Sonne. »Sie«, diese unbekannten anderen, gingen in einer langen Reihe an ihm vorbei auf die kleinen weißen Häuser zu und in die weiße Kirche hinein, während er in dem länger werdenden Schatten dastand.
Dieser Mann war Ingenieur, und der Traum war die traurige Geschichte seines Lebens.
Natürlich war sein Traum nur eine einzige statische Szene, das Hochgebirgsdorf, das aus den Tiefen seiner Kindheitserinnerung an Neu-England auftauchte und dem sich nun sein Herz im Licht des Nachmittags zuwandte. Seine Sippe hatte er nun den steinigen Hügel hinaufgeführt, und wie Moses sah er sie an sich vorbeiziehen. All die Bitterkeit seines Lebens wurde in dieses eine Traumbild hineingepreßt. Und wieder fragt man sich: Kann die Kunst das besser?
7. Die außerordentliche Kraft vorbewußter Verdichtung zeigt sich oft in einem einzigen Gedanken, der uns wie eine bekannte Melodie verfolgt.
So kam ein junger Arzt vom vierten Tag seiner Lehranalyse heim. Er saß auf dem Boden und spielte mit seinem kleinen Sohn. Wie er so spielte, ging ihm dauernd ein Satz durch den Kopf: »Das Tar-Baby bleibt stumm, und Brer Fox kugelt sich vor Lachen.« Seit seiner Kindheit hatte er nicht mehr an die Onkel-Remus-Geschichten gedacht. Diese Erinnerung reichte bis zum Tod seiner Mutter zurück, als er drei Jahre alt war und eine Frau aus den Südstaaten ihn dann umsorgt und diese Geschichten zuerst vorgelesen hatte. Plötzlich kam ihm die ganze Geschichte wieder in den Sinn, so frisch und lebendig, als hätte er sie erst gestern gelesen. Er erinnerte sich, wie Bruder Kaninchen die Straße herangehoppelt kam und Schwarzkindchen am Straßenrand saß, wo Bruder Fuchs es als Falle für Bruder Kaninchen hingesetzt hatte; wie

Bruder Kaninchen eine freundliche Unterhaltung anfangen wollte, Schwarzkindchen aber nicht darauf einging, so daß Bruder Kaninchen in Wut geriet, ausholte, ihm links und rechts eine runterhaute und es schließlich mit seinem Kopf rammte, daß er von Schwarzkindchen nicht mehr loskonnte, worüber sich Bruder Fuchs vor Lachen kugelte. Schließlich aber konnte Bruder Kaninchen den Bruder Fuchs dazu verleiten, ihn loszureißen, und er landete in einer Dornenhecke. Dann war er davongelaufen und hatte dem Fuchs eine lange Nase gedreht, wobei er spottete: »In dieser Hecke geboren und aufgewachsen, Bruder Fuchs.« Sogleich wurde dem jungen Arzt klar, daß der immer wieder auftauchende Satz aus dem alten Volksmärchen das ganze Dilemma aufzeigte, in dem er sich damals befand. Vier Tage lang war er zu seinem Psychoanalytiker gegangen und hatte versucht, ins Gespräch zu kommen, und wie Schwarzkindchen hatte sein schlauer Psychoanalytiker außer Höflichkeitsformeln nichts weiter gesagt. Aber er kam von seinem Schwarzkindchen nicht los und von der Analyse, die allein seine schmerzlichen Familienprobleme lösen konnte, während die überlegenen Füchse lachten. Die Frustration, der ganze Ärger und sein Wunsch, dieses schweigsame Schwarzkindchen loszuwerden, dazu noch all die Erinnerungen, die seit dem Tod seiner Mutter in ihm weitergeklungen hatten, all dies verdichtete sich in diesem einem Satz.

4. Beispiele aus dem Finanzleben

Ich bringe hier zwei Beispiele für die entscheidende Rolle, die vorbewußte Vorgänge in der Welt der Finanz spielen, und für die schwerwiegenden Folgen, die eine Verzerrung ihres freien Spiels durch unbewußte Vorgänge nach sich zieht.
1. Ein junger Mann, dessen Intelligenzquotient sehr hoch war, blieb aus emotionellen Gründen immer ein mittelmäßiger Student. Während seiner Schul- und Studienjahre verzettelte er sich in vielen studienfremden Interessen. Er war der typische »Büffler in letzter Minute«, der in einem rasanten Endspurt stets mit Zweiern und guten Dreiern abschloß. Dies war das einzige Anzeichen für die verborgenen Kräfte, die freigesetzt wurden, sobald der Lauf der Dinge seinen vollen Einsatz forderte.
Die außerordentlichen vorbewußten Fähigkeiten des jungen

Mannes wurden offenbar, als ihn verschiedene Todesfälle in der Firma an die Spitze eines großen Maklerbüros brachten. Jetzt mußte er sofortige Entscheidungen treffen können, die nur auf Grund eines blitzschnellen Manipulierens vieler Zahlen möglich sind, wobei sich die einzelnen Daten während des Tages dauernd verschieben können. All das wogte gleichsam wie verflüssigt in seinem Denkapparat, nicht bewußt, aber stets zum Abruf bereit; und so traf er zwischen unwägbaren Risiken seine Entscheidungen, allein durch Gefühl und Intuition geleitet. Damit bewies er seine Fähigkeit, sich durch vorbewußte Aufnahme von Hunderten von Faktoren leiten zu lassen, die das wirtschaftliche Leben des ganzen Landes beeinflussen. Niemand zweifelte daran, daß dieser Mann eine Art Genie war. Die Todesfälle, an denen er keine Schuld trug, hatten alle autoritären Vorgesetzten aus dem Wege geräumt, und er konnte sich nun ohne Angst und Schuldgefühle im Vorbewußten entwickeln, indem er unter dem Dauerbeschuß durch vorbewußt gesammelte Daten aufnahm, registrierte, verwertete und reagierte. Er war bekannt für die phänomenale Präzision, mit der seine Entscheidungen die zukünftige Marktentwicklung bei verschiedenen Waren und Aktien voraussagten. Dann schlug das Schicksal mehrmals zu. Auf den plötzlichen Tod seiner Mutter hin ließ seine Potenz seiner Frau gegenüber nach. Er taumelte durch eine Reihe von vergeblichen und unerfreulichen Affären, in denen er sich seiner Potenz zu vergewissern suchte. Zur gleichen Zeit betrog ihn ein Mann, dem er ganz vertraut hatte, und erschütterte die Grundlagen seines ganzen riesigen Finanzunternehmens. Das veranlaßte eine verzweifelte Anstrengung, seine Verluste auszugleichen und seine Fähigkeiten im Bett und außerhalb des Bettes zu beweisen. Der Zweifel an sich selbst und die Ängste, die ihn in der Kindheit zu einem kleinen Schreihals gemacht hatten, tauchten wieder auf. Alte Eifersüchte auf zwei ältere Brüder und auf seinen Vater (alle drei waren schon tot) beherrschten ihn völlig. Unter ihren toten, aber aufmerksamen und spöttischen Blicken wurde er wieder zum Schulkind, unfähig, seine vorbewußten Vorgänge wie bisher in schöpferischer Freiheit zu benutzen. Diese wurden vielmehr die versklavten Diener seiner bewußten Anstrengungen, seine Verluste wettzumachen und seine Potenz zu beweisen. Er wurde innerlich zerstört durch verzweifelte, sich widerstreitende Bedürfnisse, die von unbewußten Konflikten aus seiner frühesten Kindheit herrührten und verstärkt wieder auftraten, als seine Mutter starb, sein Freund ihn verriet und seine Frau ihm nichts mehr geben konnte. Indem er das Familienerbe zerstörte, vernichtete er gleichzeitig das Bild seines toten Vaters. Er wurde eine Art blinder Samson, der die Säulen des Tempels auf sich selbst, auf seine Frau und auf das hassenswerte Andenken seiner Familie herabstürzen ließ. Hatte er vorher alle geschont, so nahm er jetzt eine lang aufgeschobene Rache in Form einer unbewußten vater- und brudermörderischen Fehde gegen die ältere Generation. Diese zerstörerischen Antriebe verstärkten sich durch eine tieferliegende, unbewußte Neigung zur Homosexualität, durch ein noch verborgeneres Bedürfnis, ins andere Lager überzuwechseln, seiner einengenden Männlichkeit zu entfliehen, unter dem starken Schutz seiner Mutter wieder zu dem hilflosen Baby zu werden, zum »Sissy«, dem Kleinmädchen-Leitbild seiner ersten Jahre. Es kamen noch andere Dinge hinzu; aber diese Angaben erklären hinreichend den Ansturm zerstörerischer und für das Finanzielle bedeutungsloser unbewußter Kräfte, die seine vorbewußten Vorgänge überdeckt und für ihre eigenen Zwecke deformiert hatten, so daß das Schöpferische in ihm zerbrach.

2. Und ein weiteres Beispiel für die Verzerrung der vorbewußten Funktionen durch unbewußte Prozesse auf dem Gebiet der Finanzwirtschaft:

Ein Mann mit beträchtlichem Scharfsinn und großer Erfahrung im geschäftlichen und finanziellen Bereich konsultierte einen Psychiater wegen des einen seiner beiden Söhne. Gleich darauf wurde dieser Sohn in eine weit entfernte Stadt zur Behandlung gebracht, die sich sehr erfolgreich anließ. Erst nach diesem Erfolg kam der Vater ziemlich verwirrt an und erzählte die folgende Geschichte:

Als seine beiden Söhne noch klein waren, hatte er für jeden ein Konto eingeerichtet und war stets bemüht gewesen, nach bestem Wissen und Gewissen den gleichen Kontostand herzustellen. Jahrelang hatte das geklappt. Dann merkte er, daß etwas Sonderbares geschah: Alle Transaktionen im Falle des einen Kontos glückten, während sie im anderen Falle keinen Erfolg brachten. Hier war also ein Mann, der genau den gleichen intuitiven, intellektuellen und gefühlsmäßigen Apparat an identische Probleme ansetzte, doch mit völlig verschiedenem Erfolg. Bald merkte er zu seiner Verwunderung, daß es mit dem Konto jenes Sohnes stets klappte, der ihm keine Sorgen bereitete und dem gegenüber er ganz unkomplizierte Gefühle von Liebe und Stolz hegte. Das zweite Konto war das des anderen Sohnes, dessen Gesundheit und Zukunft ihm dauernd Kummer bereiteten. In seinem Bewußtsein wollte er dem letzteren mehr als alles andere zumindest eine völlige finanzielle Unabhängigkeit sichern. Gleichzeitig kämpfte er jedoch mit einer Mischung von Unmut, Angst und Feindschaft gegen diesen Sohn an, mit dessen Schwierigkeiten er sich stark, freilich unbewußt identifizierte. Genau hier setzten die unbewußten Kräfte an und beeinflußten seine vorbewußten Vorgänge. Dadurch wurde seine Urteilskraft so getrübt, daß er das Konto zweimal neu einrichten mußte.

5. *Beispiele aus der Welt der wissenschaftlichen Forschung*

Die wissenschaftliche Forschung liefert unzählige Beispiele für die Art und Weise, wie die aus den unbewußten Konflikten entstehenden Kräfte die freie, vorbewußte Schöpferkraft lähmen können.

1. Der Drang nach Originalität wird oft als Originalität um ihrer selbst willen abgetan. Dies stimmt nur selten. Selbst die Wendung »um ihrer selbst willen« geht von einer falschen Voraussetzung aus; denn was sich als Drang nach Originalität äußert, verdeckt oft sehr verborgene persönliche Probleme, etwa eine Blockierung gegenüber harten Tatsachen, Furcht vor einem Kräftemessen mit anderen, maßlose Ambitionen oder ein unbewußtes Verwerfen jeglicher Autorität.

2. Die bewußte Scheu, wissenschaftliche Schlußfolgerungen der öffentlichen Kritik auszusetzen, mag einer tiefersitzenden unbewußten Angst vor einer persönlichen, körperlichen Entblößung entspringen. Beide zusammen können bewirken, daß ein Forscher sich Problemen zuwendet, deren Lösung eine Lebensaufgabe darstellt. Zuweilen wird dieser Tatbestand durch eingebildete Allmacht und Allwissenheit noch stärker vernebelt und durch eine theoretische Hingabe an die reine, abstrakte Wissenschaft getarnt (bei einem Künstler kann die gleiche unbewußte Furcht vor dem Körperlichen als reine Hingabe an das Abstrakte in der Kunst getarnt werden). So können vielschichtige, gut ausgedachte Rationalisierungen die wahre Ursache für die schöpfe-

rische Impotenz eines Wissenschaftlers verdecken, wobei diese Unfähigkeit kein Maßstab für seine verborgenen schöpferischen Fähigkeiten ist.

3. Umgekehrt mag ein anderer Forscher den Lohn der Angst jeden Tag empfangen wollen und wird sich deshalb nur kurzfristigen, schnellen Erfolg versprechenden Forschungsarbeiten widmen.

4. Ein anderes Gegensatzpaar: Der eine Forscher kommt nicht zur Ruhe, bevor er nicht eine Pseudolösung gefunden hat, während der andere vor Resultaten zurückschreckt. Wie ein Kleptomane muß der eine vielleicht sogar Einzelheiten fälschen, in dem verzweifelten Wunsch, sich allwissend zu fühlen. Sein Widerpart ist furchtbar erschrocken, wenn er so etwas wie eine Antwort findet; deshalb verschiebt er den endgültigen Beweis für seine These auf unbestimmte Zeit. Der eine ist nicht fähig, Ungewißheit und Spannung auch nur ein paar Stunden oder Tage zu ertragen, während der andere sich an die Ungewißheit klammert und wegen seiner Neurose in einem Dauerzustand des zwanghaften Zweifels und der Unentschiedenheit verharren muß und zu keiner Lösung kommt. (Ich habe das sehr gut rationalisiert gesehen als »reinen wissenschaftlichen Geist«, einmal bei einem hervorragenden, kenntnisreichen, aber unproduktiven Neuropathologen, das andere Mal bei einem der wahrhaft großen, aber sehr stark gehemmten Psychiater.)

5. Es gibt aber auch den Wissenschaftler, der seinen eigenen Erkenntnissen nie traut und deshalb bei den anderen verbotene Anleihen macht. Tatsachen, die seine These bereits voll bewiesen haben, scheinen ihm nicht zu genügen. Deshalb muß er unnötige Einzelheiten beibringen, die er möglicherweise sogar hat erfinden müssen. Ein Parallelfall ist der berühmte Schriftsteller, der in allen seinen Werken ein paar Sätze unterbringen mußte, die er bei anderen wörtlich abgeschrieben hatte.

6. Weiter trifft man auf den Wissenschaftler, der ununterbrochen einer neuen Vaterfigur nachjagt. Er verbringt sein Leben damit, von einem »Vater« zum andern zu wandern, und sucht sich sofort ein neues Arbeitsfeld, wenn er im alten gerade dabei war, gültige und unabhängige Ergebnisse zu finden.

7. Schließlich nenne ich den von der Angst getriebenen Wissenschaftler, der in einer Tretmühle lebt. Nie kann er eine Arbeit beenden, ohne sofort Angst zu haben, daß er die nächste nicht fer-

tigbringen wird. Er gönnt sich keine Ruhe, er kann nie ausspannen; denn ohne Arbeit wird er von tausend Ängsten geplagt. Wenn er nichts zu tun hat, gleicht er dem Patienten, der unter einem Waschzwang leidet und ohne Wasser und Seife auskommen muß. Wenn dieser Wissenschaftler sich in alle möglichen Arbeiten stürzt, dann tut er dasselbe wie der Maler, der von einer noch feuchten Leinwand zur nächsten eilt, aus Angst, nicht mehr malen zu können. Oder wie der Schriftsteller, der den gleichen Tick hat, oder der Millionär, der immer mehr Geld raffen muß.

Diese Männer brechen nicht wegen Überarbeitung zusammen. Sie leiden vielmehr an einem dunklen und komplexen Zwang, der ihre normale schöpferische Kraft beansprucht. Der »Erfolg« betrügt sie; denn er läßt sie das unbewußte Ziel ihres Tuns nicht erreichen. Die Erfolgreichen unter diesen an Arbeitszwang Leidenden sind öfter, vor allem in mittleren Jahren, argen Depressionen ausgeliefert als die Versager, die vielleicht noch härter gearbeitet haben. Deshalb kann man füglich behaupten, daß der Zusammenbruch nicht auf Überarbeitung, sondern auf ungenügende Selbsterkenntnis zurückzuführen ist. Ihre vielfachen Depressionen entstammen der unvermeidlichen Dekompensation von Zwangsneurosen, die ihr Ziel nie erreichen können.

Diese Beispiele zeigen, daß es in der schöpferischen wissenschaftlichen Forschung verborgene Vorgänge gibt, die mit neurotischen Mechanismen verwandt sind. Außerdem verlangt die Forschung in ihren verschiedenen Phasen auch einen unterschiedlichen Grad der Anpassung. In der Phase des Sondierens und Sammelns von Daten sollte der Wissenschaftler seine Beobachtungen machen, ohne vorgefaßte Meinungen zu haben und ohne die Einzelheiten vor der Zeit zu systematisieren. Dies erfordert eine Haltung, die Freiheit, Einfallsreichtum, Wendigkeit und Vorurteilslosigkeit miteinander verbindet und die vorbewußten Funktionen dominieren läßt. Eine spätere Phase verlangt psychische Prozesse, die straffer organisiert sind, um zwischen Zweifel und Beweis die Einzelheiten neu zu ordnen. Hier muß der Forscher ganz bewußt selbstkritisch zweifeln können, ohne dem Zwang der Unentschlossenheit zu erliegen. Dieser Zug ins Pedantische kann sich mit dem zwanghaften neurotischen Drang verbinden. Manchmal nähert er sich auch dem Hang des Paranoikers, seine Gedanken zu pseudologischen, wahnhaften Systemen zu formieren. Es ist schon häufig beobachtet worden, daß scheinbar normal angepaßte Wissenschaftler sich wie Paranoiker aufführen können, wenn sie sich über ihre Theorien streiten. Stünde dem nicht das Recht auf Anonymität entgegen, könnte ich mit Leichtigkeit einige durchsichtige Beispiele hierfür aus der Mathematik, der Chemie, der Biochemie, der Biologie, der Endokrinologie, der Psychiatrie und Psychoanalyse anführen. Diese erbitterten Kämpfe beobachten wir auch zwischen verschiedenen Schulen der Malerei, der Musik, der Literatur, der Ästhetik.

Dies alles beweist nur, daß das schöpferische Leben im allgemeinen außergewöhnliche Anforderungen an den Menschen stellt. Besonders in der Wissenschaft verlangt die schöpferische Tätigkeit eine viel größere Flexibilität, als sie wahrscheinlich auf fast allen anderen Gebieten menschlicher Betätigung erforderlich ist. Gerade weil der Wissenschaftler einerseits die gleiche ungehemmte Phantasie haben muß wie der Dichter oder Künstler, andererseits aber auch das straffe logische Denken des Brükkenbauers oder des Mannes braucht, der eine Atombombenexplosion auf Sekundenbruchteile vorausberechnet, sollte er einen hohen Grad von emotionaler Freiheit und von Phantasie besitzen, dazu eine nicht minder große systematische Präzision. Es gibt wenige Berufe, die einem so viel abverlangen. Ich bin nicht unglücklich darüber, daß die Wissenschaft diese Anforderungen an uns stellt. Mich stört nur, daß man diese Anforderungen nicht zur Kenntnis nimmt und selbst den begabtesten Wissenschaftlern die Hilfe verweigert, mit der sie jenen Grad der emotionalen Reife und Freiheit erlangen können, der ihnen den bestmöglichen Gebrauch ihrer intellektuellen Anlagen erlaubt. Zudem beunruhigt es mich, daß man primitive Erziehungsmethoden duldet, die das Neurotische im Menschen nur noch verstärken.

Einige Beispiele sollen das noch klarer machen In einem Artikel in der Zeitschrift *American Scientist* (9) habe ich an verschiedenen Fällen aufgezeigt, wie das wissenschaftliche Arbeiten durch unbewußte Rückstände verdrängter Kindheitskonflikte gestört werden kann.

1. Ein Wissenschaftler wurde in seiner Arbeit über den Wasserhaushalt empfindlich gestört, weil er jahrelang gegen einen Hang zum Bettnässen und gegen die Demütigungen durch einen feindseligen Vater hatte ankämpfen müssen.

2. Bei einem ausgezeichneten Pharmakologen entwickelte sich eine Psychose. Aber schon Jahre, ehe seine Krankheit offensicht-

lich wurde, beeinflußten verdeckte Wahnvorstellungen immer stärker seine Wahl einer Hypothese über Drogenwirkungen, die er zu beweisen suchte, und zuletzt auch die Methoden selbst, mit denen er den Beweis antreten wollte.

3. Als weiteres Beispiel stehe hier der Erfinder, dessen Entdekkungen in jüngeren Jahren nur ein Ziel gehabt hatten: seinen Vater herabzusetzen und letztlich zu vernichten.

4. Schließlich sei der Wissenschaftler erwähnt, der mit seiner rassischen Herkunft als Mischling in tiefem und heftigem Widerstreit lag und dessen Ärger und Verbitterung jede wissenschaftliche Kontroverse beeinflußten, in die er hineingezogen wurde, selbst wenn sie mit Anthropologie nichts zu tun hatte.

Diesen Beispielen kann man nun solche einer echten schöpferischen Tätigkeit gegenüberstellen, wo bewußte und vorbewußte Vorgänge über unbewußte Hemmungen die Oberhand gewannen und folglich der schöpferische Prozeß selbst im Schlaf völlig frei ablaufen konnte.

1. Der amerikanische Mathematiker L.E. Dixon (*Hadamard,* 6) berichtet von zwei Schwestern, die in der Geometrie miteinander rivalisierten. Die eine hatte einen ganzen Abend lang an einer Aufgabe herumgerechnet und auch darüber gesprochen, aber ohne Erfolg. Die andere träumte im Schlaf die Lösung und sprach dabei so deutlich, daß ihre Schwester mitschreiben konnte. Am anderen Morgen konnten sie die Richtigkeit der Lösung nachprüfen.

2. Bekannt ist der Bericht von Poincaré: In einem überfüllten Bus fiel ihm während einiger Minuten des Nachdenkens die Lösung einer Aufgabe in nicht-euklidischer Geometrie ein, die ihn monatelang beschäftigt hatte.

3. Weiter kann man den berühmten Tagtraum von Kekulé anführen, von der Schlange, die sich in ihren eigenen Schwanz biß; dadurch kam er auf den Aufbau des Benzolrings.

4. Hierher gehört auch das amüsante Beispiel des Gynäkologen, dem träumte, wie man tief im Becken einen chirurgischen Knoten einhändig binden könnte, und dazu noch mit der linken Hand. Hier kann man den Einfluß gleichzeitiger bewußter, vorbewußter und unbewußter Elemente mit aller Klarheit feststellen.

5. Genannt sei auch Otto Loewes Bericht, in dem er das ganze neurohormonale Konzept auf einen Traum zurückführt.

Viele ähnliche Beispiele ließen sich aus dem Bereich der Künste anführen (A.E. Housmann, Lamartine, Mozart usw.) (4).

Ganz gewiß stützen solche Erfahrungen die Annahme, daß die Vorgänge der freien Assoziationen uns aus dem alten Geleise werfen und es uns ermöglichen, neue Kombinationen herzustellen und diese außerhalb des vollen Bewußtseins zu erkennbaren Mustern zusammentreten zu lassen. In der Tat organisieren sich neue Synthesen vor allem dann, wenn wir sie nicht durch bewußtes Denken hemmen und wenn sie ohne störende unbewußte Einflüsse ablaufen können.

Bei meiner eigenen Arbeit habe ich das so häufig bestätigt gefunden, daß ich mich danach einrichten kann. Ich arbeite gewöhnlich spät am Abend, bis ich müde werde. Wenn ich dann zu Bett gehe, schlafe ich sofort ein, ohne das jeweilige Problem gelöst zu haben. Oft wache ich vier oder fünf Stunden später auf und bin dann manchmal noch mitten in dem Satz, bei dem ich vor dem Schlafengehen hängengeblieben bin; das Material hat sich aber neu formiert. Freilich muß ich die neuen Ergebnisse sofort diktieren oder notieren, sonst vergesse ich sie.

Dasselbe passiert mir manchmal, wenn ich Auto fahre, reite oder Musik höre.

Eine Hypothese, die ich für den hoffnungsvollsten je von mir aufgespürten Ansatzpunkt zum Verständnis der wesentlichen Unterschiede zwischen den neurotischen und den psychotischen Vorgängen halte, kam mir in einem Augenblick, als ich nachträglich den gleichzeitigen Einfluß mehrerer unbewußter und vorbewußter symbolischer Vorgänge verfolgen konnte. Der Ansatzpunkt hat etwas mit der Erscheinung zu tun, die ich später die bipolare Verankerung des symbolischen Prozesses genannt habe. Darunter verstehe ich, daß jedes Symbol gleichzeitig in den inneren Wahrnehmungserfahrungen des Körpers und in den äußeren Wahrnehmungserfahrungen der Außenwelt verwurzelt sein muß. Die Geburt dieser Hypothese hatte eine gewisse Beziehung zu dem eingefahrenen Weg zwischen meiner Praxis und der medizinischen Fakultät, wobei das eine Ende die Innenwelt und das andere die Außenwelt darstellte. Dies war ein vorbewußtes, allegorisches Muster, das natürlich noch auf tiefere Probleme meiner eigenen Entwicklung zurückzuführen war, auf unbewußte Konflikte der sexuellen Identifizierung und der Geschwisterrivalität. Diese frühen, konflikthaften Identifizierungen mit einer älteren Schwester und einem älteren Bruder, einem kräftigen und begabten Sportler, komplizierten die entscheidende Frage,

ob ich mich der Psychiatrie oder der experimentellen Neuropathologie zuwenden sollte. Psychisch im Gegensatz zu organisch bedeutete für mich zweierlei: Frau gegen Mann und innen gegen außen.
Mit diesen Alternativen tief im Hintergrund meines Bewußtseins fuhr ich einmal spät in der Nacht halb im Schlaf vom Krankenhaus heim. Mein ganzer Körper, mein Wagen und der Weg wurden eine nebelhafte, symbolhafte Darstellung dieser Konflikte. In einer Art Traumzustand übertrugen sich diese tiefen Schichten der Persönlichkeitsorganisation auf eine andere Ebene, die wissenschaftliche. Daraus formte sich sehr rasch eine Hypothese über symbolische Funktionen. Der Weg von der Praxis zum Krankenhaus wurde zur symbolischen Verbindung zwischen Neurose und Psychose und überbrückte auch die Spannungen, die auf dem psychischen Sektor der Erfahrung und ihrer Übertragung auf somatische Funktionsstörungen auftraten. Der bipolare Weg zwischen Praxis und Krankenhaus wurde das bipolare Symbol, das seinerseits durch Extrapolation andeutete, daß diese Bipolarität aller symbolischen Vorgänge zumindest eines der Glieder sein könnte, nach denen wir schon so lange suchen und die die Übertragung von psychischem Erlebnis auf somatische Störungen und umgekehrt verständlich machen könnten.
In der Wissenschaft stellt solch ein Augenblick der Erleuchtung niemals einen endgültigen Glaubensakt dar, wie es beim Theologen, Dichter oder Künstler der Fall sein mag. Er ist vielmehr der Ausgangspunkt für weiteres Forschen; aber er vermittelt dem Forscher ein lohnendes Ziel und eine Schwungkraft, ohne die man nichts Neues entdecken kann. Wären aber die erwähnten persönlichen Konflikte noch tief verwurzelt und mit verzerrenden Tarnungen versehen gewesen, statt im klaren Licht vorbewußten Begreifens zu stehen, dann hätten sie schließlich das Ergebnis der Wahrnehmung gewiß verzerrt, statt beim Aufbau einer nützlichen wissenschaftlichen Allegorie mitzuhelfen.

6. Beispiele aus der Literatur und den bildenden Künsten

1. Ein Schriftsteller, der zwei große Erfolgsbücher geschrieben hatte, wurde völlig blockiert. Er konnte einfach nichts mehr fertigbringen. Dieser Zustand verschlimmerte sich so sehr, daß er

wegen eines Magengeschwürs ins Krankenhaus mußte. Dort wurde er von einem Thema gepackt, das sich gleichsam von selbst schrieb. Die Niederschrift ging so glatt vonstatten, daß er sich persönlich unendlich befreit fühlte. Er mochte nicht einmal Pausen einlegen, um das Geschriebene kritisch zu prüfen. Dabei kam es ihm nicht in den Sinn, daß diese forcierte Art des Schreibens wie jede ähnlich neurotische Zwangshandlung von geringem ästhetischen Wert sein könnte. Statt dessen glaubte er, den Anruf eines höheren Imperativs zu vernehmen. Diese »Herzensergießung« ergab einen Roman, der mit Ausnahme einer treffenden Personencharakteristik und einer großartigen Szene nur ein Konglomerat der unbewußten, haßerfüllten Verachtung gegenüber seiner Frau, seinen Freunden und Bekannten war, vor allem gegenüber all denen, die ihm während seiner schwierigen Jahre geholfen hatten. Der ein Leben lang angestaute Haß ergoß sich in einem leicht zu durchschauenden Spott über alle, die ihm freundlich gesinnt waren. Davon hatte er aber keine Ahnung. Weil der Roman sich mit solcher Vehemenz von allein schrieb, glaubte er, dieser Verrat menschlicher Werte könne dadurch gerechtfertigt werden.

2. Ein anderer Schriftsteller, ein Mann von großer Erfahrung und echter Weisheit, merkte, daß er beim Ausdruck seiner Gedanken in zwei Personen gespalten war: Im *Gespräch* ließ er die ganze Liebe und menschliche Wärme spüren, deren er fähig war, während er beim *Schreiben* gleichsam aus einem Betonbunker schoß und so seinen ganzen bitteren Haß los wurde. Einmal begann er eine Geschichte, die er mit Gefühl und in humanem Geist erdacht hatte. Im Laufe der Niederschrift wurde sie durch kleinliche Bitterkeit und Wut infiziert und ins Feindselige und Zerstörerische verkehrt. Sein unbewußter Haß hatte das Diktat übernommen und konnte seine eigenen Zwecke verfolgen. Heraus kam ein Werk, das mit warmer Anteilnahme das Ringen der höheren menschlichen Strebungen mit der menschlichen Trivialität verfolgen wollte, in Wirklichkeit aber nur die Verachtung gegenüber seinen Freunden und Mitmenschen darstellte. Aus einer sozialen Tragikomödie wurde eine burleske Travestie.

3. De Voto zeigt dieses Phänomen ganz klar in einer seiner Arbeiten über Mark Twain (3).

4. Ich könnte hier Künstler und Schriftsteller anführen, die belanglose Einfälle zu falscher Bedeutsamkeit aufblähen; ihnen

stehen andere gegenüber, die einen großartigen Entwurf im Sinn haben, dann aber unter dem Einfluß ihrer inneren Störungen nur schrullige Miniaturen zum Besten geben (Blackmur, 1).

5. Man kann den Einfluß unbewußter Kräfte auch beim Setzen ästhetischer Werte beobachten. So hatte sich eine sehr begabte Malerin ein geschlossenes ästhetisches System zurechtgelegt, mit dem sie beweisen wollte, daß nur die Stadt echte Schönheit ausstrahle, während das offene Land in Wirklichkeit häßlich sei. Weil »Städte so schön sind« und »ästhetische Werte nie verleugnet werden dürfen«, entschloß sie sich, in die Stadt überzusiedeln. Dies war ein typischer Gewaltakt. Dahinter verbarg sich die Tatsache, daß sie immer schrecklich Angst hatte vor Sonnenschein und Schatten, vor dem Rauschen des Windes in Büschen und Bäumen und im Grase. Deshalb war sie auf dem Land von Angst gejagt. Viel klarer als sonst zeigte sich in ihrer ganzen pseudoästhetischen Konstruktion, wie gekonnt sie ihre Flucht vor der Angst verstandesmäßig zu rechtfertigen suchte.

6. Als kleines Kind hatte ein Junge gehört, wie der Arzt seinen Eltern sagte, sein Herz zeige schwere angeborene Veränderungen, möglicherweise kompliziert durch akutes rheumatisches Fieber und eine Herzinnenhautentzündung; er habe wohl nicht mehr lange zu leben, könne auch keinerlei körperliche Anstrengungen vertragen, sondern müsse das Leben eines Herzkranken führen. Dies alles stellte sich als Irrtum heraus; aber es dauerte mehrere Jahre, bis die Diagnose korrigiert und die Vorsichtsmaßregeln aufgehoben wurden. Inzwischen hatte er sich hinter seinem Kranksein verschanzt und gab sich einem lethargischen Malstil hin, obwohl er von Natur aus hoch begabt war. Selbst nach der Richtigstellung konnte er sich nicht zurechtfinden und benutzte die Illusion seiner Herzkrankheit häufig als Ausflucht, um dem Wettbewerb mit anderen Jungen und den sexuellen Problemen entfliehen zu können. Innerlich war er von Neid, Eifersucht und Haß zerfressen. Nach außen hin wich er aus und suchte sich durch Unterwürfigkeit lieb Kind zu machen. Sein aufgestauter Haß entlud sich in allem, was er malte: im Inhalt der Bilder, in den Farben, in der groben Behandlung des Materials. Das Malen wurde zum Medium seiner tiefsitzenden Haß- und Neidkomplexe. Jeder Umgang mit Menschen, die er körperlich besser ausgestattet fand, und jeder Kontakt mit Frauen, zu denen er sich hingezogen fühlte, löste in ihm einen Sturm des Hasses aus. Er selbst wußte

von alldem gar nichts. Bewußt war ihm nur der wahnsinnige Drang nach seiner »Kunst«, der ihn in solchen Augenblicken ergriff. Sein Schaffen hatte sogar Erfolg; er wurde weltberühmt, eine Tatsache, die ihm keine Erleichterung brachte. Im Laufe der Jahre wurde seine Schaffenskraft gelähmt, bis er sein Vorbewußtes nur noch durch Drogen und Alkohol befreien konnte. Sein unbewußtes Wüten verzerrte sein Talent in grotesker Weise.
Es läßt sich wohl kaum ein besserer Beweis dafür geben, was ein wilder, unbewußter Drang nach Rache und Zerstörung selbst den schöpferischsten vorbewußten Kräften antun kann.
7. Der dichtende Jurist Melville Cane hat in seiner kurzen, aber scharfsinnigen Studie *Making a Poem* die Genauigkeit und Schönheit des vorbewußten Kerns des Schaffensprozesses sehr schlicht und unmittelbar beschrieben. Sie enthält einige Hinweise auf die analytische Fachliteratur. Dabei verliert der Verfasser für kurze Zeit die Unmittelbarkeit seiner Selbstbeobachtungen, die seinem Buch einen unschätzbaren Quellenwert verleihen. Selbst Melville Cane fällt den althergebrachten, falschen Anschauungen zum Opfer. So schreibt er auf Seite 11 (2), daß »das *Unbewußte* das Sammelbecken sei, dem man sein Material entnimmt«. Auf derselben Seite beschreibt er dann den Vorgang klar und genau, wiederholt dabei aber den Irrtum: »Ich versuche nicht zu denken, versuche aber auch nicht, das Denken auszuschalten; ich möchte mich körperlich völlig entspannen. Das gelingt mir nach einiger Zeit; je größer die Passivität, um so näher das *Unbewußte.*« Die Hartnäckigkeit, mit der ich dafür den Begriff des Vorbewußten einsetzen möchte, bedeutet mehr als eine nur semantische Klarstellung.
Ich erwähne dies nicht, um Kritik zu üben, sondern um zu zeigen, wie der Mißbrauch des Begriffes »unbewußt« das Denken und Schreiben auf diesem Gebiet negativ beeinflußt hat. Setzt man dafür »vorbewußt« ein, so läuft die Argumentation wieder richtig und räumt die Mißverständnisse aus, durch die vielen schöpferischen Menschen die Neurose als wertvoller Besitz erscheint, als hinge ihre Schaffenskraft vom ungehinderten Ablauf des neurotischen Prozesses ab.
8. Noch ein kenntnisreiches und gedankenvolles Buch (Hitschmann, 7) ist eine Fundgrube von Einzelheiten, mit denen man die Diskussion dieses Problems fortführen kann. Neben dem Vorwort von Ernest Jones und dem Geleitwort des Herausgebers

Sidney Margolin enthält es zusätzliche Hinweise auf weiterführende Literatur. In der Einleitung Hitschmanns finden wir einen kurzen Überblick über die ersten versuchsweisen, aufregenden psychoanalytischen Aussagen über Schriftsteller, religiöse Führer und Philosophen, mit denen sich die ersten Psychoanalytiker zwischen 1900 und 1920 beschäftigten, ein Interesse, das kürzlich von Greenacre (5), Oberndorf (13) und anderen neu belebt wurde. Hierin spiegelt sich die Gschichte einer kulturellen Revolution, die zum Teil mit der Ausbreitung psychoanalytischen Verständnisses in unserem Kulturkreis parallel läuft. Eine solche Periode rascher soziokultureller Veränderungen muß natürlich eine gewisse Verwirrung auslösen; diese ergibt sich aus den neuen Erkenntnissen der psychoanalytischen Theorie und aus deren falscher Anwendung, ferner aus dem Widerstand gegen jeglichen Wandel, der tief in der menschlichen Natur wurzelt, besonders bei schöpferischen Menschen. Ich kann nur hoffen, daß die Art, wie ich es behandle, eine objektive und kritische Umwertung dieses Problems herbeiführen möge. Vor allem erwarte ich, daß dadurch die Selbstgefälligkeit jener erzieherischen Konventionen erschüttert wird, die meiner Meinung nach das große schöpferische Potential, welches viel weiter verbreitet ist, als gewöhnlich angenommen wird, einfach blockieren, statt es freizusetzen. Hitschmann beschreibt in seinem Werk *Great Men* (7) einige der Ausnahmeerscheinungen, bei denen das schöpferische Potential erhalten werden konnte, obwohl es von den Neurosen und von den »erzieherischen« Methoden, denen diese Leute unterworfen waren, sehr stark in Mitleidenschaft gezogen war. Man kann getrost sagen, daß die Menschheit hier besseres zu leisten vermag, wenn sie dieses Problem nur richtig anpackt (10, 11).
Ghiselin (4) hat hierfür bezeichnende Einzelheiten aus dem Leben bekannter Mathematiker, Musiker, Philosophen, Maler, Schriftsteller, Bildhauer, Tänzer, Psychologen und Physiologen gesammelt. Dieses Material erstreckt sich über viele Jahre.
Jeder findet, was er sucht, wenn er solches Material bearbeitet. In den Selbstanalysen dieser sehr verschieden gearteten schöpferischen Menschen finde ich – mit geringfügigen Abstrichen oder Schwerpunktsverlagerungen – eine völlig ausreichende Rechtfertigung für die These, die ich hier verteidige. Ob andere in den gleichen Tatsachen eine Stützung meiner These, ihre Korrektur oder gar ihre Widerlegung sehen wollen, bleibt abzuwarten. Ich

möchte nun keine Sätze aus dem Zusammenhang reißen, bloß um meine Theorie halbwegs abzusichern. Es sei nur gesagt, daß ich persönlich mich in diesen Arbeiten bestätigt finde. Vielleicht täusche ich mich; doch hoffe ich, daß andere, wenn sie nur vorurteilsfrei an das Material herangehen, meine These bekräftigt sehen mögen. Diese Hoffnung vertrete ich, wie ich mir einbilde, nicht nur aus egoistischen Gründen; sie scheint mir einen Weg aus einem sonst unlösbaren Dilemma zu zeigen.

7. Verzerrungen in Kunst und Wissenschaft

Es ist nicht leicht, die feinen Unterschiede und Ähnlichkeiten zwischen folgenden zwei Arten von Vorgängen aufzuzeigen: denen, die durch Aussuchen und Integrieren die bewegliche Vielwertigkeit vorbewußter symbolischer Funktionen ermöglichen, und denen, die den Verzerrungen durch unbewußte symbolische Funktionen unterworfen sind und in Krankheit oder in der Lähmung des schöpferischen Prozesses enden. Und doch liegen hier die entscheidenden Unterschiede zwischen der spontanen, fast automatischen mathematischen Kreativität Poincarés und der jenes hochbegabten jungen Physikers, der bei der selbständigen, geglückten Lösung eines Problems, für das er nicht vorgebildet war, einen Orgasmus hatte und daraufhin in panischer Angst eine Woche lang in einem Zustand katatoner Verwirrung, zwischen höchster Erregung und tiefster Depression schwankend, verschwunden blieb.
Diese Unklarheit leitet sich zum Teil aus der Tatsache her, daß es uns noch an Methoden fehlt, um auch nur annähernd die jeweiligen Einflüsse der drei Wahrnehmungs- und Symbolsysteme abzuschätzen, die gleichzeitig an den Schöpfungen der gesunden wie der kranken Phantasie beteiligt sind. Die Entwicklung einer solchen Methode ist eine dringend notwendige Ergänzung der Techniken der psychologischen Explorations-Therapie. Ohne diese Hilfsmittel können wir nur einige offensichtliche Wirkungsweisen dieser verzerrenden Kräfte aufzeigen, wie ich es zu tun versucht habe. Wegen dieser Unzulänglichkeit der Methoden muß man auch Vergleiche hinsichtlich des Einflusses der drei symbolischen Systeme in Kunst und Wissenchaft auf ein paar vorsichtige Andeutungen beschränken.

In ihrer Anfälligkeit gegenüber den verschiedenen verzerrenden Einflüssen haben die reine Forschung und die abstrakte Kunst manches gemeinsam. Das gleiche gilt für die angewandte Forschung und die gegenständliche Kunst. Man kann sagen, daß in dieser Hinsicht das Verhältnis der reinen Naturwissenschaft zur angewandten dem der abstrakten Kunst zur gegenständlichen entspricht. Alle vier gehen vom Vertrauten aus. Die angewandte Wissenschaft und die mehr gegenständlichen Formen der Kunst und Literatur reproduzieren das Vertraute mit möglichst geringen Veränderungen oder Verzerrungen. Bei diesem Vorgang spielt die Projektion eine ziemlich untergeordnete Rolle, wenn sie auch nicht ganz ausgeschaltet ist. Die reine Forschung und die abstrakteren Formen der Kunst und Literatur dagegen zerlegen die Erfahrungseinheiten, nehmen sie aus dem Zusammenhang und ordnen die Bruchstücke neu. Das Ergebnis dieses Vorgangs zeigt wohl oder übel den Einfluß vielfältiger Projektionen, wie sie von den verborgenen und oft überwiegend unbewußten Schichten der Persönlichkeit des abstrakten Künstlers oder des Grundlagenforschers ausgehen.
Infolgedessen unterscheiden sich die wesentlichen Ursachen der Verzerrungen in diesen beiden Paaren des schöpferischen Prozesses. In der angewandten Forschung dominiert der äußere Zwang als verzerrendes Moment. Dieser Zwang äußert sich darin, wie wichtig das Geldverdienen, die soziale Stellung und das Ansehen genommen werden und wie sehr die Befriedigung unmittelbar praktischer, militärischer oder humaner Zwecke im Vordergrund steht. So kann ich mir zum Beispiel auf dem ganzen Gebiet der angewandten wissenschaftlichen Forschung keine größere, von außen einwirkende Verzerrungsursache vorstellen als die Ungeduld des Arztes, ein neues Heilverfahren zu finden. Dieser Übereifer entstammt zu gleichen Teilen dem sozialen Druck, einem humanitären Impuls und tieferliegenden egoistischen Antrieben. (Freud hat vor langer Zeit einiges über die unbewußten sadistischen Ziele gesagt, die sich manchmal unter dieser Tarnung verbergen können.)
In der reinen Forschung (wie in der abstrakten Kunst) liegen die Hauptursachen der Verzerrung innen, und die Ergebnisse der schöpferischen Vorgänge zeigen noch viel deutlicher den Einfluß verborgener und ungelöster neurotischer Probleme. Das kann zu hohem schöpferischen Elan führen, gleichzeitig aber so subjektiv

sein, daß es sich wie die Neologismen eines Schizophrenen der Mitteilbarkeit entzieht.
Diese unterschiedliche Anfälligkeit der zwei Arten der wissenschaftlichen Forschung wiederholt sich in den zwei Typen der künstlerischen und literarischen Betätigung. Darauf weiter einzugehen, wäre im Rahmen unseres Themas allerdings weder möglich noch sinnvoll.
Man könnte nun die oberen Bereiche der schöpferischen Tätigkeit in ein fortlaufendes Spektrum einteilen: Am einen Ende befänden sich all die in objektiven Tatsachen gegründeten Formen menschlichen Strebens, d.h. alle Anstrengungen, Abbilder der Außenwelt samt der in ihr wirksamen Kräfte herzustellen und darüber klare Aussagen zu machen. Auf dem nächsten Band erschienen unsere Bemühungen, jene Gefühle auszudrücken, die durch die Wechselwirkung zwischen diesen äußeren Begebenheiten und unseren inneren Konflikten zustande kommen. Am anderen Ende des Spektrums lägen alle Versuche, diese Konflikte aufzugreifen und gleichzeitig zu verbergen. Die angewandte Wissenschaft liegt am ersten Pol; nach vielen Zwischenstufen ist die reine Wissenschaft am anderen Pol zu finden. Ganz ähnlich liegt die gegenständliche Kunst nahe am einen Ende, die abstrakte am anderen. Doch treten unbewußte Projektionen verborgener Konflikte selbst in den ganz praktischen Ergebnissen des utilitaristischen Wissenschaftlrs und des gegenständlich arbeitenden Künstlers auf; umgekehrt finden sich Spuren der wirklichen Welt in den traumähnlichen Spekulationen der völlig abstrakten Wissenschaftler und in den Werken der extrem expressionistischen Künstler. All diese polaren Gegensatzpaare bilden die extremen Bandenden auf einem so gut wie kontinuierlichen Spektrum.
Wie bei so vielen anderen Erscheinungen, die mit dem neurotischen Prozeß zu tun haben, lassen wir uns zu sehr von zweitrangigen Unterschieden beeindrucken. Die ganzen äußeren Merkmale des Lebens eines schöpferischen Menschen müssen sich mit den jeweiligen Formen seines schöpferischen Seins verändern. Das Leben eines Wissenschaftlers und das eines Künstlers unterscheiden sich sehr wesentlich in Substanz und Atmosphäre. Sie füllen die Tages- und Nachtzeiten verschieden aus, Arbeit und Spiel haben sehr unterschiedliche Bedeutung für sie, und die Unterschiede im unmittelbaren und abgeleiteten Ausdruck ihrer

Triebimpulse und im Gebrauch von Sprachsymbolen oder anschaulichen Zeichen sind beachtlich. All diese sekundären Unterschiede haben uns zu der Annahme verleitet, daß der schöpferische Prozeß in beiden grundsätzlich verschieden ablaufe. Es gibt jedoch keinen Beweis dafür, daß die Kreativität des Wissenschaftlers sich von der des Künstlers stärker unterscheidet, als dies in der Regel zwischen verschiedenen Gebieten innerhalb der Wissenschaft der Fall ist. Bei der Analyse zeigt es sich, daß trotz mancher Variationen im Sekundären der schöpferische Prozeß über die ganze Breite menschlichen Schaffens hinweg eine viel größere Gemeinsamkeit aufweist, als man üblicherweise annimmt.

Ein paar abschließende Beispiele werden diese allgemeine Behauptung hoffentlich untermauern können.

Ein Taxifahrer sagte zu seinem Fahrgast mit sanfter Stimme: »Ich bin immer so gerührt, wenn ich einen Blindenhund seinen Herrn über die Straße führen sehe.« Er sah, fühlte und sprach als ein Dichter, und seine Worte hatten etwas von Wirklichkeit, Traum, Lied und Gedicht an sich. Viele Bedeutungen lagen in seinen einfachen Worten verborgen: das Heimweh des Erwachsenen nach Kindheit und Mutter (und die daraus folgende verbreitete Legende von der Hilflosigkeit des Erwachsenen); im Erwachsenenalter noch wirksame Überreste der kindlichen Vorstellung einer Welt, in der die Kinder herrschen; der Traum des Erwachsenen von einer Welt, in der die Weisheit des Kindes die ganze Weisheit ist, die das Erwachsenenleben fordert (d.h. der Kern des Mythos vom Christuskind, wie er sich in dem alten Satz findet: »Und ein kleines Kind soll sie führen«); die Ausweitung dieses Mythos zur Vorstellung, von einem Tier geführt und umsorgt zu werden; eine Variante ist die Mowgli-Fabel in ihren vielen Formen. All diese reiche Kunde ist hinter der gefühlsstarken, poetischen Reaktion des Taxifahrers auf eine schlichte Szene verborgen.

Wir haben hier gleichzeitig ein treffendes Beispiel dafür, wie das verbindende Element im schöpferischen Prozeß von alltäglichen, emotional noch nicht verarbeiteten Vorfällen ausgeht und sie auf die äußeren Anreize der menschlichen Geschehnisse überträgt, so wie es mit uns in Träumen, in Testsituationen (Rorschach- bzw. thematischer Apperzeptionstest, TAT) oder in lebhaften hypnagogen Tagträumen geschieht. Doch wird gleichzeitig auch das tieferliegende Unbewußte aktiv.

Dieses komplexe Muster wird nun dauernd mit vorbewußten Vorgängen photographischer und phonographischer Eindrücke angereichert. Sie werden wortlos und automatisch aufgezeichnet. Wenn dies dann zu keiner bewußten Vorstellung gelangt, wenn der ganze Prozeß nur in Form vorbewußter und unbewußter Vorgänge ausgedrückt wird, dann kann es nur wenige Auswahlmöglichkeiten und keine Kritik geben.

In dem zum Ausdruck gelangenden Teil des schöpferischen Prozesses – ob es sich dabei um ungelernte Arbeit handelt, um die einfachen Fertigkeiten eines Handwerkers oder um die höchsten Formen künstlerischen, literarischen oder wissenschaftlichen Schaffens – sind Unterschiede in Fertigkeit und fachlichem Können ebenfalls in das Muster der Kreativität verwoben.

Doch ist mit dem Drang zum Zeigen und Mitteilen der Drang zum Verbergen gekoppelt, und jeder Mensch zeigt und verbirgt sich zugleich in jedem Tun. Ein Fünfjähriger rennt nackt in der Sonne herum und schreit: »Ich kann ohne meinen Badeanzug nicht ins Wasser, das tut man doch nicht.« Jedes Tun wird so zur Selbstentblößung und zur Verkleidung, hinter der sich das *Ich-Selbst* des Handelnden verstecken kann. Ärzte, Lehrer, Juristen, Professoren, Maler, Schriftsteller, Wissenschaftler und Arbeiter: alle können sich in derselben schöpferischen Tätigkeit gleichzeitig ausdrücken und verbergen

Diese Ursache der Verzerrung kann sich verschieden äußern. Da ist die Dichterin, die bei jedem Satz nur Anfang und Ende, aber *nie den mittleren Teil* schreiben kann[2] und entsprechend sogar beim Liebesspiel ihren Körper in der Mitte verdeckt hält, um so die Behauptung ihrer geschlechtlichen Ambiguität aufrechterhalten zu können. Da ist der berühmte Erzieher, für den das geschriebene Wort Ausdruck des Anstandes, das gesprochene Wort aber Ausdruck herausfordernder Autoerotik ist, als Trotzhaltung seinem Vater gegenüber. Da ist der erfahrene Redner, dessen Haß sich in seinen Schriften verdichtete, während er am Rednerpult so nachdrücklich für die Liebe unter den Menschen eintrat, daß er sich dabei körperlich entblößt vorkam. Da war ein begabter junger Wirtschaftswissenschaftler, der keinen Satz vollenden konnte. Entweder fehlten die Objekte, oder es standen die Subjekte ohne Prädikat oder Objekt da. Als Gegenbeispiel diene der Schriftsteller, für den jeder Satz, jeder Abschnitt eine Art Minerva sein mußte, voll ausgebildet und bewaffnet dem Haupt des Zeus entsprungen, und der deshalb oft schon vor dem Anfang steckenblieb; er war sich eben nicht sicher, ob er in einer großen Geburtswehe seines Kopfes eine Minverva hervorbringen könne.

Darüber hinaus werden in jeder Person verschiedene Formen der Kommunikation dazu benützt, um verschiedene Seiten der Persönlichkeit auszudrücken und zugleich zu verbergen. Das Dunkel der modernen Kunst, Literatur und Musik entstammt zum Teil der Zurückhaltung des Menschen, der seine private Neurose nicht öffentlich zur Schau stellen will, es sei denn vor einer auserwählten Gemeinde. Diese Zurückhaltung gerät in Konflikt mit dem Drang des »Jedermanns«, jemand zu sein.

Ich könnte einen Schriftsteller nennen, der im gesprochenen Wort seinen Haß und im geschriebenen Wort einen Aufruf zur Liebe ausdrückt. Ich könnte aber auch zwei Gegenbeispiele anführen: Einem großen Musiker bedeutet das Musizieren einen Akt des Hasses, das Komponieren jedoch einen Akt der Liebe. Bei einem anderen ist es genau umgekehrt.

Diese Dinge werden noch komplizierter, weil jede Kommunikation zahlreiche sich widersprechende Bedeutungen beinhaltet. Das gilt für Sprache, Farbe und Linie genauso wie für Gestalt und Ton. Alle diese Materialien stellen insgeheim und variierend ein magisches Werkzeug dar, eine Zauberkraft, die alles kann: das eigene Ich oder die Umwelt verwandeln, etwas schaffen oder zugrunde richten, vollenden oder verleugnen, zur Schau stellen oder verbergen, zerstören oder bewahren, töten oder schützen. Dies gilt ohne Einschränkung, ob nun das Instrument der Kommunikation in der Psychoanalyse und in der Literatur verwendet wird oder in wirtschaftlichen, politischen und historischen Studien, ob in Gebeten, Märchen, Liedern oder in den Temperamentsausbrüchen eines liberalen oder eines faschistischen Politikers. Wenn man diese Paradoxa betrachtet, darf man keineswegs die Tatsache übersehen, daß alle Werkezuge der menschlichen Schöpferkraft als Ersatz für Taten verwendet werden. Bestenfalls sind sie dazu da, andere zum Tun zu ermuntern, nicht aber ihren Urheber. Jenseits der Erscheinung des Schöpferischen gewahren wir den ewigen Kampf zwischen dem des Wortes nicht mächtigen Mann der Tat und dem der Tat unfähigen Mann des Wortes. Es ist ein Kampf, der unsere ganze Kultur beeinflußt und in jedem schöpferischen Menschen ausgetragen wird.

Abschließend möchte ich noch zwei beispielhafte Fälle anführen.

Ein Schriftsteller hatte einen schweren Tag zu bestehen. In die psychoanalytische Sprechstunde brachte er ein Vorausexemplar seines neuesten Buches mit. Er selbst bezeichnete die Überreichung dieses mit einer Widmung versehenen Werkes als eine Zwangshandlung. Die ganze Zeit bedrückte ihn die Ungewißheit, ob es die analytische Beziehung verraten würde, wenn ein anderer das Buch öffnete und die Widmung läse, die eigentlich ziemlich neutral abgefaßt war. Würde der Psychoanalytiker nicht da sein, und würde er sein Buch wieder mitnehmen müssen, so daß er für den Rest des Tages mit diesem verräterischen Beweisstück belastet wäre? Würde er zwei Exemplare verwechseln, dem Analytiker das falsche geben und das diesem zugedachte einem der Psychoanalyse skeptisch gegenüberstehenden Freund überreichen und dabei hämisches Gelächter ernten?

Unter dem Eindruck dieser quälenden Zweifel begann er das Buch als den Ausdruck eines Drangs zu verachten, sich lieb Kind zu machen. Durch eine innere Kehrtwendung wurde das Buch für ihn etwas »Schmutziges«, das er aus seinem Körper ausgeschieden hatte und nun dem Psychoanalytiker nicht mehr als ein Zeichen der Verehrung, sondern der Verachtung überreichen wollte. Endlich entlud sich seine versteckte Geringschätzung für alle Schriftstellerei, vor allem für seine eigene: »Weg mit dem ganzen Zeug – ich möchte nichts mehr damit zu tun haben. Warum habe ich es überhaupt geschrieben? Wichtig ist allein das Handeln.« Der ganze Körper ist eine elende, mühsam in Bewegung gehaltene Schmutzfabrik – alles Körperliche ist Abfallprodukt, dem Tode anheimgegeben. Jedes körperliche Produkt ist ein Schritt auf den Tod zu: Speichel, Tränen, Nasenschleim, Urin, Schweiß, Kot, Blut, Haare, Samen, vaginale Absonderung – alles – selbst *Atem* und *Wörter* wurden zu Abfallprodukten des Todesprozesses. Die Psychoanalyse war für ihn ein schmutziges Spiel: zwei Leute tauschen die zersetzenden Säfte des menschlichen Geistes aus. Kein Wunder, daß er das alles zu verbergen hatte. Wie in aller Welt war er jemals fähig gewesen, überhaupt etwas zu schreiben, fragte er. Ich muß hier noch einfügen, daß dies ein außerordentlich begabter Schriftsteller von Weltruhm war, dessen Werke in viele Sprachen übersetzt worden sind. Nichts könnte deutlicher zeigen, wie phantastisch sich hier Krankes und Gesundes, die

Größe des Schöpferischen und die Zerstörungskraft des Unbewußten verquickt haben. Und all dies ballte sich zu einer einzigen Frage zusammen: Sollte er seinem Psychoanalytiker ein Widmungs-Exemplar seines Buches geben oder nicht?
Etwas gelassener kann ich von dem Traum eines Arztes sprechen, der mit seiner analytischen Behandlung fast fertig war und dabei bemerkenswerte Persönlichkeitsveränderungen und tiefe Einsichten verriet. Er hatte sich früher einmal eingebildet, er sehe aus wie Sir Anthony Eden. Sein ganzer Traum bestand darin, daß er eine internationale Konferenz besuchte. Jedenfalls konnte er sich zunächst an nichts anders erinnern als an einen Kongreß bzw. eine Konferenz über Wissenschaft oder Politik, wobei sich ein altes Dilemma zu diesem einzigen Wort verkürzte. Es spielte auch seine Beziehung zu seinem Vater mit herein, der Diplomat gewesen war und für seinen Sohn die gleiche Laufbahn vorgesehen hatte. Dann dachte er an Eden und was dieser Mann für ihn bedeutete: Ein Mann, der die Stelle seines Vaters (seines Schwiegervaters, d.h. Churchills) einnahm; er dachte weiter an Edens Scheidung und an seine eigene Angst, die analytische Behandlung würde bei ihm ebenfalls die Scheidung herbeiführen; sein Scheiden aus dem Garten Eden, wo er wie Adam in Versuchung geriete. Diese Überlegungen ließen ihm plötzlich ein verdrängtes Bild aus dem Traum wieder einfallen: Dort hatte er Eden seiner unverheirateten Schwester vorgestellt. Der Patient hatte mächtige, aber unbewußte inzestuöse Triebe mit in die Analyse gebracht. Sie waren schon längst bewußt gemacht und abgeschwächt worden; gegen Ende der Behandlung aber waren sie momentan reaktiviert worden. So wurde Eden seine Abwehr gegen seinen alten inzestuösen Trieb. Da aber er und Eden eine Person waren, wurde Eden gleichzeitig die Schlange im Garten Eden, und durch seinen Stellvertreter konnte er den Inzest ausleben. Aber aus diesem feingesponnenen Gewebe der Gedanken und Gefühle träumte der Patient nur zwei blitzlichtartige Szenen: Eine internationale Konferenz und eben Eden, wie er ihn seiner Schwester vorstellte. Diese Blitzlichter waren verschlüsselte Zeichen, die das ganze Drama seines Lebens darstellten und dabei Raum und Zeit, Nähe und Ferne, Vergangenheit und Zukunft in ein einziges Echozeichen zusammenfaßten. Hier sind der schöpferische und der neurotische Prozeß gemeinsam am Werk.
Dies wäre keinem von uns möglich, wenn nicht das assoziative

Material dauernd und spontan auf allen drei Bewußtseinsstufen in Bewegung wäre: auf der bewußten Stufe, wo sich der Fluß der Phantasie langsam und mit Unterbrechungen vorwärtsschiebt und vom Wort her deutlich differenziert und präzisiert ist; auf der vorbewußten Stufe der Allegorie, wo der Fluß schnell und frei, ja turbulent weitereilt und dabei alle möglichen seltsamen und unerwarteten Dinge aus den aufgewühlten Tiefen nach oben schwemmt; schließlich auf der unbewußten Stufe, wo die Strömung wieder langsamer ist, sich zum stilisierten Stereotyp verdichtet, unterirdisch und unschöpferisch bleibt. Aus dem parallelen Dahinfließen dieser drei Ströme und ihrem dauernden gegenseitigen Austausch entstehen sowohl die schöpferischen als auch die krankhaften Vorgänge.

Aus dem Englischen von Oskar Sauer

Anmerkungen

1 Kapitel II aus: L.S. Kubie, *Psychoanalyse und Genie,* Rowohlt, Hamburg 1966.

2 Diese Feststellung ließe sich auf die Mittelteile von Abschnitten und ganzen Geschichten ausdehnen. Solange sie mit dem Anfang oder mit dem Schluß beschäftigt war, fühlte sie sich entspannt und sicher. Aber in der Mitte angelangt, verkrampfte sie sich und blieb im wahrsten Sinne des Wortes stecken, unfähig, sich zu bewegen. Sie fing Sätze an und kam dann nicht mehr weiter. Um dies genauer beobachten zu können, ließ ich sie vor meinen Augen freie Assoziationen niederschreiben; ich ließ sie dabei laut sprechen, um genau die Stelle angeben zu können, wo sie steckenblieb. Obwohl das Material selbst überzeugender wirken würde als meine Ausführungen, macht die ärztliche Schweigepflicht, abgesehen von technischen Schwierigkeiten, wörtliches Zitieren unmöglich. Übrigens habe ich das gleiche bei Malern und Bildhauern feststellen können.

Literatur

(1) Blackmur, R.P., Anni Mirabiles 1921–1925 – *Reason in the Madness of Letters* (four lectures presented under the Gertrude Clarks Whittall Poetry and Literature Fund, January, 1956, Library of Congress Lecture Series), Washington, D.C.

(2) Cane, Melville, *Making a Poem – An Inquiry into the Creative Process.* New York 1953.

(3) De Voto, Bernard, *Mark Twain at Work*. Cambridge, Mass., 1942.
(4) Ghiselin, Brewster, *The Creative Process.* A Symposium, Berkeley and Los Angeles 1954.
(5) Greenacre, Phyllis, »The Mutual Adventures of Jonathan Swift and Lemuel Gulliver.« *Psychoanalytic Quarterly,* XXIV (1955), 21–62.
(6) Hadamard, Jacques, *The Psychology of Invention in the Mathematical Field.* Princeton 1945.
(7) Hitschmann, Edward, *Great Men: Psychoanalytic Studies.* New York 1956.
(8) Kubie, Lawrence S., *Practical and Theoretical Aspects of Psychoanalysis.* New York 1950.
(9) –, »Some Unsolved Problems of the Scientific Career.« *American Scientist,* XLI (October, 1953), 596–613; and XLII (January, 1954), 104–112.
(10) –, »Freud and Human Freedom«. *Saturday Review,* XXXIX (May, 1956), 9–10, 36–37.
(11) –, A Fortieth Reunion in 2156. *Harvard Alumni Bulletin,* LIX (September 29, 1956), 2–4.
(12) –, *On Preconscious Processes,* etc. Read before American Academy of Neurology, April, 1957.
(13) Oberndorf, Clarence P., *The Psychiatric Novels of Oliver Wendell Holmes.* New York 1943.

Theodore Lidz
August Strindberg
Eine Untersuchung über die Beziehung zwischen seiner Schöpferkraft und seiner Schizophrenie[1]

Vor etwa fünfzig Jahren – am 15. Mai 1912 – fand in Stockholm eine ungewöhnliche Prozession statt: Zehntausende (Mc Gill 1930) zogen schweigend hinter einem Leichenwagen her. Es handelte sich nicht um das Begräbnis eines Königs oder eines Kriegshelden, sondern um das eines Einzelgängers, der sich seit langem den zudringlichen Blicken seiner Mitmenschen entzogen hatte; um jemand, der sich ein Ausgestoßener dünkte, dessen bloßer Name die heftigsten Anfeindungen hervorgerufen hatte und der eine Zielscheibe für Kritik und Verachtung gewesen war. Schweden beklagte den Verlust eines seiner bedeutendsten Söhne, den zu verehren es schließlich gelernt hatte ungeachtet seiner Angriffe, seines Starrsinns und seiner geistigen Abnormität. Was läge näher, als auf der ersten psychoanalytischen Tagung in dieser Stadt, in der er geboren wurde und in der er starb, dieses Mannes zu gedenken, der noch vor Freud die tiefsten Tiefen des Unbewußten zu erforschen suchte, der den Ödipuskomplex erkannte und erforschte und der ein Vermächtnis der Selbstenthüllungen in Gestalt von Autobiographien und Schauspielen hinterließ, das uns in einmaliger Weise einen Einblick in das Wesen der Schizophrenie und der integrierenden und desintegrierenden Kräfte vermittelt, die auf das Ich einwirken.[2]

Ich habe mich seit langem für Strindberg interessiert als einem begnadeten Dramatiker, der Tragödien von bleibender Aussagekraft schuf; er verdient auch, daß man sich mit ihm beschäftigt als einem, der mit den Mitteln der Selbsterforschung, der Katharsis und der schöpferischen Befähigung, sich und seine Welt auf der Bühne wieder zu erschaffen, dem Inferno einer unverkennbaren Schizophrenie entstieg, und als einem, der soweit wieder gesundete, daß er die Reihe seiner »Traumspiele« zu schreiben vermochte, die zum Vorbild des zeitgenössischen existentialistischen Theaters geworden sind.

Wir müssen nicht befürchten, in den persönlichen Bereich eines toten, wehrlosen Genies einzudringen. Strindberg war ebenso sehr Wissenschaftler wie Schriftsteller und stellte immer von neuem die überlieferten Konventionen in Frage. Als er sich in eine irreale Welt hineingleiten fühlte, weil er nicht wußte, ob seine Sicht sich durch ungewöhnliche Klarheit auszeichnete oder durch den Schleier eines paranoiden Wahns getrübt war, begann er, die acht Bände seiner Selbstanalyse zu schreiben. Er schrieb: »Was ich aber muß, ist genau wissen. Und dazu werde ich mein Leben gründlich . . . untersuchen. Alle Hilfsmittel der neuen Seelenkunde will ich benutzen: die Suggestion, das Gedankenlesen, die geistige Folter verwerten . . . Der aufgeklärte Leser entscheide in letzter Instanz, nachdem er dieses in gutem Glauben geschriebene Buch aufmerksam gelesen hat. Vielleicht wird er darin Elemente der Physiologie der Liebe, Aufschlüsse über die Pathologie der Seele, ja ein merkwürdiges Bruchstück aus der Philosophie des Verbrechens finden.«[3] Eine Entscheidung können wir nicht fällen, wohl aber versuchen, unser Verständnis für diese gequälte Seele und damit auch für uns selbst und für andere zu vertiefen.

Strindberg zeigt manches für viele Dramatiker Charakteristische. Es fehlte ihm ein gut integriertes Ich, und er suchte nach einer Identität in den Gestalten, die er aus seinen notdürftig integrierten Teilidentifikationen schuf. Eine starke Bisexualität ermöglichte es ihm, sich in seine weiblichen Gestalten einzufühlen und sich mit ihnen zu identifizieren. Durch die Tiefe seiner Schuldgefühle und seiner Ambivalenz an der Selbstverwirklichung gehindert und von den elterlichen Objekten enttäuscht, fand er frühzeitig Zuflucht in einer Welt, die er sich selbst schuf. Seinen Neid auf die angeborene Fähigkeit der Frau, Kinder zu gebären, suchte er dadurch zu kompensieren, daß er aus seinem Hirn Gestalten gebar. Seine eigentliche Größe jedoch liegt in seiner Fähigkeit, das Wesentliche der menschlichen Existenz darzustellen, darin, daß er sich mit den zeitlosen Problemen des Menschseins befaßte, mit denen sich bereits die griechischen Tragiker und Shakespeare auseinandergesetzt hatten. Freud schrieb: »Der Held der Tragödie mußte leiden. Er hatte die sogenannte ›tragische Schuld‹ auf sich geladen . . . Zumeist besteht sie in der Auflehnung gegen eine göttliche oder menschliche Autorität.«[4] Die Gestalten in Strindbergs Dramen leiden für ihre Aufsässigkeit[5] und ihre Vermessenheit, aber ebenso dafür, daß sie unwissentlich in Urkonflikte verstrickt sind. Da alle seine Stücke, außer den historischen Dramen, grundsätzlich autobiographischer Natur sind, ist es zu

ihrem Verständnis notwendig, Strindbergs eigene Konflikte zu verstehen.
Alle seine Tragödien sind Varianten der Tragödie August Strindberg. Er wurde in die Urproblematik des Menschseins verstrickt, und sie nahm seine ganze Aufmerksamkeit gefangen. Er fühlte sich getrieben, gegen die grundlegenden Tabus zu verstoßen, ähnlich den Helden der alten Mythen, die dafür bestraft worden waren. Er wird wie Prometheus gemartert für die in der Befreiung des Menschengeschlechts liegende Herausforderung der Götter. Er ist wie Saturn verurteilt, seine Kinder zu fressen, um nicht selbst gefressen zu werden. Er leidet nicht nur an Schuldgefühlen, weil er den Vater umbringen will, sondern er wird wie Orest wegen seiner muttermörderischen Impulse verfolgt. Wie Ödipus wird er wegen des Inzests ins Exil getrieben. Er sieht sich gefangen in dem Machtkampf zwischen Mann und Frau, aber wie es Herkules bei der Königin Ophale erging, ist es ihm eine Lust, sich versklaven zu lassen und die Rolle der Frau zu spielen.[6] Dieser Art sind die Schuldgefühle und die Qualen, die Strindberg erlitt und für die er mit seinen Schauspielen – für die Zuschauer mit – sühnte. Sie sind weitaus mehr Darstellungen der in ihrer Intensität das Ich erschütternden Erlebnisse eines Schizophrenen als einfach Schöpfungen aus seinem Künstlertum heraus.
Wie wurde Strindberg in diese Urkonflikte hineinverstrickt? Und wie war es möglich, daß er diese Leiden erlebte und ihm dennoch die reife Schöpferkraft des Genies erhalten blieb? Bei diesen Konflikten handelt es sich wahrhaft um Urprobleme des Menschseins in ihrer ganzen Tragik und somit auch um die den Geisteskrankheiten zugrunde liegende Problematik. So wie vor ihm Shakespeare, schildert Strindberg die Psychose als das Extrem eines tragischen Konflikts. In unserem Bemühen um Verständnis wollen wir zuerst die merkwürdigen Umstände seiner ersten Ehe betrachten, die die schwachen Abwehrmechanismen seines Ichs – diesen Schutzwall gegen die aus einer unglücklichen, entbehrungsreichen Kindheit stammenden Gefühle der Unsicherheit – zum Einsturz brachten. Über Strindbergs Psychose und seine Schöpferkraft in so vereinfachenden Termini zu diskutieren, ist eigentlich unzulässig, da Strindberg wie Freud die Überdeterminiertheit menschlicher Erlebnisse[7] betonte. Aber ich kann in der mir zur Verfügung stehenden Zeit nur versuchen, das Wesentliche der zugrunde liegenden Konflikte hervorzuheben.

So wie Strindbergs Schizophrenie sich entwickelt hat, läßt sich vermuten, daß er während seiner frühesten Kindheit schwere seelische Versagungen und Enttäuschungen erleben mußte, die ihm ein tiefes Gefühl des Mißtrauens gegen seine Eltern einflößten, nach deren Liebe und Zustimmung er sich so glühend sehnte. Strindberg schildert die Ursprünge seiner Schüchternheit, seiner immerwährenden Ängstlichkeit, seiner Enttäuschungen und seiner Empfindungen der persönlichen Unzulänglichkeit in seinem autobiographischen Roman *Der Sohn einer Magd*, der in seiner schonungslosen Erforschung des zerstörerischen Einflusses frommer, selbstgerechter und uneinfühlsamer Eltern, die eine Familie gründen, innerhalb derer das Kind keinerlei Rechte hat und sich von der Mutter, die es bewundern möchte, verraten fühlt, mit Samuel Butlers *Der Weg allen Fleisches* (1903) wetteifert. Ungewünscht, bald von jüngeren Schwestern verdrängt, fühlte sich Strindberg – als ein gegen den Willen der Eltern geborenes Kind – willenlos. Auf seinem Platz zwischen drei Söhnen und drei Töchtern glich er ebensosehr einem Mädchen wie einem Jungen. Seine Geburt fiel in eine Zeit, als es der Familie pekuniär sehr schlecht ging, als sein gutbürgerlicher Vater seines Ansehens durch einen Bankrott verlustig ging und dann seine frühere Dienstmagd, die seine Geliebte gewesen war, heiratete. Strindberg erlebte die Schmach und die Ängste des Vaters, als ob es seine eigenen wären. Vor allem fühlte er, daß ihm die mütterliche Pflege entzogen war, bevor er selbst hatte Wurzeln fassen können. Er schreibt von sich selbst: »War er zu früh zur Welt gekommen? War er nicht ausgetragen worden? Was hielt ihn so mit der Mutter verbunden? ... Er wurde nie er selbst, nie ein abgeschlossenes Individuum. Er blieb eine Mistel, die nicht wachsen konnte, ohne von einem Baum getragen zu werden ... Er kam erschrocken zur Welt und lebte in einem beständigen Schreck vor Leben und Menschen.«[8] Da er seine Mutter schon zu Beginn der Pubertät verlor, hatte er die Aufgabe, eine sinnvolle Beziehung zu ihr herzustellen, nie lösen können. Das Kindermädchen, das bald darauf seine Stiefmutter wurde, hatte wenig Zeit für ihn.

Strindberg war verbittert über seine Familie. »Familie«, schrieb er rückblickend, »du bist das Heim aller sozialen Laster, die Versorgung aller bequemen Frauen, die Ankerschmiede des Familienvaters, die Hölle der Kinder!«[9]

In dem pietistischen Elternhaus wird er zu strenger Wahrhaftigkeit erzogen, erfährt jedoch, daß Wahrhaftigkeit nur eine Annehmlichkeit für die Eltern bedeutet und daß Gerechtigkeit je nach Laune und ohne Verständnis geübt wird. Gott, genau wie der Vater, strafte für unwissentliche Sünden.[10] Sein ganzes Leben lang war er auf der Suche nach der Wahrheit, stellte den Wert der überlieferten Konventionen in ihrer Unaufrichtigkeit in Frage und verfiel dann in Enttäuschung.

Jedoch gab es auch bessere Zeiten und verhältnismäßig gute Jahre, als die Lage der Familie sich besserte. Strindberg wurde ein guter Schüler zur Zufriedenheit des Vaters, der in ihm gern den zukünftigen Akademiker der Familie sah. Als er das Elternhaus verließ, um die Universität zu beziehen, suchte er »noch seine Rolle, da er seine Stellung noch nicht gefunden hatte ... Er war noch nicht dazu gekommen, sich zu entscheiden, welche Triebe zu unterdrücken seien und wieviel vom Ich für die Gesellschaft geopfert werden müsse, in die er jetzt eintreten sollte.«[11] Immerhin verfügte er über eine Kraft – eine Kraft, die der Überzeugung entstammte, daß die »Wahrhaftigkeit«, die man ihn gelehrt hatte, falsch oder trügerisch war. Es war eine negative, bilderstürmerische Idee, aber hinter der Auflehnung verbarg sich das Suchen nach einem Menschen oder einem Glauben, dem man trauen, auf den man bauen konnte.

Sein Vater hatte ihn auf die Universität geschickt, aber er sorgte nicht für seinen Unterhalt. Strindbergs frühere Vorstellungen vom Leben an einer Universität verblaßten bald angesichts seiner aufreibenden Armut und der Enttäuschung über seine Lehrer. Er wandte sich hierhin und dorthin in der Suche nach Ich-Identität. Aber seine Götzen hatten tönerne Füße, und zudem war er ein Meister darin, sich selbst Niederlagen zu bereiten. Erst sehr viel später wurde es ihm klar, daß er auf Grund einer »Hybris«, seiner anmaßenden Herausforderung der Autorität, sich unbarmherzig bestrafen mußte. Freud, wie schon die Griechen vor ihm, erkannte, daß die »Hybris« den Prolog zur Tragödie darstellt.

Der junge Strindberg, ein Mensch mit vielen Talenten, aber ohne Identität, war unfähig, seine Rolle im Leben zu finden. Er gab Privatstunden, bereitete sich auf das Medizinstudium vor, lief davon, um Schauspieler zu werden, wurde Bühnenschriftsteller mit für einen Zwanzigjährigen relativ gutem Erfolg, wurde Künstler, Sprachforscher, Telegraphist. Er fand mehrmals Journalistenposten, verlor sie aber immer wieder wegen seiner Tiraden gegen das bestehende System. Einmal erlebte er eine Krise größeren Ausmaßes. Als er mit Schiffahrtsversicherungen – dem Betätigungsfeld seines Vaters – dadurch zu tun hatte, daß er eine Handelszeitung herausgab, machte auch er Bankrott und fühlte sich degradiert. Als dann, bei seiner ersten ernsthaften Liebesaffäre, die Frau, mit der er einige Tage zusammen gelebt hatte, ihn um eines anderen Mannes willen verließ, verfiel er in eine Art Raserei, stürmte durch die Wälder, trampelte alles nieder und schlug auf Bäume ein wie auf imaginäre Feinde.[12] Nun erkannte er, daß alle seine Beziehungen zu Frauen dadurch gestört waren, daß er in ihnen seine Mutter suchte, und »die Mutter zu begehren, bedeutete seelischen Inzest« (Sprigge, *The Strange Life of August Strindberg*, London 1949). Er gewann jedoch sein Gleichgewicht wieder, und gerade als es besonders trübe um seine Zukunft aussah, gelang es ihm, einen Posten in der Königlichen Bibliothek zu bekommen, eine mit Prestige verbundene Position mit einem zwar bescheidenen, aber sicheren Einkommen. Außerdem hatte er Gelegenheit, wissenschaftlich zu arbeiten, was ihm internationale Anerkennung einbrachte (Sprigge, *The Strange Life of August Strindberg*, London 1949, S. 54). Die »Sturm-und-Drang-Periode« schien vorüber zu sein. Diese Tätigkeit diktierte ihm eine bestimmte Rolle zu und vermittelte ihm das Gefühl der Identität. Hier konnte er seine Fähigkeiten einsetzen. Aber dann, mit 26 Jahren, öffnete sich eine Tür für ihn. Er machte die Bekanntschaft des Ehepaars Wrangel, eine Begegnung, die zugleich eine Konfrontation mit seinem Schicksal bedeutete.

Das Maschenwerk des Schicksals war aus unverarbeitetem, aus seiner Kindheit stammendem Material geknüpft: aus seiner Sehnsucht nach einer Mutter, die er vergöttern, nach einem Vater, den er bewundern konnte, nach Eltern, die liebevoll für einen sorgten; aus dem Unbehagen darüber, der Sohn eines verarmten, mit seiner Dienstmagd verheirateten vornehmen Mannes zu sein; aus der physischen und psychischen Einsamkeit seiner Kindheit; aus seinem Bedürfnis, Frauen in Jungfrauen und Prostituierte aufzuteilen, um damit den Inzest zu vermeiden; aus der uneingestandenen Anziehungskraft der Homosexualität; und schließlich aus dem Verlangen, sich durch seelische Vereinigung mit einer Frau zu vollenden.

Strindberg wurde durch eine Freundin bei den Wrangels eingeführt. Sie zeigten großes Interesse für das Theaterleben und woll-

ten Strindberg gern kennenlernen. Er fand sich plötzlich in dem gleichen Haus, in dem er den letzten Teil seiner Kindheit verbracht hatte, in dem seine Mutter gestorben war und sein Vater sich wieder verheiratet hatte. Er schrieb, daß er, als die Tür aufging, halb und halb zu hören erwartete, wie seine Eltern ihn schalten (Strindberg, *Die Beichte eines Toren*). An Stelle seiner schlampigen Mutter und seines menschenfeindlichen Vaters begrüßten ihn seine Traumprinzessin und ein stattlicher Gardeoffizier, der Inbegriff männlicher Vornehmheit. Strindberg glaubte nicht Siri von Essen, die Baronin Wrangel, sondern die Madonna zu erblicken. »Das Gefühl der Verehrung ... tauchte auf. Die Leere, welche die vertriebene Religiosität gelassen hatte, füllte sich: das Bedürfnis, zu verehren, erschien unter einer neuen Form. Gott war abgesetzt, das Weib nahm seine Stelle ein, aber das Weib, das Jungfrau und Mutter zugleich war ... Ich verehrte sie ... Um das Bedürfnis meiner Verehrung zu befriedigen, war mir die Anwesenheit des Gatten nötig ... mit mir verheiratet, wäre sie nicht mehr die Gattin *dieses* Mannes, die Mutter *dieses* Kindes, die Herrin *dieses* Hauses gewesen ... War es nur wegen der ernsten Erinnerungen, die für mich mit diesem Haus verbunden waren?«[13]
Die Wrangels fühlten sich stark zu Strindberg hingezogen, und es entwickelte sich sofort eine intime Freundschaft. Strindberg hatte die idealisierten Elterngestalten gefunden – ein Liebesobjekt und eine Gestalt, mit der er sich identifizieren konnte und deren Bewunderung er suchte. Die drei wurden unzertrennlich, und als Strindberg, einer inneren Warnung folgend, sich zu distanzieren versuchte, suchten ihn die Wrangels auf und bestanden darauf, daß er wieder zu ihnen kommen solle. Sie brauchten ihn, um das Gleichgewicht ihrer Ehe wieder herzustellen. Die Idealisierung der Wrangels dauerte nicht lange bei Strindberg. Während eines Besuches von Siri bei ihrer Familie in Finnland vertraute der Baron ihm an, daß Siri frigid sei. Dadurch verkörperte sie für Strindberg zwar erst recht ein höheres Wesen[14], aber es verwirrte ihn, daß der Baron mit Siris Einwilligung eine Liebesbeziehung mit ihrer Cousine unterhielt. Bald zeigte es sich deutlich, daß Siri Strindbergs Liebe erwiderte. Er versuchte, nach Paris zu fliehen, hatte aber das Gefühl, ohne sie wahnsinnig zu werden. Er befand sich bald in einer Situation, die zu durchschauen er zu vermeiden versuchte. Die Wrangels wünschten, daß er ein Mitglied ihrer

Hausgemeinschaft würde. Er hätte eine Liebesbeziehung mit Siri haben können, während der Baron weiterhin die Beziehung mit ihrer Cousine aufrechterhalten hätte. Diese Situation ist für einen Analytiker nicht so unverständlich, wie sie für Strindberg war: denn Siri gab zu, daß ihre Cousine eine starke körperliche Anziehungskraft auf sie ausübte, und der Baron seinerseits fühlte sich eindeutig zu Strindberg hingezogen.

Strindberg konnte also nicht länger das geliebte Kind bleiben, das seinen Eltern in Ehrfurcht begegnet. »Die Statue der Madonna war gestürzt; das Weib hatte sich hinter dem schönen Bildwerk enthüllt; verräterisch, treulos, mit Krallen versehen!« [15] Er suchte das Bild, das er sich von Siri machte, zu retten, indem er sie aus der niedrigen Sphäre ihrer Ehe fortnahm. Durch Identifizierung mit der idealisierten Siri betrachtete er die Untreue des Barons als etwas für sie Unerträgliches. Er bemühte sich, sich gegen den Strom der Erotik, den er von ihr ausgehen fühlte, abzuschirmen.[16] Trotz seiner Leidenschaft wünschte er nicht, sie körperlich zu besitzen, aber sein Stolz und die Tatsache, daß er sich unmännlich vorkam, ließen das nicht zu. Er glaubte sich durch das Verhalten des Barons, der ihm erlaubte, mit Siri allein zu sein, und der ihn sogar dazu ermunterte, verachtet und als ein sexuell unreifes Kind behandelt. Als er dazu noch glaubte, Siri mache sich über ihn als einen »Joseph«, der nicht auf ihre Verführungskünste einging, lustig, fühlte er sich gezwungen, seine Männlichkeit unter Beweis zu stellen (Strindberg, *Die Beichte eines Toren*).[17]

Nun hatte er den Inzest begangen. Er hatte die göttliche Mutter entweiht. Er war Ödipus, er fühlte sich eins mit den geschichtlichen und mythischen Gestalten des Altertums, die mit dem Tode oder der Kastration dafür bezahlen mußten, daß sie ein Jahr lang den sexuellen Bedürfnissen der göttlichen Königin gedient hatten. Der gütige Baron mußte zu einem rachsüchtigen Vater werden. Siri wurde zeitweise zu einer Muttergestalt, die ihn einhüllte und mit der er zu verschmelzen und die Glückseligkeit eines Kindes wieder zu erleben suchte. Dann wieder nahm sie die Gestalt eines Vampirs an, der davon lebte, ihm seine Kraft zu rauben, oder sie war eine treulose, geschminkte Hure. Er konnte nicht ohne sie leben, von ihr getrennt »war er wie ein frühzeitig von der Nabelschnur abgetrennter Embryo« (Strindberg, *Die Beichte eines Toren*). Er konnte nicht mir ihr leben, ohne überwältigende

Schuldgefühlte zu haben. Und doch konnte Siri nicht bei dem Baron bleiben; er überredete sie zur Scheidung.
Er hatte nicht die Absicht gehabt, Siri zu heiraten, sondern hatte sie nur aus ihrer unglücklichen Ehe befreien und sie dahin führen wollen, daß ihr Traum, Schauspielerin zu werden, in Erfüllung ging. Er konnte die Schauspielerin, die seine Schöpfung war, nicht ertragen, sie, die mehr an Erfolg und Bewunderung interessiert war als an ihm oder ihrem Kind. In Paris fand er Zuflucht, aber Siri war bereits schwanger. Die daraufhin geschlossene Ehe dauerte etwa 15 Jahre, Jahre mit kurzen Phasen des Entzückens, in denen Siri die angebetete Mutter war, und zunehmend langen und intensiven Zeiten bitteren Hasses, der Verachtung und körperlichen Abneigung, selbst wenn er sie liebte. Er empfand, daß seine Frau, so wie jede andere Frau, nur den kleinen Jungen, den sie wie ihr Kind behandelt, lieben kann, aber als »die Mutter Geliebte wurde« – »furchtbar!« »Die Mutter war dein Freund, aber das Weib war dein Feind, und die Liebe zwischen den Geschlechtern ist Kampf.«[18]
Es ist hier nicht möglich, diese Jahre zunehmender Wahnvorstellungen zu schildern, der heftigen Eifersucht, der Überzeugung, daß Siri verschiedene Liebesbeziehungen unterhielt, daß sie ihn vergiftete, daß sie ihn in den Wahnsinn trieb, um ihre Schuld und ihn loszuwerden, der Vorstellung, daß seine Kinder nicht von ihm stammten.[19] Es waren Jahre, in denen er wie ein Ausgestoßener umherirrte, unfähig, sich seinen wachsenden Ruhm zu vergegenwärtigen. Es waren Jahre zunehmender Auflehnung, die ihm Prozesse und ein Gerichtsverfahren wegen Gotteslästerung eintrugen.[20] Meiner Meinung nach ist es wichtig zu beachten, daß seine Eifersucht auf Siri mehr ihrer Zuneigung Frauen denn Männern gegenüber galt. Konnte er schon jeden Hinweis darauf, daß Siri irgendwelche anderen Interessen hatte, schlecht ertragen, so verfiel er, wenn sie sich eindeutig für eine Frau interessierte, in eine psychotische Raserei. In ihr waren Spuren der Eifersucht auf seine Schwestern enthalten, aber sie hatte auch etwas mit seiner weiblichen Identifikation zu tun und mit seinem unbewußten Wunsch, den Liebesakt als Frau zu erleben. Es gibt deutliche Beweise dafür, daß Siri ihrerseits starke homosexuelle Neigungen hatte, die auch etwas mit ihrer Liebe zu Strindberg zu tun hatten, und daß Strindberg, der eine heftige Eifersucht auf maskuline Frauen empfand, sich gleichzeitig von ihnen angezogen fühlte.[21]

Nachdem Strindberg einmal seiner Sehnsucht nach Wiedervereinigung mit der Mutter und seinem Streben, seine Identität durch eine Frau zu finden, nachgegeben hatte, konnte er sich niemals mehr als Ich behaupten und sein Ich gegen eine Invasion von außen schützen. Seine Ich-Grenzen lösten sich auf. Er konnte darüber toben, daß er von Siri verschlungen wurde, aber zugleich wünschte er, von ihr verschlungen zu werden, und auch, sie zu inkorporieren. Er kämpfte andauernd darum, seine Integrität zu bewahren. »Als ich dann ... wieder klar denken konnte, fühlte ich, wie meine Ehre gelitten hatte« (dadurch, daß die Frau die Oberhand gewonnen hatte) – »und ich wollte sie wiederherstellen durch eine große Tat, ein kühnes Unternehmen, eine Entdekkung oder durch einen ehrlichen Selbstmord.«[22] Er verließ Siri mehrmals, aber sobald er allein war, wurde er von dem Bild der reinen und mütterlichen Siri verfolgt, und seine Sehnsucht nach ihr grenzte an Verzweiflung.

Als die Ehe ihrem Ende zuging, lebte Strindberg in einer Welt wahnhafter Eifersucht. Außer sich über sein Unvermögen, jemals zu wissen, ob seine Kinder wirklich seine eigenen waren, suchend und spähend, zog er sogar die Möglichkeit in Betracht, daß ein erstes Kind nicht gestorben war, sondern von Siri versteckt gehalten wurde, um ihre Schuld zu verbergen –, denn der Baron mußte der Vater des Kindes gewesen sein. Und doch gelang es Strindberg, auf dem Höhepunkt seiner paranoiden Vorstellungen, eines seiner großartigsten Schauspiele, *Der Vater*, zu schreiben, das nichts anderes als eine in dichterische Form gebrachte Darstellung seines eigenen Lebens ist. Während er sonst nicht in der Lage war, Wirkliches von Unwirklichem zu unterscheiden, konnte er in dem Drama die Situation objektivieren. Er konnte sich mit Laura identifizieren und sie verstehen, die Frau, die das Leben ihres Mannes zerstörte. Noch klarer konnte er erkennen, wie der Rittmeister sich selbst zerstörte, gefangen in dem Netz seiner Selbsttäuschungen. Er entwarf ein Bild des Dilemmas seiner Freunde, die bemüht waren zu helfen, während der Rittmeister glaubte, sie suchten ihn zu verraten. Er war fähig, sich in die Tochter einzufühlen, die sich nicht von ihrem Vater fressen lassen konnte, der seinerseits fürchtete, daß sie ihn fressen würde.[23] Er entwarf ein liebevolles Bild der alten Amme, die den Rittmeister liebte und es trotzdem für ihre Pflicht hielt, ihn dazu zu bringen, die Zwangsjacke anzuziehen. In diesem Schauspiel bringt er die

Sehnsucht des Rittmeisters, in einer Frau Erfüllung zu finden, deutlich zum Ausdruck wie auch seinen Wunsch, daß die Frau die Oberhand gewinnen möge. Er beschreibt das Leiden, dem er wegen seiner inzestuösen Wünsche und Schuldgefühle und seiner Unmännlichkeit ausgesetzt war, um dann schließlich zu schildern, wie der zusammengebrochene Rittmeister mit dem Kopf an der Brust seiner Amme selig entschläft.

In diesem Schauspiel konnte Strindberg die Einsichten, aus denen er in seinem Leben keinen Nutzen ziehen konnte, ausdrükken. Zwar verdammt er seine Frau und ist ihr gegenüber voller Bitterkeit, aber er ist ebenso hart und unbarmherzig gegen sich selbst. Er ist gespalten in den Künstler Strindberg und den Menschen Strindberg. Als Mensch konnte er die Problematik seiner frühen Kindheit nicht überwinden. Als Künstler war er imstande, wie ein Analytiker die menschliche Tragödie objektiv zu beurteilen. Im Schauspiel suchte Strindberg eine Lösung des Konflikts und der damit verbundenen Leiden durch Katharsis und Ich-Kontrolle herbeizuführen, aber sein Unbewußtes gewann die Oberhand. Seine Absicht war gewesen zu schildern, wie Laura unwissentlich, aber unaufhaltsam durch die äußeren Umstände und die zwischen den Geschlechtern ständig schwelende Feindseligkeit dazu getrieben wurde, ihren Mann zu zerstören. Das Bild, das er von Laura entwarf, entzog sich jedoch seiner Kontrolle, und unwillkürlich wurde sie zu einem ränkeschmiedenden und gehässigen Weib – dem Bilde ähnelnd, das er in seinen Wahnvorstellungen von Siri entwarf. »Ich weiß nicht«, schrieb er einem Freund, »ob *Der Vater* eine Erfindung von mir ist oder ob mein Leben wirklich so war, aber ich habe das Gefühl, daß mir das verhältnismäßig bald geoffenbart werden wird und daß ich dann aus Gewissensagonie entweder in den Wahnsinn stürzen oder Selbstmord begehen werde.« [24] Erst nach langen qualvollen Jahren der Selbsterforschung sollte es ihm möglich sein, den Selbstbestrafungscharakter der Paranoia deutlicher und gründlicher zu erkennen.[25] Und als ob er eine Schuld auf sich lüde, wenn er nur die Tragödie des Mannes schilderte, schrieb er fast unmittelbar darauf *Fräulein Julie*, die Tragödie einer Frau, die von ihrer Mutter dazu erzogen worden war, die Männer zu verachten und sich an ihnen zu rächen, und die dadurch ihrer Weiblichkeit und ihres eigenen Willens beraubt wurde.

Tatsächlich dauerte es nicht lange, bis Strindberg in völlige geistige Umnachtung fiel. Mit dem Verlust von Siri von Essen, die er durch seinen Eifersuchtswahn vertrieben hatte, war er der einzigen Objektbeziehung beraubt, und sein Bemühen, einen Ersatz in einer zweiten Ehe zu finden, war von vornherein zum Scheitern verurteilt. Er glaubte, keine Frau könnte ihm die brutale Bloßstellung Siris in dem Roman *Die Beichte eines Toren*[26] verzeihen. Schuldbeladen wegen seiner Rachsucht und von jeder Frau und von Gott wegen seiner inzestuösen Wünsche und seiner rebellischen Verhöhnung der väterlichen Autorität Vergeltung erwartend, suchte er seine Selbstachtung dadurch wiederzugewinnen, daß er sich den Wissenschaften zuwandte. Daß jetzt eine vermännlichte Frau, die ihn verdrängt hatte, für Siri und seine Kinder sorgte, quälte und erzürnte ihn. Er konnte den Erfolg und die Anerkennung, die er ersehnt hatte, nicht ertragen, und gerade in dem Augenblick, als man dem Drama *Der Vater* als dem Meisterwerk eines Genies zujubelte, zog er sich von der Welt zurück, um in der Einsamkeit eines schäbigen Pariser Zimmers zu versuchen, Metalle in Gold zu verwandeln.[27] In der Isolierung führte er bald ein Leben der Qual und des Schreckens. Er fühlte sich von elektrischen Strömen bedroht, er hörte, wie seine Nachbarn Komplotte gegen ihn schmiedeten, er war davon überzeugt, daß ein früherer Freund nach Paris gekommen sei, um ihn zu töten, und dergleichen mehr. Trivialitäten – einem Fetzen Papier auf der Straße, einem Schild in einem Schaufenster, dem Flug eines Vogels, dem Blick eines Passanten – maß er eine bestimmte Bedeutung bei und ließ sich davon beeinflussen. Er vernachlässigte sich selbst und wurde krank. Seine Freunde sorgten für seine Aufnahme in ein Krankenhaus, aber bald kehrte er zu seiner Alchemie zurück. Als er nach Schweden ging, um bei einem Freund, der Psychiater war, zu leben, verließ er mitten in der Nacht das Haus fluchtartig, weil er glaubte, daß der Arzt ihn durch elektrische Strahlungen umbringen wollte. Jahrelang lebte er in einem Inferno von Wahnvorstellungen und Halluzinationen, ständig nach den Ursachen seiner Verfolgung forschend.[28] Ich kann hier nicht näher auf diese Jahre und die in ihnen gewonnenen Einsichten eingehen. Die Umstände, die schließlich zu seiner erneuten Produktivität führten, sind komplex. Sie sind eine Mischung aus ungewöhnlicher Einsichtsfähigkeit und restitutiven Wahnvorstellungen.[29]

Im wesentlichen wurde das Nachlassen seiner Qualen durch eine

Verzichtleistung bewirkt: Verzicht auf Gemeinschaft, da alle menschlichen Kontakte seine schwachen Ichgrenzen zu sprengen und seine Identität zu erschüttern drohten; Verzicht auf Anerkennung, die die Furcht vor Vergeltung wiederaufleben lassen würde; Verzicht auf sein aggressives Zweifeln, das ihm halluzinierte Bestrafung eintrug; Verzicht auf die Befriedigung libidinöser Wünsche. Er wurde passiv, er ließ sich durch die Forderungen eines strafenden, halluzinierten Überichs lenken und Beschränkungen auferlegen – durch nach außen verlagerte Introjekte, denen sein Ich sich unterworfen hatte. Auf diese Weise eingeengt, trat seine unbewußte Schöpferkraft in Erscheinung, und er schuf seine Dramen in einer Traumwelt, manchmal auf echten Träumen aufbauend, manchmal unbewußt in einer einem Trancezustand gleichenden Verfassung schaffend. In dem eingeschränkten Leben, das er führte, fand er Befriedigung in der Phantasiewelt des Theaters, in der er verschiedenen Seiten seiner selbst Gestalt zu geben vermochte.[30]

In den »Traumspielen« konnte er – so wie es in Träumen möglich ist – das Zeitlose, das Widersprüchliche, die unlösbare Ambivalenz wie auch die Vielzahl der miteinander in Beziehung stehenden Urkonflikte, die seine Aufmerksamkeit fast ausschließlich in Anspruch nahmen, Gestalt werden lassen. Einzig und allein diese symbolischen Traumspiele ermöglichten es Strindberg, die Tragik seines Lebens auf eine andere Weise als mit den Mitteln der Psychose auszudrücken.

Zusammenfassung

Ich habe mich in dieser Arbeit darauf beschränkt zu zeigen, daß ein Zusammenhang besteht zwischen den Erlebnissen Strindbergs in seiner ersten Ehe einerseits und der Entwicklung sowohl seiner Schizophrenie als auch seines Genies andererseits, der Fähigkeit, Trauerspiele zu schreiben, in denen er sich mit den Grundproblemen der menschlichen Existenz, den Themen uralter Mythen und des klassischen Dramas auseinandersetzt und eine Fülle neuer Einsichten vor uns ausbreitet. Seine Heirat weckte die ungelösten schweren präödipalen und ödipalen Konflikte auf, wie die Sehnsucht nach Wiedervereinigung mit der Mutter, das Mißtrauen gegenüber Elternfiguren, Auflehnung gegen die väterliche Autorität, Kastrationsängste und das Gefühl der Unsicherheit hinsichtlich seiner sexuellen Identität und damit verbunden Neid auf die Vorrechte, die die Frau genießt. Die schwachen Abwehrmechanismen gegen diese Strebungen aus der Kindheit wurden zum Einsturz gebracht, als die ödipale Situation sich in der Beziehung zu Baron und Baronin Wrangel von neuem konstellierte. Er war in eine Beziehung hineingeraten, in der er seine unglücklichen Kindheitserlebnisse korrigieren konnte; er fand eine jungfräuliche Mutter, die er vergöttern, und eine Vatergestalt, der er schmeicheln konnte, und wurde von beiden umhegt. Die erotischen Komponenten dieser Beziehung konnten jedoch nicht sublimiert bleiben, besonders deswegen nicht, weil die Partner nicht die gleichen Kindheitsphantasien wie er gehabt hatten. Die Situation kam für Strindberg einer Katastrophe gleich, als die ödipalen Phantasien inzestuöse Wirklichkeit wurden. Er litt nun nicht nur unter der Urschuld und der Furcht von väterlicher Vergeltung, sondern lebte dazu noch in der Angst vor anderweitigen Folgen von größter Tragweite. Eine fügsame Vaterfigur aus dem Felde geschlagen zu haben, war ein Triumph, der seinen narzißtischen Größenwahn verstärkte. Dadurch, daß er durch die Ehe mit Siri Wrangel die Wiedervereinigung mit der Mutter erreichte, ging er seiner Identität verlustig und wurde der Gefangene dieser symbiotischen Einswerdung, eine Gefangenschaft, von der er sich nie wieder ganz frei fühlte, genau wie ein Kind, das die ersehnte inzestuöse Vereinigung gewährt bekommt, fixiert wird und nicht danach streben kann, sich zu einer unabhängigen Persönlichkeit zu entwickeln.

Die Begegnung mit den Wrangels war in einer einzigartigen Weise geeignet, in Strindbergs seltsamem, kompliziertem Leben das Ausleben unerfüllter kindlicher Bedürfnisse und Phantasien zu ermöglichen. Von dieser Zeit an funktionierte der Mechanismus der Verdrängung und der Abwehr gegenüber der Wiederkehr des Verdrängten nicht mehr. Strindberg selbst und die von ihm geschaffenen Gestalten sühnten für die Verletzung grundlegender Tabus, und die Zuschauer, die seine Stücke ertragen konnten, erlebten eine Katharsis für ihre eigenen unbewußten Phantasien.

Aus dem Englischen von Ilse v. Kries

1 Diese Untersuchung wurde durchgeführt mit der finanziellen Unterstützung des National Institute of Mental Health. Vorgetragen auf dem 23. Internationalen Kongreß für Psychoanalyse, Stockholm, Juli–August 1963.
2 Strindberg war stark beeinflußt durch v. Hartmanns *Philosophie des Unbewußten*, die er in seiner Jugend ins Schwedische übersetzte.
3 *Die Beichte eines Toren*, Dt. Gesamtausgabe 1917, S. 414–15.
4 Freud, S.: *Totem und Tabu*, 1913, GW Bd. IX, S. 187.
5 »... Tatsache, daß ... das Schuldbewußtsein des Sohnes und der Sohnestrotz niemals erlöschen ... Jede Art der Versöhnung der beiden widerstreitenden seelischen Mächte wird allmählich hinfällig« (Freud, a.a.O., S. 185). Diese die Schuld der Söhne betreffende Feststellung trifft besonders für Strindberg zu, der seine ganze »Inferno«-Periode hindurch ein Spielball dieser Kräfte war. Er fand schließlich eine gewisse Beruhigung dadurch, daß er auf halluzinierte Stimmen aufmerksam wurde, die ihm bedeuteten, daß er für seine Aufsässigkeit bestraft würde, woraufhin er sein Denken und Handeln in andere Bahnen lenkte. Widerstrebend gab er die Beschäftigung mit der Alchemie auf, weil er zu erkennen meinte, die Gottlosigkeit, die in der Umwandlung der Elemente liege, erfordere eine Bestrafung (s. Strindberg, *Inferno, Blaubuch*).
6 Strindberg, *Der Vater*, und Graves, *The Greek Myths*, Bd. 2, Baltimore 1955.
7 »Ich beglückwünsche mich zu der Vielzahl der Motivierungen als einem Beweis dafür, daß ich mit der Zeit Schritt halte« (Strindberg, *Fräulein Julie*).
8 *Sohn einer Magd*, Dt. Gesamtausgabe, Bd. 1, S. 48.
9 *Sohn einer Magd*, Bd. 1, S. 16, und in *Das rote Zimmer*: »Er war 15 Jahre alt, als er aus der Strafanstalt kam, die jede Gemeinde für die Kinder unterhält, die das äußerst gewöhnliche Verbrechen, zur Welt zu kommen, begehen, und in der die unschuldigen Kinder den Sündenfall ihrer Eltern sühnen sollten, denn was sollte sonst daraus werden« (Dt. Gesamtausgabe S. 161). Ebenda (S. 375): »Dieses (vierte) Gebot hat die schrecklichste aller Regierungsformen, die Familientyrannei, begründet, gegen die schwerlich eine Revolution helfen kann. Die Menschheit würde mehr Ehre mit Kinderschutzvereinen einlegen als mit Tierschutzvereinen.«
10 Ein Erlebnis – das sich entweder wirklich ereignete oder eine Deckerinnerung darstellt – beeinflußte seine Entwicklung aufs tiefste und taucht in verschiedenen Variationen in seinen Dichtungen auf. Das noch nicht schulpflichtige Kind gerät in eine wahre Zwickmühle: es wird beschuldigt, von dem Wein seiner Tante getrunken zu haben. Als er dies abstreitet, sagt der Vater: »Du lügst auch noch und wirst Prügel bekommen.« Seine Mutter dringt in ihn, den Vater um Verzeihung zu bitten. Als er es tut, wird es als Eingeständnis seiner Schuld angesehen, und er bekommt Schläge. Später hört die Mutter, wie er dem Kindermädchen erzählt, daß er es gar nicht getan habe. Sie erzählt dem Vater, daß August schon wieder lüge, und er bezieht eine weitere Tracht Prügel. Von da an, schreibt er, habe er dauernd Angst gehabt und nicht mehr gewagt, irgend jemand sein Vertrauen zu schenken. Er meint, daß sich aus solchen Erlebnissen heraus sein abgrundtiefes Schuldgefühl und Mißtrauen jedweder Autorität gegenüber entwickelt habe. Diese Episode ist von besonderem Interesse, weil Samuel Butler, ein anderer gegen die Konventionen anrennender Bilderstürmer, in *Der Weg allen Fleisches* von einem ganz ähnlichen Erlebnis berichtet, durch

welches sich sein Mißtrauen gegen seine Eltern und ihr religiöses Wertsystem verhärtete.

11 Strindberg, *Der Sohn einer Magd*, S. 234.

12 Diese Episode wiederholte sich in ähnlicher Weise, als er vor dem Schiff floh, das ihn nach Paris bringen sollte, in dem Versuch, den Wrangels aus dem Wege zu gehen. Er hatte die Empfindung, daß die Trennung von Siri von Essen-Wrangel ihn in den Wahnsinn treiben würde. Symbolisch zeigt sich hier deutlich sein Haß auf Mutterfiguren, die später zu seinen weiberfeindlichen Ausfällen führen sollte (Strindberg, *Die Beichte eines Toren*).

13 Strindberg, *Die Beichte eines Toren*, S. 26/27.

14 »Sie verkörperte also die jungfräuliche Mutter, die ich in ihr geahnt hatte« (Strindberg, *Die Beichte eines Toren*, S. 43).

15 Strindberg, *Die Beichte eines Toren*, S. 49.

16 »Ich zog meinen Mantel an – eine wirkliche Zwangsjacke – und war so besser geschützt gegen diese Wärme, die sich von ihrem Körper auf meinen übertrug.« Strindberg, *Die Beichte eines Toren*, S. 80. Man vergleiche auch die letzte Szene von *Der Vater*.

17 Vgl. auch Akt III von *Der Vater* und *Fräulein Julie*.

18 Strindberg, *Der Vater*, Akt II, Rowohlts Klassiker Bd. 79/80, S. 32.

19 Die unerträglichen, wahnhaften Zweifel, ob er der Vater seiner Kinder sei, bildeten nicht nur die Thematik des Stückes *Der Vater*, sondern hatten sich zu einer ihn völlig beherrschenden Besessenheit entwickelt. Das komplizierte Thema kann hier nicht näher untersucht werden. Es ist interessant, daß Freud in seinem Nachtrag zum Fall Schreber das Bestreben Schrebers, den Nachweis seiner Abstammung väterlicherseits zu erbringen, und die mythologische Bedeutung uralter Riten in Beziehung setzt zu den Abkunftsproben bei den verschiedensten Völkern (Freud, *Psychoanalytische Bemerkungen über einen autobiographisch beschriebenen Fall von Paranoia*, GW, Bd. 8).

20 Strindberg war zutiefst erschrocken; er fürchtete, daß die drohende Verurteilung zu zwei Jahren Haft ihn mit Sicherheit in den Wahnsinn treiben würde, aber er kehrte nach Schweden zurück, um sich dem Gerichtsverfahren zu stellen, und wurde unerwartet wie ein Held, ein Märtyrer für die Sache der Freiheit empfangen. Trotz dieses Triumphs bedeutete es ein für ihn erschütterndes Erlebnis, das seinen Wahn, alle Frauen hätten sich gegen ihn verbündet, verstärkte.

21 Ursprünglich war es Marie David gewesen, die eine Anziehungskraft auf Strindberg ausgeübt hatte; er bezeichnete sie später als Siris homosexuelle Verführerin; Siri lebte nach ihrer Scheidung mit ihr zusammen. Es ist interessant, daß der einzige Mann, der während einer manifesten schizophrenen Phase in seinem Verfolgungswahn deutlich in Erscheinung tritt, ein polnischer Schriftsteller war, der Strindberg bewunderte und nahezu vergötterte, und der eine Frau heiratete, mit der Strindberg zwischen seiner ersten und zweiten Ehe eine kurze Liebesbeziehung gehabt hatte. Dadurch kam Strindberg in die Lage eines Vaters, der aus dem sexuellen Bereich von seinem Sohn verdrängt wird. Er projizierte seine feindseligen Gefühle dem Vater gegenüber und seine Schuldgefühle dem Baron gegenüber auf den Polen. Er würde von dem Sohn umgebracht werden – so wie wie Kronos den Uranus tötete.

22 Strindberg, *Der Vater*, Akt II, S. 33.

23 *Rittmeister:* »Du hast wohl zwei Seelen (die Deiner Mutter und meine), und mit der einen liebst Du mich und mit der anderen haßt Du mich. Aber Du sollst mich nur lieben! Du sollst nur *eine* Seele haben, sonst bekommst Du niemals Frieden

und ich auch nicht. Du sollst nur *einen* Gedanken haben, der das Kind meines Gedankens ist; Du sollst nur *einen* Willen haben, den meinen!« *Bertha:* »Das will ich nicht. Ich will ich selbst sein.« *Rittmeister:* »Das darfst Du nicht. Siehst Du, ich bin ein Menschenfresser und will Dich fressen. Deine Mutter wollte mich fressen, aber das gelang ihr nicht. Ich bin Saturnus, der seine Kinder fraß, weil man ihm prophezeit hatte, daß sie ihn sonst fressen würden. Friß oder werde gefressen! Das ist die Frage! Wenn ich Dich nicht fresse, so frißt Du mich, und Du hast mir bereits die Zähne gezeigt« ... (Geht zu den Waffen und nimmt einen Revolver.) (Strindberg, *Der Vater*, S. 41.)

24 Sprigge, *The Strange Life of August Strindberg*, London 1949, S. 116/117.

25 Strindberg, *Blaubuch*, und Storch, »August Strindberg im Lichte seiner Selbstbiographie: eine psychopathologische Persönlichkeitsanalyse«. *Grenzfragen des Nerven- und Seelenlebens,* Monograph 111, 1921.

26 Strindberg gab zu, daß es ihm ein hämisches Vergnügen bereitete, Siri den Unterhaltsbeitrag aus den Erträgen aus der *Beichte eines Toren* bezahlen zu können, einem Buch, das sie – oder seine wahnhaften Vorstellungen von ihr – vor der Öffentlichkeit bloßstellte. Aber es dauerte nicht lange, bis er das Buch als eine seiner größten Verfehlungen betrachtete.

27 Die charakteristischen analen Züge seiner Bemühungen, in seinem Zimmer inmitten von üblen Gerüchen und Rauch Gold zu erzeugen, liegen offen zutage, ebenso die Furcht vor Angriffen und seine alles durchsetzende Ambivalenz. Aber auch sein starker Wille kann im Zusammenhang mit seiner analen Fixierung und Regression stehen. Sein Interesse für die Alchemie stellte sich dem Wesen nach schließlich als Auflehnung gegen Gott heraus – als ein Versuch, die Schöpfung umzugestalten – und als Wunsch, die grundlegenden Lehrsätze der großen Wissenschaftler zu widerlegen. Er glaubte, daß Pasteur starb, weil eine seiner Abhandlungen an diesem bestimmten Tage veröffentlicht worden war, und daß eine seiner astronomischen Veröffentlichungen für den Tod verschiedener prominenter Astronomen verantwortlich sei.

28 Diese Jahre schizophrener Verwirrung bilden die Themen des *Inferno* (1887) und der *Legenden* (1887 bis 1888).

29 Ein bedeutender Schritt zu seiner Wiederherstellung scheint eingetreten zu sein, nachdem er herausgefunden hatte, daß Swedenborg nahezu identische Täuschungen und Halluzinationen erlebt hatte. Dies bedeutete für Strindberg die Gewißheit, daß er nicht wahnsinnig war, sondern daß er ebenso wie dieses Genie – auch ein Schwede –, das vor ihm gelebt hatte, sich in dieser irdischen Hölle Strafen zu unterziehen hatte als Vorbereitung für ein künftiges Leben. Für den Rest seines Lebens blieb er ein Anhänger Swedenborgs, dessen merkwürdige Vorstellungen teilend. Seine letzten Schauspiele sind durchdrungen von Erbarmen mit allen Menschen, die ähnlichen Leiden wie er ausgesetzt waren.

30 Übrigens gab es in seinem Leben auch in der Realität Zeiten, in denen er zufrieden war. Seine dritte Ehe mit Harriet Bosse (1901–1904) war für ihn trotz Zeiten der Trennung und der Scheidung nach drei Jahren eine glückliche Zeit. Sie blieben sich freundschaftlich zugetan, bis Harriet Bosse sich 1908 wieder verheiratete. Offensichtlich hat Strindberg sie und ihre gemeinsame Tochter bis zu seinem Tode geliebt. Die Beziehung litt darunter, daß seine Frau sich weigerte, seine Verleumdungen und Verdächtigungen ihr gegenüber zu tolerieren. Sie wußte, daß sie ihr eigenes Wesen und ihre Bewegungsfreiheit nicht seiner exzentrischen und unverständlichen Forderungen wegen aufgeben konnte. Sie zollte Strindberg Achtung und volle Anerkennung, war sich aber darüber im klaren, daß sie

ihre Selbstachtung nicht verlieren durfte. Nach der Trennung blieb sie für Strindberg eine Idealgestalt und eine Quelle der Inspiration. Es ist interessant, daß sie ihn, obgleich sie ihn als launenhaft, exzentrisch, scheu, krankhaft mißtrauisch und eifersüchtig kannte, nicht für geisteskrank hielt. »Das hängt davon ab, was man unter Geisteskrankheit versteht«, schrieb sie. »Wenn jemand durch die Prüfungen des Lebens im höchsten Maße sensibel, scheu und mißtrauisch wird, so muß man darunter nicht notwendigerweise das verstehen, was im allgemeinen als Geisteskrankheit bezeichnet wird« (Bosse, *The Letters of Strindberg to Harriet Bosse*, New York 1959, S. 92–93). Strindbergs Briefe an sie und das *Blaubuch*, das während dieser Jahre entstand, zeigen, daß es sich bei den Beweggründen zu seinen Handlungen häufig um Projektionen handelte, daß er weiterhin an Telepathie, »Doppelgängertum«, den Erfolg seiner Alchemie glaubte und sich durch die Bedeutung, die er trivialen Zufälligkeiten beimaß, leiten ließ. Aber er blieb integriert und im höchsten Maße schöpferisch.

Literatur

(1) Bosse, H. (1901–04): *The Letters of Strindberg to Harriet Bosse* (übersetzt und herausgegeben von A. Paulson). New York (T. Nelson & Sons) 1959.

(2) Butler, S. (1903): *Der Weg allen Fleisches*. New York (Macmillan) 1925.

(3) Freud, S. (1911): *Psychoanalytische Bemerkungen über einen autobiographisch beschriebenen Fall von Paranoia*. Bd. 8.

(4) – (1913): *Totem und Tabu*. Bd. 9.

(5) Graves, R. (1955): *The Greek Myths*, Bd. 2, Abs. 136. Baltimore (Penguin Books).

(6) McGill, V. (1930): *August Strindberg, The Bedeviled Viking*. New York (Brentano's).

(7) Sprigge, E. (1940): *The Strange Life of August Strindberg*. London (Hamish Hamilton).

(8) Storch, A. (1921): »August Strindberg im Lichte der Selbstbiographie: eine psychopathologische Persönlichkeitsanalyse«, *Grenzfragen des Nerven- und Seelenlebens.*

(9) Strindberg, A.: Deutsche Gesamtausgabe, 1917.

E. C. M. Frijling-Schreuder
Honoré de Balzac, ein gestörter Junge, der nicht behandelt wurde

Diese Betrachtungen über das Leben und die schöpferische Kraft des großen französischen Schriftstellers Honoré de Balzac (1799 bis 1850) sollen veranschaulichen, wie vorsichtig man sein muß, wenn man etwas über die zukünftige Entwicklung von Kindern voraussagt, die in ihrer ersten Kindheit vernachlässigt wurden, vor allem dann, wenn wir solche Kinder in einer Übergangsphase sehen, z.B. in der Pubertätszeit.

Wir wollen uns in einer anachronistischen Phantasie einmal folgendes vorstellen: Balzacs Eltern gehen mit ihrem ältesten Kind in eine Child Guidance Clinic, und sie haben allen Grund dazu. Ihr Junge wird im Alter von vierzehn Jahren aus einem sehr strengen römisch-katholischen Institut, dem Collège Vendôme, nach Hause geschickt, und zwar in einem ziemlich bejammernswerten Zustand: Äußerst abgemagert und in einem Dauerstupor, in dem er auf Angesprochenwerden nicht reagiert und selber kaum spricht.

Seine Lebensgeschichte (1, 2, 3, 4, 5) ist die eines ungewollten, ungeliebten Kindes. Als ältestes von vier Kindern einer jungen Mutter und eines alten Vaters, die bei seiner Geburt 21 und 53 Jahre alt sind, wird er sofort nach der Geburt in die Obhut einer Pflegerin gegeben und bleibt dort, ohne jeglichen Kontakt mit seinen Eltern, bis er drei Jahre alt ist. Eine jüngere Schwester, Laure, wird in der gleichen Pflegefamilie untergebracht. Die Kinder, nach denen niemand fragt, sind im Dorf Gegenstand des Mitleids. Als Honoré im Alter von drei Jahren nach Hause zurückkehrt, wird er zum Objekt der Ambivalenz seiner Mutter; er wird für die Fehler der anderen Kinder bestraft und beginnt bereits, Bestrafung zu suchen.

In seinen Briefen und Schriften kommt er oft auf diese Periode zurück und spricht von der Verfolgung, der er sich ausgesetzt fühlte – abgeschnitten von aller Zärtlichkeit. Dabei entsteht seine eindrucksvolle Beschreibung eines vernachlässigten Kindes: »Da ich immerzu neues Leiden erwartete, so wie Märtyrer den nächsten Schlag erwarten, drückte mein Wesen eine traurige Resignation aus, unter der alle Anmut und Lebhaftigkeit des Kindes erstickt waren. Meine Haltung wurde als Zeichen von Idiotie gedeutet und rechtfertigte die düsteren Voraussagen meiner Mutter. Ich hielt mich im Garten auf, um mit Steinchen zu spielen, Insekten zu betrachten oder in den blauen Himmel zu gucken« (6n, o).

Eine seiner bedeutungsvollsten Deckerinnerungen ist diese: Von der Erzieherin vergessen, ist er im Garten und betrachtet träumerisch einen Stern; seine Schwestern haben einen Wasserhahn geöffnet. Er wird beschuldigt, den Garten überschwemmt zu haben, und heftig geschlagen. Als er sagt, er habe einen Stern angeschaut, ist seine Mutter sarkastisch: Unmöglich, daß ein so dummer Junge wie er sich für die Natur interessieren könnte. Das Betreten des Gartens wird ihm von da an verboten.

Als ein anderer Junge einen Stein nach ihm wirft und er blutend heimkommt, kommentiert seine Mutter: »Dieses verdammte Kind wird uns immer nur Sorgen machen.« Vielleicht ist die Ambivalenz der Mutter durch ihre unglückliche Ehe verstärkt. Ihr jüngster Sohn ist das Kind eines anderen Mannes, obschon von ihrem Ehemann formell akzeptiert; dieses Kind Henri ist der verwöhnte Liebling.

Mit acht Jahren wird Honoré als dummer, widerspenstiger Junge in ein strenges römisch-katholisches Institut gegeben, das Collège Vendôme. Wieder ist er völlig von seiner Familie abgeschnitten, nie besuchen seine Eltern ihn, nie darf er in den Ferien nach Hause. Sogar in dieser strengen Umgebung ist er ein Ausgestoßener und verbringt viel Zeit eingesperrt in einem Verschlag unter der Treppe. Dort liest er heimlich alles, was er erwischen kann. Weder in den Unterrichtsstunden noch bei anderen Aufgaben erzielt er gute Ergebnisse. Sein Leben ist die gleiche Folge von Bestrafungen, neuem Versagen und wiederum Bestrafung. Zu Hause suchte er Trost in der Natur; nun, nach seiner ersten Kommunion, sucht er Zuflucht in der Religion. Er sagt später, daß die religiöse Ekstase ihm bei seiner schriftstellerischen Arbeit geholfen habe, den tieferen Sinn der Dinge zu erkennen.

Er ist ein dicker, langweilig dummer Junge, zum Spielen ebenso unbegabt wie zum Lernen. Tanzunterricht führt nur dazu, daß er sich lächerlich macht, Lediglich sein Kontakt zu anderen Jungen ist nicht so schlecht. In seinem 15. Lebensjahr folgt die Krise mit äußerster Abmagerung, die dazu führt, daß er nach Hause zurückkehrt. Zu diesem Zeitpunkt leben seine Eltern auf dem Lande. In bemerkenswert kurzer Zeit wird der Zustand Honorés bes-

ser, sogar so weit, daß er in einer nahegelegenen Schule Besseres leistet. Bald jedoch zieht seine Familie nach Paris, und Honoré wird wiederum in eine Internatsschule gesteckt, in der seine Geschichte sich wiederholt: Der Junge arbeitet nicht und wird dauernd bestraft.
Ich veranschauliche die extreme Ambivalenz seiner Mutter mit einigen wenigen Sätzen aus einem Brief, den sie ihrem sechzehn Jahre alten Sohn schreibt: »Ich kann Dir nicht sagen, wie Du mich quälst. Ausgerechnet Du hast die schlechteste Note in diesem Aufsatz. Du wirst verstehen, daß ein Junge wie Du nicht an einem Fest teilnehmen kann. Ich hatte vor, Dich morgen schon früh zu holen, und wir hätten mittags und abends zusammen essen können. Denke morgen an meinen Kummer« (8). In diesem ganzen Brief findet sich nicht ein einziges Wort des Mitleids für den Jungen, und sie schreibt, als sei der Junge fünf und nicht sechzehn Jahre alt.
Kehren wir zurück zu unserer Phantasie: Wie wäre unsere Diagnose ausgefallen, wenn wir den Jungen in dieser Periode gesehen hätten? Ich glaube, etwa so: Schwere Entwicklungsstörung bei einem Jungen, der an einer gestörten Eltern-Kind-Beziehung gelitten hat; ohne Behandlung ziemlich traurige Prognose.
Balzacs Entwicklung scheint auf Jahre hinaus diese Diagnose zu bestätigen. Man gewährt ihm zwei Jahre harter Arbeit und kargen Lebens in Paris, um sich als Schriftsteller zu beweisen. Seine Arbeit enttäuscht. Er kehrt zu seiner nörgelnden, dominierenden Mutter und zu seiner jammernden Großmutter zurück. Er beginnt eine Beziehung zu einer Freundin seiner Mutter, Frau de Berny – eine Frau, die doppelt so alt ist wie er –, und das führt natürlich zu großem Skandal in beiden Familien. Für ihn aber ist diese Frau viele Jahre lang eine sehr nachsichtige Freundin. Sie glaubt an ihn und regt seinen Tätigkeitsdrang an. Seine Beziehungen zu Frauen sind turbulent, und er versucht nicht einmal, sie vor Frau de Berny zu verbergen. Er beginnt eine Beziehung mit der Herzogin d'Abrantès, der Witwe des Generals Junot. Auch sie ist sehr viel älter als er; während aber Frau de Berny ein guter Einfluß in seinem Leben war, ist die Herzogin d'Abrantès eine opiumsüchtige, dekadente Frau. Beide Frauen scheinen ein Teil seines Familienromans zu sein (7). Frau de Berny war die Tochter eines Musikers am Hof König Ludwig XVI., und die Herzogin d'Abrantès hatte Napoleon als Kind gekannt.

Balzac fühlt, wie nahe er einer asozialen Lebensführung ist. Sein *Code des gens honnêtes* ist eher eine Verherrlichung des Meisterdiebes als der Rechtschaffenheit. Er sucht, wie der Dieb, den er beschreibt, »einen Weg, schnell reich zu werden«, und dieser Wunsch ist es, der ihn in mißglückte Unternehmungen treibt, die seine Mutter und seine Freunde soviel Geld kosten. Es wird immer typisch für seine Freundschaften bleiben, daß sie seine Freunde viel Geld kosten.

Als er 30 Jahre alt ist, wird sein Roman *Le dernier des Chouans* in der literarischen Welt akzeptiert, und von diesem Zeitpunkt an wächst sein Ruhm.

Balzacs Liebesleben bleibt sehr unbefriedigend. Soweit seine Briefe darüber aussagen, ist seine Arbeit ihm oft eine schwere Last, die er nur trägt, um seine drängendsten Gläubiger zufriedenzustellen. Schon zu seinen Lebzeiten ist seine Arbeit sehr berühmt; was jedoch seine Zeitgenossen über ihn als Person schreiben, ist widersprüchlich: Einmal wird er als fett, einmal als äußerst mager beschrieben; einmal als schmutzig und zerlumpt und dann wieder als Dandy. Heute besitzt er Pferde, Diener, ein Haus voller Wertgegenständen und Raritäten; dann reist er in den Süden Frankreichs und hat 98 Francs als einzigen Besitz in der Tasche und ist nicht einmal imstande, das Geld zu beschaffen, das er für die Reise nach Genf benötigt, wo seine wohlhabende polnisch-russische Freundin, Frau Hanska, auf ihn wartet.

Er arbeitet 20 Stunden am Tag – dann folgen Perioden des Nichtstuns und Herumtrödelns in den herrschaftlichen Häusern seiner adligen Freunde. Bei allem klingt jedoch als Grundton mit, daß er allen anderen und sich selbst nur Unglück und Ruin bringe. Nur seine Schwester Laure bildet eine Ausnahme. Seine Mutter und seine Freunde provoziert er unaufhörlich. In jeder Liebesbeziehung macht er sich Eifersucht zunutze. Mit seiner letzten Freundin, Frau Hanska, die er kurz vor seinem Tode heiratet, korrespondiert er viele Jahre lang (9), bevor beide sich zum ersten Male sehen; und bei dieser Begegnung beschäftigt er sich dann mehr mit Frau Hanskas Nichte, als daß er sich der langersehnten Vereinigung mit seiner Freundin hingibt.

Es ist nicht schwer, in Balzacs Liebesleben (10) die schlechten Auswirkungen der sadomasochistischen Beziehung zu seiner Mutter aufzuzeigen; viel schwieriger aber ist es zu erklären, wie es

möglich ist, daß eine so schwer gestörte Persönlichkeit derart herrliche und reiche schöpferische Kräfte entfaltet.
Für den schöpferischen Künstler mag das Schwanken zwischen Gefühlen der Größe und Gefühlen der Unsicherheit normal sein. Balzacs ausgeprägte Bisexualität mag ebenfalls ein typischer Zug sein, in seinem Fall gefördert durch die starke, ambivalente Bindung an seine Mutter. Van der Leeuw (11) wies darauf hin, daß diese Identifizierung mit der omnipotenten Mutter vielleicht eine der Quellen ist, aus denen schöpferische Kraft entspringt.
Was kann uns die Lebensgeschichte Balzacs in bezug auf die Zukunft frühvernachlässigter Kinder mit einer gestörten Eltern-Kind-Beziehung lehren? Was in Balzacs früher Geschichte könnte uns zu einer hoffnungsvolleren Voraussage über seine Fähigkeit zur Sublimierung geführt haben?
Bei unserer Bewertung der gestörten Mutter-Kind-Beziehung haben wir kulturelle Faktoren bis jetzt noch außer acht gelassen. Gäbe ein verheiratetes, gesundes Ehepaar des Mittelstandes im 20. Jahrhundert ein Kind gleich nach der Geburt in Pflege, so wäre dies ein Zeichen schwerer Störung. Im 19. Jahrhundert war es in Frankreich ein Zeichen des Wohlstandes, für ein Kind eine Amme zu haben, und ein Weggeben des Kindes in eine Pflegefamilie wäre an sich kein Zeichen für eine schlechte Mutter-Kind-Beziehung gewesen. Zudem wäre die Bindung zwischen Kind und Amme für das ganze spätere Leben des Kindes bedeutsam geblieben. Balzac jedoch empfand sein Weggegebenwerden genauso, wie ein Kind unserer heutigen Zeit dies empfände. Daß man ihn in Pflege gibt, ist ihm ein Beweis dafür, daß seine Eltern ihn nicht lieben, und er hat späterhin keinerlei Bindung zu seiner Pflegefamilie. Was in einer bestimmten Kultur normal ist, kann zu einem traumatischen Erleben werden, wenn es als Symbol einer verstärkten Ambivalenz empfunden wird.
Als bedeutsamer und heilsamer Faktor in Balzacs Jugend hat sich seine immerwährend gute Beziehung zu seiner Schwester Laure ausgewirkt. Diese Fähigkeit zur Objekt-Liebe und dieses Verantwortungsgefühl für sie, als er drei Jahre alt war, kann als gutes prognostisches Zeichen gewertet werden (12).
Weil die Mutter-Kind-Beziehung so wichtig ist, neigen wir oft dazu, die Bedeutung anderer Objekte im Leben des Kindes zu gering einzuschätzen. Balzacs Vater war bei der Geburt des Sohnes über 50 Jahre alt und sicher kein Vater, der sich stark mit seiner

Familie beschäftigte. Er war aber dennoch eine sehr vitale Persönlichkeit, und einer der Biographen Balzacs erzählt von langen Spaziergängen, die Vater und Sohn unternahmen, bei denen der Vater über Hygiene, Politik und Natur sprach. Der junge Balzac aber war, wie wir wissen, von seinem 8. bis zu seinem 15. Lebensjahr nicht zu Hause; und als er zurückkehrte, war sein Vater 68 Jahre alt!

Der Vater Balzacs war ein hundertprozentiger Selfmade-Mann, der einzige unter seinen Brüdern und Schwestern, der lesen und schreiben konnte; der einzige, der soziale Erfolge hatte. Einer seiner Brüder wurde wegen Mordes zum Tode verurteilt, und der junge Balzac muß darum gewußt haben. Balzac sen. kam ohne einen Cent in der Tasche nach Paris, wurde dann aber als Administrator bis zu einem gewissen Grade berühmt. Seine Rührigkeit führte ihn von der Tätigkeit eines Schreibers bis auf den Posten eines Sekretärs im »Conseil du Roi«. Eine der vielen Funktionen, die er ausübte, war die eines Inspektors der Pariser Hospitäler. Er hat es in beruflicher Hinsicht ganz gewiß zu etwas gebracht, war darüber hinaus aber auch an sozialen Fragen interessiert. Er schrieb mehrere Broschüren, darunter eine über das Schicksal unverheirateter Mütter. Eine überaus starke Vitalität war kennzeichnend für seine Persönlichkeit.

Eben diese Vitalität ist vielleicht für uns der wichtigste Betrachtungspunkt. In *Der Dichter und das Phantasieren* beschreibt Freud (13) als wesentliches Merkmal der literarischen Kunst die Fähigkeit des Künstlers, seinen inneren Konflikten eine Form zu geben, die für andere Menschen akzeptabel ist.

Auch Kris (14, 15) spricht über den freien Kontakt des Künstlers mit seinem Unbewußten; er fügt jedoch noch einen weiteren Gesichtspunkt hinzu, der meiner Ansicht nach sehr wichtig ist. Kris erläutert, daß der Künstler sehr regressionsgeneigt ist und zugleich in ungewöhnlichem Maß die Fähigkeit besitzt, beim Schaffen seines Kunstwerkes libidinöse und aggressive Energien zu neutralisieren. In seiner schöpferischen Fähigkeit stehen dem Künstler seine eigenen unbewußten Konflikte zur Verfügung. Obschon sie ihn in vielen Bereichen seines Lebens hindern mögen, wie das auch bei weniger begabten Menschen der Fall ist, kann er sie in seiner Arbeit so nutzbar machen, daß sie sich nicht hindernd, sondern fördernd auswirken.

Die Identifizierung mit der omnipotenten Mutter kann zu einem gestörten Sexualleben führen; bei Balzac jedoch führte sie dazu, daß seine schöpferische Vorstellungswelt zweitausend Menschengestalten ins Leben rief. Seine Bisexualität befähigt ihn, die weiblichen und die männlichen Gestalten seiner Romane mit der gleichen Lebendigkeit zu gestalten.

Aus seinen eigenen Konflikten heraus entstehen in seinem Werk Verbrecher, perverse Menschen und Geizhälse. Während seine Verschwendungssucht in seinem eigenen Leben ein großes Problem ist, fasziniert ihn in seinen Romanen immer wieder der Charakter des Geizhalses. Der Vater Eugénie Grandets ist eine der bekanntesten dieser Charakterstudien; doch tauchen Gestalten mit solchen Charakterzügen auch in einer ganzen Reihe seiner übrigen Romane auf. Die wirkliche Fähigkeit des Künstlers liegt nicht in seiner reichen Phantasie. Wie Freud sagte, kann eine Flucht in die Phantasie zur Neurose führen. Die wirkliche Fähigkeit des Künstlers liegt in seiner Fähigkeit, die an seine unbewußten Konflikte gebundenen Energien zu neutralisieren und damit in die Energie zu verwandeln, die er zur Gestaltung seines Kunstwerkes braucht. Diese Neutralisation ist unstabil und in jedem Augenblick umkehrbar. Der Künstler braucht eine große Umkehrbarkeit seiner psychischen Energie, und er muß imstande sein, diese Umkehrbarkeit mit Bedacht anzuwenden. Insoweit sind diese seelischen Vorgänge dem Bewußtseinszustand vergleichbar, den wir Analytiker in der freibeweglichen Aufmerksamkeit anwenden, ein Mitschwingen mit den unbewußten Vorgängen in unseren Analysanden, mit denen wir in jedem Augenblick bewußt umgehen können. Wir müssen hinzufügen, daß wir dies nur mit Hilfe unserer eigenen Analyse können, während es sich beim Künstler um einem Spontanzustand im Bereich seiner spezifischen Fähigkeit handelt.

Balzac unterwarf sich beim Arbeiten einer asketischen Lebensführung. Er begann mit der Arbeit um 12 Uhr nachts, schrieb bis 6 Uhr, frühstückte und sprach mit seinen Verlegern bis 9 Uhr und schrieb wieder von 9 bis 6 Uhr abends; er ging um 8 Uhr abends zu Bett und nahm seine Arbeit um 12 Uhr in der Nacht wieder auf. Die Reinheit dieses Lebens unterstrich er dadurch, daß er eine weiße Mönchskutte trug. Meistens schrieb er zwei oder drei Romane zur gleichen Zeit; trotz seiner hohen Produktivität nahm er seine Arbeit nicht auf die leichte Schulter. Im Gegenteil: Es kam vor, daß er auch in einem Buch, das in zwei oder drei Wochen fertiggestellt war, ein und dieselbe Seite siebenmal und öfter umschrieb. Eine erschöpfende Arbeitsperiode dieser Art hielt vielleicht einen oder zwei Monate an und wurde dann wieder abgelöst von einem Leben der Vergnügungen, in dem er, statt zu schreiben, seine Phantasien ausagierte.

Kehren wir noch einmal zu unserer anfänglichen Phantasie zurück. Wenn wir den fünfzehnjährigen Balzac untersucht hätten – wäre es uns möglich gewesen, seine geniale, schöpferische Kraft zu diagnostizieren? Ich glaube nicht. Auch wenn sein brillanter Intellekt in der psychologischen Untersuchung, z.B. auf der Ebene des abstrakten Denkens, zum Vorschein gekommen wäre, hätte man in der Besprechung des Falles darauf hingewiesen, wie wenig eine derartige Intelligenz in einer schweren Charakterneurose nützt; und seine hoffnungslos schlechten Resultate in der Schule hätten unseren Pessimismus vielleicht noch verstärkt. Nicht grundlos hätten wir folgende Diagnose stellen können: Schwere Charakterneurose bei einem Jungen mit unharmonischem Körperbau und einer sadomasochistischen Mutter-Kind-Beziehung – und damit hätten wir dann das Wesentlichste übersehen. Seine Fähigkeit zur Objekt-Liebe, die in der guten Beziehung zu seiner Schwester Laure (8) zum Ausdruck kam; sein Interesse am Lesen; sein leichter Kontakt mit Menschen, die ihm wirkliches Interesse entgegenbrachten, und die Umkehrbarkeit der Symptome – all dies hätte in einer Diskussion des Falles auftauchen können.

Diese Umkehrbarkeit sehen wir später an der Schnelligkeit, mit der er sich bei seinen Freunden von seiner erschöpfenden Arbeit erholt. Auch die vielen Widersprüche über ihn, die sich in den Schriften seiner Zeitgenossen finden, weisen auf eine starke Umkehrbarkeit der Symptome hin.

Im allgemeinen ist die Prognose im Fall früher Vernachlässigung um so trauriger, je stärker die Fähigkeit des Kindes, zu sublimieren, gestört ist. Bei Kindern mit oberflächlichem Charakter und herabgesetztem Intelligenzquotienten werden wir eine weniger gute Prognose stellen als bei solchen, die noch ein gewisses gefühlsmäßiges Mitgehen zeigen und die ihre geistigen Fähigkeiten normal gebrauchen. Die Anwendung der intellektuellen Fähigkeiten war aber beim jungen Balzac schwer gestört. Während seiner ganzen Latenzzeit erschien er dumm, stumpf und ungeschickt, und erst später, in seiner sehr verzögerten Pubertät, wird eine gewisse Änderung sichtbar. Dies sollte uns zum Bewußtsein bringen, wie sehr wir uns davor hüten müssen, eine allzu starre Prognose zu stellen. Seine verzögerte Adoleszenz beantwortet wohl zum Teil die Frage, warum seine Fähigkeit zur Sublimierung sich erst so spät in seinem Leben entwickelt hat.

Die normale Lösung der Bindungen an die Eltern in der Pubertät blieb bei Balzac sehr unvollständig. Seine Sehnsucht nach einer besseren Mutterfigur führte ihn in seine Beziehung zu Frau de Berny, und die Stetigkeit ihrer Liebe hatte wohl einen günstigen Einfluß auf ihn. Balzac sagt: »Je ne vis que le cœur et elle m'a fait vivre« – »Ich lebe nur durch Liebe, und ihr verdanke ich, daß ich lebe« (2, S. 50).

Erst nach einem langen Zeitraum, in dem er fortwährend seine ödipalen Konflikte ausagierte, erreichte seine Produktivität ihren vollen, schöpferischen Hochstand.

Seine schöpferische Kraft und sein Ruhm sind wohl zugleich auch der eigentliche Grund dafür, daß seine asoziale Entwicklung nicht in endgültigem Versagen endete. Ich möchte in diesem Zusammenhang auf Greenacres (16) Ansicht verweisen, daß es die narzißtische Befriedigung an schöpferischer Tätigkeit ist, die dem Künstler Ausgleich bietet für viel neurotisches Leiden.

Sublimierung und Neutralisierung haben oft die Nebenbedeutung von Pflicht, bedeuten oft: aus der Notwendigkeit eine Tugend machen. Eines der wesentlichen Merkmale des Neutralisierungsprozesses ist aber, sich über die Entwicklung einer Fähigkeit freuen zu können; in diesem Sinne ist sie eng verwandt mit der »Funktionslust« des jungen Kindes bei der Entwicklung seiner Ich-Funktionen, z.B. der Motilitätskontrolle. Obwohl Balzac durch seine nörgelnde Mutter als Kind stark in seinen Tätigkeiten gehemmt wurde und als ein sehr ungeschickter Junge geschildert wird, der dem Spiel soweit wie möglich aus dem Wege ging, muß es doch bei ihm einen gewissen Anreiz für diese »Funktionslust« gegeben haben, aus der später Sublimierung erwachsen konnte. Vielleicht finden wir diesen Anreiz bei Balzac in seiner Kommunikation mit der Natur, in seinen langen Wanderungen kreuz und quer durchs Land, manchmal in Begleitung seines Vaters. Die Liebe zur Natur und die religiöse Ekstase führten ihn in die kosmischen emotionalen Erlebnisse oder, um Greenacres Begriff anzuwenden, zu den »kollektiven Alternativen«, die ihn zum Teil von der Liebe, die er entbehrte, unabhängig machten.

An letzter Stelle möchte ich einen ästhetischen Gesichtspunkt besprechen. Wir sagten, der Künstler habe die Möglichkeit, seine unbewußten Konflikte in seiner Arbeit zu verwerten. Manchmal jedoch scheinen sie ihn zu überwältigen und sich im Produkt seiner Arbeit direkt auszudrücken. Dies könnte ein analytischer Beitrag zur Literaturkritik werden, insofern nämlich, als das künstlerische Vorhaben scheitert, wo das Unbewußte zu direkt zum Ausdruck gebracht wird. Wir können dies an Balzacs Werken veranschaulichen. Zwei Phantasien geben seiner psychologischen Welt Farbe: Einmal sein Traum von der absoluten Liebe, den er in Charakteren wie Madame Hulot (6e) oder der noch tragischeren Gestalt des Père Goriot (6b) zeichnet; zum anderen sind seine Romane mit triebbeherrschten Charakteren bevölkert: der Baron Hulot, Grandet (6c), die Cousine Bette, usw. Es ist, als müsse er sowohl seinen unstillbaren Hunger nach Liebe als auch seinen unersättlichen Egoismus projizieren. So sieht ein vernachlässigtes Kind die Welt; gerade wegen seines unstillbaren Hungers nach Liebe kann es nicht an die Existenz wirklicher Objekt-Liebe glauben. Obschon im ganzen gesehen dieser Konflikt so ausgedrückt ist, daß unser Einfühlen geweckt wird, bleibt diese Wirkung aus, wenn Balzac uns mit seiner Lebensphilosophie belastet. Er verwendet dann ein Gemisch aus dem Materialismus seines Vaters und dem Okkultismus seiner Mutter, das uns unberührt läßt. Diese zu direkte Projektion der gestörten Diskussionen in seinem Elternhaus führt zu künstlerisch schlechten Ergebnissen bei einem Dichter, der die Befähigung hatte, uns seine ganze Epoche lebendig werden zu lassen.

Zusammenfassung

Wir haben die Frage, ob wir in Balzacs fünfzehntem Lebensjahr hätten voraussagen können, daß er zu großer künstlerischer Produktivität fähig sein würde, verneinend beantwortet. Wir haben einige gute, prognostische Anzeichen aufgezeigt: seine gute Beziehung zu seiner Schwester Laure und sein früh entwickeltes Verantwortungsgefühl ihr gegenüber; sein Interesse an Büchern; seine Vitalität und die Umkehrbarkeit seiner Symptome.

Unsere zweite Frage lautete: Wie ist es möglich, daß seine schwere Charakterneurose die schöpferische Fähigkeit des erwachsenen Balzac nicht hinderte – eine Frage, die sich bei vielen Künstlern aufdrängt. Wir kommen zu der Schlußfolgerung, daß der Künstler die gleichen Konflikte, die zur Charakterneurose geführt haben, im Bereich seiner schöpferischen Fähigkeiten verwerten kann. Freud spricht, um dies zu erklären, von der »Duldung der Intelligenz«, die beim Künstler seinem Unbewußten gegenüber gegeben ist (17) und, in seiner Leonardo-Studie (18), von einer starken Neigung zur Verdrängung, die kombiniert ist mit weitgehenden Sublimationsmöglichkeiten. Beres (19) – um das Gebiet freier Funktionen zu nennen – spricht von Dissoziation; Kris (14, 15) von mehreren Neutralisationsgraden und von der Umkehrbarkeit des Neutralisierungsprozesses: Konfliktmaterial kann in konfliktfreien Funktionen verwendet werden, aber der schöpferische Vorgang stellt ein sehr wenig stabiles Gleichgewicht her, das leicht gestört werden kann.

Unser dritter Betrachtungspunkt war das ästhetische Kriterium, nämlich die Annahme, daß die ästhetische Freude gestört wird, wenn der unbewußte Konflikt des Künstlers in seinem Werk zu direkt ausgedrückt ist.

Das Hauptanliegen meiner Ausführungen ist es jedoch, ganz einfach dies herauszustellen: Die Tatsache, daß wir in so vielen Fällen asozialer Charaktere eine Geschichte früher Vernachlässigung vorfinden, berechtigt uns nicht zu der Schlußfolgerung, daß wir auf Grund einer typischen Anamnese ein typisches Ergebnis für das spätere Leben voraussagen können.

Literatur

(1) Bertault, Philippe, *Balzac*. Paris (Hatier) 1946.

(2) Billy, André, *Vie de Balzac*. 2. Aufl. Paris (Flammarion) 1944.

(3) Marceau, Fèlicien, *Balzac et son Monde*. Paris (Gallimard) 1955.

(4) Prioult, Albert, *Introductions auxœuvres de Balzac*.

(5) Hastings, Walter Scott, Introduction et notes aux *Lettres à sa famille* de Balzac (s. Nr. 8).

(6) Balzac, H. de, *La Comédie Humaine* – Les Classiques du Monde, Paris 47–53.
A Etudes de mœurs.
I Scènes de la Vie Privée.
a) La femme abandonnée 1832.
b) Le Père Goriot 1834–1835.
c) La femme de trente ans 1831–1844.

d) Le contrat de mariage 1835.
II Scènes de la Vie de Province.
e) Eugénie Grandet 1833.
f) Le curé de Tours 1832.
III Scènes de la Vie Parisienne.
g) Histoire de Treizes.
h) La Duchesse de Langeais 1833–1834.
i) La fille aux yeux d'or 1834–1835.
j) César Birotteau 1837.
k) Splendeur et Misères des Courtisanes 1839–1847.
l) Les Parents Pauvres: La cousine Bette 1846.
B Etudes philosophiques
I m) La Peau de Chagrin 1831.
II n) Louis Lambert 1832–1833.
o) Le Lys dans la vallée.

(7) Freud, S., *Der Familienroman des Neurotikers*. Ges. W. VII, 227–31.

(8) Balzac, H. de, *Lettres à sa Famille*. Paris (Albin Michel) 1950.

(9) Balzac, H. de, *Lettres à l'Etrangère.* Paris (Camann-Levy) 1889.

(10) Portnoy, I., *The magic skin*. Am. J. of Psychoanal. IX, 1949, S. 67–74.

(11) Leeuw, P. J. v. d., *The Pre-oedipal Phase of the male*. Psa. Study of the Child, XIII (1958) S. 352–373.

(12) Freud, A. und Dann, S., *An Experiment in group-upbringing*. Psa. Study of the Child, VI (1951).

(13) Freud, S., *Der Dichter und das Phantasieren*. Ges. W. VII, S. 213–223.

(14) Kris, E., *Psychoanalytic Explorations in Art*. New York 1952.

(15) Kris, E., *Neutralisation and Sublimation.* Psa. Study of the Child, X (1955) 730–747.

(16) Greenacre, Ph., *The childhood of the artist.* Psa. Study of the Child XII, 47–73.

(17) Freud, S., *Der Wahn und die Träume in W. Jensens Gradiva.* Ges. W. VII, 51–125.

(18) Freud, S., *Eine Kindheitserinnerung des Leonardo da Vinci.* Ges. W. VIII, 128–211.

(19) Beres, D., *The contribution of psychoanalysis to the biography of the artist.* Int. J. Psa. 40, S. 26–38.

Milton L. Miller
Balzacs ›Père Goriot‹[1]

Ein Neuling in der Pariser Gesellschaft im ersten Drittel des 19. Jahrhunderts wäre verblüfft gewesen, einen robusten Mann »hundert Austern und ein Dutzend Kotelettes mit Beilagen« auf einen Sitz verspeisen zu sehen, die er mit riesigen Mengen von Kaffee hinunterspülte. Nach dem Diner hätte er denselben Mann dabei beobachten können, wie er eine brillante Konversation führte, die sich mit einer Vielzahl von Themen beschäftigte.
Es gab nichts im Pariser Leben jener Epoche, von dem Balzac nicht durch persönliche Erfahrung Kenntnis gehabt hätte. In allem, was er tat, entfaltete er eine ungeheure Energie. Neben 94 Romanen und zahlreichen Erzählungen veröffentlichte er zu Beginn seiner Laufbahn unter einem Pseudonym noch vieles mehr. Er war ein gewaltiger Arbeiter, ein gewaltiger Esser, ein gewaltiger Beobachter mit einem erstaunlichen Gedächtnis für Ereignisse und für Details. Er vermochte sich mit dem armseligsten Pariser Arbeiter genauso vollkommen zu identifizieren wie mit einer strahlenden Dame der Gesellschaft im Faubourg St. Germain. Es war diese Fähigkeit zu vollkommener Identifizierung mit Hunderten von Menschen – von denen die meisten, nur unerheblich verändert, in seinen Büchern auftauchten –, die es Balzac ermöglichte, seiner staunenerregenden Energie ein Ventil zu verschaffen. Die *Menschliche Komödie* ist ein Ausleben von Balzacs Konflikten in Myriaden von Charakteren in einer Epoche voller Ereignisse. Zwar trifft es zu, wenn man sagt, daß er eine manische Persönlichkeit war und unter Depressionen litt, doch erklärt dies in keiner Weise seine ungeheure Leistung, die andere Manisch-Depressive kaum jemals erreicht haben.
Balzac beobachtete alle Phasen des zeitgenossischen Lebens und speicherte Tausende von Details in seinem grandiosen Gedächtnis, um sie für die Darstellung seiner Figuren zu verwenden. In einer Mönchskutte gekleidet pflegte er sich die ganze Nacht und den größten Teil des Tages dem Schreiben zu widmen. Einmal vollendete er einen umfangreichen Roman, *Les Chouans*, in 22 Tagen, einschließlich der Fahnenkorrektur, die er zum Leidwesen seiner Verleger bei jedem Werk wieder und wieder überarbeitete. Dieses große Talent zur Absorption und in polarem Ge-

gensatz dazu der Trieb, die bedeutendsten Romane Frankreichs zu schreiben, waren eine Reaktion auf die Widerwärtigkeiten und Entbehrungen seiner frühen Jahre.

Verbunden mit Balzacs Erwerbssucht war sein großer Eifer beim Sammeln schöner Gegenstände, mit denen er sich umgab, um sein gewaltiges Verlangen nach allen Formen von Luxus zu stillen, so daß er, um sie bezahlen zu können, in einem Tempo arbeiten mußte, das sein Leben um viele Jahre verkürzte.

Balzac hatte einen älteren Bruder, der als Kind an Unterernährung starb. Als der Schriftsteller 1799 geboren wurde, überließ ihn seine Mutter der Obhut einer Amme im Dorf, wo er bis zu seinem vierten Lebensjahr blieb. Diese frühe Zurückweisung durch die Mutter war während seines ganzen Lebens bezeichnend für ihre Einstellung zu ihm. Oft ließ sie ihn fühlen, daß er für ihre eingebildeten Krankheiten und ihre düsteren Zukunftsaussichten verantwortlich sei. Seinen beiden jüngeren Schwestern und dem Bruder war sie weit mehr zugetan. Von seinem vierten bis zu seinem sechsten Lebensjahr befand er sich zu Hause unter der Aufsicht einer Erzieherin, die nach der Erinnerung seiner Schwester allzu streng war. Dieser Schwester stand er stets besonders nahe. Dann wurde er für die nächsten sieben Jahre auf das Collège de Vendôme geschickt, wo er sehr unglücklich war. Mit vierzehn Jahren schließlich »fiel er in ein Koma« und wurde, unterernährt und traurig, nach Hause gebracht. Während seiner frühen Kindheit erlebte er seinen Vater als ernsten, verehrungswürdigen alten Mann, der von seiner schönen, unglücklichen Frau beherrscht wurde, die 32 Jahre jünger war als er. Balzacs Vater, Direktor eines Hospitals in Tours, war sowohl für seine Freundlichkeit und Großzügigkeit als auch für seine Exzentrizität bekannt. So sprach er beispielsweise ständig davon, daß er hundert Jahre alt werden wolle – bis er mit 83 Jahren starb. Ihm gegenüber wahrte der Schriftsteller stets völlige Zurückhaltung. Balzac hatte auch nie ein wirkliches Freundschaftsverhältnis zu einem Mann.

Nachdem er einige Zeit zu Hause zugebracht hatte, sandte man ihn auf die Sorbonne, wo er Jura studierte. Nach Beendigung des Studiums bat er um eine zweijährige Gnadenfrist, um sein Verlangen, Bücher zu schreiben, befriedigen zu können. Seine Mutter, die eine solche Laufbahn für unpassend hielt, erfüllte widerstrebend seinen Wunsch, gab ihm aber nicht genug Geld für seinen Unterhalt, »um ihn zur Unterwerfung zu zwingen«.

Fünfzehn Monate lang arbeitete er unaufhörlich. Er verfaßte ein Trauerspiel über Cromwell, das allgemein als mißlungen angesehen wurde. Die nächsten fünf Jahre verbrachte er zu Hause und schrieb zahlreiche Romane, die unter einem Pseudonym veröffentlicht wurden. Nachdem er seinen Konflikt überwunden hatte, trieben ihn seine Abhängigkeit und das Dahinschwinden des Familienvermögens, das zu einem nicht geringen Teil auf unkluge Spekulationen seiner Mutter zurückzuführen war, nach Paris. Mit 23 Jahren begann seine außerordentliche Karriere. Zunächst fing er ein Liebesverhältnis mit Madame de Berny an, einer um zehn Jahre älteren Frau. Diese freundliche Mutterfigur lenkte in den nächsten zehn Jahren seine Geschicke. Sie führte ihn in die Pariser Gesellschaft ein und ermutigte ihn, wenn er – wie häufig – deprimiert war. Der ideale Vater, mit dem er sich identifizierte, war Napoleon; eine Statuette von ihm hatte er ständig vor sich stehen. Auf die Scheide seines Schwertes schrieb er die Worte: »Was er mit dem Schwert nicht erreichen kann, werde ich mit der Feder erreichen.«

Père Goriot, einer der beachtlichsten von den vielen Romanen, die die *Menschliche Komödie* umfaßt, wurde 1835 vollendet, zwei Jahre nach der Beendigung seines ersten Liebesverhältnisses und zwei Jahre nach dem Beginn der seltsamen Beziehung zu Madame de Hanska, einer polnischen Adligen, die er zehn Jahre lang, bis zu seiner Heirat, auf ein Piedestal stellte. Nachdem er sich von Madame de Berny getrennt hatte, begann er Madame de Castries zu verehren, die zur Crème der französischen Aristokratie gehörte. Sie war eine schöne, aber unglückliche Frau. Das Resultat dieser Leidenschaft war, daß Balzac »in ein Fieber von Dandytum und extravaganten Gelüsten« [2] geriet. Das Verhältnis war unbefriedigend für ihn und verursachte ihm viel Kummer. Die Herzogin blieb unnahbar und gab dem verzweifelten Schriftsteller schließlich den Laufpaß. Wie seine Mutter war sie häufig krank. An Madame de Hanska schrieb Balzac 248 Briefe, von denen einige die Länge eines Romans haben. Sie veranschaulichen seine Einstellung zu den Frauen im allgemeinen und insbesondere zu ihr. Der Erklärung seiner Leidenschaft folgt im selben Satz ein detaillierter Bericht über seine finanziellen Verpflichtungen und seine Anstrengungen, einen Roman zu vollenden, um mit seinen Gläubigern Schritt zu halten. Unbewußt richtete er sein Leben so ein, daß er acht Jahre lang von den Gläubigern, die hinter ihm her waren, an einem Treffen mit Madame de Hanska gehindert wurde. Die Angst, die durch die Möglichkeit einer Beziehung zu einer Frau von der Art seiner Mutter erzeugt wurde, verdrängte er, indem er sich ständig mit den Schulden abplagte, die er fortwährend machte.

In gleicher Weise sehen wir in *Père Goriot* die beiden Hauptpersonen, Eugen und Goriot, in eine nie endende Reihe finanzieller Verpflichtungen verwickelt, die sie daran hindern, ihre Beziehungen zu Frauen sinnvoll zu gestalten. Das Buch ist eine Polemik und ein Protest gegen die Grausamkeit der Pariser Gesellschaft, die zu jener Zeit von Frauen beherrscht wurde. Die Geschichte beginnt mit einer meisterhaften, detaillierten Schilderung einer düsteren Pension im heruntergekommenen Quartier Latin, die von Madame Vauqueur geleitet wird, einer bösartigen, engstirnigen, abscheulichen Frau, die nur aus Habgier und Profitsucht besteht. Als für Goriots Totenbett saubere Wäsche gebraucht wird, verlangt sie Vorauszahlung. Die Verachtung des Autors für das knauserige Weib ist offensichtlich. Diese elende Pension voller gescheiterter Existenzen bildet den bewundernswert geschilderten Hintergrund für die Entwicklung des extrem rezeptiven Charakters Eugens, eines Jurastudenten (wie Balzac einer war), der hofft, durch eine Reihe von Intrigen der Liebhaber einer Dame der Gesellschaft zu werden, um mit ihrer Unterstützung zu Wohlstand und Ansehen zu gelangen. Um Geld für die Durchführung seiner Pläne in die Hand zu bekommen, ist er gezwungen, seine Eltern und seine beiden Schwestern zu bitten, ihm ihre Ersparnisse zu überlassen. (Als Balzac seine Laufbahn begann, halfen ihm seine Schwestern durch ihre Anteilnahme, und in seinem Ehrgeiz wurde er durch das dahinschwindende Familienvermögen angestachelt.) Durch eine freundliche Mutterfigur, seine Kusine Madame de Beauséant, erlangt Eugen Zutritt zur höchsten Gesellschaft, in der es die bürgerliche glückliche Ehe nicht gibt. Die Ehemänner sind grausam und kleinlich und billigen ihren Frauen gerade genug zu, um den äußeren Anschein eines ihrer Position zukommenden Luxus aufrechtzuerhalten. Sie werden alle von Schulden gehetzt und schweben ständig in Gefahr, von ihren Gläubigern bloßgestellt zu werden. (Wir werden an Balzacs eigene Angst vor seinen Gläubigern erinnert, während er gleichzeitig die Zuneigung von Frauen der besten Gesellschaft besaß.) Die Frauen haben alle Liebhaber, von denen sie brutal behandelt werden, oder sie werden von schwachen Männern angeschwärmt, die sie ihrerseits grausam behandeln können. In den glänzenden Passagen, in denen er sich über den gesellschaftlichen Schauplatz ausläßt, schildert Balzac die Oberflächlichkeit dieser parasitären Schicht und bringt seine Feindseligkeit den Frauen gegenüber deutlich zum Ausdruck. Auf subtilere Weise, und zwar wenn er sich mit Frauen identifiziert, läßt er seine noch größere Feindseligkeit den Männern, insbesondere Vater Goriot gegenüber erkennen. Neben den zahlreichen sadistischen Frauentypen findet sich die seltene tugendhafte, freundliche Mutter, die Idealmutter, die Wohltaten erweist und Privilegien austeilt, oder der süße, masochistische Typ, wie Victorine, die von ihrem Vater zurückgewiesen wurde und nun in der Pension vor Gram vergeht, aber hofft, Eugens Gunst zu erlangen.

Es kann kaum ein Zweifel bestehen, daß Eugen Balzac repräsentiert, der zu seiner Schwester sagte, als er nach Paris ging, um seine Laufbahn zu beginnen: »Am meisten hoffe ich auf Ruhm und Liebe.« Der junge Anwalt Eugen gewinnt schließlich die Zuneigung einer Tochter der Hauptfigur des Romans, des Vaters Goriot. Wie Balzac verliert Eugen rasch seine Illusionen, als er von einem Hügel in Montmartre über Paris hinblickt, eben jenem Ort, von dem aus auch Balzac Paris zum ersten Mal sah und an dem er begraben liegt.

Bei einer Analyse Goriots, der ebenfalls mit Balzac zu identifizieren ist, tritt eine starke, unbewußte Kastrationsangst zutage. Goriot, ein unbedeutender Bürger, der durch die Revolution profitiert hat und wohlhabender Getreidehändler geworden ist, hatte nach dem Tode seiner Frau sein ganzes Leben dem Ziel geweiht, die Liebe seiner herzlosen Töchter zu erringen. Sein großer Reichtum ermöglichte es ihm, sie zu Damen der Gesellschaft zu erziehen; er verheiratete sie mit Aristokraten und opferte sein ganzes Vermögen, um ihre steigenden Forderungen zu erfüllen. Selbst nachdem sie verheiratet sind, befriedigt Goriot bei jeder Gelegenheit ihre kostspieligen Launen. Die Töchter stellen immer höhere Ansprüche an ihn, und gleichzeitig bringen sie auf vielerlei Art ihren Sadismus zum Ausdruck. Je mehr sie verlangen, desto größere Anstrengungen macht er, ihnen Geld zu verschaffen, um Beweise ihrer Liebe zu erhalten, und desto kühler werden sie ihm gegenüber. Es steht außer Zweifel, daß ihre grausame Haltung nur zu seinem Tode führen kann. Balzac schreibt beinahe auf jeder Seite über Geld. Er zeigt uns seine eigene Einstellung zu Goriot, dessen Bemühungen um inzestuöse Zuneigung »kastriert« werden und der am Ende, von seinen anspruchsvollen Kindern aller Mittel entblößt, auf tausend verschiedene Arten gedemütigt wird. Wir erleben so, wie der starke, wohlhabende, bürgerliche Herr mittleren Alters sich allmählich in einen schwachen, senilen alten Mann verwandelt. Als der alternde Goriot seine Kraft verliert, droht ihm Abhängigkeit. Aber dieser Gedanke ist unerträglich, da er mit seiner Vorstellung von sich selbst als einem starken Mann nicht zu vereinbaren ist. Er versucht daher die Abhängigkeit zu verleugnen, indem er sie auf seine Töchter projiziert. Er ermutigt sie, mehr und mehr von ihm zu verlangen, und als er nicht länger zu geben vermag, gesteht er nicht ein, daß er wegen seiner eigenen Schwachheit zurückgestoßen wird, sondern vielmehr, weil seine Töchter ihn niemals wirklich geliebt haben.

Die Abhängigkeitsbedürfnisse des Autors, wie sie insbesondere durch Eugen exemplifiziert werden; die Kastrationsangst, die an Goriot durch den Verlust von Geld demonstriert wird; die inzestuösen Wünsche, die in allen Nuancen an den Hauptpersonen deutlich werden, und der starke Sadismus dem Vater gegenüber, wie er in der Haltung der Töchter zum Ausdruck kommt – all das ist in Balzac dynamisch verschmolzen. Im Roman hofft Goriot, die Liebe einer seiner Töchter zu erringen, indem er Eugen in einem Etablissement unterbringt, wo er ein Verhältnis mit der Tochter haben und Goriot diese gelegentlich besuchen kann. Vor diesem Hintergrund entwickelt sich die ödipale Situation. Eugen nimmt die Frau dem symbolisch kastrierten alten Mann, Goriot, weg, der ihm dies unter gewaltigen Opfern auch noch finanziert. (Der junge Mann nimmt die Frau dem Vater weg und kastriert ihn auf diese Weise.) Die Liebe Goriots zu seinen Töchtern ist inzestuös. Auf seinem Totenbett, in einer Passage von großer Kraft, in der die dynamische Struktur seines ganzen Lebens deutlich enthüllt wird, sagt er zu Eugen: »Wenn du deine Töchter liebst, dann laß sie nicht heiraten. Ein Schwiegersohn ist ein Schurke, der den Geist des Mädchens vergiftet und ihr ganzes Wesen beschmutzt. Wir wollen keine Ehen mehr, denn sie rauben uns unsere Töchter.« Die Strafe für den Inzest ist die Kastration und schließlich ein erniedrigender Tod für Goriot. Vielleicht ist es mehr als bloßer Zufall, daß in der Realität der kränkliche Dichter

wenige Monate nach seiner Eheschließung mit Madame de Hanska starb.
Balzac teilt die Frauen unbewußt in gute und böse ein: die schlechte, unterdrückende Mutter und die gute, nachsichtige Mutter – aber zwischen beiden gibt es ständig Verschiebungen. Er lebt diese Konzeption in Eugens Beziehungen aus und gibt uns einen Hinweis auf die Beschaffenheit seines eigenen Ödipuskomplexes. Eugen nimmt Goriot die gute Mutter, verkörpert in der schönen Tochter, die gleichzeitig gut und schlecht, grausam und freundlich ist, weg. Sie ist wie Balzacs eigene Mutter. Der maskuline Anteil seiner Persönlichkeit erringt die Frau, der feminine Anteil tötet den Vater.
Balzac bringt seine Konflikte, die sich aus seinen Inzestwünschen und Kastrationsängsten ergeben und durch die Furcht vor Geldverlust gekennzeichnet sind, in zahlreichen Identifikationen zum Ausdruck. So weicht er der Angst durch eine Spaltung in der Identifikation aus; sie erlaubt eine Regression auf Eugen, den rezeptiven Jurastudenten. Statt dessen wird die Angst auf Goriot projiziert, der alt und schwach ist und vor dem unvermeidlichen Tode steht. Als Balzac tatsächlich im Sterben lag, rief er nach einer Gestalt dieses Buches, Dr. Bianchon, dem Medizinstudenten, der den symbolisch kastrierten Goriot bei seiner letzten Krankheit behandelt hatte. Hierin zeigt sich, wie intensiv Balzac sich mit den Ängsten Goriots identifizierte. Vautrin, der glänzend begabte homosexuelle Verbrecher, nimmt in diesem Repertoire von Identifikationen ebenfalls einen wichtigen Platz ein. Es ist eine Reaktion auf die unterdrückenden Frauen, wenn Eugen von dem verbrecherischen Genie Vautrins fasziniert wird, der ihm Zuneigung entgegenbringt und ihm in Aussicht stellt, ein Vermögen zu erringen, indem er Victorine heiratet, während er, Vautrin, deren Bruder töten will, der dem im Wege steht. Letztlich ist Balzac durch seine Identifikation mit den guten Frauen, die selten genug in Erscheinung treten, in der Lage, der Angst auszuweichen, indem er zum Beobachter und Kommentator des wahnwitzigen Geschehens wird.
Balzac ist in erster Linie Fatalist. Der ganze Roman, vom niederdrückenden Beginn in der heruntergekommenen Atmosphäre der Pension an, vermittelt ein Gefühl unausweichlicher Zerstörung. Sobald die Erzählung stärker in Gang kommt, folgen kleinere tragische Ereignisse einander in raschem Tempo, um

schließlich mit dem Tode Vater Goriots ihren Höhepunkt zu erreichen. Nur wenigen Personen des Romans gelingt es, ein gewisses Maß an echtem Glück zu erlangen. Das Verlangen nach Liebe und Geld ist mit so vielen Schuldgefühlen beladen, daß es notwendigerweise zur Zerstörung führen muß. Alles Erreichte ist nur von kurzer Dauer und verflüchtigt sich am Ende ganz. Die pessimistische Ansicht des Autors, daß die Menschen primitiven Tieren gleichen, die einander vernichten, schwingt in dem Roman ständig mit und spiegelt die unbewußte Feindseligkeit Balzacs wider, die er in seinen Charakteren auslebt. (Es ist interessant festzustellen, daß einige der Personennamen, verändert man sie nur geringfügig, »Warze«, »Schwein« und ähnlich lauten. Einem Literaturkritiker entgegnete er: »*Père Goriot* gleich dem Hund des Mörders, der seinem Herrn die blutige Hand leckt.«)
Balzac ist ein großer Realist genannt worden, und vielleicht verdient er diesen Titel, weil er mittels Projektion die Motivationen aus seinem Unbewußten im Verein mit detaillierten Beobachtungen des Lebens seiner Zeit porträtiert. Die Stärke seiner kraftvollen Phantasien, die oft in tollkühnen Plänen, wie er rasch zu riesigem Vermögen und ungeahnter Macht gelangen könnte, Ausdruck fanden, konnte sich durch sein Werk in dem ungeheuren Realismus und den schicksalhaften Trieben seiner Charaktere sowie in seiner Einsicht in deren zugrundeliegende Motive entladen. Die weltweite Anziehungskraft seiner Werke ist auf die Art und Weise zurückzuführen, in der er die triebhaften Strebungen darstellte, die seine Charaktere mit den Lesern gemeinsam haben.

Aus dem Amerikanischen von Hilde Weller

Anmerkungen

1 Vortrag anläßlich des Literarischen Seminars am Institut für Psychoanalyse in Chicago am 19. Dezember 1936

2 E. P. Dargan, *Honoré de Balzac, A Force of Nature.* Chicago 1932, S. 26.

William G. Niederland
Analytische Studie über das Leben und Werk Heinrich Schliemanns[1]

Die vorliegende Arbeit stellt einen Ausschnitt aus einer umfangreicheren Studie dar, die sich mit der Frage der psychodynamischen Faktoren auf dem Gebiet geographischer und archäologischer Forschertätigkeit befaßt. Sie ist insofern als ein vorläufiger Bericht über eine zur Zeit noch unabgeschlossene Arbeit zu verstehen, als sie Befunde und Beobachtungen verzeichnet, die zum Teil noch der weiteren Untersuchung und Auswertung bedürfen.

Ich habe vor einiger Zeit (1956–1957) dokumentarisches Material über gewisse psychologische Faktoren vorgelegt, die an der Geschichte geographischer Entdeckungen und Forschungen mitbeteiligt sind. Dabei ging ich von der Voraussetzung aus, daß Geographie, wie schon der Name sagt, das Studium der Gaea, der Mutter Erde (Urmutter) ist und daß ferner die großen Probleme der Geographie – die Fragen nach dem wo und woher, die unablässige Untersuchung und Durchforschung der Erde – den grundlegenden libidinösen Fragen jedes Menschen gleichen, ja, diese gewissermaßen wiederholen. Mit Bezug auf »Entdeckung« habe ich also Geographie und Archäologie mit der Anatomie (die in gewissem Sinne eine Geographie des menschlichen Körpers darstellt) in Beziehung gebracht.

In dem Bestreben, diese Beobachtungen zu erweitern und sie mit der mehr auf das Individuelle gerichteten, gegenwärtigen analytisch-biographischen Forschungsarbeit in Beziehung zu setzen (Bonaparte, 1946, 1949; Greenacre, 1955, 1957; Eissler, 1961), will ich in diesem Bericht versuchen, einige wesentliche Tatsachen aus Heinrich Schliemanns Leben und Werk darzulegen und in psychodynamischer Sicht zu betrachten.

Heinrich Schliemann (1822–1890) hat im 19. Jahrhundert die Stätte des alten Troja gefunden und es ausgegraben; er durchforschte ferner Mykene, Tyros und andere prähistorische Orte. Damit wurde er, wie manche Biographen ihn nennen, zum »Vater« der modernen Archäologie. Ganz aus eigenem Antrieb und fast ohne Helfer eröffnete er Historikern und Archäologen des vorklassischen Altertums eine neue Welt und zerstörte parado-

xerweise, während er den Wahrheitsbeweis für Homers *Ilias* erbrachte und die Stätte wirklich fand, eben die Stadt, die er suchte. In seinem unablässigen Bemühen, den »Urboden« bzw. »jungfräulichen Boden« (Schliemann selbst verwendet wiederholt dieses Wort) zu erreichen, grub er sich unwissentlich durch die sagenhafte Stadt hindurch und stieß auf eine Siedlung, die um etwa tausend Jahre älter war als das Troja Homers.
Im allgemeinen scheinen die meisten Archäologen ihren berühmten Pionier nicht sonderlich zu schätzen. Er ist im Grunde zeitlebens eine einsame und umstrittene Persönlichkeit in der Geschichte der Wissenschaft geblieben, und es ist bemerkenswert, daß Schliemann selbst nie das Gefühl hatte, diesem Beruf wirklich anzugehören. In späteren Jahren bezeichnete er sich als »Erforscher der homerischen Geographie«, und das bewog mich eigentlich – neben der Besonderheit seines Charakters und seiner Leistung –, ihn und sein Lebenswerk einer analytischen Betrachtung zu unterziehen.
Bevor ich die Ergebnisse meiner Untersuchungen mitteile, möchte ich einige Gedanken über den heutigen Stand der angewandten analytischen Forschungsarbeit im Rahmen der Psychoanalyse im allgemeinen äußern. Wie wir alle wissen, wurde die angewandte Psychoanalyse in letzter Zeit erheblich kritisiert. Dies geht zwar meist von nicht-analytischer Seite aus (M. Schapiro, 1956); es scheint aber, daß auch Anhänger der Psychoanalyse selbst gelegentlich ein Unbehagen gegenüber analytischen Studien psychobiographischer Art empfinden und die Methoden oder den Wert solcher Studien in Frage stellen. Kohut (1960) und kürzlich auch K. R. Eissler (1961) haben sich mit diesem Problem beschäftigt. Selbstverständlich gibt es auf dem Gebiet der angewandten Psychoanalyse zahlreiche Schwierigkeiten und Fehlerquellen, die jedoch meiner Meinung nach keineswegs unvermeidbar sind. Viele Probleme der angewandten Psychoanalyse können durch »eine Strategie der Zurückhaltung« – um Freud zu zitieren (1911) – gelöst werden, durch gründliche Dokumentation, wissenschaftliche Rigorosität des Analytikers und sorgfältiges Forschen nach sicheren oder wenigstens wohlverbürgten Quellen in Verbindung mit systematischem Studium, genauer Sichtung und vorsichtiger Auswertung des Quellenmaterials. Die Ergebnisse werden dann den erforderlichen Aufwand und die gebotene Zurückhaltung mehr als rechtfertigen. Einer der we-

sentlichsten Beiträge der Psychoanalyse besteht ja darin, den verborgenen Wurzeln schöpferischer Tätigkeit im Bereich der Kunst, der Philosophie, Literatur, Religion usw. im frühkindlichen Seelenleben nachzuspüren, und schon aus diesem Grunde glaube ich, daß die angewandte Psychoanalyse ihre wichtige Stellung in unserer Wissenschaft beibehalten sollte. In der vorliegenden Studie hoffe ich, sowohl die Zuverlässigkeit als auch die Anwendbarkeit gründlicher Forschung auf dem Gebiet der angewandten Psychoanalyse dartun zu können.

Mein Entschluß, gerade Schliemanns Lebensgeschichte und seinen »Fall« (wenn ich so sagen darf) zum Gegenstand einer analytischen Studie zu machen, entsprang verschiedenen Quellen; eine, die ich als erste erwähnen möchte, ist Freuds Interesse an der Archäologie und seine zahlreichen Hinweise auf archäologische Entdeckung in Wort und Schrift. [2] Freud erwähnt Schliemanns Namen in zweien seiner Briefe an Fließ, jedesmal mit Bewunderung und großem persönlichem Interesse. Freuds häufige, treffliche Vergleiche zwischen analytischer und archäologischer »Ausgrabungsarbeit« (schon 1907 in *Gradiva*, 1909 im Fallbericht über den *Rattenmann* und später in vielen anderen Veröffentlichungen) sind heute im analytischen Denken und Forschen fest verankert. Da die Frage nach der Validität analytischer Untersuchungsergebnisse gerade auf dem Gebiet der angewandten Psychoanalyse auch jetzt noch oft erhoben wird, scheint es gerechtfertigt, zunächst anzuführen, auf welches Material sich die vorliegende Arbeit stützt. Sie beruht auf dem Studium deutscher, englischer und französischer Biographien, Schliemanns eigenen Veröffentlichungen, Informationen, die mir Mitglieder der Familie Schliemann in schriftlichem und persönlichem Kontakt zur Verfügung stellten [3], auf dem Briefwechsel mit Schliemann-Biographen, insbesondere mit Dr. Ernst Meyer in Berlin, und schließlich auf meiner eigenen Forschungsarbeit an der Gennadius-Bibliothek in Athen, wo sich die Schliemann-Archive befinden. Als ich erfuhr, daß dieses bedeutende, in gewissem Sinne einzigartige Quellenmaterial – außer sämtlichen Büchern von Schliemann ca. 60000 Briefe, 18 Tagebücher, viele handschriftliche Notizen, Manuskriptseiten und andere Aufzeichnungen – in Athen aufbewahrt ist und sozusagen darauf wartete, einer eingehenden analytischen Betrachtung unterzogen zu werden, beschloß ich, an eine solche Aufgabe heranzugehen. Allerdings muß ich gestehen, daß mir dann doch Zweifel aufstiegen und ich mir Gedanken machte, ob es ratsam sei, sich in eine Untersuchung von solchem Umfange einzulassen; denn ich fand in Athen eine Überfülle von Material vor, geschrieben in fünfzehn Sprachen, darunter Arabisch, Russisch, Finnisch, Schwedisch, Polnisch und Portugiesisch, neben den geläufigeren Sprachen wie Spanisch, Italienisch, Deutsch, Französisch, Englisch und Holländisch; und all das, weit über einhundert Bände,

handgeschrieben, auf vergilbten, zum Teil schon verblaßten Foliobogen. Zu jenem Zeitpunkt hatten jedoch meine Vorstudien wenigstens in Umrissen schon das Ausmaß einer Aufgabe erkennen lassen, deren Größe und Bedeutung ich mich nicht mehr entziehen wollte und durfte. So entschloß ich mich, einen »griechischen Sommer« an der Gennadius-Bibliothek zu verbringen und die dort aufbewahrte Sammlung dokumentarischer, wissenschaftlicher und persönlicher Inhalte, von Schliemann selbst mit der Hand geschrieben, zu studieren und analytisch zu bearbeiten.[4, 5]
Glücklicherweise stellte sich die anfangs so schwierig erscheinende Aufgabe, in fünfzehn Sprachen arbeiten zu müssen, als etwas einfacher heraus als befürchtet, denn die Mehrzahl der biographisch und analytisch bedeutsamen Briefe und Tagebuchblätter ist in den geläufigen Sprachen geschrieben, vor allem in Deutsch, Französisch, Italienisch und Englisch, was mir deren direkte Bearbeitung ermöglichte. Ebenso erfreulich ist es, berichten zu können, daß meine, wenn auch keineswegs abgeschlossenen, Forschungen – erst etwa 12000 von den 60000 Briefen und 14 von den 18 Tagebüchern sind bis jetzt von mir durchgearbeitet – sich im ganzen als lohnend erwiesen und in psychodynamischer Sicht beachtenswerte, bisher unveröffentlichte Früherlebnisse Schliemanns zutage gefördert haben, die sowohl in den verfügbaren Biographien (von Emil Ludwig, Robert Payne, Leonard Cottrell, Ernst Meyer, C. Schuchardt u.a.m.) fehlen, als auch in Schliemanns kurzem autobiographischen Essay, der sein Buch *Ilios* (1881) einleitet und später gesondert in mehreren Ausgaben erschienen ist. Ich hatte im Verlauf meiner Forschungen ferner die Genugtuung, unter anderem auf ein wichtiges, unveröffentlichtes autobiographisches Fragment in Schliemanns Handschrift zu stoßen, das, unter Bergen von Geschäftsbriefen und »Sprachübungen« versteckt, bisher gänzlich unbekannt geblieben war und dessen Inhalt geeignet erscheint, neues Licht auf gewisse Kindheitserlebnisse seines Autors zu werfen. Weiterhin fand ich in den Tagebüchern und Briefen mehrere von Schliemann berichtete Träume und andere Aufzeichnungen, deren analytische Auswertung es uns bis zu einem gewissen Grad ermöglichen wird, eine annähernde Vorstellung von der frühen Kindheit, den seelischen Konflikten, Erlebnissen und Phantasien des genialen Forschers zu gewinnen.

Von den Aufgaben, die ich mir stellte, möchte ich ganz allgemein die folgenden erwähnen:
1. Die Persönlichkeitsentwicklung einer im Bereich der Wissenschaft des 19. Jahrhunderts außergewöhnlichen, fast rätselhaften Gestalt erlebnisdynamisch zu beleuchten und, falls möglich, tiefenpsychologisch verständlich zu machen;
2. Die unbewußten Kräfte zu erfassen, die an dem scheinbaren Bruch in Schliemanns Leben beteiligt waren – jenem von so vie-

len Biographen hervorgehobenen, anscheinend abrupten Wechsel des über Vierzigjährigen vom »big business« zur Archäologie;
3. Wenn möglich, »die Motive, die ein Genie geweckt haben, und welcher Stoff ihm vom Schicksal aufgetragen wurde« (Freud, 1933) darzutun und von Schliemanns Seelenleben her mit besonderer Berücksichtigung der analytisch ergründbaren Faktoren sein Lebenswerk und seine schöpferische Leistung zu deuten zu versuchen.

Damit komme ich zu Schliemanns Lebensgeschichte. Anstelle der üblichen Beschreibung seiner Entwicklung (wie sie in den vorgenannten Biographien zu finden ist) werde ich mich darauf beschränken, einige dynamisch bemerkenswerten Vorgänge aus seiner recht bunten und in mancher Hinsicht seltsamen Laufbahn psychologisch zu beleuchten; ich halte mich dabei im wesentlichen an die autobiographischen und einschlägigen biographischen Darstellungen, die ich, wo es nötig ist, durch Quellenmaterial aus meiner eigenen Forschungsarbeit ergänzen werde.

Schliemann wurde am 6. Januar 1822 in Neubukow in Mecklenburg als fünftes Kind des Pastors Ernst Schliemann und seiner Frau Sophie geboren. Die Familie siedelte anderthalb Jahre später in eine andere Pfarre in dem Dorf Ankershagen in Mecklenburg über.

Schliemann lebte bis zum Todesjahr seiner Mutter, 1831, in Ankershagen. Bald nach dem Tode der Mutter zerbrach das schon vorher gestörte Familienleben vollends, und die inzwischen auf sieben angewachsene Kinderschar wurde hier und dort bei entfernten Verwandten untergebracht. Der Vater, dem vorgeworfen wurde, er habe sich eines Geistlichen unwürdig benommen, verlor seine Pfarrei und zog in das Nachbarland Preußen. Dort heiratete er später die Magd, die während der langen Krankheit der Mutter im Ankershagener Haushalt gearbeitet hatte. Auch sie hieß Sophie. Das verborgene autobiographische Bruchstück, das ich unter den Papieren im Archiv in Athen entdeckte, berichtet über den Vater, die Mutter, die Magd (die spätere Stiefmutter) und über den Tod der Mutter des damals neunjährigen Knaben auszugsweise folgendes:

»Mein Vater war Pastor . . . Er hatte viele Kinder und wenig Geld. Er war ein liederlicher Mensch, ein Wüstling; er enthielt sich nicht unzüchtiger und ehebrecherischer Beziehungen zu Mägden, die er seiner eigenen Frau vorzog. Seine Frau mißhandelte er, und ich erinnere mich aus meiner frühesten Kindheit, daß er sie wüst beschimpfte und bespuckte. Er schwängerte sie, um sie loszuwerden, und mißhandelte sie mehr denn je während ihrer (letzten) Schwangerschaft. So kam es, daß ein Nervenfieber[6], an dem sie erkrankte, schnell zu ihrem Tode führte. Mein Vater täuschte dann schweres Leid und großen Kummer vor und veranstaltete ein prächtiges Begräbnis für sie, die er aus Schlechtigkeit getötet hatte, und obgleich es Winter und die Erde gefroren war, ließ er eine prunkvolle Grabstätte aus Stein errichten ... von einem Gitter umgeben und mit folgender Inschrift versehen: ›Ruhe in Frieden, süße Frau! Mutter! Schlafe, bis die große Posaune ertönt und Dich aus dem Dunkel des Grabes uns wiederbringt. Wir werden Deiner gedenken, bis der Geist von der Schale der Lethe trinkt.‹ ...«

Abgesehen vom Inhalt dieses handschriftlichen Dokuments, den aufschlußreichen Hinweisen auf die tiefgestörte Familiensituation, die frühkindliche Beziehung zu den Eltern, den Tod der Mutter, Begräbnis, Gruft und Grabinschrift – Elemente, denen wir immer wieder in Schliemanns Leben begegnen werden –, möchte ich noch hervorheben, daß dieser Text, italienisch, als Sprachübung auf einem großen Foliobogen eines dicken Übungsheftes von Schliemann niedergeschrieben und von seinem Italienischlehrer in St. Petersburg in der Orthographie und Grammatik gewissenhaft verbessert wurde. Die Niederschrift erfolgte vermutlich zwischen 1858 und 1862, also ungefähr 30 Jahre nach dem Tod der Mutter und zu einer Zeit, da der Vater noch lebte. Ähnliche Gefühle gegen den Vater drückte Schliemann in einem Brief an seine Schwestern aus, der gleichfalls als »Sprachübung« in italienischer Sprache verfaßt, jedoch anscheinend niemals abgeschickt worden war. Darin schreibt er:

»Ich hasse und verabscheue diesen Mann ... Ich schäme mich wirklich furchtbar, der Sohn dieses verwünschten Schufts zu sein (›di essere figlio de questa canaglia maledetta‹) ...«

In dem gleichen Brief fordert er seine Schwestern auf, ihm nicht weiter über den Vater zu schreiben, ehe nicht »der Teufel dieses Ungeheuer geholt hat«. Nichtsdestoweniger schickte er seinem verarmten Vater weiterhin in regelmäßigen Abständen Geld, bis jener 1870 im Alter von 90 Jahren starb.

Auch Schliemanns ebenso aufschlußreiche Träume, von denen ich einen als Beispiel nachstehend besprechen werde, sind teilweise als »Sprachübungen« in verschiedenen fremden Sprachen in seine Sprachübungshefte eingetragen worden. Es scheint daher gerechtfertigt, diese Aufzeichnungen als indirekte Geständnisse aufzufassen, gleichsam als Niederschlag von Erlebnissen so erschreckender Natur, daß sie nur in der intellektuellen Transponierung in eine fremde Sprache, somit verwandelt, ich-entfremdet und als »Sprachübung« bezeichnet, ihren Ausdruck finden konnten. Die Richtigkeit dieser Überlegung geht u.a. auch aus der Tatsache hervor, daß Schliemanns Schiffbruch, ein traumatisches Realerlebnis, das er mit 19 Jahren hatte, nicht nur in Briefen, Notizen und sonstigen Unterlagen immer wieder auftaucht, sondern später auch in den »Sprachübungen« – in verschiedenen Sprachen und Fassungen – erneut erscheint. Ähnlich wie Leonardos »Prophezeiungen«, über die K. R. Eissler (1961) schreibt, können die »Sprachübungen« einer Aufzeichnung von freien Assoziationen gleichgestellt werden, in denen sich tiefe persönliche Geheimnisse Schliemanns enthüllen und die sich damit einer rudimentären Art von spontaner Selbstanalyse mit psychokathartischer Tönung annähern. Wenn er eine neue Sprache lernte, nahm er gewöhnlich, selbst in seiner ärmsten Zeit, einen älteren Sprachlehrer; indem er aber dessen Aufgabe oft auf die eines Zuhörers beschränkte, der unparteiisch und objektiv die Grammatik und Orthographie geschriebener und gesprochener Texte zu verbessern oder schwierige Stellen zu erklären hatte, machte er ihn unbewußt zu einer Art von persönlichem »Analytiker«. Sein erster Sprachlehrer war sein Vater gewesen, der dem noch nicht Siebenjährigen Latein und die Bewunderung für die Werke Homers beibrachte. In späteren Jahren, in Rußland, wurde einer seiner geschätzten Sprachlehrer, Theocles Vimpos, nachheriger griechisch-orthodoxer Erzbischof in Athen, zu einer bedeutsamen Vaterfigur für Schliemann. Die starke positive und negative Vaterübertragung ist aus vielen seiner Schriften und Handlungen unschwer ersichtlich. In der unbewußten Sohnesbeziehung zu Erzbischof Vimpos wie auch später zu dem großen Pathologen Virchow überwog zumeist die positive Vaterübertragung im Sinne einer Abspaltung des Vaterbildes: der eigene Vater wurde zum »Ungeheuer« erklärt und entwertet; Vimpos, Virchow und andere wurden als »gute« Väter an dessen Stelle gesetzt.

Damit kehren wir zu Schliemanns Kinderjahren in Ankershagen zurück, wobei wir die genaue Chronologie außer acht lassen und statt dessen drei Ereignisabfolgen seiner Kindheit etwas näher betrachten wollen, da sie besondere Beachtung verdienen.

1. Schliemann wuchs in einem Pfarrhaus auf, »den Kirchhof vor unserer Türe«, wie er in seiner Autobiographie (1881) schreibt. Er fühlte sich sozusagen als auf einem Kirchhof geboren, und vieles deutet darauf hin, daß die Fragen von Geburt und Leben, Tod, Sterben und Begraben-Sein für ihn scheinbar niemals ganz ihren dringlichen, verwirrenden, frühkindlich beunruhigenden und vermutlich auch erregenden Charakter verloren. Hinzugefügt werden muß ein Ereignis in der Familiengeschichte, das mit seiner Geburt verbunden war und ihr eine zusätzliche belangvolle Färbung verlieh: Er war kurz vor oder nach dem Tode des ältesten Sohnes seiner Eltern, eines achtjährigen Knaben namens Heinrich, zur Welt gekommen. Der Neuankömmling, das fünfte Kind, jedoch der zweite Knabe der Familie, wurde vermutlich nach dem eben verstorbenen Heinrich benannt.[7] Der tote Bruder Heinrich war Ende 1821 oder Anfang 1822 auf dem Friedhof von Neubukow begraben worden; der neue Bruder Heinrich wurde im Januar 1822 im Pfarrhaus von Neubukow – diesem Friedhof benachbart – geboren. Im Mai 1823 übersiedelte die Familie nach Ankershagen, wieder in ein Haus, das unmittelbar an einem Friedhof lag bzw. von einem solchen umschlossen war.

Schliemann scheint dieses Faktum, daß er niemals völlig sicher war, ob er der *tote* Bruder Heinrich im Grab oder der *lebende* Heinrich außerhalb des Grabes wäre, insofern »ausgelebt« zu haben, als er letzteres offenbar sein Leben lang in zwanghaft getriebener Weise sich selbst beweisen mußte: durch seine Hyperaktivität, durch die Anhäufung immer größerer Reichtümer, durch zwanghafte Arbeitswut, zwangsweises Reisen, Sport, Geldverdienen und eine Menge anderer kompulsiver Tätigkeiten, einschließlich des Zwanges, manchmal alljährlich eine neue Sprache zu erlernen, deren Studium ihm das Gefühl »eines neuen Lebens« verlieh.[8] Darüber hinaus fand ich in einem Brief an seine Schwestern einen Hinweis auf die Verschmelzung seiner Identität mit der des toten Bruders Heinrich. »... nachdem ich des *kleinen Heinrichs* Grab gesehen hatte, setzten wir unsere Reise fort ...« und gleich im nächsten Satz sagt er von sich: »... welch ein großer schlanker Mann aus dem *kleinen Heinrich* geworden ...« (Hervorhebung von mir).

Diese auffällige textliche Abfolge (die Bezugnahme auf den toten

»*kleinen Heinrich*« im Grab und im gleichen Zusammenhang auf sich selbst als dem erwachsenen und lebenden »kleinen Heinrich«) findet sich in einem sehr langen Brief an seine Schwestern aus Amsterdam (2. Febr. 1842), und zwar in jenem Teil des Briefes im direkten Zusammenhang mit Abschied, Reisen, Besichtigungen und Besuchen von Leuten, Städten, Kirchen und Friedhöfen – Tätigkeiten, die er späterhin lebenslang fortführte, als wolle oder müsse er die einstige Übersiedlung von Neubukow nach Ankershagen (in frühester Kindheit) und die dann folgenden (in der Pubertät) ständig wiederholen. Mit neun oder zehn Jahren schnitt Schliemann seinen Namen als »H. S., Matrose« in meterhohen Buchstaben in die Rinde eines Lindenbaumes der Ankershagener Pfarre ein – als wolle er damit jedermann seine lebendige Gegenwart und seine spätere Wanderkarriere bereits damals kundtun. Viele Jahre später, bei einem Besuch des alten Hauses, entdeckten seine Schwestern die Initialen des inzwischen berühmt gewordenen Bruders an jenem Lindenbaum und schrieben ihm darüber in einem Brief.

Die Mutter, die von den Biographen als zarte, musikliebende Frau beschrieben wird, dreizehn Jahre jünger als ihr Mann, der lebenskräftige und lebensdurstige Pastor, dürfte wiederholt an depressiven Phasen gelitten und in beträchtlichem ehelichen Unfrieden mit ihrem Gatten gelebt haben. Es ist sehr wahrscheinlich, daß sie sich etwa um die Zeit von Schliemanns Geburt in einem Depressionszustand befand – ausgelöst durch den Tod ihres ältesten Sohnes Heinrich – und daß sie, als Schliemann vier Jahre alt war, im Zusammenhang mit dem Verlust eines weiteren Sohnes ebenfalls eine länger anhaltende depressive Phase hatte. Den Nachweis einer letzten schweren Depression der Mutter während ihrer letzten Schwangerschaft fand ich in einem Brief an ihre älteste Tochter, in dem sie von ihrem bevorstehenden Tod schreibt und schwere Anschuldigungen gegen den Vater und dessen Lebensführung erhebt, die ihrem Inhalt, ihrer Form und Grundstimmung nach dem bereits zitierten »Sprachübungs«-Text des Sohnes gleichen.

Ich neige zu der Auffassung, daß Schliemanns schicksalhafter Identitätskonflikt in bezug auf den toten Bruder in Neubukow in seinem vierten Lebensjahr durch den Tod eines weiteren Bruders und später durch den Tod der Mutter verstärkt wurde (er ließ ihr Grabmal durch eines seiner eigenen Wahl ersetzen, nachdem er reich geworden war). Sein Bruder Ludwig, ein Jahr jünger als Schliemann und ihm sowohl im Alter als auch in geschwisterlicher Verbundenheit am nächsten stehend, starb 1850 in Kalifornien. Nach dem Selbstmord[9] seines jüngsten Bruders Paul im Jahre 1852 blieb er der einzige überlebende Sohn. Die kumulative Anlagerung unbewußter Schuldgefühle, die auf diese Erlebnisse zurückgeht (Überlebensschuld), die daraus resultierende verstärkte Vergeltungsangst, die Identifizierung mit dem robusten, Homer liebenden und zur Impulsivität neigenden Pfarrer-Vater (der neunzig Jahre alt wurde), das ständige Suchen und Jagen nach einer eigenen, offenbar niemals ganz sicheren Identität (drei Staatsbürgerschaften, fünfzehn Sprachen, zwanghafte Wanderlust), sowie das Fortwirken eines nicht ganz klaren, wohl zeitlebens anhaltenden Unsicherheitsgefühles über sich und seine Herkunft – all das äußert sich in leicht erkennbarer, wenngleich von den meisten Biographen vernachlässigter Weise in Schliemanns Schriften und Handlungen. Um bloß ein Beispiel für seine Verwirrung in bezug auf seine Geburt anzuführen: In seinen Briefen und Aufzeichnungen spricht er wiederholt von Ankershagen als von seinem Geburtsort, als würde er durch das Bewußtsein, in Neubukow geboren zu sein, in Gefahr geraten, zu jenem toten Heinrich zu werden, der dort begraben lag. Zur Fehlleistung hinsichtlich des Geburtsortes gesellt sich in anderen Mitteilungen seinerseits die Fehlleistung hinsichtlich seines Geburtsdatums.

Familien-Konstellation

Vater:	Ernst Schliemann (1780–1870)
Mutter:	Sophie Schliemann, geb. Bürger (1793–1831)
Stiefmutter:	Sophie Schliemann, geb. Behnke (1814–1890)
Kinder:	*Johann* Joachim *Heinrich* (1814–1822)
	Karoline Luise *Elise* Auguste (1816–1890)
	Sophie Friederike Anna *Dorothea* (1818–1912)
	Friederike Juliana *Wilhelmine* (1819–1883)
	Johann Ludwig *Heinrich* Julius (1822–1890)
	Karl Friedrich *Ludwig* Heinrich (1823–1850)
	Franz Friedrich *Ludwig* Theodor (1825–1826)
	Maria *Luise* Helene (1827–1909)
	Paul Friedrich Ulrich Heinrich (1831–1852)

Möglicherweise steht Schliemanns plötzliche Abreise aus Kalifornien im Jahre 1852, die er bewußt mit einer akuten ansteckenden Krankheit begründet, mit dem Tod Pauls, seines damals letzten Bruders, in Zusammenhang – wie die Reise nach Kalifornien mit dem Tod seines Bruders Ludwig.

Die oben erwähnten Kinder entstammen der ersten, die folgenden der zweiten Ehe des Vaters:

Karl (1839–1842)
Ernst (1841–1899)

2. Im Altern von fünf bis neun Jahren war er mit Minna[10] Meincke eng befreundet, einem gleichaltrigen Mädchen aus der Nachbarschaft, das nach Schliemanns eigenen Worten damals seine »kleine Braut« war. Mit ihr erforschte er den »Kirchhof vor unserer Tür« und eine benachbarte Burg, von der die Sage ging, daß es dort spuke und daß die Schätze des Raubritters Henning[11] dort verwahrt seien, eines sagenhaften Raufboldes und adligen Übeltäters, der auf dem Friedhof begraben lag. Der Totengräber in Ankershagen behauptete, nachts wachse dem Bösewicht ein Bein aus dem Grabe; er selbst habe es als Knabe einmal abgeschnitten und damit Birnen von den Bäumen geschlagen. Schliemann ging mit Minna auf die Suche nach der Leiche und den Schätzen des Henning, und oft bat er seinen Vater, daß er das Grab des Raubritters öffnen, »oder mir nur erlauben möge, dies zu tun, um sehen zu können, warum das Bein nicht mehr herauswachsen wolle«. Es gab auch einen Hügel in der Nachbargegend, der eine prähistorische Grabstätte, ein sogenanntes *Hünengrab* enthielt, in dem »der Sage nach ein alter Raubritter sein Lieblingskind in einer goldenen Wiege begraben hatte«. Dies erwähnt Schliemann in *Ilios* und fährt fort:

> Ungeheure Schätze sollten auch neben den Ruinen eines alten runden Turmes im Garten des Gutseigentümers[12] verborgen liegen; mein Glaube an das Vorhandensein dieser Schätze war so fest, daß ich jedes Mal, wenn ich meinen Vater über Geldverlegenheiten klagen hörte, verwundert fragte, weshalb er denn nicht die goldene Wiege ausgraben und sich dadurch reich machen wollte.

Wie eng Geburt und Tod für Schliemann zeitlebens miteinander verbunden blieben, ist auch aus der Einleitung zu seinem opus magnum *Ilios* ersichtlich, wo er inmitten all dieser Friedhofsgeschichten fast unvermittelt über die Wanderzüge der *Störche* von und nach Ankershagen berichtet.

Die beiden Kinder spielten und vergnügten sich an diesen Orten und ließen sich zwischen ihren Besuchen auf dem Friedhof, am Hünengrab und in der alten Burg »mit ihren nahezu zwei Meter dicken Mauern und einem angeblich siebeneinhalb Kilometer langen unterirdischen Geheimgang« in lange, aufregende Gespräche mit dem Totengräber ein, der so wunderliche Geschichten über Leichen, aus dem Grabe herauswachsende Knochen und über die mannigfachen, nicht selten gewaltsamen Todesarten der hier Begrabenen zu erzählen wußte.
Schliemann schildert dann eingehend, wie er und Minna Meincke »im Winter 1829–1830 gemeinsam Tanzunterricht nahmen«, wonach sie zusammen entweder auf den Friedhof gingen oder »voll ehrfürchtiger Bewunderung die alten Kirchenbücher anstaunten . . . da die ältesten Geburts-, Ehe- und Todeslisten für uns einen ganz besonderen Reiz hatten«.
Hier ist der enge Zusammenhang zwischen frühen libidinösen Strebungen (Tanz, Liebesspiel mit Minna, ein ernsthaft geschriebenes »Eheversprechen«, das sie miteinander austauschten) und Friedhofsbesuchen, der Erforschung von Sterberegistern, Geburts-, Todes- umd Ehevorgängen klar ausgesprochen. Viele Jahre später wiederholt Schliemann im Grund das gleiche bei seinen Besichtigungen der Katakomben in Rom, der großen chinesischen Mauer, der Friedhöfe und Grabstätten von Petra, Alexandrien, Istanbul, New Orleans oder Peking: Er besichtigt die Sehenswürdigkeiten, sucht die am Ort befindlichen Begräbnisstätten und Mausoleen auf, mißt die Stärke der Mauern, schätzt die Ausdehnung unterirdischer Gänge, studiert die Grabsteininschriften, bewundert Dauerhaftigkeit und Unverwüstbarkeit des verwendeten Gesteins, notiert die Jahreszahlen und die Grabsprüche (in allen Sprachen) und überprüft, wo irgend möglich, die lokalen Sterberegister oder führt lange Gespräche mit dem Friedhofspersonal – und vermerkt all das in seinem Tagebuch. Ein nicht unerheblicher Teil seiner Tagebücher liest sich wie ein Auszug aus Kirchenbüchern oder Sterberegistern. Der Unterschied zwischen diesen Besuchen und denen in früheren Tagen mit Minna besteht hauptsächlich darin, daß es später für ihn keine Minna mehr gibt, daß er oft tragisch einsam und allein, bestenfalls von einem bezahlten Führer oder indifferentem Reisegefährten begleitet ist.
Zwei kurze, willkürlich den umfangreichen Aufzeichnungen

entnommene Tagebucheintragungen mögen dies deutlich machen: Am 23. November 1858 befindet sich Schliemann in den Katakomben in Rom und vermerkt in italienischer Sprache:

»Catacombe die San Sebastiano cosistono in passagi sottoterrannei di piedi 6 a $6^1/_2$ piedi di altezza e di 2 a 3 piedi di larghezza, che s'estendono $4^1/_2$ miglie sotto la terara ... vi sono coentinaia di mille tombe, mi pare che tutti i morti (difunti) dei christiani vi furono sepolti ... spesso si stupisce (si maraviglia) che come i cadaveri vi possono essere introdotti, la apertura essendo talvolta cosi stretta che appena vi si puo mettere la braccia ... Quando si apre ... le tombe si vede ancora il corpo assai bene formato conservato, ma appena lo ha toccato l'aria, quando esso si dissolve in piccolissimi pezzi ed in polvere. *Ne avessi avrei preso un pezzo per mandarlo alla mia sposa, se non dovessi temere ch'ella si spaventasse.*«[13] (Hervorhebung vom Verf.)

Dieser hier wiedergegebene Text entspricht Schliemanns Originaleintragung und zeigt seine Korrekturen und sprachlichen Änderungen, die wie bei zahlreichen anderen Gelegenheiten offenbar dazu dienten, den stark emotionalen Inhalt dieses Tagebuchblattes in eine Art intellektualisierter, stilistischer »Sprachübung« zu verwandeln.
Der emotionelle Anteil bricht jedoch bei einer Tagebuchnotiz anläßlich seines Besuches in New Orleans, im Dezember 1867, durch. Nachdem er die »großartigen Mausoleen ... und die vielen tausend Särge ... in den nahezu drei Meter starken Hohlmauern rund um die Friedhöfe« beschrieben und den Grabinschriften entnommen hat, daß »fast alle Insassen der Friedhöfe in der Blüte ihrer Jugend verstorben waren«, fügt er mit Bezug auf seine unablässigen Wanderungen durch die Friedhöfe von New Orleans während einer Gelbfieberepidemie hinzu:

»Ganz unerwartet fühlte ich mich krank und forderte den Totengräber auf, mit mir etwas trinken zu gehen. Ich sah seine Begräbnis-Protokolle durch; er hatte auf diesem kleinen Friedhof im September ca. 200 Weiße und 3 Schwarze, die an Gelbfieber gestorben waren, und ca. 30 an Hirnblutung Verstorbene begraben ... Er schilderte mir das herzzerreißende Gehabe der Verwandten, die ihren Freunden das letzte Geleit gegeben hatten und wies im Besonderen auf die Gräber (Verbrennungsöfen) zweier Brüder hin, deren einer voll tiefstem Schmerz und namenloser Trauer der Leiche des anderen gefolgt war, wenige Tage später selbst dem Gelbfieber zum Opfer fiel und neben seinem Bruder begraben wurde (New-Orleans, 4. Dezember 1867).«

Der viele Seiten lange Bericht über seine Besuche der Friedhöfe im Tagebuch von New Orleans endet mit der bezeichnenden Eintragung über die Beisetzung von *zwei fast gleichzeitig verstorbenen Brüdern;* als Nachtrag fügt Schliemann wie betäubt hinzu: »Es gibt hier 30 oder 36 Friedhöfe.« Das von mir eingesehene Original verrät an dieser Stelle durch zittrige Schrift, kaum lesbare, hastige Federführung und andere Kennzeichen den deutlich erkennbaren Erregungszustand.
Als Schliemanns Mutter gestorben war und der Vater sich in den Augen seiner Kirchengemeinde in Verruf gebracht hatte, nahm die Freundschaft mit Minna ein jähes Ende. Den Kindern des Dorfes wurde streng *verboten*, mit den Pfarrerskindern zu verkehren; sie waren jetzt Ausgestoßene und Geächtete, die zu verschiedenen Verwandten in anderen Dörfern geschickt wurden. Der neunjährige Heinrich verfiel in eine schwere Depression. In einer Reihe von Briefen und autobiographischen Mitteilungen sprach er später wiederholt von dem nicht wiedergutzumachenden Unglück, das ihm den fast gleichzeitigen Verlust seiner Mutter, seiner Freundin Minna und seines Elternhauses brachte. Von da an zeigte er jedes Mal nach dem Tod eines Familienmitgliedes eine impulsive Bereitschaft, sein Heim aufzulösen, in die Fremde zu gehen und anderswo neu zu beginnen.[14]
3. Als Achtjähriger hatte Schliemann von seinem Vater, der an Dichtung, Geschichte und besonders an Homer interessiert war, ein Weihnachtsgeschenk erhalten: Georg Ludwig Jerrers *Weltgeschichte für Kinder* (Nürnberg 1828); das Buch enthielt »eine Abbildung des brennenden Troja mit seinen ungeheuren Mauern und dem Skaeischen Tor, dem fliehenden Äneas, der den Vater Anchises auf dem Rücken trägt und den kleinen Askanios an der Hand führt . . .« (Schliemann 1881). Sowohl die Existenz dieses Bildes als auch dessen Einfluß auf die Phantasie des Knaben wurde in der Literatur wiederholt angezweifelt, besonders als Schliemann später sein Interesse an Troja und seine Überzeugung, daß Troja mit seinen Mauern tatsächlich bestanden hatte, dem Einfluß dieses väterlichen Weihnachtsgeschenks zuschrieb. Ohne das Bedürfnis nach einem persönlichen Mythos, vielleicht im Sinne von E. Kris (1956), und nach der Herstellung einer literarisch-künstlerischen Beziehung zwischen den frühzeitigen Bestrebungen in der Kindheit und dem späteren archäologischen Interesse zu übersehen, sei doch festgehalten, daß Jerrers Buch und

das Bild wirklich existieren und ersteres Schliemanns Handschrift auf der Titelseite trägt. Mit Dr. Meyers Hilfe, dem ich auch in diesem Zusammenhang zu großem Dank verpflichtet bin, war ich in der Lage, beide in Augenschein zu nehmen. Die Rettungs- und Wiederherstellungsphantasien, die sich an dieses Buch und Bild anschlossen, wurden von dem späteren Archäologen zum Teile autobiographisch beschrieben, zum größeren Teile jedoch aktiv und schöpferisch in seiner außergewöhnlichen Karriere ausgelebt. In allen Standardbiographien finden sich darüber ausgedehnte Angaben, so daß ich hier nicht weiter darauf einzugehen brauche.

Von seinem neunten bis zu seinem elften Lebensjahr lebte Schliemann im Hause eines Onkels väterlicherseits, des protestantischen Pastors von Kalkhorst. Hier entwickelte sich eine Zuneigung zu einer etwa gleichaltrigen Cousine, die gleichfalls Sophie hieß und Jahrzehnte später (1868) nochmals eine wichtige, obschon kurze Rolle in seinem Leben spielen sollte, vor allem durch ihren Tod. Seine Schulbildung endete in Strelitz mit seinem dreizehnten Lebensjahr. Von seinem vierzehnten bis zu seinem neunzehnten Jahr arbeitete er unter widrigen Verhältnissen als Lehrling in einem Gemischtwarenladen in Fürstenberg (Mecklenburg) täglich zwölf oder vierzehn Stunden, manchmal wohl auch länger, hinter dem Ladentisch und verdiente, wie ich annehmen möchte, zum Leben zu wenig, zum Sterben zu viel.

Mit neunzehn Jahren erlitt er eine Lungenblutung unbekannter Genese – seiner Ansicht nach ausgelöst durch das Heben eines schweren Fasses –, gab seinen Posten in Fürstenberg auf und wanderte nach Hamburg, wo er sich als Schiffsjunge auf einem nach Südamerika abgehenden Schiff verdingte. Dies erlitt in einem schweren, mehrere Tage anhaltenden Sturm nahe der holländischen Küste Schiffbruch, doch wurde die Besatzung nach neun gefahrvollen Stunden gerettet, und Schliemann wurde »nackt, hilflos und unwissend« zunächst auf die holländische Insel Texel, und dann in ein Armenspital in Amsterdam gebracht. Dort erhielt er etwas Geld, das für ihn gesammelt worden war, und nach seiner Entlassung aus dem Krankenhaus einen Posten als Gehilfe in einem Amsterdamer Handelshaus.

An diesem Punkt muß ich die chronologische Schilderung wiederum unterbrechen – es ist schwer, einem so ereignisreichen Leben in gedrängter Darstellung gerecht zu werden, wobei sich Tatsachenbericht und analytische Deutung notwendigerweise überschneiden –, um auf das zuvor über den Schiffbruch Gesagte zurückzukommen. Als traumatisches Erlebnis kehrt der Schiffbruch in verschiedenen Sprachen und Versionen in Schliemanns Schriften immer wieder: Schliemann hatte sich an ein leeres Faß gebunden und war halb erfroren, mit tiefen Wunden und eingeschlagenen Zähnen, in bedenklichem Zustand aus den eisigen Wassern der Nordsee gerettet worden; man brachte ihn ins Spital auf die Abteilung für Moribunde. Da er mit diesem Ereignis sozusagen seinen eigenen Tod überlebt hatte, verbanden sich damit verständlicherweise bald Phantasien von Geburt, Wiedergeburt, Errettung und die persönliche Überzeugung, für größere Dinge im Leben bestimmt bzw. bewahrt worden zu sein. Der Umstand, daß dieses traumatische Erlebnis gerade um die Weihnachtszeit sich ereignete, in die auch bald sein Geburtstag fiel, steigerte wohl noch die phantasieerfüllte Geburt-Wiedergeburt-Bedeutung, die es für Schliemann annahm. E. Geleerd (1961) hat auf die besondere Wirkung von Traumen hingewiesen, die Teil des realen Lebens in der Adoleszenz und gleichzeitig auch eine Wiederholung infantiler Traumen und Phantasien sein können. Ich möchte hierzu ferner K. R. Eisslers Beobachtungen anführen, daß:

»in der Adoleszenz dem Individuum eine zweite Möglichkeit geboten zu sein scheint, nämlich (zur) Auslösung bis dahin strukturell gebundener Kräfte und einer entsprechenden Umgestaltung durch neue Identifizierungen und die Besetzung neuer Objekte.«

Damit komme ich zu meiner Erörterung des Traumes, den Schliemann in der Nacht des Schiffbruches hatte und den er als eine seiner »Sprachübungen« auf Italienisch niederschrieb. Auch die Originalniederschrift dieses Traumes fand ich bei meinen Studien in den Schliemann-Archiven in Athen und gebe hier den Trauminhalt in meiner eigenen Übersetzung aus dem Italienischen wieder:

»Acht Tage lang hatten wir ohne Unterbrechung steife Brise – Sturm – und Orkan, der uns immer näher an die holländische Küste trieb. Es war in der Nacht vom 11./12. Dezember 1821.[15] Ich war zeitig zu Bett gegangen und schlief tief, nie zuvor hatte ich so gut geschlafen. Ich träumte – ich sah uns im Traum in unserem Bestimmungsland ankommen, und kaum war das Schiff eingefahren – eingelaufen in – den Hafen, tauchte ich ins Wasser, mitten unter die Haie, schwamm ans Ufer und flüchtete – desertierte, und gelangte ins Innere des Landes, wo ich als Sklave auf einer Plantage Arbeit fand. Ich träumte, daß die Frau des Plantagenbesitzers sich in mich verliebte und daß wir gemeinsam beschlossen, den Besitzer zu vergiften, was wir auch taten – durchführten – kaltblütig und geschickt. Nach seinem Tod heirateten wir, lebten zusammen (italienisch: »accoppiamoci«). Ich träumte aber weiter, daß ich neben meiner Frau – auch Beziehungen zu meinen schwarzen Sklavinnen unterhielt und genoß. Während ich in solch süße Träume versunken war, weckte mich ein gewaltiger Stoß, und ich flog – sprang – aus dem Bett. Das Schiff war auf eine Klippe gelaufen, und das Wasser drang sogleich ein. Nur mit einem Baumwollhemd bekleidet lief ich an Deck, wo ich von einer riesigen Woge niedergeworfen wurde ... Ich fiel, schlug mit dem Mund gegen das Deck und schlug mir alle Vorderzähne aus. Aber mein Schrecken war zu groß, als daß ich Schmerz empfunden hätte, ich richtete mich auf und band mich mit Tauen fest ... Mit jeder neuen Welle erwartete ich den Tod ...«

Die oben wiedergegebene Fassung wurde zwischen 1858 und 1862 als italienische »*Sprachübung*« niedergeschrieben; der gleiche Traum erscheint an einer anderen Stelle und in abgewandelter Fassung in lateinischer Sprache. In dieser wird die Beschreibung des ödipalen Verbrechens vermieden, jedoch ein anderes Detail hinzugefügt:

»... nox tenebrosa erat, nullumque signum coeli visu erat ... Quasi tracta manu invisibilli campana navis usque ad ultimum momentum sonabat – sonuit – quasi vollet pulsare ad funus nostrum – exsequiae nostrae.«

Der italienische wie der lateinische Text enthalten wiederum die schon besprochenen linguistischen Eigenheiten im Sinne einer der Abwehr des traumatischen Terrorerlebnisses dienenden Ich-Entfremdung durch Intellektualisierung via Grammatik, Syntax, Fremdsprache. Man könnte sich fragen, ob es sich wirklich um einen damaligen Traum oder um eine Phantasieschöpfung späteren Datums handelte. Ich bin zu der Annahme geneigt, daß es tatsächlich ein Traum war; denn in einem Brief an seine Schwestern, knapp zwei Monate nach dem Schiffbruch, erwähnte Schliemann ausdrücklich, daß er in der Nacht des Schiffbruchs den schönsten Traum seines Lebens hatte, allerdings ohne Details zu berichten. In dem oben zitierten Text habe ich sowohl die tiefpersönliche Erlebnisschilderung als auch die sprachlichen Eigenheiten des Originals wiederzugeben versucht.
Ich glaube, daß die dem Schiffbruch folgende erstaunliche Karriere, die ihn zum weltberühmten Mann machte, vielleicht am be-

sten im Lichte des Traumes zu verstehen ist.[16] Im Laufe von einundeinhalb Jahrzehnten arbeitete sich Schliemann vom »Sklaven« hinauf zum Herrn (wie im Traum), gewissermaßen auch zu einer Kombination von »königlichem Kaufmann« und »Raubritter« (Henning), für den Schiffe das Meer befahren, Schienenstränge die Länder durchkreuzen und Sklaven auf den Zucker- und Tabakplantagen arbeiten, die sein eigen sind. Er gründet Agenturen und Zweigstellen (siehe den Traum: »Plantagen« = »Pflanzstätten«) in manchen Ländern und wird während des Krimkrieges einer der Kriegslieferanten der russischen Regierung. Dies gelingt ihm durch »tuffarsi« (siehe Traum) – sich versenken – in Produkte, deren Großteil der Erde abgewonnen wird: Gold, Silber, Mineralien, Indigo, Salpeter und Baumwolle. Um die Mitte der sechziger Jahre hat er ein Vermögen angehäuft, das auf Millionen von Dollars geschätzt wird.

Nach Erfüllung der präödipalen Phase des Traumes schreitet er sozusagen zur ödipalen Stufe fort. Er zieht sich vom Geschäftsleben (jedoch niemals ganz) zurück, und seelisch die Ankershagener Zeit wiedererlebend, geht er daran, sich der »Väter« zu entledigen. Zunächst macht er seinen eigenen Vater zum Almosenempfänger, später dehnt er dieses Verfahren auf ehemalige Lehrer in Ankershagen und Strelitz aus, denen er zeitweilig kleine Unterstützungen zukommen läßt. Zuvor schon hatte er um Minnas Hand angehalten; als sich herausstellte, daß sie schon verheiratet war, wollte er erst seiner Cousine Sophie väterlicherseits aus Kalkhorst einen Antrag machen, ließ sich jedoch von seiner Schwester Luise (1852) abraten und heiratete dann ein russisches Mädchen, Katharina, mit der er zwar drei Kinder hatte, doch sonst kaum glücklich lebte. Um sich von ihr scheiden zu lassen, reist er 1869 über New York nach Indianapolis (dem damaligen Reno in USA) und wird amerikanischer Staatsbürger. Noch vor dieser Amerikareise und ehe die Scheidung eingeleitet ist, macht er – nach einem ödipalen Traum über seine Mutter – einer jüngeren Cousine aus mütterlicher Seite, die auch Sophie heißt, einen Heiratsantrag, der abgelehnt wird. Nach dem plötzlichen Tod der älteren, Kalkhorster Cousine Sophie verfällt er in eine schwere Depression. In vielen verzweifelten Briefen aus Paris, wo er eine Zeitlang lebt, äußert er unverhüllte Rettungsphantasien und sagt, er hätte sie retten können, hätten die Mecklenburger Verwandten ihn nur von ihrer Krankheit rechtzeitig benachrichtigt. (Es ist ebenso rührend wie psychologisch aufschlußreich, diese Briefe im Original zu lesen oder wiederzugeben; doch würde das den Rahmen der vorliegenden Arbeit weit überschreiten. Viele der Briefe sind von E. Meyer (1953, 1958) veröffentlicht worden.)

Er verlangt von den Verwandten, daß sie ihm ein Bild von »Sophie im Sarg« senden, spricht von ihr als von seiner Schwester, und läßt dann für sie eine Grabstätte errichten, die bis ins einzelne der seiner Mutter gleicht. Er besteht in seinen Briefen auch darauf, daß um Sophies Grab ein Gitter errichtet werde (als Schutz gegen etwaige Leichenschänder oder Grabräuber?). Einige Wochen später, als er aus der Depression herauskommt, beschließt er plötzlich, nach Ithaka und von dort zum »Schlachtfeld von Troja« zu reisen. Im Juli 1868 landet er in einem leicht hypomanischen Zustand auf Korfu und dann auf Ithaka. Während er den einfachen, ihn wohl kaum verstehenden Inselbewohnern Auszüge aus der Odyssee im klassischen Griechisch vorträgt, gräbt er mehrere Asche enthaltende alte Urnen und Vasen aus und behauptet, in ihnen befänden sich die Aschenreste von Odysseus und Penelope.[17]

Dann segelte Schliemann zum Bosporus und begibt sich in die Ebene von Troja, wo er sich, nach einigem Zögern und Suchen in Bournabaschi und Umgebung, für den Hügel von Hissarlik als den Standort Trojas entscheidet – entgegen der Meinung nahezu aller zeitgenösssischer Forscher, die entweder die *Ilias* als reine Legende betrachteten oder aber, wenn sie der Existenz Trojas Glauben schenkten, es an der Stelle von Bournabaschi vermuteten. Es ist nicht von der Hand zu weisen, daß der windumwehte Hügel in der Ebene von Hissarlik, von der Ferne gesehen, eine gewisse Ähnlichkeit mit dem Erinnerungsbild des Hügels von Ankershagen hatte, dem Hünengrab aus Schliemanns Kindheit in der Mecklenburger Ebene.

Einige Monate später ist er in Indianapolis, USA, und schreibt von dort (Lilly, 1961) an Theocles Vimpos, seinen ehemaligen Griechischlehrer in Petersburg und nun Erzbischof von Athen, den berühmten Brief, in dem er seinen Wunsch ausdrückt, ein junges griechisches Mädchen zu heiraten; zur Bedingung macht er, daß sie an Homer ebenso interessiert sei wie er und daß sie mit ihm (eine neue Minna) die Stätten der Vergangenheit aufsuche, nämlich: Burgen, Trümmerstätten, Friedhöfe, Mausoleen, Gräber. Unter den verschiedenen Bewerberinnen, die der Erzbischof vorschlägt, wählt Schliemann die achtzehnjährige Nichte des Prälaten, Sophie Engastromenos.[18]

Es ist aus vielen Quellen ersichtlich, daß die Entwicklung zum Archäologen ihren Ursprung in Schliemanns Kinderwelt also bereits in Ankershagen hat; genauer gesagt, daß sie mit seinen frühkindlichen Rettungs- und Wiederherstellungsideen verbunden ist, mit einem früh libidinös verankerten Interesse, in dessen Mittelpunkt Gräber, Grabstätten und Grabsteine stehen (und das *was sie in sich bergen bzw. verbergen mögen*, nämlich die psychischen Repräsentanten der nächsten, früh verstorbenen Angehörigen, der Mutter, der Brüder, darunter wohl auch den geheimnisvollen Heinrich Schliemann im Grab von Neubukow). Jahre vor Beginn seiner Grabungen in Troja hatte er sein erstes archäologisches Abenteuer – wenn ich es so nennen darf – auf dem Friedhof von Sacramento in Kalifornien, wo sein Bruder Ludwig begraben lag. Schliemann lebte dort von 1850–1852 und erwarb sein erstes großes Vermögen während des kalifornischen Goldrausches hauptsächlich durch Goldhandel und -eintausch. Als ihn die Nachricht erreichte, daß sein Bruder an Typhus gestorben war, löste er sofort seine Geschäfte in Rußland auf und eilte nach San Franzisko und Sacramento, wo er um die Zeit des kalifornischen Goldrausches ankam, scheinbar gerade rechtzeitig, um in weniger als zwei Jahren etwa zwei Millionen Dollar in Gold einzuheimsen. Später beschuldigte er die kalifornischen Ärzte, sie hätten seinen Bruder mit Quecksilber vergiftet. Im Jahre 1865 kehrte Schliemann noch einmal für einige Tage nach Sacramento zurück. Seine Tagebucheintragung unter dem Datum vom 7. September 1865 lautet:

»Ich brach heute morgen um halb fünf Uhr auf ... Sacramento ist nicht wiederzuerkennen; nicht eines von den Häusern, die es vor vierzehn Jahren hier gab, scheint mehr zu stehen ... Ich hatte Mühe, den alten kleinen Friedhof zu finden, auf dem mein armer Bruder begraben liegt ... schließlich fand ich dort den Gedenkstein, den ich 1851 zu seinem Andenken errichten ließ, aber er war zerbrochen und umgestürzt. Auf mein Ersuchen öffnete Herr Bennett, der jetzige Totengräber, das Grab, weil mir daran gelegen war, *die Gebeine meines Bruders nach Petersburg zu überführen; mein Erstaunen war jedoch groß, als ich sah, daß ich den Stein nicht auf dem richtigen Grab hatte errichten lassen: der Schädel, den Herr Bennett ausgrub, hatte wunderbare Zähne, während der arme Ludwig gar keine hatte; es konnte also nicht der seine sein.* Somit gab ich jede Hoffnung auf, seine sterblichen Überreste wiederzufinden.« (Hervorhebung von mir.)

Die Eintragung vom nächsten Tag, dem 8. September 1865, lautet:

»... Ich ging wieder auf den großen Friedhof, der nun eingezäunt und in bestem Zustand ist; hier stehen tausende Gedenksteine aus feinem Marmor. Er ist stärker *bevölkert* als die Stadt der Lebenden, aber die Mehrzahl der *Einwohner sind Kinder*, unter denen das schlechte Klima die ärgste Verwüstung anzurichten scheint. Der einzige mir hier bekannte Name, den ich auf einem schönen marmornen Grabstein eingraviert fand, war der von Ellen Louisa Gray, die siebzehnjährig am 1. Februar 1852 starb.

Es gibt ein Reservoir auf dem Friedhof, von dem aus alle Rasenflächen bewässert werden ... Von dort aus ging ich zu Herrn Bennetts kleiner Bauernwirtschaft, um dem alten Friedhof ein letztes Lebewohl zu sagen; jetzt ist er in ein Kornfeld verwandelt, *in das die Überreste meines lieben Ludwig eingegangen sind.* Ich mußte bitterlich weinen, als ich es betrachtete; leider gibt es keinen Weg festzustellen, wo er begraben ist ... (Die vorstehenden beiden Zitate sind Übertragungen aus Schliemanns englisch geschriebenem Tagebuch; Hervorhebungen von mir.)

Ohne in eine ausführliche Erörterung der auffälligen Fehlleistung bezüglich des Grabes und der Identität des Bruders oder der Bezeichnung der Begrabenen als »Einwohner« und der »bevölkerten« Grabstätte einzutreten, mag es an dieser Stelle genügen, darauf hinzuweisen, daß Schliemann seine früh erworbenen Identitätsprobleme ebenso wie seine im Ödipalen wurzelnden inneren Konflikte anscheinend dadurch auslebte, daß er sie auf dramatische Weise in einer Reihe von spezifischen Lebenssituationen wiederholte:

1868 in Ithaka, wo er die Aschenreste fälschlich für die des Odysseus, der Penelope u.a. hält; er glaubt sogar das »Brautgemach« des Odysseus gefunden zu haben und beschreibt dies ganz ernsthaft in seinem ersten Buch;

1873 in Troja, wo er Gold und Schmuckstücke, die er ausgräbt, irrtümlich dem Homerischen Troja zuschreibt und als den »Schatz des Priamus« bezeichnet;

1876 in Mykene, wo er die Gräber und Skelette, die er dort entdeckte, irrtümlich als die des Agamemnon und seiner Sippe identifizierte. »Hier ist der Ort, wo Agamemnon liegt«, schreibt er, »und jene, die mit ihm ermordet wurden.«[19]

1878 der gewissermaßen wiederbelebte Agamemnon: Er nennt

seinen neugeborenen Sohn Agamemnon (Wiederherstellung des Objektes, wohl in dem Sinne, daß Agamemnon nicht tot, sondern durch ihn zu neuem Leben erweckt ist).
Vielleicht beleuchtet eine weitere Fehlleistung, die ich in seiner ersten Beschreibung der Trojanischen Grabungen fand, all das Vorgesagte am besten. Sein Tagebuch *Ausgrabungen in der Ebene von Troja* beginnt: Burg Troia 1 August 1872. In dem handgeschriebenen Original ist das deutsche Wort Burg ausgestrichen, und der korrigierte Anfang lautet im Originaltext: Pergamus der Troia 1 Aug. 1872.
Während Schliemann Troja ausgräbt und allnächtlich genaue Berichte darüber in seine Tagebücher einträgt, fühlt er sich unbewußt zurückversetzt nach Ankershagen, in die alte Ritterburg seiner Kinderzeit mit ihren meterdicken Mauern und unterirdischen Geheimgängen, wo er und Minna vertraut gespielt und sich kindlich-libidinös glücklich gefühlt hatten auf dem Höhepunkt ihres romantischen Liebesspieles. In seiner archäologischen Forschungsarbeit, während er Troja ausgrub und mit den türkischen Behörden (besonders mit dem örtlichen Gouverneur) dauernd in Streit lag, lebte er somit die Phantasien und libidinös-aggressiven Strebungen seiner Kindheit einschließlich des intensiven Ödipuskonfliktes mit dem Vater aus. Mit Hilfe seiner Kind-Braut Sophie entführte er den ersehnten Schatz von Troja unter der Nase des türkischen Gouverneurs (eine verhaßte Vater-Gestalt), trägt den Schatz im Triumph davon, krönt im wörtlichen Sinn seine junge Frau mit den der Erde entnommenen Juwelen und Diademen und erringt so mit seinen archäologischen Funden den ödipalen Sieg. Gleichzeitig agiert er aber auch, wie ich glaube, narzißtische Phantasien sowie Rettungsphantasien in bezug auf seine Familienmitglieder aus. Sein langwieriges persönliches und juristisches Ringen mit dem lokalen Gouverneur des Troja-Gebietes trägt alle tiefenpsychologischen Merkmale eines anhaltenden ödipalen Kampfes gegen den Vater und geht u.a. so weit, daß er die Hilfe anderer (Mitarbeiter, Verbündeter, »Brüder«) in diesem Kampf sucht.
Charakteristischerweise wiederholt sich der ödipale Streit mehrmals in seinem Leben mit veränderten dramatis prersonae, jedoch im Grunde gleichbleibend. So entwickelt sich in Schliemanns letztem Lebensjahrzehnt ein hartnäckiger »wissenschaftlicher«, in Wirklichkeit stark persönlich gefärbter Streit zwischen

ihm und einem Hauptmann Bötticher, wozu er den Beistand des »guten« Vaters Virchow sucht und findet. Jedoch kommt es auch schließlich mit Virchow zu einem zeitweiligen Bruch und zu, dem Analytiker nicht unerwarteten, emotionalen Verwicklungen.

Diskussion

Ich verschiebe die Darstellung und Erörterung vieler anderer Gegebenheiten im Leben Schliemanns auf später: die Bedeutung seiner weiteren Ausgrabungen in Troja; seiner Zwistigkeiten mit türkischen und sonstigen Behörden (verhaßte »Väter«); seiner ungestümen Freundschaft mit dem großen Virchow; gewisser halluzinatorischer Erlebnisse (er »sah« Pallas Athene); selbst seines Todes, der einer phantastischen Note nicht entbehrt: Der weltberühmte Forscher und Millionär wird 1890 in Neapel bewußtlos auf der Straße gefunden und in ein Armenspital gebracht – fast wie ein halbes Jahrhundert zuvor der Schiffbrüchige in Amsterdam. Hier will ich nur versuchen, einige der in dieser Arbeit vorgelegten Entwicklungen und Beziehungen vom analytischen Standpunkt aus nochmals kurz zu sichten.
Zwanghafte Züge, depressive Phasen, denen Zustände von gelegentlich hypomanischer Erregung folgen, impulsive Verhaltensweisen und intensives Streben nach narzißtischer Befriedigung scheinen vorherrschend. In populären Biographien (Emil Ludwig, Robert Payne) wird oft das eine Persönlichkeitsmerkmal besonders hervorgehoben, während andere vernachlässigt werden. Bemerkenswerterweise scheinen sich auch bei Schliemanns Eltern sowohl depressive Züge als auch hypomanische Tendenzen zu finden, die letzteren beim Vater, die ersteren überwiegend bei der Mutter.
Von Bedeutung ist, wie ich glaube, das Beibehalten des »Familienromanes«[20], die Intensität und anhaltende Wirkung (Niederland, 1956/57; Weissmann, 1960) traumatisch-sensorischer Früherlebnisse, die unentwegten Versuche, verlorene Liebesobjekte wiederzugewinnen bzw. wiederherzustellen (Bychowski, 1951) – Charakteristika, wie sie aufgrund ausgedehnter neuerer Studien bei vielen schöpferischen Persönlichkeiten gefunden werden konnten. Das Festhalten am libidinös-inzestuösen Objekt ist ebenso offensichtlich wie die ödipale Schuld. Weiter fin-

den wir, ganz im Sinne von Greenacre (1957), daß ausgesprochen kosmische bzw. terrestrische und/oder prähistorische Vorstellungen und Phantasien über Troja, Homer, Pallas Athene usw. stellvertretend den Platz der Eltern einnehmen. Nichtsdestoweniger scheint der volle Sublimierungsprozeß nicht ganz geglückt, und der Versuch, das verlorene Objekt wiederzugewinnen oder wiederherzustellen, dieses so wesentliche psychologische Element in Schliemanns schöpferischer Tätigkeit, fällt wiederholt unter die Dominanz der Aggression. So ist die Sublimierung stark aggressiver und vermutlich auch libidinös-nekrophiler Impulsregungen nur zum Teil erfolgreich. Dies zeigt sich beispielsweise in den Katakomben von Rom, auf den Friedhöfen von New Orleans, beim Schlafen in »una tomba anziana« am Fuße der Cheopspyramide (Tagebucheintragung vom 5. Januar 1859 in Kairo), im Verlangen nach dem Bild von »Sophie im Sarg«, den aggressiv durchgeführten Ausgrabungen an den Stätten von Troja und Mykene, wo er sich beide Male durch die Homerischen Siedlungen hindurchgrub und tiefere Schichten aus viel früheren Zeiten erreichte. Daraus dürfen wir schließen, daß Schliemanns Arbeit mit teilweise infantiler Sexualität und Aggressivität besetzt blieb, so daß keine volle Sublimierung erfolgen konnte. Auf der anderen Seite darf nicht unerwähnt bleiben, daß wohl gerade das unbewußte Verharren im Prägenital-Infantil-Aggressiven der archäologischen Pionierleistung Schliemanns auf explorativem Gebiet weitgehend zustatten kommen mußte. Das Vordringen als Pionier in Neuland erfordert wohl gerade solche Eigenschaften.

Beim biographischen Studium des Forschers hat man den Eindruck, als wäre ein guter Teil seiner archäologischen Arbeit von dem Bedürfnis getragen, die Echtheit und Wirklichkeit Homers und Trojas zu beweisen. Dies mag für ein noch größeres (da unbewußtes) Bedürfnis stehen, nämlich zu beweisen, daß der 1822 geborene Heinrich Schliemann echt, wirklich und lebendig war, zum Unterschied von jenem Heinrich Schliemann, der zur Zeit der Geburt des Ersteren verstarb und auf einem Friedhof in Mecklenburg begraben wurde. Schliemanns starke Hyperaktivität, das rastlose Suchen und Forschen, die außergewöhnlichen Leistungen in Geschäft und Wissenschaft, die Vielzahl der Sprachen, die für ihn die innere Bedeutung hatten, ihm neues Leben zu geben, das zwanghafte Bedürfnis, zu sammeln, zu graben, zu schreiben, zu zählen, zu messen und aufzuzeichnen (eben jene Fülle handgeschriebener Aufzeichnungen, dem die meisten hier vorgelegten Angaben entnommen sind), die Beharrlichkeit, mit der alles das zusammengetragen und gleichsam für immer aufbewahrt wurde, lassen vermuten, daß er nicht nur bemüht war, sich und der Umwelt durch rastloses Tun und Handeln einen endgültigen Beweis seines Seins zu liefern, sondern daß auch die narzißtische Vorstellung eines ganzen oder teilweisen Überdauerns seines Ichs und damit eines Triumphs über den Tod bei ihm vorhanden war.

Es macht den Eindruck, daß Schliemann eine sehr komplexe Beziehung zum Tod und zur Tätigkeit des Grabens[21] hatte. Die Angst vor dem Tod, sich oft in dem Gefühl äußernd, daß »das Selbst ständig von Auflösung bedroht ist« (Eissler, 1961), bei Schliemann mit der Furcht vor dem Verlust der Ich-Identität verknüpft, scheint hier eng mit der libidinösen Sehnsucht nach der toten Mutter (»Sophie im Sarg«) verbunden. In den aggressiven Strebungen, Zutritt zum begrabenen[22] Liebesobjekt zu bekommen, kann man letztlich das Ziel erkennen, sich mit der Geliebten (Mutter) im Grabe zu vereinen. Dies beinhaltet somit beides: den Wunsch danach und gleichzeitig die Angst davor, selber tot zu sein. Die Vorstellung, tot zu sein, d.h. das Gefühl, die persönliche Identität zu verlieren oder verloren zu haben, und die intensive Beschäftigung mit dem Tod (in einer seiner Tagebucheintragungen äußert Schliemann seine Verwunderung darüber, wie häufig er von Toten träumt) würden sowohl auf die Sehnsucht nach Wiedervereinigung mit der toten Mutter (der regressiven Rückkehr zur Mutter, von der Tarachow [1960] spricht) als auch auf den Versuch hindeuten, die Realität des Todes selbst zu verneinen und so über den Tod zu triumphieren.

M. Bonaparte (1949) zeigt in ihrer Analyse des Lebens und des Werkes von Edgar Allan Poe des Dichters »ewige Bindung an die Tote«, nämlich an seine junge Mutter, die starb, als er ein Kind war. Im selben Sinne könnte man sagen, daß sich bei Schliemann das Unbewußt-Libidinöse niemals von dem Erinnerungsbild der toten Mutter losgelöst hatte. Er suchte sie in den Minnas und Sophies, denen er in seinem Leben begegnete; in den Särgen und Gräbern, die er öffnete; in der Tiefe der Erde, in die er eindrang; in seinen späteren »Visionen« der Pallas Athene, seiner Lieblings- und Liebesgöttin.

Die libidinöse Überbesetzung der Vergangenheit, genauer gesagt, der *begrabenen* Vergangenheit, und das zwanghafte Verfolgen seiner archäologischen Forschungen (so zwingend, daß er sich bei einer Weigerung der türkischen und griechischen Regierungen, ihm weitere Ausgrabungen zu gestatten, verzweifelt an die italienischen Behörden um eine solche Erlaubnis wandte und äußerte, daß Ausgraben für ihn gleichbedeutend mit Leben sei), kann demnach dem Bemühen gleichgesetzt werden, die Realität des Todes zu leugnen; das Rätsel des Todes wie seiner eigenen Identität zu lösen; und die libidinöse Verbindung mit der Mutter wiederherzustellen, indem er sie tief in der Mutter Erde selbst suchte und wiederzufinden hoffte. Geoffrey Bibby (1956), ein zeitgenössischer englischer Archäologe, drückt es folgendermaßen aus:

»Jeder Archäologe weiß in seinem Herzen, warum er gräbt. Er gräbt ..., damit die Toten wieder leben mögen, damit das Vergangene nicht für immer verloren sei ...«

Bei Schliemanns Zuwendung zur Archäologie ist die Abfolge psychologisch feststellbarer Phasen in seinem schöpferischen Entwicklungsgang besonders interessant. Dank der Fülle des biographischen Materials, vielleicht auch aufgrund des nicht ganz vollzogenen Sublimierungsprozesses, kann man die seelischen Vorgänge beim Übergang vom Geschäftsleben zur Wissenschaft nahezu Schritt für Schritt erkennen:
Im März 1860, mit 38 Jahren – dies war das Alter seiner Mutter, als sie starb –, beschließt er, sich vom Geschäftsleben zurückzuziehen.
Zu eben dieser Zeit wird er in ein Gerichtsverfahren im Zusammenhang mit Geldangelegenheiten verwickelt, so daß er sich etwa weitere vier Jahre lang mit geschäftlichen Angelegenheiten befassen muß, ebenso wie sein Vater nach dem Tod der Mutter unter der Anklage der Unterschlagung von Kirchengeldern in einen Prozeß verwickelt worden war.
Von 1864 bis 1866 reist Schliemann rund um die Welt, besucht viele Länder und Städte, besichtigt besonders deren Mauern, Denkmäler, Friedhöfe, Mausoleen, Gräber etc.
Von 1866 bis 1868 trennt er sich von seiner Familie in Rußland, läßt sich in Paris nieder und beginnt eine Reihe vager und versuchsweiser Studien an der Sorbonne (Philosophie, Philologie,

Geographie, Literatur, Geschichte, Kunst). In Paris lebt er allein, in einem Zustand semidepressiver Versunkenheit, unterbrochen von Reisen (Geschäftsreisen) nach den Vereinigten Staaten und Kuba. Im Mittelpunkt seiner Phantasien scheinen zu dieser Zeit der Vater, die Familie und sein innerer Konflikt zwischen aktiven und passiven Ich-Strebungen zu stehen.

Anfang März 1869 erfährt er von dem Tod seiner Cousine Sophie und verfällt in eine schwere Depression. Offensichtlich bedeutet ihr Tod die Wiederholung des frühen Objektverlustes (Mutter) und verursacht dadurch eine akute emotionelle Krise. Während des ganzen Monats März schreibt er Briefe um Briefe, in denen er seiner Verzweiflung Ausdruck verleiht und unter anderem erwähnt, daß ihr Tod in ihm eine Flut von Erinnerungen aus der Vergangenheit wiedererweckt habe. Gleichzeitig beschuldigt er sich, seine Cousine vernachlässig zu haben, und ist überzeugt, daß er sie vom Tode hätte erretten können, wenn er nur von ihrer Krankheit (Typhus) gewußt hätte, wenn er sie geheiratet, sie mit Geld unterstützt hätte, und dergleichen mehr.

Im April 1868 erfolgt eine plötzliche Verschiebung der libidinösen Besetzung vom begrabenen, vergänglichen Objekt (»Sophie im Sarg«) auf die begrabene Vergangenheit, womit er sich den unvergänglichen Objekten[23] zuwendet. Er beschließt recht abrupt, fast impulsiv, nach Italien, Griechenland und Troja zu fahren. Ein unmittelbares Gefühl der Erleichterung ist die Folge.

In den Monaten Mai bis Juli 1868 besucht er in einem Zustand sehr gehobener, hypomanischer Stimmung Korfu, Ithaka, Mykene und schließlich die Gegend von Troja, wo er die schicksalsschwere Entscheidung für Hissarlik trifft und damit die meisten wissenschaftlichen Autoritäten auf diesem Forschungsgebiet im Triumph umstößt. Nach seiner Rückkehr nach Paris schreibt er sein Buch *Ithaka, der Peleponnes und Troja* in drei Monaten fieberhafter Anstrengung und berichtet seinem Vater in einem Brief, daß »*ich Strabo und alle, die nach ihm über Troja schrieben, umstoße*«. Zur gleichen Zeit schreibt er an seinen dreizehnjährigen Sohn Sergius in Rußland:

»J'ai glorieusement refuté les récits de Strabo sur Ithaque et Troie et j'en ai fini, une fois pour toutes, du dogme absurde des archéologues de reconnaître dans les hauteurs de Bournabashi l'emplacement . . . de Troie.«

Gegen Ende des Jahres 1868, nachdem er die wissenschaftlichen »Väter« solcherart beseitigt hat, beginnt er, sorgfältige Vorbereitungen für seine geplanten Ausgrabungen in Hissarlik zu treffen. Aber bevor er diese Pläne ausführt, fährt er Anfang 1869 in die Vereinigten Staaten, wird amerikanischer Staatsbürger, erhält seine Scheidung in Indianapolis (Indiana) und, in Abwesenheit, seinen Doktortitel von der Universität Rostock (Mecklenburg) aufgrund seines Ithaka-Buches. Er löst gleichzeitig seine letzten familiären und geschäftlichen Bindungen in Rußland.

Während des Sommers 1869 kehrt er als amerikanischer Staatsbürger nach Europa zurück. Als freier Mann ohne Familienbindung[24] geht er nach Griechenland, wo »die Mädchen so schön sind wie die Pyramiden«, heiratet im gleichen Herbst in Athen Sophie Engastromenos, die Nichte des Erzbischofs, und beginnt mit ihr zusammen im nächsten Frühjahr seine epochemachenden Ausgrabungen in Hissarlik. In kurzer Zeit erwirbt er sich damit einen Namen in der ganzen zivilisierten Welt. Von dann ab verfolgt er seine archäologischen Ziele unablässig bis zu seinem Tod im Jahre 1890.

Vom Energetisch-Dynamischen her scheint es daher gerechtfertigt, in der Entwicklung von Schliemanns wissenschaftlicher Karriere vier schöpferische Phasen zu unterscheiden:

1. Eine verlängerte *Vorbereitungs-Phase*, die sich mit Unterbrechungen über mehrere Jahre (ca. 1860–1867) hinzieht und von Anzeichen stark bisexueller Identifizierungen eingeleitet wird.
2. Eine kurze und entscheidende *Phase der Inspiration* (Kris, 1952), eingeleitet durch plötzlichen Objektverlust, Depression, einer akuten emotionalen Krise mit deutlicher Überbesetzung der Vergangenheit und freier Zugänglichkeit zu frühen Erinnerungen. Dem folgte ein Stimmungswechsel zum Hypomanischen, erneute emotionelle Krisen und Stimmungsschwankungen von März bis Juli 1868. Die Besetzungsänderungen machen vergangene persönliche Erlebnisse belangvoll für seine gegenwärtige Situation.
3. Eine längere *Phase des gründlichen Durcharbeitens*, mit Planung von Einzelheiten, wichtigen inneren und äußeren Neuanpassungen, Umgebungswechsel und methodisch durchgeführten alloplastischen Bemühungen und Forschungen, die zu einer Reihe von bedeutenden, oft jedoch mißverstandenen und aggressiv errunge-

nen Entdeckungen führten, 1869–1876. Ein hoher Grad von libidinöser und aggressiver Besetzung bleibt bestehen.
4. Eine *Phase der Konsolidierung* mit fortgesetzten archäologischen Forschungen, verstärkter Kontaktaufnahme und Verbindung mit Sachverständigen und Fachleuten (Doerpfeld, Virchow), Veröffentlichung mehrerer wissenschaftlicher Arbeiten, weitere Verarbeitung und Überprüfung früherer Funde, Planen neuer Grabungen etc.; auch diese Phase ist jedoch nicht frei von wiederkehrenden emotionalen Schwankungen und kritischen Episoden, gegen Ende seines Lebens in vorübergehenden »visionären« und halluzinatorischen Zuständen kulminierend, während denen er in Ekstase die jungfräuliche Göttin Pallas Athene sieht und anbetet.

Die erste Phase ist, neben anderen Faktoren, durch Zurückgezogenheit, persönliche Einsamkeit und allmähliche Lockerung der Objektbeziehungen gekennzeichnet. Mit Beginn der zweiten Phase ist eine merkliche Überbesetzung der Vergangenheit zu beobachten – der persönlichen Vergangenheit zunächst, die sich dann ausweitet und steigert, bis sie die Vorgeschichte der Menschheit und ihre begrabene, d.h. unvergängliche und unbekannte Vergangenheit einbezieht. Diese Überbesetzung des Unbekannten, Unerforschten in der Geschichte und der Geographie (Prähistorie, »unterirdische« Geographie) bleibt bis zu seinem Lebensende erhalten.

In Anbetracht der Sonderart schöpferischer Tätigkeit archäologischer Forschung, die in Schliemanns Lebensgeschichte fast geradlinig zu infantilen Erlebnissen und Vorgängen in Beziehung zu stehen scheint, erhebt sich auch in diesem Fall, wie in so vielen anderen von genialer oder genie-ähnlicher Größenordnung, die Frage nach den etwaigen Zusammenhägen zwischen Psychopathologie und schöpferischer Begabung. Ich neige dazu, diese Frage im Sinne Eisslers zu beantworten, der in seiner *Leonardo*-Studie (1961) meint, daß »Psychopathologie für Höchstleistungen gewisser Art unentbehrlich ist«. Nicht ganz so eindeutig kann beim gegenwärtigen Stand unseres Wissens das nächste Problem beantwortet werden, nämlich die Frage nach den Energiequellen, die solchen außergewöhnlich schöpferischen Persönlichkeiten zur Verfügung stehen, und auch danach, welche psychisch-ökonomischen und dynamischen Vorgänge für diese Energie verantwortlich sind. Immerhin möchte ich mit einem kurzen Auszug aus

Schliemanns Briefen schließen, der vielleicht ein wenig Licht auf die Frage der hier beteiligten libidinösen Ökonomie wirft. In seinen Briefen aus Indianapolis vom 26. und 27. April 1869 an Erzbischof Vimpos (Lilly, 1961) schreibt Schliemann in bezug auf seine Pläne für Scheidung und Wiederverheiratung:

»... Ich war früher sehr sinnlich ... *Aber mein Wesen hat sich völlig verändert* ... und jetzt denke ich an nichts als an die Wissenschaft. Ich möchte deshalb eine Frau nur als Gefährtin ... Ich weiß aus zwei Gründen noch nicht, ob ich in der Lage bin, (wieder) zu heiraten: Erstens bin ich noch nicht sicher, ob ich die Scheidung bekomme; und zweitens wegen meiner ehelichen (Schwierigkeiten). *Ich hatte seit sechs Jahren keine Beziehung zu einer Frau.*« (Hervorhebung von mir.)

Es war während dieser Jahre der Abstinenz, daß Schliemann mit seinen tastenden Studien an der Sorbonne begann, seine ersten beiden Bücher schrieb und sich für das Gebiet der Archäologie entschied. Dies scheint mir Eisslers Feststellungen über die Sexualsphäre bei Goethe und Leonardo da Vinci in eindrucksvoller Weise zu unterstützen.

In bezug auf künstlerische und schöpferische Leistungen wird oft in der analytischen Literatur der Satz von E. Kris (1952) zitiert: »Der Künstler hat eine Welt geschaffen und sich nicht einem Tagtraum hingegeben.« Ich glaube, das trifft auch auf Schliemann zu. Er hat unser geschichtliches und vorgeschichtliches Wissen um ein volles Jahrtausend erweitert und damit Historikern, Geographen und Forschern der Antike einen neuen Studienbereich eröffnet. Schliemann, zeitlebens so fasziniert mit der Welt des Todes beschäftigt, vertiefte unser Wissen um die Welt der Lebenden und bereicherte durch seine der fernen Vergangenheit zugewandten Forschungen zugleich die Geschichte der Gegenwart.

Aus dem Englischen von Hedda Eppel
mit Unterstützung von W. G. Niederland

Anmerkungen

1 Eine gekürzte Fassung der vorliegenden Arbeit wurde am 27. März 1962 vor der New Yorker Psychoanalytischen Gesellschaft, am 9. Dezember 1962 vor der Amerikanischen Psychoanalytischen Vereinigung und am 30. Juli 1963 auf dem 23. Internationalen Psychoanalytischen Kongreß in Stockholm vorgetragen. Inzwischen hat der Autor dieser Arbeit seine Schliemann-Forschungen weiterge-

führt und damit vieles zum weiteren Verständnis des Schliemannschen Lebenswerks und seiner Persönlichkeit beigetragen. Diese neue Arbeit des Verfassers ist unter dem Titel »Das Schöpferische im Lebenswerk Heinrich Schliemanns« in dem Buch *Alexander Mitscherlich zu ehren. Provokation und Toleranz* (Suhrkamp Verlag 1978) erschienen und enthält neben eindrucksvollen Facsimiles lesenswerte zusätzliche Forschungsergebnisse zur Ergründung der kreativen Hochleistung des Entdeckers Trojas.

2 In einem Brief an Stefan Zweig vom 7. Februar 1931 sagt Freud: »Ich ... lese wirklich mehr Archäologie als Psychologie ...« (1960).

3 Ich bin sowohl Frau Andromache Melas, der 91jährigen Tochter Heinrich Schliemanns, als auch ihrem Sohn, Herrn Leno Melas, Athen, die mir Originalquellen zugänglich machten, für ihre freundlichen, bereitwilligen Auskünfte zu großem Dank verpflichtet; ebenso Frau Prof. H. Karo, Freiburg, die mir liebenswürdigerweise weitere Originalbriefe ihres Großonkels Heinrich Schliemann zur Verfügung stellte.

4 Weiteren Dank schulde ich Herrn Prof. Francis Walton, dem Direktor der Gennadius-Bibliothek, sowie Herrn Dr. Ernst Meyer, Berlin, für ihr freundliches Interesse und wertvolle Literaturhinweise.

5 Ich möchte auch der Chapelbrook und New Land Foundation in Boston bzw. New York meinen Dank aussprechen für die Unterstützung dieses Forschungsprojektes; ebenso Herrn Dr. Bertram D. Lewin und Herrn Dr. Sandor Lorand für mancherlei Rat und Anregung. Vor allem möchte ich meinem Bruder, Dr. Ernst Niederland, Rehovot, meinen Dank sagen für seine überaus nützlichen, selbstlosen Bemühungen bei vielen Auszügen und Übersetzungen von Originaltexten, seine unermüdliche Mitarbeit und ständige Hilfe bei der Sichtung der Dokumente, der zuweilen fast unleserlichen Texte usw. Ohne diese Mitarbeit wäre die Fertigstellung dieser Niederschrift kaum möglich gewesen.

6 Möglicherweise Kindbettfieber.

7 Es ist bisher – trotz der hilfreichen Bemühungen von Dr. E. Meyer – noch nicht gelungen, Datum und Ursache des Todes jenes älteren Heinrich Schliemann genau festzustellen. Mecklenburg gehört heute zu Ostdeutschland und ist amerikanischen Forschern weitgehend unzugänglich. Da dem Tod des gleichnamigen Bruders offensichtlich große psychodynamische Bedeutung zukommt, wird die Nachforschung fortgesetzt. *Zusatz bei der Korrektur:* Dank der fortgesetzten Bemühung Dr. Meyers erhielt ich nach Fertigstellung dieses Manuskriptes das Todesdatum des älteren Heinrich Schliemann; er starb im März 1822. Damit ist der meinerseits für etwa diesen Zeitpunkt postulierte Depressionszustand der Mutter fast sichergestellt.

8 Schliemann klagt in mehreren Briefen über den ihn subjektiv sehr quälenden Zwang, neue Sprachen zu erlernen; doch »jede neue Sprache ist ein neues Leben« sagt er in einem Brief vom 9. April 1863. Ohne das Erlebnis einer neuen Sprache fühlte er sich leblos, »wie tot« – bis der Übergang in die Archäologie eine wesentliche Änderung auch darin herbeiführte.

9 Über diesen Selbstmord ist leider wenig bekannt. Weder in den Biographien noch in dem athenischen Material konnte ich etwas zu seiner Aufklärung Dienliches finden.

10 Er nannte seine Schwester Wilhelmine in seinen Briefen meistens *Minchen*, ein sowohl für Wilhelmine als auch für Minna gebräuchlicher Kosename.

11 Henning, Henry, Heinrich sind eigentlich ein und derselbe Name. In seinen eng-

lisch gehaltenen Briefen, in seinen amerikanischen Eintragungen, Aufzeichnungen usw., unterschrieb sich Schliemann später stets als *Henry* Schliemann.

12 Schliemann selbst wurde später in Paris, Havanna, Berlin und Athen ein reicher Gutsbesitzer und bezog einen guten Teil seines Einkommens aus den weiten Ländereien, die er vielerorts besaß.

13 »Die Katakomben von San Sebastiano sind 6 bis $6^1/_2$ Fuß hohe und 2 bis 3 Fuß breite unterirdische Gänge von $4^1/_2$ Meilen Länge ... Es sind Hunderttausende von Gräbern; mir scheint, daß alle Christen hier begraben wurden ... Aber man wundert sich, wie man die Leichname dort hineingebracht hat, da die Öffnungen so schmal sind, daß man kaum den Arm hineinstecken kann ... Wenn man die Gräber ... öffnet, sieht man noch den recht gut konservierten Körper; kaum aber ist die Luft herangetreten, löst er sich in kleinste Bestandteile und Staub auf. *Ich hätte gern ein Stück genommen und es an meine Frau geschickt, wenn ich nicht hätte fürchten müssen, daß es sie erschreckt.*«

14 Siehe Anmerkung 9.

15 Unter den Fehlleistungen, auf die ich beim Studium von Schliemanns Schriften stieß, fand ich diese am beachtlichsten: 1821 statt 1841, dem Jahr des Schiffbruchs. 1821 war Schliemann noch nicht geboren und sein Namensbruder Heinrich noch am Leben. Im Original ist die Zahl 2 durch die Zahl 4 so überschrieben, daß die erstere nur bei sehr eingehendem Studium kenntlich wird. Man kann nicht sicher sein, ob unter der 4 ursprünglich eine 2 oder 3 stand; im letzteren Falle würde die Fehlleistung 1831 lauten, d.i. das Todesjahr der Mutter.

16 Lewin (1958) zeigte eine ähnliche Entwicklung, wenn auch auf ganz anderem Gebiet, in bezug auf den Traum des 23jährigen Descartes.

17 Er beschreibt seine damalige Identifizierung mit dem zu Weib und Haus heimkehrenden Odysseus in seinem Buch *Ithaka, der Peleponnes und Troja* (Leipzig 1869) in rührend kindlicher Weise. Bevor er nach Ithaka fährt, landet er auf Korfu, der Überlieferung nach dem alten Scheria, der Insel der Phäaken und der Nausikaa. Dort entkleidet er sich und watet so lange im Wasser eines Baches, bis er ebenso mit Schmutz und Schlamm bedeckt ist wie Odysseus, als Nausikaa ihn das erste Mal erblickt. Bei seiner Ankunft in Ithaka rezitiert er jubelnd den 23. und 24. Gesang der Odyssee, d.h. die Rückkehr des Helden, die Vernichtung der Rivalen (Freier) und die Wiedervereinigung mit Penelope, der Gattin – Muttergestalt der klassischen Dichtung.

18 Dieser Name ist wohl nicht ohne Belang: »engastromenos« ist ein altes griechisches Wort für schwanger, vgl. das aufgefundene autobiographische Fragment mit Bezug auf die Schwangerschaften der Mutter, d.i. der ursprünglichen *Sophie*.

19 Bei seinen Ausgrabungen in Mykene standen die Umstände der dort verübten ödipalen Morde im Mittelpunkt seiner erheblichen Kontroversen mit den Fachgelehrten. Es war sein besonderer Triumph, als er an der von ihm bezeichneten Stelle Skelette fand, und er telegraphierte an den griechischen König: »Ich habe das Grab des Agamemnon und seiner Sippe gefunden.«

20 Der in den immer wiederkehrenden, intensiven Rettungsphantasien seinen Ausdruck findet und möglicherweise zu dem Bild von Jerrer mit dem brennenden Troja und der Rettung eines Teiles der Familie durch den Helden Aeneas in Beziehung steht.

21 »Grab« und »graben« haben im Deutschen den gleichen Stamm.

22 Dies ist nirgends klarer ausgedrückt als in einem Brief an einen Freund (1869), in dem er feststellt: »in Griechenland ... sind die Mädchen so schön wie die Py-

ramiden ...«. Die direkte Gleichsetzung der lebendigen weiblichen Schönheit mit der toten Schönheit der begrabenen Vergangenheit kommt hier ebenso deutlich zum Ausdruck wie bei dem Helden der *Gradiva*, der auch Archäologe ist. Und der Vergleich mit den Pyramiden, den majestätischen Grabstätten des alten Ägyptens, ist hier ungemein charakteristisch.

23 Homer, Ithaka, Troja, Mykene, Marmor, Felsen, Erde.

24 Hierin zeigt sich eine Übereinstimmung mit K. R. Eisslers (1961) Feststellung: »... es ist unwahrscheinlich, daß (das Genie) seiner außergewöhnlichen Schöpfungskräfte fähig wäre, wenn seine Libido in einer adäquaten Objektbeziehung befriedigt wäre. Die der Objektbeziehung zuströmende Energie würde dem schöpferischen Prozeß entzogen ...« Es ist unschwer zu zeigen, daß Schliemanns Objektbeziehungen auch nach der Heirat mit Sophie Engastromenos fragwürdig blieben. Kurz nach der Hochzeit erkrankte die junge Frau an Symptomen, die wir heute vermutlich als »psychosomatisch« bezeichnen würden, und sie trennten sich für einige Zeit.

Literatur

Bibby, G. (1956): *The Testimony of the Spade.* New York (Alfred A. Knopf).

Bonaparte, M. (1946): »The Legend of the Unfathomable Waters«, *American Imago* 4, 20–31.

– (1949): *The Life and Works of Edgar Allan Poe.* London (Imago Publ. Co.).

Braymer, M. (1960): *The Walls of Windy Troy.* New York (Harcourt, Brace & Co.).

Bychowski, G. (1951): »From Catharsis to Work of Art.« In: *Psychoanalysis and Culture,* hrsg. von G. B. Wilbur und W. Muensterberger. New York (International Universities Press).

Cottrell, L. (1958): *The Bull of Minos.* New York (Rinehart & Co.).

Eissler, K. R. (1961): *Leonardo da Vinci.* New York (International Universities Press).

– (1958): »Psychanalysis of Adolescents.« *The Psychoanalytic Study of the Child* 13, 223–254. New York (Intern. Univ. Press).

Freud, S. (1907): *Der Wahn und die Träume in W. Jensens »Gradiva«.* GW Bd. 7.

– (1909a): *Der Familienroman der Neurotiker.* GW Bd. 7.

– (1909b): *Bemerkungen über einen Fall von Zwangsneurose.* GW Bd. 7.

– (1911): *Psychoanalytische Bemerkungen über einen autobiographisch beschriebenen Fall von Paranoia.* GW Bd. 8.

– (1933): Vorwort zu »Edgar Poe, Étude psychoanalytique« von M. Bonaparte. GW Bd. 16.

– (1950): *Aus den Anfängen der Psychoanalyse.* Hrsg. von M. Bonaparte, A. Freud, E. Kris, London (Imago Publ. Co.).

– (1960): *Briefe.* Hrsg. Ernst L. Freud. Frankfurt (S. Fischer).

Gandert, O. F. (1955): Heinrich Schliemann, Briefwechsel. Hrsg. Ernst Meyer. Bespr. in *Germania,* 33, 429–431.

Geleerd, E. R. (1961): »Ego Vicissitudes in Adolescence.« *J. Am. Psa. Assn.* 9, 394–405.

Greenacre, P. (1955): *Swift and Carroll.* New York (Intern. Univ. Press).

– (1957): »The Childhood of the Artist.« *Psa. Study Child* 12, 47–72. New York (Int. Univ. Press).

Grotjahn, M. (1951): »About the Representation of Death in the Art of Antiquity and in the Unconscious of Modern Men.« In: *Psychoanalysis and Culture,* hrsg. von G. B. Wilbur und W. Muensterberger. New York (Int. Univ. Press).
– (1960): »Ego Identity and the Fear of Death and Dying«. *J. Hillside Hospital* 9, 147–155.
Hampe, R. (1961): *Heinrich Schliemann.* Ruperto Carola, Heidelberg, 13, 3–22.
Kohut, H. (1960): »Beyond the Bounds of the Basic Rule«. *J. Am. Psychiatric Assn.* 8, 567–587.
Kris, E. (1956): »The Personal Myth«. *J. Am. Psa. Assn.* 4, 653–681.
– (1952): *Psychoanalytic Explorations in Art.* New York (Int. Univ. Press).
Lewin, B. D. (1958): *Dream and the Uses of Regression.* The Freud Anniversary Lecture Series. New York (Int. Univ. Press).
Lilly, E. (1961): *Schliemann in Indianapolis.* Indianapolis: Indiana Historical Society.
Ludwig, E. (1947): *Schliemann de Troie.* Paris (Nouvelles Editions Latines).
Meyer, E. (1936): *Briefe von Heinrich Schliemann.* Berlin (De Gruyter & Co.).
– (1953): *Heinrich Schliemann, Briefwechsel.* Band I. Berlin (Gebr. Mann).
– (1955): *Schliemann und Virchow.* Gymnasium 62, 435–454.
– (1956): *Rudolf Virchow.* Wiesbaden (Limes Verlag).
– (1958): *Heinrich Schliemanns Briefwechsel,* Band II. Berlin (Gebr. Mann).
– (1961): *Heinrich Schliemann, Selbstbiographie.* (Hrsg.) 9. Aufl. Wiesbaden (F. A. Brockhaus).
– (1961): *Persönliche Mitteilung.*
Milchhoefer, A. (1891): »Erinnerungen an Heinrich Schliemann«. *Deutsche Rundschau* 17, 8–23.
Muller, H. J. (1958): *The Loom of History.* New York (Harper Bros.).
Niederland, W. G. (1956): »River Symbolism I«. *Psa. Quart.* 25, 469–504.
– (1957): »River Symbolism II«. Psa. Quart. 26, 50–75.
Nunberg, H. (1961): *Curiosity.* The Freud Anniversary Lecture Series. New York (Int. Univ. Press).
Payne, R. (1959): *The Gold of Troy.* New York (Funk & Wagnalls).
Petrie, F. (1931): *Seventy Years of Archaeology.* London (Low-Marston).
Pomer, S. L. (1959): »Necrophilic Phantasies and Choice of Specialty in Medicine«. *Bull. Philadelphia Assn. for Psychoanalysis* 9, 54–55.
Schapiro, M. (1956): »Leonardo and Freud«. *J. of the History of Ideas* 17, 147–178.
Schliemann, H. (1869): *Ithaka, der Peloponnes und Troja.* Leipzig (Gieske und Devrient).
– (1878): *Mykenae.* Leipzig (F. A. Brockhaus).
– (1881): *Ilios, the City and Country of the Trojans.* NewhYork (Harper & Bros).
– (1881): *Reise in der Troas im Mai 1881.* Leipzig (F. A. Brockhaus).
– (1884): *Troja, Results of the latest Discoveries.* New York (Harper & Bros.).
– (1886): *Tiryns.* Leipzig (F. A. Brockhaus).
Schliemann, S. (1892): *Selbstbiographie.* 1. Aufl. Leipzig (F. A. Brockhaus).
Schuchhardt, C. (1891): *Schliemanns Ausgrabungen im Lichte der heutigen Wissenschaft.* 2. Aufl. Leipzig (F. A. Brockhaus).
Sterba, E. und R. (1954): *Beethoven und sein Neffe.* München (Szczesny Vlg.).
Stoll, H. A. (1960): *Abenteuer meines Lebens.* Schliemann erzählt. Leipzig (F. A. Brockhaus).
Tarachow, S. (1960): »Judas the Beloved Executioner«. *Psa. Quart.* 39, 528–554.

William G. Niederland
Conrad Ferdinand Meyer – Eine tiefenpsychologische Studie

»Der Genius zählt zu den großen Geheimnissen des Menschentums«, schrieb Rudolf K. Goldschmit-Jentner noch im Jahre 1954, »alle Bemühungen, sein Wesen zu ergründen ... alle Versuche, das Geheimnis seines Seins lebensgesetzlich zu erfassen, sind zum Scheitern verurteilt.« Wenn auch diese in toto recht pessimistisch anmutende Einstellung gegenüber jedem wissenschaftlichen Versuch, das Phänomen des literarischen und künstlerischen Schaffens eines geistig tätigen Menschen zu durchforschen, auch heute noch das biographisch-historische Blickfeld weitgehend beherrscht, ja nach meiner Ansicht sogar verschattet, so haben doch bereits die ersten bahnbrechenden Studien auf dem Gebiete der Psychoanalyse gezeigt, daß es innerhalb gewisser Grenzen möglich ist – wie Sigmund Freud es 1933 ausgedrückt hat – »die Motive, die ein Genie geweckt haben und welcher Stoff ihm vom Schicksal aufgetragen wurde« darzutun und vom Untergrund des Seelischen her zu untersuchen. Allerdings sind die Widerstände, die einem solchen Unternehmen entgegenstehen, außerordentlich intensiv, da das analytische Eindringen in die tieferen Schichten des Seelenlebens an sich schon geeignet ist, sehr heftige Abwehrreaktionen (Verhüllung, Verleugnung, Sperrung gegen unwillkommene Einsicht, Haftenbleiben in traditionellen Denkformen, Kränkung und Ressentiment, die sich mitunter bis zur gewalttätigen Ablehnung steigern können) beim Individuum wie in der Öffentlichkeit auszulösen. Kein Geringerer als Freud selbst hat dies erfahren, als man ihm anläßlich seiner ersten psychobiographischen Studie über Leonardo da Vinci (1910) das Wort entgegenhielt »es liebt die Welt das Strahlende zu schwärzen« und schließlich im Jahre 1933 seine sämtlichen Werke unter dem Jubelschrei eines Teiles der damaligen deutschen Akademikerschaft in Berlin öffentlich verbrannte. Da man jedoch weder die Ideen eines Giordano Bruno noch die eines Sigmund Freud auf Scheiterhaufen zerstören kann, ist auch die psychoanalytische Forschung weitergegangen und hat sich beispielsweise in den letzten Jahren auch der Analyse seelischer Prozesse in Gruppen zugewandt, etwa in der großangelegten neueren Studie über *Die*

Unfähigkeit zu trauern von Alexander und Margarete Mitscherlich (1967), in der bestimmte Grundlagen kollektiven Verhaltens tiefenpsychologisch untersucht und beleuchtet werden.
Im Mittelpunkt meiner eigenen Forschungen auf diesem Gebiete stehen seit langem psychobiographische Untersuchungen[1] über das Leben und die schöpferische Kraft sensitiver Menschen, deren Schaffen und hinterlassenes Lebenswerk den bestimmenden, in manchen Fällen entscheidenden Anteil gewisser tiefgegrabener (zumeist traumatischer) Früherlebnisse erkennen läßt. Meinen ausführlichen Studien über Heinrich Schliemann und Daniel Paul Schreber – der letztere ist der hochtalentierte, später geisteskranke Sohn des bekannten Dr. Daniel Gottlieb Schreber, Gründers der nach ihm benannten Schrebergärten in Deutschland – lasse ich heute eine kurze Betrachtung einiger, in meiner Sicht wesentlicher seelischer Merkmale und Eigentümlichkeiten in der Persönlichkeitsstruktur, im literarischen Werk wie in der kulturellen Leistung des großen Schweizer Schriftstellers Conrad Ferdinand Meyer (1825–1898) folgen. Wie in meinen vorausgegangenen psychobiographischen Arbeiten lasse ich mich auch hier nicht von der früher in der biographischen Darstellung üblichen Betrachtungs- und Deutungsweise leiten. Denn die großen geschlossenen, scheinbar so deutlich sichtbaren Formen einer Lebensentwicklung und deren starre Gliederung – Lehrjahre, Wanderjahre, die Jahre der sogenannten Reife etc. – existieren in meiner Sicht nur in den Darstellungen der Biographen. Das Bild des natürlichen Wachsens, der allmählichen Entfaltung eines von der Geburt an sich langsam entwickelnden Keims, einer Reifung von der Wurzel bis zur voll gestalteten und gestaltenden Krone paßt nur in sehr weitmaschigen, unklaren Umrissen auf das wirkliche Werden eines Menschen, und schon gar nicht auf den uns hier beschäftigenden Einzelfall des, neben Gottfried Keller, bedeutendsten schweizerischen Dichters und Schriftstellers des 19. Jahrhunderts.
Das Leben Conrad Ferdinand Meyers als Mensch, Dichter und Schweizer ist in der Tat ein interessantes, in mancher Hinsicht geradezu einzigartiges Phänomen. Um mit dem letztgenannten Punkt, seiner nationalen und volksgeschichtlichen Herkunft, zu beginnen, so möchten wir daran erinnern, daß das uralte, räumlich und geographisch-politisch scheinbar so begrenzte Kulturgebiet der Schweiz in Wirklichkeit ein sehr großes, insbesondere

kontrastreiches Land ist. Mit seinen hochaufragenden Alpen, seinen abgrundtiefen, dunklen Gebirgsseen, seinen Ursprungsquellen von Rhein und anderen Flüssen, seinen weiten Tälern und oft schwer zugänglichen Höhen ist es dies nicht nur in landschaftlicher Hinsicht. Im Herzen Europas gelegen, ist es ein ungemein reiches Land auch in geistiger und kultureller Sicht, mit seinen vier Landessprachen – das romanische in Graubünden gesprochene *Rätisch* ist seine vierte Landessprache – seinen deutschen, französischen und italienischen, seit Jahrhunderten in demokratischen Staatsformen lebenden Volksgruppen, seinen zahllosen in den Künsten und Wissenschaften produktiven Persönlichkeiten. Von Paracelsus und Konrad von Gesner über Jean-Jacques Rousseau und Albrecht von Haller zu Arnold Böcklin, Jacob Burckhardt, Louis Agassiz, Arthur Honegger, Alberto Giacometti, den beiden Piccards (Vater und Sohn) und Friedrich Dürrenmatt reicht die lange Linie großer schweizerischer Gelehrter, Künstler, Literaten und anderer bedeutender Menschen, die durch ihr Wirken auf den verschiedensten Gebieten der Geisteswelt unser Wissen und Verstehen gefördert und gemehrt haben. Der unlängst verstorbene Historiker Henry Sigerist, der als echter Schweizer Geschichte der Medizin an der Universität Leipzig (Sachsen) wie an der Johns Hopkins University in Baltimore (USA) lehrte, sagte mit Recht über sein eigenes Land:
»... Located in the center of Western Europe, at the source of the great rivers of the Continent, Switzerland was by nature destined to be an *open country, a bridge between north and south, between east and west,* economically and culturally.« Als kosmopolitisch eingestellter Denker schrieb er, der Schweizer, dies in englischer Sprache.
Im Lebenswerk Conrad Ferdinand Meyers spiegelt sich die Vielfalt des Kulturkreises, dem er entstammt, nicht nur in der ihm eigentümlichen Stoffwahl wider, in der sich in fruchtbarer Verschmelzung Themen aus der deutschen Geschichte *(Huttens letzte Tage, Gustav Adolfs Page)*, der französischen und italienischen Geschichte *(Die Leiden eines Knaben, Die Versuchung des Pescara)* mit spezifisch bündnerisch-schweizerischen Themen (*Jürg Jenatsch, Die Richterin* etc.) mengten; obschon in Zürich geboren und zumeist in der Umgebung des Zürcher Sees lebend, wirkt er eine Zeitlang als Geschichtslehrer an einem Blindeninstitut in Lausanne, denkt an eine Tätigkeit als Privatdozent für französi-

sche Sprache und Literatur, befaßt sich mit Übersetzungen ins Französische und kann sich anfänglich nicht voll entscheiden, ob er seine Werke in deutscher oder französischer Sprache abfassen soll. Auch Italien hält ihn geistig gefangen, und von seinen wiederholten Reisen dorthin schreibt er wehmütig einmal: »Nur Rom kann eine Heimat ersetzen . . .«

Wie dem Psychoanalytiker aus seiner klinischen Arbeit mit psychisch leidenden Patienten wohlbekannt, liegen solcher auffälligen Unentschlossenheit und Zwiespältigkeit oft tiefere seelische Faktoren zugrunde. Die innere Unentschlossenheit oder Ambivalenz, wie es in der Sprache des Analytikers heißt, ist gewöhnlich *überdeterminiert* und sie wird infolge der ihr zugrundeliegenden seelischen Konflikte von gewissen sensitiven Menschen in überstarker Weise quälend empfunden. Nun war Conrad Ferdinand Meyer zeitlebens ein solcher seelisch gestörter »Patient«. Er hatte zwei schwere Nervenzusammenbrüche, den einen im Jugendalter und den zweiten im letzten Abschnitt seines Lebens. Beide Male mußte er in Nervenheilanstalten untergebracht werden, zum ersten Mal im blühenden Jünglingsalter von knapp 20 Jahren in der Irrenanstalt Prefargier bei Neuchâtel und zum zweiten Male in einer Heilanstalt im Aargau im Jahre 1892, wo er wegen seines erneut ausbrechenden Gemütsleidens für mehr als ein Jahr in der Anstalt Königsfelden verblieb. Dazwischen liegt eine verhältnismäßig kurze Schaffensperiode literarischer Höchstleistungen, vom 45. bis zum 65. Lebensjahr, während der er alle seine bleibenden Werke schuf.

Wie ist eine derartige schöpferische Laufbahn in ihren psychodynamischen Bezügen und auch in ihrer eigenartigen zeitlichen Abfolge zu erklären? Meyer war der Sohn eines hochgestellten, geistig aufgeschlossenen Beamten, der als Erziehungs- und Regierungsrat in der Kantonalverwaltung von Zürich tätig war und der sich auch als Lokalhistoriker eidgenössischer Gemeinden große Verdienste erworben hatte. Der Vater starb im Alter von 41 Jahren, als der junge Conrad gerade sein 15. Lebensjahr erreicht hatte. Er hatte sehr an seinem Vater gehangen und scheint dessen frühen Tod niemals ganz überwunden zu haben. Wir wissen aus den Berichten seiner Biographen Adolf Frey, J. Sadger und Hans Schmeer, besonders aber aus denen seiner einzigen, um sechs Jahre jüngeren Schwester Betsy, daß er sich innerlich einsam, mutlos, tief verzagt fühlte und an »Lebensüberdruß« litt.

Dem psychoanalytisch geschulten Beobachter wird aus diesen Berichten ohne weiteres klar, daß der Tod des Vaters den halbwüchsigen Conrad in einen langwährenden seelischen Depressionszustand versetzt hatte, dessen ernste Nachwirkungen sowohl in seinen mitmenschlichen Beziehungen als auch in seinen ersten literarischen Versuchen bald sichtbar wurden. Einige Zeit nach dem Ableben des Vaters begann er nämlich historische Erzählungen über Gestalten aus der vergangenen Welt des Mittelalters zu schreiben. Diese schriftstellerischen Anfangsschritte sind zwar unbedeutende literarische Fragmente geblieben, aber die darin zum Ausdruck kommende frühe Stoffwahl ist vom psychologischen Standpunkt überaus aufschlußreich: Die meisten dieser schüchternen und unvollendeten Früherzählungen haben nämlich eine bedeutende – *Vatergestalt* aus der vergangenen Zeit zum *Hauptthema*, darunter Kaiser Heinrich IV., Friedrich II., König Tarquinius, Cäsar Borgia. Auch späterhin, auf dem Höhepunkt seines schöpferischen Wirkens, sind nahezu sämtliche Romane und Novellen Meyers auf geschichtliche Perioden oder Persönlichkeiten ausgerichtet (*Jürg Jenatsch, Pescara, Der Heilige, Die Hochzeit des Mönchs, Das Amulett* u.a.m.) und sie enthalten fast alle in düsteren Farben und bis ins einzelne beschriebene *Todesszenen*, Verzweiflungsepisoden, tragische Erinnerungs- und Schreckvorstellungen, tiefempfundene und zumeist verhängnisvolle Schicksalsabläufe. Die charakteristische Themenwahl – verehrungswürdige väterliche Gestalten – und die mit oft eidetisch-bildhafter Schärfe wiederkehrende Schilderung ihres tragischen Daseins- und Todesschicksals zusammen mit anderen psychologischen Merkwürdigkeiten geben dem Psychoanalytiker deutliche Hinweise auf die persönliche Entstehungsgeschichte dieser Darstellungen im seelischen Untergrund ihres Autors: *Die von Conrad Ferdinand Meyer zur schriftstellerischen Bearbeitung auserlesenen Heldengestalten seiner Erzählungen sind samt und sonders die ins Monumentale gesteigerte Darstellung des einen großen Helden seiner durch den frühen Tod des Vaters tief gestörten Jugend,* die durch dessen vorzeitiges Ableben eine irreversible Zäsur und eine zur Melancholie neigende seelische Abwandlung erfuhr.

Hierin liegt eine der bedeutsamen Entdeckungen der Freudschen Psychoanalyse, die aufgrund tiefenpsychologischer Forschungen zu der Erkenntnis gelangt ist, daß im unbewußten Ich-Gefüge

nach einem schweren Trauma, falls letzteres nicht zur völligen Gefühls- und Willenslähmung führt, eine starke Tendenz zur *Wiederherstellung des durch das Trauma verlorengegangenen Liebesobjekts* hervorgerufen wird. Diese gänzlich im Unbewußten des betreffenden Individuums tätige Tendenz kann vielfältige Formen annehmen. Im Seelenleben eines hochbegabten Menschen nimmt sie nicht selten die Form eines inneren, gewöhnlich subjektiv als quälend empfundenen Drangs (oder »Incentivs«) zur schöpferischen Betätigung an. Wie ich in meinen Forschungen über Schliemann, Schreber etc. aufgezeigt habe, wird dann das Ich vom Untergründigen seines eigenen Innenerlebnisses her gewissermaßen unter ständigen Druck gesetzt und unbewußt zur Schaffung künstlerischer, literarischer oder wissenschaftlicher Leistungen getrieben, die in ihrer Gesamtheit der Wiederherstellung des verlorengegangenen Lebens- und Liebesgutes dienen sollen. Beispielsweise im Falle Schliemanns wird dessen scheinbar absonderliches, zur leidenschaftlichen Hingebung gesteigertes Interesse für Pallas Athene unschwer verständlich, wenn wir darin das von ihm unbewußt »deifizierte«, unauslöschliche Erinnerungs- und Vorstellungsbild seiner Mutter erkennen, die er in der Kindheit unter sehr traumatischen Umständen verlor und die er später in seinem Innenleben und in sublimierter Form durch die göttliche Idealgestalt der Pallas Athene unbewußt »ersetzte«.
In den literarischen Werken Meyers, etwa in der gewaltigen Bündnergestalt des *Jürg Jenatsch*, des heldischen Condottiere *Pescara* und in dem großen Versepos *Huttens letzte Tage* finden diese untergründigen Bezüge ihren künstlerischen, stark depressiv getönten Ausdruck. Die außerordentlich feinfühlige Schwester des Dichters, die ihm durch alle seine Lebens- und Gemütsverwicklungen fürsorglich zur Seite stand und auf deren besondere Rolle in seinem Schaffen wir noch zurückkommen werden, erkannte intuitiv die hier gegebenen inneren Zusammenhänge; denn sie schrieb später, daß bei ihrem Bruder der Drang, »die Phantasie nur mit begründeten historischen Tatsachen zu nähren, *ihm unbewußt, entscheidend gewirkt*« habe, und daß der Phantasie-Reichtum in seinem Werk aus dem tiefgründigen Vatererlebnis entstanden sei. (In meiner beruflichen Tätigkeit als Psychiater in New York habe ich die unbewältigten ebenso wie die überwältigenden seelischen Verknüpfungen in

krassester Ausprägung bei meiner psychotherapeutischen Arbeit mit ehemaligen Konzentrationslager-Insassen beobachtet; ein heute vierzigjähriger Überlebender des KZ Auschwitz, dessen Vater damals vor seinen Augen von der bestialischen Wache mit Kolbenhieben in eine leblose, blutige Masse umgewandelt wurde, kann während der therapeutischen Sitzungen eigentlich nur *ein* Geschehen aus einer langwährenden Verfolgungszeit klar sprachlich wiedergeben. Das Geschehen kreist stets um den Tod des Vaters und einer Anzahl weiterer Familienangehöriger.) Unter dem übermächtigen Einfluß des traumatischen Geschehens vollzieht sich im Seelenleben solcher Menschen zumeist eine tiefgreifende Veränderung, die über viele Jahre hinaus, nicht selten auch das ganze weitere Leben hindurch zutiefst im Innern, d.h. im *Unbewußten*, nach- und fortwirkt. Mitunter führt diese psychische Veränderung, die vor allem die Gefühlssphäre und den Empfindungsbereich eines dergestalt traumatisierten Menschen betrifft, zur scheinbaren Abstumpfung und zur sozial-restriktiven Einengung des Gesamtverhaltens. Der erwähnte Patient kann beispielsweise häufig nur den Namen des vor seinen Augen getöteten Vaters vor sich eintönig hinlallen und verbringt viele Stunden, oftmals auch Tage in brütender, völlig in sich gekehrter, scheinbar an nichts interessierter Grundhaltung. (In Wirklichkeit ist er jedoch mit den in seinem Innern sich abspielenden seelischen Vorgängen, d.i. mit den psychisch festgehaltenen und tief innerlich verankerten Vorstellungs- und Erlebnisbildern der Schreckenszeit beschäftigt.) Bei hochdifferenzierten, literarisch oder künstlerisch veranlagten Menschen wie Conrad Ferdinand Meyer können traumatische Erlebnisse zur Triebfeder einer oft schubweise sich entfaltenden schöpferischen Betätigung werden: Die persönlichen Erlebnisse werden in abgewandelter Form nach außen verlegt – *externalized*, wie man es in der amerikanischen Psychiatrie nennt – und gewissermaßen in das zu schaffende Werk hineinprojiziert, worin sie in umgewandelten, äußerlich kaum erkennbaren Erscheinungsformen ihren schöpferischen Niederschlag finden. (Auch diese seelisch-dynamischen Prozesse sind in Wirklichkeit weit komplizierter; der Einfachheit halber seien sie hier nur in großen Zügen kurz umrissen.) Bei Meyer weist allein schon die depressive, von Gram und melancholischer Herbheit durchdrungene Gemütslage, die in so vielen seiner Erzählungen und Dichtungen zum Ausdruck kommt, zusammen mit den hier gegebenen persönlichen Bezügen auf dergestaltige tieferliegende psychodynamische Vorgänge hin. Man denke an seine Ballade *Die Füße im Feuer*, die Gedichte *Chor der Toten* oder *Der sterbende Cromwell* sowie an seine Novelle *Die Leiden eines Knaben*.

In dem Lebenswerk Conrad Ferdinand Meyers nimmt die düstere Meisternovelle *Die Richterin* eine Sonderstellung ein. Sie zeigt nämlich den bleibenden Einfluß von zwei Frauengestalten, einer Mutter und Schwester, auf das Schicksal des Sohnes bzw. Bruders. Diese Erzählung wurde daher schon von Freud selbst um die Jahrhundertwende kurz analysiert. Damit komme ich bei meiner Erörterung der zwischen dem Früheren und Späteren bestehenden Zusammenhänge, die sich in dem schöpferischen Gestalten des Dichters unbewußt kundtun, zur Besprechung weiterer tiefenpsychologischer Eigentümlichkeiten in seinem Werk. Nach dem Tode des Gatten war die Mutter des Autors, die von ihm selbst als »überzart« geschildert wird, nicht mehr in der Lage, ihm die Geborgenheit und seelische Führung, die ein halbwüchsiger und halbverwaister Knabe so dringlich benötigt, voll zu vermitteln. Sie mißbilligte seine künstlerischen und literarischen Neigungen – er dachte u.a. damals auch daran, Kunstmaler zu werden –, und es kam im Schoße der klein gewordenen Familie zu erheblichen Zwistigkeiten mit ihr. Schließlich wurde er so scheu, verbittert und ängstlich, daß er sich mehr und mehr in sich selbst zurückzog, sich in seine Bücher vergrub und jeden sozialen Verkehr verweigerte. Die depressive Verstimmung wurde endlich so intensiv, daß ihn die Mutter – angeblich mit seiner Zustimmung – in die schon erwähnte Nervenheilanstalt bei Neuchâtel einweisen ließ. Er verblieb zwar dort nur einige Monate, da die Ärzte keine organische Erkrankung bei ihm feststellen konnten. Der Sohn hat anscheinend die schweren Konflikte, die sich damals in dem vaterlosen Hause und wohl noch stärker in seinem Innern abspielten, niemals vergessen. Falls sie wenigstens teilweise verdrängt wurden, blieben sie sicherlich unbewußt mit geradezu unheimlicher Schärfe lebendig. (In meiner Veröffentlichung über Heinrich Schliemann habe ich für die Leser des *Carolinum* dargetan, wie solche tiefliegenden seelischen Vorgänge im Unbewußten psychisch verankert bleiben und von der Tiefe her eine fortdauernde, mitunter wahnhaft entstellende Einwirkung auch auf das wache Denken ausüben; s. *Carolinum* 1966/67 Nr. 46.) Denn in

der Novelle *Die Richterin* stellt der Sohn als Hauptperson eine harte und grausame Mutter dar, die als »Richterin« ihre beiden Kinder – einen Sohn und eine Tochter – brutal drangsaliert und am Schluß der Erzählung durch Selbstmord endet. Nun hatte die Witwe des Zürcher Kantonalrats Meyer in der Tat nur zwei Kinder, einen Jungen und ein Mädchen, und sie selbst endete in Wirklichkeit durch – *Selbstmord* in der gleichen Irrenanstalt, in die sie etwa ein Jahrzehnt zuvor ihren eigenen Sohn hatte einweisen lassen.
Die Tragik dieses Geschehens spiegelt sich in massiver und eindringlicher Form, wenn auch teilweise illusionär entstellt, in der genannten Meisternovelle wider. Dadurch daß der Dichter seinen Stoff als solchen der aktuellen Zeitgeschichte entrückt und beispielsweise das wilde Geschehen in der *Richterin*-Erzählung chronologisch in die frühe mittelalterliche Geschichtsperiode zurückversetzt, wird das persönliche Erleben verhüllt und der autobiographische Kern der Novelle bleibt dem Leser unerkennbar. Nur durch sorgfältige Analyse kann dieser Kern freigelegt werden. Die Vergangeheit dient dem Autor als eine Art *Zeitkulisse*, hinter welcher er seine intimsten Erlebnisse verbirgt, und das Zurückversetzen in die zeitliche Ferne läßt bei dem an den Text gebundenen Durchschnittsleser kaum einen Verdacht auf etwaiges selbstbiographisches Geschehen aufkommen. Nur die wilde, kaum unterdrückte Leidenschaftlichkeit, die fast aus jedem Satz und jedem Gedanken in der Novelle hervorsprüht, der herbe, anklägerische Ton, der die ganze Erzählung durchdringt, der eigenartige und gefühlsmäßig überladene Stil geben dem aufmerksamen Beobachter die in der persönlichen Erlebnisdynamik des Autors verwurzelten tiefenpsychologischen Elemente kund. Wenn man dann weiterforscht und erfährt, daß der ursprüngliche Titel der Novelle gar nicht *Die Richterin* war, sondern *Magna Peccatrix* lautete, dann enthüllt sich der dem Werk zugrundeliegende autobiographische Kern sowohl dem Inhalt nach als auch in dem ursprünglich gewählten, anklagenden Titel *Magna Peccatrix – Die große Sünderin*, der der gemütskranke Sohn die ihm angetane Kränkung nicht vergibt noch vergeben kann.
Es unterliegt kaum einem Zweifel, daß das Blickfeld des Sohnes mit Sicht auf die Mutter tatsächlich durch seine wahrscheinlich in Schüben auftretende Gemütskrankheit mit ihren lange währenden depressiven Verstimmungen, ihren zu argwöhnischem Miß-

trauen führenden Begleiterscheinungen usw. erheblich verdüstert war. Es ist in hohem Grade wahrscheinlich, daß er ohne die aufopfernde und permanente Fürsorge seiner Schwester bereits vor seinem 67. Lebensjahre einem erneuten Nervenzusammenbruch erlegen wäre. Doch hatte die innige Geschwisterliebe, die Bruder und Schwester zeit ihres Lebens aufs engste verband, gleicherweise ihr Eigenartiges, Rührendes, aber auch Problematisches. Bruder und Schwester reisten zusammen, wohnten zusammen, sorgten hilfreich füreinander. Es gibt ein Gedicht von Conrad Ferdinand Meyer, das den Titel *Am Himmelstor* hat und den *Waschzwang* einer jungen Frau in allegorisch-dichterischer Sprache, jedoch gleichzeitig mit der Wucht einer klinischen Schilderung dartut:

Am Himmelstor

Mir träumt', ich komm ans Himmelstor
Und finde Dich, die Süße!
Du saßest bei dem Quell davor
Und wuschest Dir die Füße.

Du wuschest, wuschest ohne Rast
Den blendend weißen Schimmer,
Begannst mit wunderlicher Hast
Dein Werk von neuem immer.

Ich frug: »Was badest Du Dich hier
Mit tränennassen Wangen?«
Du sprachst: »Weil ich im Staub mit Dir,
So tief im Staub gegangen!«

Die kurzen, inhaltsvollen Zeilen sprechen eine zu beredte Sprache, als daß ich darauf in längeren Ausführungen einzugehen hätte. Die Wiederholung des krankhaften Verhaltens, der zwanghaften Reinigung, des *Waschenmüssens* mag hier durchaus im Dienste der poetischen und symbolischen Darstellung gegeben sein. Doch wer als Kliniker sein Augenmerk auf die letzten zwei Zeilen dieses rührenden Gedichtes richtet und wer ferner in Betracht zieht, daß das zweite Hauptthema in der autobiographischen *Richterin* – von dem ich bisher absichtlich nicht gesprochen habe – sich auf die leidenschaftliche und verbotene Liebe eines Geschwisterpaares zentriert, wird die Möglichkeit eines erotisch gefärbten Bruder-Schwester-Verhältnisses im Leben Conrad Ferdinand Meyers vor seiner Ehe nicht völlig übersehen dürfen. Die noch immer in Europa so verbreitete Vorstellung, daß sich die Psychoanalyse hauptsächlich mit sexuellen Dingen und Aberrationen beschäftigt, ist mir natürlich wohlbekannt und an dieser Stelle mögen in manchem meiner Leser plötzlich die eingangs erwähnten Abwehrreaktionen (Sperrung gegen unwillkommene Einsichten, Kränkungsgefühle etc.) in durchaus begreiflicher Weise einsetzen. Aus diesem Grunde mag es nutzbringend sein, daran zu erinnern, daß der Analytiker seine Befunde objektiv und nicht beschönigend vorlegt; daß es Conrad Ferdinand Meyer war, der das obige Gedicht verfaßte; der in der *Richterin* die verbotene Geschwisterliebe in zutiefst empfundener Weise beschrieb; und daß sein letztes Werk, bevor sein zweiter Nervenzusammenbruch seine Schaffenskraft für immer beschloß, *Angela Borgia* hieß und das Inzest-Motiv in der lasterhaften Borgiafamilie zum Thema hatte.

Den Herbst seines Lebens verbrachte der Dichter zum Teil in geistiger Umnachtung in der Irrenanstalt Königsfelden. Über diese letzte Krankheit ist wenig bekannt. Sie wird diagnostisch als eine Altersmelancholie beschrieben. Wie stark auch dieser Zustand von historischen Phantasien durchdrungen war, zeigt ein Bericht über die Wahnideen, die ihn erfüllten. Danach soll er einen Besucher gefragt haben: »In welchem Jahrhundert leben wir eigentlich . . .?« Falls der Bericht zutrifft, zeigt sich auch in dieser Frage neben dem auch im Wahnzustand erhaltenen historischen Blickpunkt die charakteristische Vermengung von Aktuellem und Vergangenem, von Früherem und Späterem, von Erlebtem und Erdachtem, die für das Lebenswerk des großen Dichters so typisch war und schließlich im Endstadium seiner Krankheit zur totalen zeitlichen Konfusion führte. Er verstarb am 28. November 1898, und sein Heimgang wurde von Sigmund Freud in einem erhalten gebliebenen Brief (vom 5. Dezember 1898, an seinen Freund Wilhelm Fliess gerichtet) tief bedauert.

Somit wäre ich am Ende meiner Ausführungen vom psychoanalytischen Gesichtspunkt angelangt. Aber es drängt mich, den Lesern zu sagen, warum ich für die erste Niederlegung meiner Ge-

danken in diesem Falle eine literarische Zeitschrift gewählt habe.
Conrad Ferdinand Meyer ist einer der Dichter, die ich sehr hoch schätze, ja, der mein Herz gewonnen hat. Nichts liegt mir daher ferner, als die Sensationslust zu wecken, wohl aber wünschte ich, daß meine Darlegungen dazu anregen, erneut sich in seine Dichtung zu vertiefen. Dieser große, wenn nicht größte Schweizer Dichter ist beispielhaft dafür, welch eine Sensibilität, wieviel Schweres das Schicksal fast jedem wirklichen Künstler und Dichter auferlegt, um ihn so heranreifen zu lassen zu seinen höchsten Schöpfungen.

Anmerkung

1 »Schreber: Father and Son« in *Psychoanalytic Quarterly,* New York, 1959 No 4.
»The Miracled-Up Childhood of Daniel Paul Schreber«, *Study of the Child – Annual,* New York, 1960.
»A Psychoanalytic Inquiry into the Life and Work of Heinrich Schliemann« in *Drives, Affects, Behavior,* New York, Vol. II, 1965.
»Eine analytische Studie über das Lebenswerk Heinrich Schliemanns«, *Psyche,* 1965, Heft 10
»Psychoanalytic Profile of a Creative Mind: Eros and Thanatos in the Life of Heinrich Schliemann« in *Psychotherapeutics and Psychosomatics,* Basel 1967.

Heinz Kohut
Thomas Manns ›Tod in Venedig‹
Zerfall einer künstlerischen Sublimierung

Biographisches
Inhalt der Novelle

Thomas Mann wurde 1875 in Lübeck geboren. Sein Vater, Senator und stellvertretender Bürgermeister der alten Hansestadt, starb verhältnismäßig jung an einer Sepsis; Thomas war damals fünfzehn Jahre alt. Seine Mutter war in Rio de Janeiro geboren, ihr Vater ein deutscher Plantagenbesitzer, ihre Mutter eine Brasilianerin portugiesischer und kreolischer Abkunft. Nach dem frühen Tode ihrer Eltern wurde sie als Siebenjährige nach Lübeck gebracht, wo sie von da an lebte. In ihrer Jugend galt sie als sehr schön, trotz ihres für Norddeutschland fremdartigen, exotischen, südländischen Typus. Thomas war das zweite der fünf Kinder dieser Eltern, von denen auch der älteste, Heinrich, ein bedeutender Schriftsteller wurde.

Thomas Manns frühe Kindheit scheint vorwiegend unter dem Einfluß von Frauen gestanden zu haben. Die Familie war wohlhabend, und man verbrachte die Sommermonate an der Ostseeküste. Thomas erinnerte sich, wie ungern er in die Stadt zurückkehrte, wenn der Sommer vorüber war. Er haßte die Schule und die Disziplin, die ihm auferlegt wurde. Eine Zeitlang hatte er eine homosexuell getönte Freundschaft mit einem Schulkameraden, offenbar dem Knaben Hippe, der im *Zauberberg* beschrieben ist.

Sein erstes großes Werk, die *Buddenbrooks*, schrieb Thomas Mann 1901 in Italien. Er erzählt, daß er sich übel die Hand verbrannte, als er das Paket mit dem Manuskript siegelte, um es an den Verlag abzusenden. Anschließend sollte er seinen Militärdienst ableisten. Zweimal war er bei der Musterung wegen »Herznervosität« zurückgestellt worden; beim drittenmal wurde er für tauglich erklärt. Drei Monate später wurde er wegen einer Sehnenscheidenentzündung wieder entlassen.

Im Jahre 1905, mit dreißig Jahren, heiratete er Katja Pringsheim, einzige Tochter einer alten, angesehenen deutsch-jüdischen Familie. Seine Ehe war anscheinend sehr glücklich. Von seinen sechs Kindern war das jüngste Mädchen, Elisabeth, sein Liebling. Im Jahre 1910, ein Jahr, bevor *Tod in Venedig* entstand, beging seine Schwester Carla Selbstmord. Dieses tragische Ereignis erschütterte ihn sehr; noch viele Jahre später beschrieb er die einzelnen Umstände mit starkem Affekt in seinem *Doktor Faustus* (1947). Als im Jahre 1927 – fünf Jahre nach dem Tod seiner Mutter – auch die ältere Schwester Julia ihr Leben durch eigene Hand beendete, sagte Mann, wie um sich gegen einen Zweifel zu versichern: »Das Leben zu bestehen, scheint die tragende und nährende Liebe uns Söhne besser ausgestattet zu haben als die Mädchen.«

Dennoch blieben Zweifel bestehen. An einer Stelle vergleicht er sich mit der Schwester Carla und meint, sie seien doch aus demselben Stoff gemacht. Er selbst wie auch seine Biographen vermerken eine gewisse »Trägheit des Geistes« und die Neigung, sich in spannungsreichen Zeiten in den Schlaf zurückzuziehen. Er berichtet, daß er immer, wenn er eine neue Arbeit in Angriff nahm, sich vorredete, sie werde mit wenig Zeit und Mühe zu leisten sein. War sie beendet, so behauptete er gegen besseres Wissen, aus purem Aberglauben, sie tauge nicht viel. Am Schluß seiner Selbstbiographie (9) schreibt er: »Ich vermute, daß ich im Jahre 1945, so alt wie meine Mutter, sterben werde.« Eine so schwach begründete Annahme verrät, daß sein rationales Ich in Zeiten der Belastung gezwungen war, in archaisch-magisches Denken auszuweichen.

Auch *Tod in Venedig* ist in einer Zeit erheblicher Belastung entstanden, und die vorliegende Studie soll unter anderem nachzeichnen, wie aus der Tiefe empordrängende Konflikte vom Dichter in einem künstlerischen Meisterwerk sublimiert wurden. Zu diesem Zweck soll zunächst der Inhalt der Novelle betrachtet werden. In der englischen Übersetzung ist sie, den frühen deutschen Ausgaben entsprechend, in fünf Kapitel eingeteilt. Zwar hat Thomas Mann in den späteren Ausgaben diese Einteilung aufgegeben, aber aus Gründen größerer Klarheit soll der folgende Abriß sich an diesen fünf Kapiteln orientieren.

Im ersten Kapitel steht es nicht gut um den Helden, den Künstler und Schriftsteller Gustav Aschenbach; er ringt um die Erhaltung seiner Arbeitsfähigkeit. Er ist gezwungen, öfter Pausen einzulegen, um seine Kräfte wiederherzustellen; so schläft er mittags und geht viel spazieren. Der Spaziergang, auf dem wir ihn beim Beginn der Erzählung antreffen, hat ihn zufällig zu einem Friedhof geführt. Der Leser hat jedoch den Eindruck, daß es keineswegs ein Zufall ist, daß Aschenbach vielmehr einen Bestimmungsort erreicht hat – daß etwas Bedeutungsvolles, Vorherbestimmtes eingetreten ist. Dieser Eindruck wird noch dadurch verstärkt, daß Aschenbach plötzlich einen Mann sieht, den ersten aus einer Reihe von unheimlichen Männern, die im Laufe der Erzählung seinen Weg kreuzen.

Der vom Leser scheinbar intuitiv gewonnene Eindruck, daß es sich hier und später um etwas Myteriöses, Bedeutungsvolles handelt, wird vom Dichter durch eines oder mehrere der folgenden Stilmittel erreicht: Erstens erscheint der Mann auf dem Friedhof so lautlos und unvermutet, daß er mehr einer Halluzination als einem sich nähernden Menschen gleicht. Zweitens steht die starke Gefühlsreaktion Aschenbachs auf diesen und die anderen in keinem rechten Verhältnis zu der tatsächlichen Bedeutung, die diese Menschen als Personen oder für die in der Novelle dargestellten Ereignisse haben. Das ist ein Kunstgriff, der erreicht, daß der Leser die mystischen Züge nicht mit dem Rahmen der Erzählung in Verbindung bringt, sondern an Aschenbach selber haften sieht. Mit anderen Worten, der Erzähler distanziert sich von seinem Helden und beschreibt einen Menschen, der in seinen Gefühlen von Mächten beherrscht wird, die jenseits seiner Vernunft und Kontrolle liegen. Diese Technik ist für Thomas Manns Prosa sehr charakteristisch. In seinen späteren Romanen vergrößert sich diese Distanz noch durch die immer bewußtere Einschaltung des Dichters selbst in Form der Ironie der Darstellung. Der dritte Kunstgriff, der in *Tod in Venedig* verwendet wird, um die Bedeutung der einzelnen Gestalten zu unterstreichen, denen Aschenbach begegnet, ist deren übergenaue Zeichnung, die wiederum mit der erkennbaren Bedeutung für den Helden oder die Erzählung in keinem Verhältnis steht.

Kehren wir zu der Erzählung zurück. Der Mann auf dem Friedhof hatte den Kopf erhoben, so daß an seinem mageren Hals der Adamsapfel stark und nackt hervortrat. Er ist rothaarig mit milchiger, sommersprossiger Haut. Auf der obersten Stufe der Treppe zur Friedhofskapelle stehend, späht er mit farblosen, rotbewimperten Augen scharf ins Weite. Seine Haltung hat »etwas herrisch Überschauendes, Kühnes oder selbst Wildes«. Seine

Lippen sind von den Zähnen zurückgezogen, so daß diese, »bis zum Zahnfleisch bloßgelegt, weiß und lang dazwischen hervorbleckten«. Aschenbach, der den Mann unwillkürlich gemustert hat, wird sich plötzlich einer starken Feindseligkeit im Blick des Fremden bewußt, so daß er sich rasch abwendet und davongeht. Es erfaßt ihn eine »schweifende Unruhe«, eine Lust zu reisen, die ihn so plötzlich überkommt, daß sie »als Anfall auftretend und ins Leidenschaftliche, ja bis zur Sinnestäuschung gesteigert« erscheint. Er sieht eine tropische Landschaft, einen kauernden, sprungbereiten Tiger, und Schrecken erfaßt ihn. Dann weicht die Halluzination, und seine gewohnte Selbstdisziplin wandelt die Unruhe in den vernünftigen Wunsch um, neue, entfernte Orte zu sehen, eine »Begierde nach Befreiung, Entbürdung und Vergessen«. Die durch die Begegnung mit dem Fremden ausgelösten Gefühlsbewegungen sind also nacheinander: erst Panik und irrationaler Fluchtimpuls, dann Verdrängung dieses Ich-fremden, störenden Impulses und Ersetzung durch den vernünftigen, Ich-syntonen Beschluß, eine Reise zu unternehmen.
Das zweite Kapitel beginnt mit einer Beschreibung der Persönlichkeit Gustav Aschenbachs und seines Lebens. Bald kann man nicht umhin anzunehmen, daß der Autor ganz bewußt aus seiner eigenen Biographie schöpft. Selbst ein Detail wie die fremdländische Herkunft der Mutter ist nur durchsichtig verhüllt. Aschenbach verdankt gewisse Merkmale fremder Rasse in seiner Erscheinung seiner Mutter, der Tochter eines böhmischen Kapellmeisters. Auch andere Züge kommen dem Leser von Manns *Lebensabriß* bekannt vor, vor allem die Beschreibung des Kampfes, den Aschenbach gegen innere, seine künstlerische Kreativität störende Kräfte führen muß. Es klingt wie eine aus des Autors eigenem Herzen kommende Klage, wenn er von seinem Helden sagt: »Schon als Jüngling von allen Seiten auf die Leistung ... verpflichtet, hatte er niemals den Müßiggang, niemals die sorglose Fahrlässigkeit der Jugend gekannt.« Aber Gustav Aschenbach zwingt sich trotz innerer Widerstände zur Arbeit und unterwirft sich festen Gewohnheiten, um seine Schaffenskraft zu erhalten: Er beginnt »seinen Tag beizeiten mit Stürzen kalten Wassers über Brust und Rücken und brachte dann, ein Paar hoher Wachskerzen in silbernen Leuchtern zu Häupten des Manuskriptes, die Kräfte, die er im Schlaf gesammelt, in zwei oder drei inbrünstig gewissenhaften Morgenstunden der Kunst zum Opfer«. Aschen-

bachs Verhalten verrät einen masochistischen Leidensstolz. Sein »neuer Heldentyp« ist der heilige Sebastian, der, von Pfeilen durchbohrt, »in stolzer Scham die Zähne aufeinanderbeißt und ruhig dasteht«. Sein Stil ist durch »elegante Selbstbeherrschung« gekennzeichnet; er ist »der Dichter all derer, die am Rande der Erschöpfung arbeiten, der Überbürdeten, schon Aufgeriebenen, sich noch Aufrechthaltenden, die ... durch Willensverzückung und kluge Verwaltung sich wenigstens eine Zeitlang die Wirkungen der Größe abgewinnen«. Wir erfahren, daß ausgewählte Seiten aus seinen Werken in die Schullesebücher übernommen worden sind, daß ihm zu seinem fünfzigsten Geburtstag der persönliche Adel verliehen wurde.

Andere Seiten von Aschenbachs Charakter sind nicht autobiographisch. Nach kurzer, glücklicher Ehe war seine Frau gestorben.[1] Es blieb ihm eine schon verheiratete Tochter, einen Sohn hatte er nie besessen. Man hat den Eindruck, als sollten alle diese Einzelheiten aus Aschenbachs Leben einschließlich seines fortgeschrittenen Alters den Weg für die progressive Auflösung der mäßigenden, vernunftbestimmten Kräfte seiner Persönlichkeit bereiten – fast als versuche der Dichter, Entschuldigungsgründe für seinen Helden anzuführen, indem er zeigt, daß ihn keinerlei Rücksichten oder starke Gefühlsbeziehungen an seine alte Existenz binden.[2]

Es ist andererseits darauf hingewiesen worden, daß die Beschreibung Aschenbachs in Erscheinung und Gesichtszügen auf den in Böhmen geborenen Komponisten Gustav Mahler zutrifft, der in der Zeit, als die Erzählung entstand, gerade gestorben war. Ein weiterer Hinweis auf Mahler ist der Vorname Gustav und vielleicht die Einführung eines böhmischen Kapellmeisters als mütterlicher Vorfahr (2).

Im dritten Kapitel wird nun die »vernünftige Flucht« vor dem Mann auf dem Friedhof ausgeführt. Wieder packt den Leser das Gefühl des Vorherbestimmten, der unbestimmte Eindruck, daß der Verstand den unendlich viel stärkeren irrationalen Kräften hilflos unterliegt, daß der Mann auf dem Friedhof eine Macht in Aschenbach selbst ist, vor der es kein Entkommen durch äußere Flucht geben kann.

Äußerlich scheint Aschenbach ganz rational zu handeln. Er setzt die Reise auf einige wenige Wochen fest, sagt sich selbst, daß er eine Entspannung nötig habe und erfrischt an seine Arbeit zurückkehren werde. Zuerst plant er den Aufenthalt auf einer kleinen Adriainsel; aber auch ohne sich des Titels der Novelle zu erinnern, ahnt man, daß der eigentliche Bestimmungsort ein anderer ist. Und so geschieht es: Das Wetter ist schlecht, die Gesellschaft im Hotel langweilig, und Aschenbach wird es klar, daß es ihn nach Venedig zieht.

Aber er kann dem Mann vom Friedhof nicht durch Flucht entrinnen. Auf der Überfahrt nach Venedig hat er eine andere Begegnung, so als sollte er an die Sinnlosigkeit seiner Flucht erinnert werden. Der Mann auf dem Schiff ist ein jugendlich gekleideter Stutzer mit geschminkten Wangen, falschen Haaren, Ringen an den Fingern. Wenn er lacht, zeigt er »sein gelbes und vollzähliges Gebiß«, offenbar Ersatz – ein alter Mann trotz seines Jugend vortäuschenden Gelächters. Aschenbach erfaßt »eine Art von Entsetzen«, als er das abstoßend neckische Gehabe des Alten unter seinen jugendlichen Reisegefährten beobachtet.

Er versucht, ihn zu vermeiden, indem er sich auf die andere Seite des Schiffs hinüberbegibt; schließlich rettet er sich in den Schlaf. Er sieht den greisen Gecken noch einmal, als er das Schiff verläßt. Er ist kläglich betrunken, schwankt, lallt einfältig, kichert, leckt sich die Mundwinkel und ärgert Aschenbach mit Ausdrücken über Venedig, die klingen, als handele es sich um die Liebe zu einer Frau und nicht zu einer Stadt. »›Unsere Komplimente‹, lallt er, zwei Fingerspitzen am Munde, ›unsere Komplimente dem Liebchen, dem allerliebsten, dem schönsten Liebchen ...‹ Und plötzlich fällt ihm das falsche Obergebiß vom Kiefer auf die Unterlippe.«

Eine dritte Begegnung hat Aschenbach nach seiner Ankunft in Venedig, und zwar mit einem Gondoliere, der ihn gegen seinen Willen direkt zum Lido hinüberfährt. Im Gegensatz zu dem Stutzer auf dem Schiff, eher dem Mann auf dem Friedhof ähnlich, wird der Gondoliere als eine unheimliche Erscheinung geschildert. Die Gondel ist »so eigentümlich schwarz, wie sonst unter allen Dingen nur Särge es sind«; der Mann, obgleich eher schmächtig, hat eine »brutale Physiognomie«. Er murmelt vor sich hin; vor der Anstrengung des Ruderns zieht er »die Lippen zurück und entblößt seine weißen Zähne«. Der Gedanke kommt Aschenbach, daß er vielleicht einem Verbrecher in die Hände gefallen ist, aber wie zuvor verfällt er vor der aufsteigenden Angst in Passivität. Träge und träumerisch läßt er den Dingen ihren Lauf.

Es geschieht ihm auch nichts Böses, nur bei der Ankunft am Lido zeigt es sich, daß seine Befürchtungen nicht ganz unbegründet waren; der Gondoliere ist »ein schlechter Mann, ein Mann ohne Konzession«, der von der Polizei erwartet wird.
Nach diesen Begegnungen ist die Bühne bereitet und der Kontrast geschaffen für das, was im anderen Sinne das Ziel dieser Reise ist. Aschenbach ist kaum in seinem Hotel abgestiegen, als schon das entscheidende Ereignis eintritt. Die Antithese könnte nicht schärfer ausgeprägt sein. Der Zweck der Reise ist Tadzio, ein vierzehnjähriger polnischer Knabe von erlesener Schönheit. Sein Gesicht ist bleich und »anmutig verschlossen«, von »göttlichem Ernst«, »reinster Vollendung der Form«. Im Gegensatz dazu werden die drei älteren Schwestern des Knaben in abwertendem, herablassendem, fast mitleidigem Ton beschrieben. Tadzio ist eindeutig der Liebling seiner Mutter und auch der Gouvernante, wie sich in seiner reichen Kleidung und seiner heiteren Lässigkeit zeigt. Die Schwestern dagegen sind »bis zur Entstellung« unschön gekleidet. »Eine gleichmäßig klösterliche Tracht... unterdrückte und verhinderte jede Gefälligkeit der Gestalt«, und ihr Benehmen ist von »fast untergeordneter Steifheit«. Aschenbach schließt daraus, daß der Knabe »einfach ein verzärteltes Vorzugskind, von parteilicher und launischer Liebe getragen«, sei. Bezeichnenderweise, im Sinn narzißtischer Wunscherfüllung, liegt der Hauptakzent auf dem Kind. Ein Vater tritt nicht auf. Die Haltung der Mutter ist »kühl und gemessen«; sie zeigt »jene Einfachheit, die überall den Geschmack bestimmt, wo Frömmigkeit als Bestandteil der Vornehmheit gilt«. Etwas »phantastisch Luxuriöses« erhält ihre Erscheinung nur durch ihren Schmuck, eine dreifache Kette aus kirschengroßen Perlen.
Gustav Aschenbach ist sich zunächst des Eindrucks, den Tadzio auf ihn gemacht hat, nicht bewußt. Es treten jedoch unmittelbar vorbewußte Angstsignale auf. Er ist müde, hat in der folgenden Nacht lebhafte Träume und ist im allgemeinen verstimmt. Er macht für den »Druck auf den Schläfen, die Schwere der Augenlider« das Wetter verantwortlich. Unsicher, ob er in Venedig bleiben soll, packt er seine Koffer nicht völlig aus. Aber alle Selbsttäuschung ist vergebens, die Faszination wächst. Er beobachtet Tadzio dauernd, zunächst bei zufälligen Begegnungen, dann, als seine Abwehrkräfte nachlassen, indem er ihm leiden-

schaftlich folgt, so oft er kann. Dennoch spricht er kein einziges Mal mit ihm, bleibt immer allein.

Die verzehrende Liebe zu Tadzio findet einen weiteren Ausdruck in Aschenbachs Liebe für das Meer; er liebt es »aus Ruheverlangen (dessen), der an der Brust des Einfachen, Ungeheueren sich zu bergen begehrt, aus einem ... verführerischen Hange zum Ungegliederten, Maßlosen, Ewigen, zum Nichts«. Als Eines erscheinen Aschenbach die Vollkommenheit der Schönheit Tadzios und das Nichts – »ist nicht das Nichts eine Form des Vollkommenen?« Er beobachtet, daß Tadzio nicht ganz gesunde Zähne hat, und mit einem Gefühl der Genugtuung, von dem er sich nicht Rechenschaft zu geben wagt, schließt er, daß der Knabe »sehr zart« sei, »wahrscheinlich nicht alt werden« dürfte.

Aschenbach gibt den Kampf nicht ohne eine letzte Gegenwehr auf. Sich vorspiegelnd, daß er das Klima nicht vertrage, das ihn krank macht, unternimmt er einen tapferen Versuch, Venedig und seiner wachsenden Verliebtheit zu entfliehen – aber er kann sich nicht losreißen. Er verspürt den Geruch keimtötender Mittel, erhält einen Wink drohender Infektionsgefahr, aber das »schlimme Geheimnis der Stadt (verschmilzt) mit seinem eigensten Geheimnis«. Gewisse in den deutschen Zeitungen abgedruckte Warnungen werden von den Behörden geleugnet. Aber »der Leidenschaft ist, wie dem Verbrechen, die gesicherte Ordnung ... nicht gemäß«. Alles in ihm harrt auf die Chance, bleiben zu dürfen, und alles, was der Dichter tun kann, ist, seinem Helden einen Vorwand zu verschaffen, der es ihm erlaubt, den Moment der Erkenntnis noch ein wenig hinauszuschieben.

Der Augenblick kommt, in dem jegliche Selbsttäuschung entfällt: Aschenbach, scheinbar infolge plötzlicher Meinungsänderung, entschließt sich zu bleiben, »ängstlich-übermütige Erregung« in der Brust. Mit tiefer, unglaublicher Freude überläßt er sich der regressiven Krankheit seiner Gefühle. So wie seine moralischen und rationalen Abwehren zerfallen, fühlt er nicht mehr das Bedürfnis und hat auch nicht mehr die Kraft, sich über seine wahren Gründe zu täuschen. Er erkennt, daß es nur Tadzio war, um dessentwillen ihm der Abschied unmöglich war.

Im vierten Kapitel versucht Aschenbach nicht länger, sich selbst zu täuschen. Er hat seiner Leidenschaft für Tadzio nachgegeben, er bejaht und genießt sie. Er kann den Knaben täglich viele Male sehen. Das geschieht manchmal zufällig, oft aber sind die Begegnungen auch bewußt und mit viel List herbeigeführt. Die einzigen Abwehrschranken, die Aschenbach bis zum Schluß nicht aufgibt, selbst in seinen Träumen nicht, sind die Gestaltungsmittel, mit denen ihn sein Leben als Künstler ausgerüstet hat: Sublimierung und Idealisierung. Der Anblick des schönen Knaben bewegt ihn zu philosophischen Reflexionen über das Schöne. Er ruft sich ein antikes Beispiel für seine Liebe ins Gedächtnis, die Liebe des Sokrates zu Phaidros. Er schreibt einen Essay über ein Problem »der Kultur und des Geschmacks« und versucht während des Schreibens, Tadzios Schönheit in seinen Stil zu übertragen. Aber seine Abwehrkämpfe sind nur teilweise erfolgreich, und die Triebkräfte können nicht völlig desexualisiert werden. Nach Abschluß der kurzen Arbeit fühlt Aschenbach sich merkwürdig erschöpft, wie nach einer Ausschweifung.

Tadzio merkt bald, wie sehr er Aschenbachs Aufmerksamkeit fesselt, und es bildet sich zwischen ihnen ein stillschweigendes Einverständnis. Das Benehmen des Kindes ist würdevoll, aber verführerisch. Als Aschenbach die kleinen Zeichen der Antwort, der heimlichen Verständigung erkennt, kann er sein Entzücken vorerst noch gut verbergen und beherrschen. Ein unerwartetes Zusammentreffen mit Tadzio und dessen liebreizendes Lächeln kosten ihn freilich fast seine letzten Reserven. Aschenbach rettet sich in die Dunkelheit des Parks, wirft sich auf eine Bank und »flüsterte . . . die stehende Formel der Sehnsucht – unmöglich hier, absurd, verworfen, lächerlich und heilig doch, ehrwürdig auch hier noch: ›Ich liebe dich!‹«

Das Schlußkapitel, in welchem Aschenbachs Liebe und die zerrüttende Wirkung, die sie auf seine Persönlichkeit ausübt, in ihrer Endphase beschrieben wird, handelt scheinbar hauptsächlich von einem äußeren Ereignis, nämlich der Choleraepidemie, die in Venedig ausgebrochen ist. Die Bevölkerung und die Behörden versuchen, das Unheil geheimzuhalten, da sie wohl wissen, daß die Fremden abreisen würden, wenn sie es erführen. Mehr und mehr sickert die Wahrheit aber durch, und das Hotel leert sich. Tadzio und seine Familie scheinen jedoch nichtsahnend zu bleiben, und so bleibt auch Aschenbach, der in der Krankheit der Stadt einen passenden Rahmen für seine eigene seelische Erkrankung erblickt, für die Leidenschaft, der sein vernünftiges Selbst unterliegt. Die Niederlage von Vernunft und Selbstbeherrschung ist nun fast besiegelt. Eines Nachts lehnt er seinen Kopf gegen die Tür von Tadzios Schlafzimmer, kaum imstande, sich von der Tür zu lösen, »auf die Gefahr, in einer so wahnsinnigen Lage ertappt und betroffen zu werden«. Das geschieht zwar nicht, aber er ist bei anderen Gelegenheiten auffällig geworden, und er bemerkt mehr als einmal, daß die Mutter und die Gouvernante den Knaben unter irgendeinem Vorwand aus seiner Nähe hinwegrufen. Sein Stolz lehnt sich nur noch schwach dagegen auf, er ist dem Triebwunsch längst nicht mehr gewachsen.

Zu Aschenbachs Begegnungen mit dem Mann auf dem Friedhof, dem Stutzer auf dem Schiff und dem Gondoliere fügt sich nun eine vierte, ebenfalls mit einer männlichen, symbolträchtigen Gestalt, einem Straßenmusikanten. Viele Züge, die der Autor ihm gibt, erscheinen uns vertraut. Er ist rothaarig, die Adern auf seiner Stirn schwellen vor Anstrengung, seine Gestikulationen, seine Art, »die Zunge schlüpfrig im Mundwinkel spielen zu lassen«, der »hagere Hals mit auffallend groß und nackt wirkendem Adamsapfel« lassen ihn brutal, frech und anstößig erscheinen. Nach dem Friedhof, der senilen Perversion, der sargähnlichen Gondel begegnet Aschenbach nun der letzten symbolischen Repräsentanz von Regression und Auflösung in dem Karbolgeruch, dem Geruch des Todes, der den Kleidern des Straßensängers entströmt.

Obwohl Aschenbach längst die volle Wahrheit über die Epidemie in Venedig weiß, warnt er Tadzios Mutter nicht. Er stellt sich wieder vor, daß Tadzio bald sterben werde, und der Gedanke, dem seine Liebe nicht widerspricht, erfüllt ihn sogar mit einer seltsamen Genugtuung.

Gegen Ende der Novelle, kurz vor seinem Tode, hat Aschenbach einen Alptraum. Sein »Schauplatz war ... seine Seele selbst, und sie (die Geschehnisse) brachen von außen herein, seinen Widerstand – einen tiefen und geistigen Widerstand – gewalttätig niederwerfend, gingen hindurch und ließen seine Existenz, ließen die Kultur seines Lebens verheert, vernichtet zurück«. Die Gefühle, die den Träumenden erfüllen, sind zuerst »Angst und Lust und eine entsetzte Neugier«. Er hört sich näherndes Getümmel und »ein bestimmtes Geheul mit gezogenem u-Laut« – das dem Namen Tadzios gleicht.

»Aber er wußte ein Wort, dunkel, doch das benennend, was kam: ›Der fremde Gott!‹ Qualmige Glut glomm auf: da erkannte er Bergland, ähnlich dem um sein Sommerhaus ... Weiber, strauchelnd über zu lange Fellgewänder, die ihnen vom Gürtel hingen ... trugen schreiend ihre Brüste in beiden Händen. Männer, Hörner über den Stirnen, mit Pelzwerk geschürzt und zottig von Haut ... ließen eherne Becher erdröhnen ..., während glatte Knaben mit umlaubten Stäben Böcke stachelten, an deren Hörner sie sich klammerten und von deren Sprüngen sie sich jauchzend schleifen ließen ... Groß war sein Abscheu, groß seine Furcht, redlich sein Wille, bis zuletzt das Seine zu schützen gegen den Fremden, den Feind des gefaßten und würdigen Geistes ... Aber ... sein Gehirn kreiste, Wut ergriff ihn, Verblendung, betäubende Wollust, und seine Seele begehrte, sich anzuschließen dem Reigen des Gottes. Das obszöne Symbol, riesig, aus Holz, ward enthüllt und erhöht ... sie ... stießen die Stachelstäbe einander ins Fleisch und leckten das Blut von den Gliedern ... Ja, sie waren er selbst, als sie reißend und mordend sich auf die Tiere hinwarfen und dampfende Fetzen verschlangen ... Und seine Seele kostete Unzucht und Raserei des Unterganges.«

Der Traum spiegelt das Maß der geistigen Erniedrigung Aschenbachs wider. Der Zusammenbruch der Normen seines wachen Lebens ist zwar weniger drastisch, aber um so beschämender. Was noch vor kurzem seine Verachtung erregte, als er es bei einem anderen sah, dem gibt er sich nun selber hin.

Kurz darauf geschieht das Unvermeidliche. Auf einem seiner Spaziergänge, auf dem er versucht, Tadzio zu folgen, verirrt er sich. Erschöpft von der Hitze kauft er sich zur Erfrischung einige überreife und weiche Erdbeeren, mit denen er offenbar die tödlichen Krankheitskeime in sich aufnimmt. Zwei Tage später, schon schwer krank, erfährt er, daß die Familie Tadzios im Begriff ist, Venedig zu verlassen. Er sieht ihn noch einmal am Strande. Der letzte Eindruck des sterbenden Dichters, seinen Tod symbolisierend und idealisierend, ist Tadzio, der, scheinbar in die offene See hinausschreitend, die Hand hebt und ihm winkt, als wollte er ihn einladen, ihm hinaus »ins Verheißungsvoll-Ungeheure« zu folgen.

Analyse der Novelle

Im Folgenden soll nun eine Analyse der Erzählung unternommen und das literarische Werk Thomas Manns in der Hauptsache als ein Versuch des Dichters betrachtet werden, gefahrdrohende persönliche Konflikte mitzuteilen. In der Inhaltsangabe wurden jene Aspekte der Novelle hervorgehoben, die besonders bezeichnende unbewußte und vorbewußte psychische Konstellationen auszudrücken scheinen. Es sind auch einige biographische Daten Thomas Manns genannt worden, die geeignet sind, Verbindungsglieder zwischen dem Künstler und seinem Werk zu bilden. Nun soll noch einiges Zusätzliche über die besonderen Umstände nachgetragen werden, unter denen *Tod in Venedig* entstand.

Die Novelle, von Mann im Jahre 1911 niedergeschrieben, erschien erstmals 1912 in der *Neuen Rundschau*. Thomas Mann war damals sechsunddreißig Jahre alt, seit rund sechs Jahren verheiratet. Sein Vater war schon seit einundzwanzig Jahren tot. Seine Mutter lebte noch, aber seine Schwester Carla hatte kurze Zeit vorher Selbstmord begangen. Venedig, vor dessen Hintergrund die Handlung abläuft, war ihm vertraut, er hatte es kürzlich besucht. Die Choleraepidemie und die Haltung der venezianischen Behörden waren tatsächliche Ereignisse der jüngsten Vergangenheit. Eine persönliche Begegnung mit ansteckenden Krankheiten war die tuberkulöse Erkrankung von Frau Katja Mann im Jahre 1911. Sie hatte sich in ein Sanatorium begeben müssen, und als Thomas Mann am *Tod in Venedig* arbeitete, lebte er allein mit seinen Kindern in Tölz.

Wie schon erwähnt, soll die Gestalt des Komponisten Gustav Mahler in die Erzählung hineinverwoben sein (2). Es ist verlokkend, über die Gründe zu spekulieren, die Thomas Mann veranlaßt haben könnten, einige der Züge Mahlers für die Gestalt seines Helden auszuborgen. Die einzige manifeste Verbindung ist die Tatsache, daß Gustav Mahler im Jahre 1911, dem Entstehungsjahr von *Tod in Venedig*, starb. Man müßte annehmen, daß entweder eine persönliche Beziehung zwischen Thomas Mann und Gustav Mahler bestand oder daß der Dichter durch intime, vielleicht intuitive Kenntnis der Persönlichkeit Mahlers dazu geführt wurde, gewisse äußere Züge Mahlers zu übernehmen, um eine tiefere Ähnlichkeit zwischen Mahler und Aschenbach anzudeuten. Es wäre eine interessante Aufgabe, die Gründe der besonderen Bedeutung des Todes von Mahler für Thomas Mann aufzuspüren.[3]

Nun besitzen wir aber die wichtige Information, daß Thomas Mann vorher, d.h. ehe die künstlerischen Ideen, denen er in *Tod in Venedig* Ausdruck verlieh, voll ausgereift waren, mit einem anderen Thema beschäftigt war. Wir wissen (2), daß er ursprünglich über eine Episode im Leben Goethes hatte schreiben wollen, und zwar über die Liebe des vierundsiebzigjährigen berühmten Dichters zu einem jungen Mädchen, im Verhältnis zu seinem Alter fast einem Kind, Ulrike von Levetzow, die damals erst siebzehn Jahre alt war. Bekanntlich gelang es Goethe schließlich, sich loszureißen. Die Gedichttrilogie *Marienbader Elegie* ist das zeitlose Dokument dieser Passion.

Wie schon erwähnt (6), kommt das Todesthema in Manns Werken sehr häufig vor. Eine der ersten Erzählungen, die er (im Alter von sechzehn oder siebzehn Jahren, etwa ein Jahr nach dem Tode seines Vaters) schrieb, trägt den Titel *Der Tod*. Man darf ohne Übertreibung behaupten, daß in fast allen folgenden Werken der Tod ein Hauptthema blieb und entweder als ein einschneidendes Ereignis der Handlung oder – in verhüllterer Form – als wiederholte metaphysische Spekulation erscheint.

Aber es ist nicht nur die Häufigkeit des Vorkommens in Thomas Manns Werken, die uns die Bedeutung des Todesthemas für ihn anzeigt. Spezifische Verbindungslinien zum Autor lassen sich auch von seinen Hauptgestalten herleiten, die oft eindeutig autobiographische Züge tragen, besonders wenn Mann vom Leben und von den Problemen des Künstlers spricht. Die Einstellung dieser erfundenen Persönlichkeiten zum Leben und zum Tod sind eine wichtige Informationsquelle über den Dichter, der sie schuf. In der Erzählung *Tonio Kröger* wie auch in anderen Frühwerken Thomas Manns bilden Tod oder Todessehnsucht zwar nicht eigentlich das Thema, sie erscheinen hier vielmehr in der Form einer aristokratischen Verneinung des Lebens (6).

Tonio Kröger fühlt die Notwendigkeit, sich vom Leben fernzuhalten; er kann nur dann künstlerisch tätig und produktiv sein, wenn er aufhört, als Mensch unter Menschen zu leben (6). Wenn ein Jugendlicher im Abwehrkampf gegen überwältigende Triebansprüche eine solche Haltung einnimmt, so sind wir geneigt, das als etwas Vorübergehendes zu betrachten. Wie Anna Freud unterstreicht (3), ist Askese in der Jugend als eine normale Erscheinung anzusehen. Der Autor von *Tod in Venedig* war jedoch ein reifer Mann von sechsunddreißig Jahren mit Frau und Kindern.

Die Künstler in Thomas Manns Werken sind von der den Fortschritt negierenden Philosophie Schopenhauers und Nietzsches

angesteckt und glauben mit den deutschen Romantikern an die Affinität zwischen Schönheit und Tod (8). Der romantische Künstler muß symbolisch tot sein, um ein Werk der Schönheit schaffen zu können. Diese Neigung wird bei dem Helden in *Tod in Venedig* besonders deutlich. Schon der Name »Aschenbach« erweckt Assoziationen mit dem Fluß, der in der klassischen Mythologie das Land der Lebenden vom Totenreich trennt (5). Um arbeiten zu können, muß Aschenbach zunächst höchst zeremoniell zwei brennende Kerzen zu Häupten seines Manuskriptes aufstellen – ein unleugbar an Sterbezimmer erinnerndes Arrangement. Auch fühlt er sich gezwungen, seinen Leib zu kasteien, und hat das starke Bedürfnis, sich zu isolieren (6).
Zur Entstehungszeit dieser Novelle waren erst zwei wichtige Mitglieder der Familie des Autors tot: der Vater, der viele Jahre vorher gestorben war, und die schöne Schwester Carla, die kurze Zeit zuvor Selbstmord begangen hatte. Man ist zunächst geneigt anzunehmen, daß eine Identifizierung mit dem toten Vater, nicht aber mit Carla, stattgefunden haben muß, aus dem einfachen Grunde, weil die Helden auch der früheren Romane und Novellen, die vor Carlas Selbstmord entstanden, mit ähnlichen Problemen ringen. Abgesehen von dieser negativen Begründung, die zwar die Schwester ausschließt, aber noch nichts über die Rolle des Vaters aussagt, läßt sich aus der Handlung selbst doch einiges positive Beweismaterial entnehmen.
Von Literaturwissenschaftlern (1, 2, 5) wird übereinstimmend angenommen, daß die vier Männer, denen Aschenbach begegnet, Boten seines bevorstehenden Todes sind, und man könnte in diesem Falle überzeugt sein, daß Thomas Mann diese Symbolik ganz bewußt in die Erzählung eingeführt hat. Im Gegensatz zu dieser Annahme soll hier die Deutung versucht werden, daß die vier Erscheinungen Manifestationen innerseelischer Kräfte sind, die von Aschenbach auf die ihm begegnenden Männer projiziert werden, als seine Verdrängungsschranke zu zerfallen beginnt. Die vier Männer sind demnach die projizierte Erkenntnis des Ichs vom Durchbruch alter Schuld und Angst, die magisch als drohende, aus dem Grabe auferstehende Vaterfigur erlebt wird. Drei der vier Gestalten – der Mann auf dem Friedhof, der alte Geck auf dem Schiff und der Gondoliere – werden in der Erzählung mit bleckenden Zähnen geschildert, so daß man an Totenschädel erinnert wird, worauf schon hingewiesen wurde (5). Der Gondo-

liere in seiner sargschwarzen Gondel erscheint wie eine Gestalt aus der Mythologie, ein Charon, der die Toten über den Styx zum Hades übersetzt (2). Der erste Mann erscheint auf dem Friedhof mit der Unvermitteltheit einer Halluzination – das unzweideutige Porträt eines Wiedergängers. Der letzte, der Straßensänger, hat den Geruch des Todes an seinen Kleidern. Alle, mit Ausnahme des Gecken auf dem Schiff, werden als stark und bedrohlich beschrieben und lassen mehr oder minder deutlich den Schluß auf freie, ungehemmte Aggression und Sexualität zu. Wenn wir bei der Beschreibung des Straßensängers lesen, daß die Adern auf seiner Stirn anschwellen, so können wir aus diesem Detail eine Anspielung auf die eine oder beide Kennzeichen des gefürchteten Vaters ablesen: sexuelle Erregung oder Wut. Der stutzerhaft gekleidete Greis mit der vorgespiegelten Jugendlichkeit erinnert ebenfalls an einen wiederauferstandenen Toten. Die wechselnden Kombinationen von Furcht und Verachtung, die Aschenbach bei diesen Begegnungen empfindet, sind Ausdruck der ursprünglichen Feindseligkeit und des Hasses gegen eine Vaterfigur, untermischt mit sekundärer Furcht vor Vergeltung durch den Stärkeren; es ist vielleicht auch eine Ich-Reaktion gegen die aufkommenden abergläubischen Ängste vor dem Wiedergänger beteiligt, ein Versuch zur Selbstberuhigung, indem das Gefährliche lächerlich gemacht wird.

In diesem Zusammenhang ist es interessant, sich an Thomas Manns Bekenntnis zu erinnern, daß er sich nie völlig von abergläubischen Vorstellungen habe freimachen können. So hatten Tag und Stunde seiner Geburt immer eine besondere Bedeutung, gewisse Zahlen hatten etwas Magisches für ihn, und die Tatsache, daß seine Kinder, wie er sagt, »als drei reim- und reigenartig gestellte Paare – Mädchen, Knabe – Knabe, Mädchen – Mädchen, Knabe – erschienen«, ist ihm ein glükkliches Omen. Das Nebeneinander von solchem Aberglauben und höchster Verstandeskraft ist aber bei Zwangspersönlichkeiten geradezu charakteristisch. Es ist eine längst erwiesene Tatsache, daß das archaische Ich des Zwangsneurotikers besonders dazu neigt, an die magische Gewalt der Toten zu glauben.

Eine andere Eigentümlichkeit der Zwangspersönlichkeit ist das Vorherrschen stark ambivalenter Haltungen, besonders gegen den Vater und gegen Vaterstellvertreter. In diesem Zusammenhang fällt ein Licht auf Manns Beschäftigung mit dem alten Goethe, der gewiß für jeden deutschen Schriftsteller die Vaterfigur kat' exochen darstellt. Die erwiesene Tatsache, daß das Thema der Betörung des alten Goethe durch ein junges Mädchen den Dichter beschäftigte, bevor die Aschenbach-Geschichte Gestalt annahm, fügt, wenn auch indirekt, einen Beweis für die Annahme hinzu, daß das dem *Tod in Venedig* zugrundeliegende Zentralthema ein Vaterkonflikt ist. Verehrung für Goethe hindert die Biographen gewöhnlich daran, die lächerlichen Aspekte seines letzten Liebeswerbens näher zu betrachten; im Höchstfalle wird die tragische Aussichtslosigkeit einer solchen Verbindung erwähnt. Auch in *Tod in Venedig* werden diese beiden Auffassungen erwähnt: die letztere im Urteil des Autors über Aschenbachs Leidenschaft für Tadzio (»unmöglich hier, absurd, verworfen, lächerlich und heilig doch, ehrwürdig auch hier noch«), die erstere in der Darstellung des uneingeschränkt lächerlichen und abscheulichen Bildes des alten Gecken auf dem Schiff.

Im allgemeinen kann man feststellen, daß das Vaterthema in *Tod in Venedig* so behandelt wird, daß die ambivalent verehrte und verachtete Vaterfigur aufgespalten und die entgegengesetzten Gefühle, die ursprünglich auf dasselbe Objekt gerichtet waren, isoliert werden – ein typisch zwanghafter Mechanismus. Der schlechte, drohende, sexuell aktive Vater ist in den vier Männern verkörpert, die Aschenbach begegnen. Mit dem guten Vater, der sich aller Drohungen, Strafen und der heterosexuellen Liebe enthält – d.h. mit dem Vater, der einzig nur den Sohn liebt –, identifiziert Aschenbach sich selbst, indem er in seiner Liebe zu Tadzio das darstellt, was er von seinem Vater zu erhalten wünschte. Dieses Strategem ist jedoch nicht voll erfolgreich: Aschenbachs Ambivalenz verschärft sich durch die narzißtische, neidische Erkenntnis, daß ein anderer erhält, was er sich selber wünscht, und feindselige, destruktive Elemente gehen in sein Gefühl für Tadzio ein. Er empfindet nicht nur eine eigentümliche Genugtuung bei dem Gedanken, daß Tadzio bald sterben werde, sondern er setzt indirekt den geliebten Knaben auch einer großen Gefahr aus, indem er es unterläßt, seine Angehörigen vor der Epidemie zu warnen. Im ganzen ist es jedoch richtig, daß die destruktiven Impulse Tadzio gegenüber sekundär sind und nur insofern an die Oberfläche kommen, als die narzißtische Identifizierung mit Tadzio unvollkommen bleibt und daß daher der an den Knaben abgetretene Genuß, geliebt zu werden, doch noch Neid erweckt. Die untergründige Feindseligkeit richtet sich aber nicht gegen den Knaben (wie etwa Eifersucht auf einen Bruder), sondern gegen das gehaßte Vaterbild. Die Wildheit dieses Hasses enthüllt sich in Aschenbachs letztem Traum, in welchem in seinem unglücklichen Kampf mit dem schlechten Vater dieser, der »fremde Gott« der Barbaren, das obszöne Sexualsymbol, das Totemtier, getötet und verschlungen wird. Nach dem Talionsgesetz, das für das archaische Ich des Zwanghaften die unantastbare Autorität ist, muß Mord mit dem Tode gesühnt werden, und so muß Aschenbach sterben.

Die entscheidende Gefahr für Aschenbachs Abwehrsystem sind jedoch weder die Spuren feindlichen Neides auf Tadzio noch der Haß gegen den Vater, sondern es ist der Zusammenbruch der Sublimierungen der homosexuellen Zärtlichkeit und der fast unaufhaltsame Ansturm unsublimierter homosexueller Begierde des alternden Mannes. Aschenbachs letzter Traum ist der Ausdruck der zusammenbrechenden Sublimierung; er bildet den Untergang der »Kultur seines Lebens« ab, die verheert, vernichtet zurückbleibt.

Der Stoff, aus dem sich dieser Traum nährt, stammt aus dreierlei Quellen. Erstens entdecken wir Reste der Ichaktivität der Sublimierung; sie sind für den formalen Aufbau des Traumes verantwortlich, der etwas Künstlerisches und Unpersönliches bewahrt und wie eine großartige Fabel der klassischen Mythologie anmutet. Zweitens erkennen wir das Bild von Aschenbachs Persönlichkeit in der Desintegration; sie drückt sich speziell in seiner nun unverhüllten sexuellen Begierde aus. Der vorher süße Klang des Namens Tadzio hat sich in ein »Geheul« verwandelt. Drittens können wir aus der nackten Darstellung der Urszene auf die traumatische Wirkung schließen, die die Beobachtung des Sexualverkehrs auf das Kind hatte.

Die Reihenfolge Neugier, wachsende sexuelle Spannung, Wunsch, an den Sexualhandlungen teilzunehmen, und Furcht, durch Teilnahme an dem sadistisch fehlgedeuteten Tun der Erwachsenen vernichtet zu werden, ist klar beschrieben. Es kann kaum ein Zweifel bestehen, daß die homosexuellen Begierden und Ängste in einem solchen Erlebnis ihren Ursprung haben müssen – daß das Kind sich teilweise mit der Mutter identifiziert und die sexuelle Liebe des Vaters begehrt haben muß. Die Kastrations-(Todes-)Furcht, geweckt durch den Wunsch, an der gewalttätigen Aktivität der Erwachsenen teilzunehmen, besonders aber durch die passive Unterwerfung unter den Vater, muß schließlich dazu geführt haben, daß das Kind das libidinöse Streben aufgab; so ist es vielleicht bei Aschenbach zur Errichtung der »Kultur seines Lebens« gekommen. Es ist also nicht unmöglich, daß wir die Ursprünge von Aschenbachs Form des Künstlertums in der als gefährlich miterlebten Urszene finden könnten. Zu Beginn der Urszene ist ja das Kind reiner Beobachter, ist noch nicht durch traumatische Übererregung, Passivität und Verstümmelungsfurcht bedroht. Könnte es nicht sein, daß das Kind, wenn die Gefahr allzu groß wird, mittels eines seelischen Balanceakts in die ursprüngliche Rolle des emotional unbeteiligten Beobachters zurückkehrt, und daß die späteren Bearbeitungen solcher Abwehrmechanismen gegen traumatische Übererregung etwas Wesentliches zur Entwicklung der schöpferischen Sublimierung beitragen?

Um Mißverständnissen vorzubeugen: Diese Erwägungen sollen keinesfalls eine vollständige Erklärung für die künstlerische Kreativität liefern, nicht einmal innerhalb der Grenzen, die im allgemeinen den genetischen Konstruktionen gezogen sind. Die Hypothese, daß künstlerische Kreativität mit dem Weiblichkeitsprinzip in Beziehung steht, daß künstlerische Produktivität in bestimmten Fällen ihre Energie aus der Sublimierung infantiler Wünsche entnimmt, braucht durch das hier vorgelegte Material nicht erneut gestützt zu werden. Es mag genügen, wenn wir sagen, daß Aschenbachs homosexuelle Struktur und weibliche Identifikation mit dieser alten, wohlbelegten psychoanalytischen Hypothese gut vereinbar ist und daß die Zu- und Abnahme seiner künstlerischen Potenz mit der Vorherrschaft der sublimierten beziehungsweise der entsublimierten homosexuellen Strebungen einherzugehen scheint.

Die spezielle Hypothese, die hier vorgelegt wird, bezieht sich auf gewisse Züge der künstlerischen Haltung, demonstriert an einem individuellen Beispiel. Urszenenerlebnisse, die eine Übererregung herbeiführen, gefährliche passiv-abwehrende Wünsche und Kastrationsfurcht können das Kind dazu veranlassen, zu dem emotionalen Gleichgewicht zurückzukehren, das zu Beginn des Erlebnisses bestand, und können den emotionalen Boden bereiten für die Entwicklung der beobachtenden, beschreibenden künstlerischen Einstellung. Diese Hypothese scheint mit bestimmten Stilmerkmalen der Kunst Thomas Manns, nämlich mit seiner Distanziertheit und Ironie, besonders gut vereinbar zu sein. Es ist nicht ausgeschlossen, daß diese Überlegungen auch für andere künstlerische Persönlichkeiten Geltung haben, und daß ganz allgemein ein solcher genetischer Faktor an der Entwicklung der ironischen Haltung dem Leben gegenüber beteiligt ist.

Über die Darstellung der von der Identifizierung mit der Mutter und der ambivalent-passiven Haltung dem Vater gegenüber ausgehenden Probleme hinaus kann der Zug zur Vereinigung mit der Mutter auch sonst in Manns Werken aufgefunden werden. Dieser Wunsch ist jedoch tiefer verdrängt und scheint stärkere Schuldgefühle zu erwecken als die ambivalente Einstellung gegen den Vater. Er stellt sich daher selten in der sublimierten, Ich-syntonen Form der Objektliebe dar, und wenn Beispiele dieser Art vorkommen, so sind sie keinesfalls einsinnig. Man könnte darüber spekulieren, ob die slawischen Züge Tadzios (oder von Hippe und Claudia Chauchat im *Zauberberg*) eine Andeutung erfolgreich sublimierter Liebe zur Mutter enthalten, die ja auch in der Realität ein exotischer Typus war. Fast immer jedoch, wenn wir dem Wunsch nach der Mutter begegnen, finden wir ihn entweder in unbestimmter, tief symbolisierter Form oder in der regressiven Form der Identifikation dargestellt – nicht als Objektliebe. Zugleich aber findet sich auch irgendeine Form von Strafe, meist in Gestalt von Tod oder Krankheit, ausgedrückt oder impliziert. Dies gilt nicht nur für Thomas Manns literarisches Werk, sondern auch für seine Lebenspraxis, wie man aus der abergläubischen Vorhersage entnehmen kann, er werde im Jahre 1945 – also im Alter seiner Mutter – sterben.

Der Wunsch, sich mit der Mutter zu vereinigen, drückt sich außer in der oben genannten Form noch häufiger in einer sehr regressiven, diffusen, hochsymbolisierten Sehnsucht aus. Dies scheint der einzige Weg zu sein, auf welchem der sehr schuldhaft erlebte Wunsch im Bewußtsein des Dichters und bei seinen Gestalten zugelassen werden darf, worauf er dann vom Ich mit einem gewissen Grade von Lust bejaht wird. Die Lust ist jedoch recht melancholisch, denn in vielen Werken Manns tritt der Wunsch nach der Mutter als Todessehnen verkleidet auf. Im *Zauberberg* ist es die Unendlichkeit einer herrlichen Schneelandschaft, die Hans Castorp entzückt und deren Verlockung er fast mit dem Tod durch

Erfrieren bezahlt. Im *Tod von Venedig* scheint das Muttersymbol in erster Linie durch die kranke Stadt selbst repräsentiert zu sein, von der Aschenbach sich nicht lösen kann: Es ist nicht nur die Stadt, sondern auch das Meer und der Tod – die ganze Atmosphäre Venedigs –, denen Aschenbachs tiefste Wünsche zustreben. Als der Tod ihn erreicht, sieht Aschenbach, wie Tadzio ihn in das offene Meer hinauswinkt, »ins Verheißungsvoll-Ungeheure«. Dieses Bild besiegelt nicht nur eindeutig die symbolische Identität von Tod und Meer, sondern beweist auch die Verbindungslinie zwischen dem Knaben Tadzio und dem Motiv Meer – Tod – Mutter.

Wir stehen nun vor der letzten Aufgabe, die besonderen Umstände im Leben des Dichters zu untersuchen, die vielleicht seine Konflikte aktiviert und damit den Impuls zur Abfassung von *Tod in Venedig* gegeben haben. Der nur kurz zurückliegende Selbstmord der Schwester Carla, einer alten Rivalin um die Liebe der Eltern, könnte Schuldgefühle ausgelöst haben. Vielleicht war Carla auch das Objekt von Strebungen gewesen, die von der Mutter auf die Schwester verlagert waren, eine Spekulation, die durch die Tatsache gestützt wird, daß Mann das Inzestmotiv von Bruder und Schwester in der 1905 verfaßten Novelle *Wälsungenblut* (7) behandelt hatte.

Von größerer Wichtigkeit war möglicherweise die zu eben jener Zeit aufgetretene Erkrankung seiner Frau, Katja, die dazu geführt haben mochte, daß der Dichter engere Gefühlsbindungen zu seinen noch kleinen Kindern aufnehmen mußte. Man könnte auch die Möglichkeit zulassen, daß die Krankheit seiner Frau ihm eine Periode sexueller Abstinenz aufnötigte, die ihrerseits zu stärkeren Konflikten mit einer homosexuellen Regression führte.

Wenn man die Reihenfolge seiner Werke ins Auge faßt, so scheint sich zu zeigen, daß mit wachsendem Erfolg als Schriftsteller und mit der beruhigenden Stabilisierung seiner Position als Gatte und Vater die ursprüngliche »Sympathie mit dem Adel des Todes« mehr und mehr durch aktive Teilnahme und Bejahung des Lebens aufgewogen wird. Diese positivere Haltung dem Leben gegenüber findet sich in den meisten Werken Manns nach dem Ersten Weltkrieg ausgedrückt (6). Settembrini im *Zauberberg* ist ein bedingungsloser Fürsprecher der aktiven Teilnahme am Leben und ein ausgesprochener Feind jeglicher Sympathie mit Tod oder Krankheit; und es kann kein Zweifel daran bestehen, daß die bewußte Zuneigung des Dichters ihm und nicht Naphta, seinem Gegner, gilt. Doch wird der alte Konflikt zwischen progressiven und regressiven Kräften niemals endgültig ausgetragen. Die Themen Tod und Krankheit sind bis zu den letzten Werken vorherrschend, ungeachtet der bewundernswert mutigen Haltung des Dichters in den politischen Ereignissen vor dem und während des Zweiten Weltkrieges.

Im Vorwort (10) zu einem Band mit Erzählungen von Dostojewski bekennt Thomas Mann, daß bei ihm wie bei dem großen Russen der Anstoß zur schöpferischen Leistung einem tiefen Schuldgefühl entspringe, daß seine Arbeit als Schriftsteller auch als Sühne zu verstehen sei. Glover erwähnt (4), daß manche Zwangsneurotiker fürchten, eine Analyse könnte ihre Fähigkeit zur Sublimierung zerstören, daß sie also ihre sublimierten Aktivitäten offenbar mit sexueller Potenz gleichsetzen. Zu den lebenslangen Sorgen Thomas Manns gehörte der Kampf um die Erhaltung seiner künstlerischen Schaffenskraft, die immer bedroht und labil schien und die er durch abergläubische, magische Praktiken zu erhalten versuchte. Paradoxerweise muß die erfolgreiche Sublimierung der passiv-femininen Haltung zu künstlerischer Kreativität das Schuldgefühl der maskulinen Leistung erweckt haben.[4] Und wie der Held und Künstler in einem seiner letzten Romane, *Doktor Faustus* (1947), der seine Seele dem Teufel verkauft und sich um den Preis von Krankheit und früherem Tod eine Strecke aktiven Lebens und künstlerischer Produktivität einhandelt, scheint auch Thomas Mann selber dem drohenden Vater versichern zu müssen, daß seine Erfolge nicht wirklich, seine Sublimierungen hinfällig seien. Gestalten wie Aschenbach im *Tod in Venedig* und Leverkühn im *Doktor Faustus* haben Thomas Mann die Möglichkeit verschafft, sich selbst zu verschonen, zu leben und zu arbeiten, weil sie an seiner Stelle litten.

Zusammenfassung

Im vorstehenden Essay wird der Versuch unternommen, Verbindungslinien zwischen einigen biographischen Daten, gewissen Zügen in Thomas Manns Werken und der Handlung seiner Novelle *Tod in Venedig* zu ziehen. Der Einfluß unbewußter Schuldgefühle, die Rolle mutmaßlicher früher sexueller Überstimulierung für die Entwicklung der (ironischen) Künstlerpersönlichkeit werden erörtert. Der Zerfall des schöpferischen Prozesses bei der Hauptgestalt der Erzählung wird als Rückkehr unsublimierter Libido unter dem Einfluß von Alter, Einsamkeit und Schuldgefühl wegen des erreichten Erfolges angesehen. Es wird angenommen, daß der Autor seinen persönlichen Konflikt auf den Helden seiner Erzählung verschoben hat und sich dadurch seine eigene künstlerische Schaffenskraft erhalten konnte.

Aus dem Amerikanischen von Käte Hügel

Anmerkungen

1 Thomas Manns Frau Katja hatte sich wegen einer Lungenerkrankung etwa zur Zeit der Abfassung der Novelle in ein Schweizer Sanatorium begeben müssen.

2 Man kann den hier wirksamen Mechanismus vielleicht mit dem von Träumen vergleichen, in denen man bei Examen versagt, die man längst bestanden hat (12). Aschenbachs Desintegration scheint darauf zu beruhen, daß er keine objektlibidinösen Bindungen an die Realität hat. Dies könnte Mann als eine Selbstberuhigung gedient haben, denn er wußte ja, daß er trotz zeitweiliger Einsamkeit durch Gefühlsbeziehungen mit seiner Familie verbunden war, die stark genug waren, um ihn vor Aschenbachs Schicksal zu bewahren.

3 Aus einem Brief Sigmund Freuds an Theodor Reik (11) geht hervor, daß Mahler Freud konsultiert hatte und »einen Nachmittag lang ... in Leiden analysiert« worden war. Dies war ein knappes Jahr vor Mahlers Tod. Freud deutet an, daß Mahler seine Libido von seiner Frau abgezogen habe; er erwähnt Mahlers »Zwangsneurose«. Letzteres ist besonders interessant mit Hinblick auf die zwanghaften Züge bei Thomas Mann, die in der vorliegenden Studie noch erörtert werden sollen. Der Dirigent Bruno Walter, der sowohl Thomas Mann als auch Gustav Mahler genau kannte, ist jedoch fest überzeugt, daß Mann und Mahler einander niemals persönlich begegnet waren (Bruno Walter in einem Brief an den Autor vom 13. Dezember 1956).

4 In diesem Zusammenhang sei daran erinnert, daß Thomas Mann sich übel die Hand verbrannte, als er das Paket mit dem Manuskript der *Buddenbrooks* versiegelte, das ihm Ruhm eintragen sollte. Man denke auch an die Zeremonien magischer Entsühnung, die Aschenbachs Arbeitsgewohnheiten kennzeichnen.

Literatur

(1) Baer, Lydia, *The Concept and Function of Death in the Works of Thomas Mann.* Philadelphia, Privatdruck, 1932.

(2) Eloesser, Arthur, *Thomas Mann, sein Leben und sein Werk*. Berlin, S. Fischer, 1925.
(3) Freud, Anna: *Das Ich und die Abwehrmechanismen*. Kindler, München, 1964.
(4) Glover, Edward: *The Technique of Psychoanalysis*. New York, International Universities Press, 1955.
(5) Havenstein, Martin: *Thomas Mann, der Dichter und Schriftsteller*. Berlin, Wiegand & Grieben, 1927.
(6) Kasdorff, Jans: *Der Todesgedanke im Werke Thomas Manns*. Leipzig, H. Eichblatt, 1932.
(7) Mann, Thomas: *Wälsungenblut*. In: Erzählungen. Frankfurt, S. Fischer, 1959.
(8) – *Betrachtungen eines Unpolitischen*. Berlin, S. Fischer, 1918.
(9) – *Lebensabriß*. In: *Die neue Rundschau*. Berlin, S. Fischer, 1. Juni 1930, SS. 732 ff.
(10) – *Dostojewski – mit Maßen*. Einleitung zu einem englischen Auswahlband Dostojewskischer Erzählungen. Erstmals in: *Die neue Rundschau*, Stockholm, H. 4, 1946.
(11) Reik, Theodor, *The Haunting Melody*. New York, Farrar, Straus & Young, 1953.
(12) Stekel, Wilhelm: *Beiträge zur Traumdeutung*. Jahrb. psychoanalytischer und psychopathologischer Forschungen, I, 1909, S. 458.

L. R. Hiatt

Nabokovs ›Lolita‹: ein kryptisches Freudianisches Kreuzworträtsel

Nabokov hat uns über seine Einstellung zur Psychoanalyse nicht im Zweifel gelassen: »Ich habe meine frühesten Träume nach Aufschlüssen und Anhaltspunkten durchstöbert – und lassen Sie mich gleich sagen, daß ich die vulgäre, schäbige, im Grunde mittelalterliche Welt Freuds mit ihrer verschrobenen Suche nach Sexualsymbolen (so wie man etwa in Shakespeares Werken nach Akrostichen von Bacon sucht) und ihren verbitterten kleinen Embryonen, die von ihren natürlichen Schützhöhlen aus das Liebesleben ihrer Eltern ausspionieren, vollkommen ablehne.«[1]
»Obgleich jedermann wissen sollte, daß ich Symbole und Allegorien verabscheue (teilweise ist das auf meine alte Fehde mit dem Freudianischen Voodoo-Kult zurückzuführen ...)«[2] und: »In den Vorworten, die ich in letzter Zeit geschrieben habe, habe ich es mir zur Regel gemacht, einige aufmunternde Worte an die Wiener Delegation zu richten. Das vorliegende Vorwort soll keine Ausnahme bilden. Analytiker und Analysierte werden sich, wie ich hoffe, über gewisse Details der Behandlung freuen, der sich Luschin nach seinem Zusammenbruch unterziehen muß (etwa die heilsame Unterstellung, daß ein Schachspieler in seiner Königin die liebe Mutti erblickt und den Pappi im König des Gegners), und der kleine Freudianer, der irrtümlicherweise eine Spielzeugeisenbahn für den Schlüssel zu einem Roman hält, wird zweifellos weiterhin meine Charaktere mit seiner Witzblattvorstellung von meinen Eltern, Schätzchen und diversen Ichs identifizieren.«[3]
Durch diese und ähnliche Bemerkungen läßt Nabokov uns wissen, daß die psychoanalytische Theorie falsch und abscheulich ist, und daß das gleiche auf jedermann zutrifft, der glaubt, sie könne dazu beitragen, ihn oder seine Romane zu erklären. So ist es nicht überraschend, daß selbst Literaturkritiker, die der Psychoanalyse Sympathie entgegenbringen, Nabokovs Aussprüche für bare Münze nehmen. *Lolita* betreffend versichert Trilling, daß Nabokovs »Absicht nicht durch ein irgendwie geartetes Interesse an den ›psychologischen‹ Aspekten der Geschichte zu ergründen ist: er hat keinerlei derartiges Interesse«.[4] Trilling behauptet, daß der

moderne Romancier über Sex schreibe, während Nabokov in *Lolita* zum Thema altmodischer »Liebesleidenschaft« zurückgekehrt sei.
Nabokov präsentiert *Lolita* als ein Geständnis eines 42jährigen Mannes, Humbert Humbert, der seinem Mordprozeß entgegensieht. Humbert hat eine Leidenschaft für heranwachsende Mädchen. Im Jahre 1947 verliebt er sich in Lolita Haze. Um in ihrer Nähe bleiben zu können, heiratet er ihre verwitwete Mutter, Chorlotte, die sich ihrerseits in ihn verliebt hat. Charlotte kommt kurz darauf bei einem Autounfall ums Leben. Humbert gibt seiner Liebe zu Lolita nach und verbringt nahezu zwei Jahre damit, zusammen mit ihr durch die Vereinigten Staaten zu reisen. 1949 verläßt sie ihn um Quiltys willen, einem Mann, der fast im gleichen Alter ist wie Humbert, den dieser aber nicht kennt. Lolita verläßt auch Quilty bald und heiratet schließlich den jungen Richard Schiller. Humbert findet sie nach drei Jahren wieder, ermittelt Quiltys Identität und tötet ihn.
Trillings Interpretation läßt viele verwirrende Züge des Romans unberücksichtigt, deren wichtigster die seltsame Rolle Quiltys ist. Um eine Alternative anzubieten, schlage ich vor, Nabokovs Bluff auf die Probe zu stellen. Ich behaupte, daß er entgegen seiner der Psychoanalyse bekundeten Antipathie Humbert wissentlich, wenn auch heimlich und verstohlen, mit den klassischen Symptomen des Ödipuskomplexes ausstattet. Ich werde zunächst die verborgene Struktur bloßlegen und später erörtern, weshalb sich Nabokov so große Mühe gemacht hat, sie zu verschleiern.
Der innere Kern sieht meiner Meinung nach etwa so aus: Humberts Leidenschaft für Nymphchen im allgemeinen und Lolita im besonderen ist ein Versuch, die frische, reine Liebe seiner Mutter während der Kindheit aufs neue zu erleben. Quilty symbolisiert seinen Vater. Die letzten Monate von Humberts Liebesverhältnis mit Lolita werden dadurch getrübt, daß er sich in zunehmendem Maße der Existenz eines Rivalen bewußt wird. Der Schock, den Lolitas Verrat auslöst, wird abgelöst von einem alles beherrschenden Verlangen nach Rache. Der letzte Akt ist der langsame, traumhafte, genußreiche Vatermord.
Hier der Beweis. Humberts Mutter starb, als er drei Jahre alt war. Am Anfang seines Geständnisses schreibt er: »Meine sehr fotogene Mutter starb durch eine Schicksalslaune (Picknick, Blitz), als ich drei war, und außer einem Winkel voll Wärme in der dun-

kelsten Vergangenheit ist nichts von ihr in den Höhlen und Tälern meiner Erinnerung haftengeblieben . . ., über denen die Sonne der ersten Kindheit untergegangen war« (S. 10).[5] Gegen Ende des Buches bestreitet er die Möglichkeit einer ödipalen Bindung und erinnert sich: »Als meine Mutter in einem bleifarbenen, nassen Kleid unter dem wogenden Gewitterdunst (so lebhaft stellte ich sie mir vor) keuchend und außer sich zum Riff oberhalb von Moulinet hinaufgerannt war, wo der Blitz sie dann erschlug, war ich ein kleines Kind . . .« (S. 305).

Es gibt psychoanalytische und ethnographische Beweise in Fülle, die Donner und Blitz mit drohenden Aspekten des Vaters gleichsetzen.[6] Nabokov ist sich dessen durchaus bewußt. Als Humbert sich der Zeit erinnert, in der er zu argwöhnen begann, daß er von einem unbekannten Verehrer Lolitas verfolgt werde, bemerkt er: »Vielleicht hatte mich Los gesittetes Betragen im Winter eingelullt, und auf alle Fälle wäre sogar für einen Wahnsinnigen die Vermutung zu töricht gewesen, ein zweiter Humbert könne mit Jupiterblitzen Humbert und Humberts Nymphchen begierig über häßliche, weite Strecken folgen« (S. 230) Bei erstmaligem Lesen kann man über derartige Stellen leicht hinweggehen, ohne sich lange zu fragen, was sie wohl bedeuten mögen. Sind wir dem Autor aber einmal auf die Sprünge gekommen, dann wird die Verbindung zwischen Jupiterblitzen, die Lolita bedrohen, und dem Blitzstrahl, der Humberts Mutter trifft, unausweichlich. Humberts Bemerkung ist das Vorspiel zu einer Wiederholungsvorstellung des ödipalen Dramas. In Wahrheit sagt er: Vor langer Zeit verlor ich meine Mutter, als sie vom Penis meines Vaters niedergestreckt wurde. Sicherlich kann ich nun nicht Lolita auf die gleiche Weise verlieren!

Die Subtilität der Methode Nabokovs tritt in einem anderen, scheinbar zusammenhanglosen Hinweis auf den Blitz sogar noch deutlicher zutage. Quilty ist Dramatiker und arbeitet gelegentlich mit Vivian Darkbloom zusammen. Diese Frau ist wenig mehr als ein Name, doch sollten wir daran denken, daß Humberts Erinnerung an seine Mutter »ein Winkel voll Wärme in der dunkelsten Vergangenheit« ist. Im fiktiven Vorwort zu Humberts Geständnis erfahren wir, daß Vivian Darkbloom eine Biographie Quiltys unter dem Titel *My Cue* (i.e. mein Phallus)[7] geschrieben hat. Fügen wir dieser Information hinzu, daß Quilty und Vivian Darkbloom außerdem ein Stück mit dem Titel *Die Dame, die den Blitz liebte* verfaßt haben, dann haben wir eine weitere Zeile in Nabokovs kryptischem Kreuzworträtsel, hinter dem sich eine ödipale Enttäuschung verbirgt, gelöst.[8]

Lolita und Quilty werden zu integralen Bestandteilen von Humberts Phantasieleben. Er gibt freimütig zu, daß sein Interesse an Lolita pseudo-inzestuöser Art ist, wenn er sich kurz nach seiner Verheiratung mit Charlotte Haze erinnert: »... ich hatte mich daran gewöhnt, Lolita mit inzestuösem Wonneschauer als *mein* Kind zu betrachten« (S. 87). Er wird ihr Stiefvater, und sie nennt ihn spielerisch »Dad«. In der Folge denkt er sich aus, daß er mit Charlotte vor ihrer ersten Ehe ein Verhältnis hatte und Lolitas Erzeuger ist. Um diese Fiktion aufrechtzuerhalten, meidet er auf ihren Reisen trotz der Proteste Lolitas deren Geburtsort.

Obgleich Humbert später Lolita als eigenständigen Menschen schätzen lernt, verkörpert sie anfangs deutlich jemand anderen oder etwas anderes. Er sagt: »Was ich so wahnsinnig besessen hatte, war nicht sie, sondern meine eigene Schöpfung einer anderen, einer Phantasie-Lolita – vielleicht wirklicher noch als Lolita ...« (S. 66). »Ich wußte, daß ich mich für immer in Lolita verliebt hatte; ich wußte aber auch, daß sie nicht immer Lolita bleiben konnte ... Die Beziehung ›für immer‹ bezog ich nur auf meine Leidenschaft für die ewige Lolita, die mir im Blut lag« (S. 70) und: »... daß sie, *diese* Lolita, *meine* Lolita, die erste alte Lust des Schreibenden personifiziert« (S. 47).

Als Jüngling hatte Humbert eine Liebesbeziehung zu dem etwa gleichaltrigen Mädchen Annabel gehabt, die nicht bis zur geschlechtlichen Vereinigung geführt hatte. Er deutet die Möglichkeit an, daß seine Leidenschaft für Nymphchen darauf zurückzuführen sein möge, aber er nimmt diese Idee nicht ernst. Einmal versucht er am Strand die Erinnerung an Annabel mit Lolita neu zu beleben, aber das Resultat ist ein Fiasko, und er fragt sich, ob seine Besessenheit wirklich mit Annabel begann, oder ob »mein unbändiges Verlangen nach jenem Kind nur das erste Zutagetreten einer angeborenen Besonderheit war« (S. 14). Er bezeichnet Außenseiter seiner Art als Männer, »die sich nach einer zuckenden, süßstöhnenden, physischen, wenn auch nicht notwendig coitalen Beziehung zu einem kleinen Mädchen sehnen« (S. 94).

Hier wird deutlich, daß Nabokov, obwohl er im vorhinein jeden Versuch, seine Charaktere mittels Psychoanalyse zu verstehen, lächerlich macht, Humberts Einstellung zu Lolita in gewissem

Sinne als regressiv und inzestuös darstellt. Mit der einen Hand bietet er der Analyse Material an, mit der anderen versucht er es zurückzuholen. Natürlich mögen Psychoanalytiker Humberts Besessenheit verschieden beurteilen, aber die folgende Hypothese stimmt wohl mit der psychoanalytischen Theorie hinreichend überein und trägt gleichzeitig dazu bei, Nabokovs verdeckten Vorsatz zu erhellen. Der Kern von Humberts Neurose ist ein akutes, immerwährendes Gefühl, betrogen zu werden. Als Kind glaubte er unschuldig, daß er das einzige Liebesobjekt seiner Mutter sei. Dann erfuhr er die Wahrheit über sie und seinen Vater und wußte nun, daß sie die ganze Zeit über untreu gewesen war. Nymphchen ziehen ihn an, weil sie noch unverdorben sind, und seine Beziehung zu Lolita ist der Versuch, die frühere Liebe zwischen ihm und seiner Mutter neu zu erschaffen. Doch er weiß, daß das nicht von Dauer sein kann, daß auch Lolita ihn unter allen Umständen betrügen muß. Um die Qual dieser Zukunftsaussicht zu lindern, malt er sich zukünftige inzestuöse Beziehungen mit Lolitas Tochter und Enkelin aus (S. 184).[9]

Nach Charlottes Tod bringt Humbert Lolita in ein Hotel, wo er sie mit List dazu bringt, eine Schlaftablette einzunehmen. In diesem Stadium möchte er sie nur liebkosen. Er geht hinunter, um zu warten, bis die Tablette wirkt, und in der Dunkelheit der Veranda spricht Quilty, ein vollkommen Fremder, ihn folgendermaßen an: »Wo haben Sie die Kleine her, zum Donnerwetter?« »Wie bitte?« »Ich sagte: ist nicht weit her mit dem Sommerwetter.« »Kann man wohl sagen.« »Gehört sie Ihnen?« »Sie ist meine Tochter.« »Mich können Sie doch nicht anschmieren, muntrer Alter.« »Wie bitte?« »Ich sagte, schlägt einem auf die Nieren in unserem Alter ...« (S. 136f.). Die Unterhaltung geht ein paar Augenblicke in dieser Weise weiter. Bis dahin hatte Humbert Angst geschwitzt, hatte gefürchtet, irgend etwas könne seinen Plan, mit Lolita zu schlafen, vereiteln. Doch nun nimmt er diese erste außergewöhnliche Begegnung mit Quilty, die ihn doch bis ins Mark hätte erschüttern sollen, hin, als habe er einfach dem albernen Geschwafel eines Betrunkenen zugehört. Der Grund dafür ist, wie wir noch sehen werden, daß Quilty in gewissem Sinne eben kein Fremder ist – er ist Humbert ununterbrochen nahe.

Am nächsten Morgen, nachdem er Lolita verführt hat (oder, wie er behauptet, von ihr verführt wurde), bemerkt er Quilty in der Hotelhalle und meint, daß er seinem Schweizer Onkel Gustave Trapp, einem Cousin seines Vaters, ähnlich sehe. Etwa achtzehn Monate später, auf der zweiten Reise, bemerkt Humbert, daß er von einem roten Cabriolet verfolgt wird, und eines Tages sieht er das Gesicht des Fahrers. Er sagt: »Das alles war wie eine wuchernde Krankheit, ein Krebs, gegen den man nichts tun konnte; daher übersah ich einfach, daß unser stiller Verfolger, Verdeck zurückgeschlagen (= in his converted state), ein paar Meter hinter uns an einem Café ... hielt« (S. 231). Der Ausdruck »converted state«, oberflächlich betrachtet eine Anspielung auf »convertible« (= Cabriolet), ergibt nur dann einen Sinn, wenn wir ihn wörtlich nehmen – Quilty ist Humberts Vater in anderer Gestalt.

Als Humbert Lolita nach ihrem Verfolger fragt, weicht sie aus. Er gibt das Fragen auf und sagt: »Jedenfalls haben wir jetzt sein Gesicht gesehen. Er gefällt mir nicht. Er sieht genau aus wie ein Verwandter von mir, Trapp heißt er.« Sie antwortet: »Vielleicht ist es Trapp« (S. 232). Später, in einem Erholungsort, sieht Humbert Quilty aus einem Schwimmbassin steigen: » ... die Wolle auf seiner Brust wie eine symmetrisch ausgebreitete Trophäe, mit pulsierendem Nabel, die behaarten Schenkel von glänzenden Tropfen beträufelt, die enge schwarze Badehose kraftstrotzend geschwellt, da wo sein großer, fester Stierbeutel hochgezogen wie ein gepolsterter Schild, seine zurückgeschlagene Tierheit überdeckte« (S. 252). Lolita, die mit einem Ball spielt, fällt auf den Rücken und »radelt mit ihren obszönen jungen Beinen wie verrückt in der Luft herum«, beobachtet vom geilen Quilty. Gleich danach hat Humbert eine Halluzination, in der Quilty ihm als »gutmütiger und törichter« Onkel Gustave erscheint, und er erbricht sich.

Humbert macht verzweifelte Anstrengungen, um Quilty abzuschütteln. Quiltys Spürsinn grenzt ans Unglaubliche, und der Leser ist im Zweifel, ob es sich um eine wirkliche Verfolgung oder um ein Phantasieprodukt Humberts handelt. Tatsächlich sagt Humbert an einer Stelle: » ... schließlich stellt sich doch mehr als klar heraus, daß all diese identischen Detektive in prismatisch wechselnden Autos Produkte meines Verfolgungswahns waren« (S. 253). Die fiktive Darstellungsweise erlaubt es Nabokov, auf zwei Ebenen zu arbeiten – auf der Bewußtseinsebene kennt Humbert die Identität seines Verfolgers nicht; im Unbewußten aber weiß er, daß es sich um seinen Vater handelt, den er in Onkel Gustave hineinprojiziert und der kommt, um ihm die »Mutter« aufs Neue wegzunehmen.

Der Versuch, vor Quilty zu fliehen, endet, als Lolita wegen einer Infektion ein Krankenhaus aufsucht. »Mr. Gustave« (Quilty hat sich als ihr Onkel ausgegeben) brennt mit ihr durch, und Humbert hat sie für immer verloren. Schließlich verläßt sie Quilty und heiratet einen jungen Mechaniker. Humbert gelingt es, ihren Aufenthaltsort ausfindig zu machen, und er besucht sie. Gegen ihren Mann empfindet er keine Feindseligkeit. Sein einziger Wunsch (abgesehen von einem gescheiterten Versuch, sie zu bewegen, zu ihm zurückzukehren) ist es, die Identität des Mannes festzustellen, der sie ihm vor drei Jahren entrissen hatte. Zunächst will Lolita nicht mit der Sprache heraus. Dann – mit einem schelmischen und melancholischen Lächeln – sagt sie, daß Humbert es nie glauben würde. »Sie meinte, es sei zu spät, einen Höllenkrach zu schlagen, und ich würde nie das unglaublich Unglaubliche glauben« (S. 289). Diese Ausdrucksweise erscheint übertrieben, denn bis dahin war Quilty für Humbert nichts als der Name des Autors eines Stückes in dem Lolita am Beardsley College eine Rolle gespielt hatte. Schließlich nennt sie ihm den Namen, »den der scharfsinnige Leser längst erraten hat« (S. 289), und Humbert bekennt: »Auch ich hatte ihn, ohne es zu wissen, die ganze Zeit gewußt« (S. 289).

Ich meine, diese Unterhaltung bleibt sonderbar, wenn wir sie nicht als Wiederholung des ödipalen Dramas ansehen. (»Du hast mich nie geliebt. In Wirklichkeit war es mein Vater, den du liebtest. Ich wußte es, aber ich weigerte mich, es zu glauben.«) Ich füge noch zwei Details hinzu, die bei dieser Gelegenheit enthüllt werden. Quilty hat einen Verwandten in Lolitas Heimatort, und er kannte sie schon, bevor Humbert auf der Szene erschien. Und Lolita gesteht, daß Quilty der einzige Mann ist, nach dem sie je verrückt war.

Die Unterbrechung sexueller Lust ist ein mehrfach wiederkehrendes Thema. Humbert war im Begriff, sich mit Annabel zu vereinigen, »als zwei bärtige Schwimmer, der alte Nöck und sein Bruder, mit unflätigen Ermunterungsrufen aus dem Meer tauchten, und vier Monate später starb sie auf Korfu an Typhus« (S. 13). Viele Jahre später umarmt er Lolita zum ersten Mal – da hält ein motorisierter Polizist neben ihnen an: »Strotzend vor Gesundheit, starrte der Fahrer mich unter buschigen Augenbrauen an ...« (S. 122). Er beschreibt eine Masturbationsphantasie, in der er die nackte Gestalt eines Nymphchens am erleuchteten

Fenster gegenüber zu sehen glaubt. »Aber plötzlich, teuflisch, verwandelte sich das zarte Bild der Nacktheit ... in den widerlichen, lampenbeleuchteten Arm eines Mannes in Unterzeug, der in dieser heißen, feuchten, trostlosen Sommernacht am offenen Fenster seine Zeitung las« (S. 21).

Eines Abends, während Lolita im Beardsley College ist, spielt Humbert mit einem Freund namens Gaston Schach. Eine verwirrende telefonische Mitteilung über Lolita lenkt ihn ab, gerade »während ich im Begriff war, Gustaves – ich meine Gastons – Königseite zu durchbrechen« (S. 215). Er macht einen törichten Zug und verliert seine Königin. Das Versprechen – Gustave statt Gaston – ist eine verschlüsselte Botschaft Nabokovs. Entziffert lautet sie folgendermaßen: »Humberts Plan, seinen Vater zu kastrieren (›Gastons Königseite zu durchbrechen‹), wird zunichte gemacht, und er verliert seine Mutter (die Königin).« Sie liefert außerdem den Beweis, daß es Nabokovs geheime Absicht ist, Gustave, d.h. Quilty, als Vaterersatz darzustellen.

Humbert stattet Quilty mit einer phantastischen Begabung zur Spötterei aus. Er widmet vier Seiten seines Geständnisses der Art und Weise, in der Quilty ihn angeblich auf Hotellisten verhöhnte, nachdem er mit Lolita durchgebrannt war. Bei einer früheren Gelegenheit glaubte Humbert, jemand klopfe an die Tür der Hütte, in der er mit Lolita schlief. Nackt wie er war, erhob er sich, öffnete die Tür und sah, »daß in der regenträufelnden Dunkelheit ein weiß schimmernder Mann stand, der sich die Maske von ›Kinnlade‹, einem grotesken Detektiv aus den *comic strips*, vors Gesicht hielt. Er stieß ein gedämpftes Hohngelächter aus und rannte weg ...« (S. 231). Humbert ist nicht sicher, ob es sich um eine Halluzination gehandelt hat, aber er fügt hinzu: »Ich habe Trapps Art von Humor gründlich studiert, und dies wäre ein sehr gutes Beispiel dafür.« In ihrer letzten Unterhaltung erzählt Lolita ihm, daß Quilty sich vor Lachen geschüttelt habe, als sie ihm ihre Beziehung zu Humbert schilderte – wie ein Vater lachen mag, wenn seine Frau ihm von den sexuellen Annäherungsversuchen ihres Söhnchens berichtet.

Spott heftet sich an sexuelle Impotenz. (Das Wort »scorn« kommt vom altfranzösischen »escorner«, welches bedeutet: der Hörner berauben, etwas wegnehmen, sich lustig machen.) Zu Beginn seines Geständnisses überlegt Humbert, in welchem Geisteszustand er sich befinden müßte, um einen erfolgreichen Riva-

len zu töten, und sagt dann: »Manchmal versuche ich im Traum zu morden. Aber wissen Sie, was dann geschieht? Zum Beispiel: ich habe eine Pistole in der Hand. Zum Beispiel: ich ziele auf einen sanftmütigen Feind, der mit Gelassenheit die Sache verfolgt. O ja, ich drücke wohl ab, aber eine Kugel nach der anderen kullert aus der blöden Mündung auf den Boden herab. In solchen Träumen ist mein einziger Gedanke, das Fiasko vor meinem Gegner zu verbergen, der allmählich ärgerlich wird« (S. 50f.).
Als Humbert Quilty umbringen will, versagt seine Pistole. Beim zweiten Versuch funktioniert sie, »und der Schuß ging mit einem lächerlich schwachen Kinderknall los. Die Kugel drang in den dicken rosa Teppich, und ich hatte den lähmenden Eindruck, daß sie nur hineingesickert war und wieder herauskommen könne« (S. 316). Die Symbolik ist offenkundig: vor dem »Vater« ist Humberts Penis klein und impotent. Aber an anderer Stelle sagt er von sich selbst, daß er Lolita nichts sein konnte als »zwei Augen und einige Zoll geschwellter Muskulatur« (S. 301). Quilty wird einmal als viril dargestellt (etwa seine Beschreibung, wie er aus dem Schwimmbassin steigt), ein andermal als impotenter Homosexueller. Diese Widersprüchlichkeit ist als Produkt einer Verleugnungsphantasie anzusehen. Quilty heißt mit Vornamen Clarence, doch wird er Clare genannt. Lolita fährt in ein Ferienlager für Mädchen, das Camp Q heißt und das Humbert einmal als »Lolitas geliebtes Camp (Lager) Q« bezeichnet. Lolita sagt ihm später, daß Quilty in sexueller Hinsicht vollkommen pervers sei, und Quilty selbst erzählt ihm, er sei »praktisch impotent«. Wir bemerken hier, daß Humbert Lolitas wirkliche Sexualpartner nicht angreift, ja nicht einmal bedroht, was darauf hindeutet, daß Quilty in seinem Seelenleben eben einen anderen Platz einnimmt.

Humberts Gefühl, betrogen zu werden, ist wie eine blutende Wunde. Zu Beginn der Erzählung macht er eine Liste von Lolitas Klassenkameraden, der er imaginäre Bezeichnungen hinzufügt: »Grace und ihre reifen Pickel«, »Gordon, der hagere Onanist« und »Irving, der mir leid tut« (S. 56). Die ersten beiden bieten keine Probleme, aber weshalb sollte ihm ein Junge namens Irving leid tun? Die einzige Information ist die, daß er mit Nachnamen »Flashman« heißt. Nach Partridges *A Dictionary of Slang* ist ein »flashman« ein Herausschmeißer in einem Bordell, und eine »flashwoman« ist die Hure, die die Geliebte des »flashman« ist.

Die Qual, danebenzustehen, während ein anderer die Geliebte besitzt, ist Humbert seit seinem dritten Lebensjahr vertraut. Humbert wurde von seiner ersten Frau, Valeria, betrogen, die ihn wegen eines weißrussischen Obersten, einer Vaterfigur wie aus dem Lehrbuch, verlassen hatte. Humbert schildert dieses Ereignis, nachdem er sich gerade alle Mühe gegeben hatte, uns zu vermitteln, wie anziehend er auf Frauen wirkt, was den Gedanken nahelegt: »Der mächtige Vater nimmt dem hübschen Jungen die Mutter weg.« Er ist entzückt, als er später erfährt, daß Valeria und der Oberst als Versuchskaninchen bei einem ethnologischen Experiment ein Jahr auf allen vieren zubringen und dabei Bananen verspeisen. Nachdem Lolita ihn verlassen hat, beginnt Humbert ein Verhältnis mit einer Frau namens Rita. Eines Tages stolpert ein Albino in ihr gemeinsames Hotelzimmer, der sich an nichts erinnern kann. Aus keinem ersichtlichen Grund nennt Humbert Rita »Ritoschka«, was daran erinnert, daß sein russischer Rivale Valeria »Valeschka« zu nennen pflegte. Der Albino, der alte Militärstiefel trägt und dem ein Zahn fehlt, hat zum Gang der Handlung keinerlei Beziehung, und es erscheint klar, daß er als kastrierte, heruntergekommene Version des russischen Obersten (der auch als »Hofrat des Zaren« bezeichnet wird) anzusehen ist. Sie lassen ihn im nächsten Hospital zurück, wo ihm der Name »Jack Humbertson« gegeben wird – eine recht nette Phantasie, in der der Sohn die Rollen vertauscht und den Vater entmannt (S. 277).

Ich habe darauf hingewiesen, daß die Namen einiger Nebenfiguren möglicherweise eine besondere Bedeutung haben. Wie steht es nun mit den Hauptpersonen? Der Verdoppelung des Vaternamens in »Humbert Humbert« bestärkt mich in der Annahme, daß ein Grundthema des Romans die Beziehung zwischen Vater und Sohn ist. Quilty, die drohende Vaterfigur, wird bei einer Gelegenheit zu *Qu'il t'y* (S. 237), was aufs Neue die schreckliche Frage aufwirft: »Was bedeutet er dir?« Die Namen Lolita und Charlotte haben denselben teutonischen Ursprung (sie bedeuten soviel wie »viril«), und wenn Humbert sich seines frustrierten Verlangens nach Lolita während der Ehe mit ihrer Mutter entsinnt, überbrückt er die Kluft, indem er Charlotte »Lotte« nennt und Lolita »Lottelita« oder »Lolitchen«. Man könnte in der Tat behaupten, daß unter dem Blickwinkel von Humberts Neurose Lolita und Charlotte zwei Aspekte derselben Frau repräsentieren: den »unschuldigen« und den »verdorbenen«. Lolita begann erst zu rauchen, nachdem sie Humbert verlassen hatte. Als sie sich wieder begegnen, zündet sie sich eine Zigarette an: »Sie richtete ihre Zigarette auf die Kaminöffnung und tippte mit dem Zeigefinger darauf, wie es ihre Mutter zu tun pflegte, und dann, ebenso wie ihre Mutter, o mein Gott, kratzte sie mit dem Fingernagel ein Stückchen Zigarettenpapier von ihrer Unterlippe« (S. 293).

Den Höhepunkt des Romans bildet der Mord an Quilty. Bevor er sich zu Quiltys Haus in der Grimm Road aufmacht, stellt Humbert sich vor, wie er »die Vorhaut meiner Pistole zurückziehen und dann den Orgasmus des Abdrückens genießen würde« (S. 292). In der letzten Phase des Mordes durchsiebt er Quilty mit Kugeln, nachdem dieser einen pathetischen Versuch gemacht, in seinem Bett in Deckung zu gehen. Humbert scheint es für einen Augenblick, als sei es das Ehebett, das er mit Lolitas Mutter geteilt hat.

Ich habe zu zeigen versucht, daß *Lolita* ein Freudianisches kryptisches Kreuzworträtsel ist. Es bleibt die Frage, weshalb Nabokov wünschen sollte, seinen Lesern eine so schwierige Aufgabe vorzusetzen. Vielleicht ist es ein Hobby – wie man hört, erfindet er Schachprobleme, die für ihre ungemein scharfsinnigen falschen Fährten bekannt sind.[10] Aber eine solche Vermutung wird Nabokovs künstlerischer Erfindungsgabe nicht gerecht. Humbert weiß, daß er gemütskrank ist, aber gegen eine Analyse sträubt er sich heftig. Bevor er Lolita traf, brachte er wegen einer Depression einige Zeit in einem Sanatorium zu. Hier entdeckte er, »daß eine unerschöpfliche Quelle gesunder Freuden aus dem Spiel mit Psychiatern entspringt: sie geschickt irrezuführen; sich nie anmerken lassen, daß man alle Kunstgriffe ihres Handwerks kennt; komplizierte Träume klassischen Stils für sie erfinden ... und ihnen nie auch nur den leisesten Einblick in die wahren sexuellen Schwierigkeiten erlauben« (S. 36). Er spricht von »Psychoanalyserummel mit seiner Standardisierung der Symbole« (S. 303), und er versichert im Hinblick auf seine Mutter: » ... kein Verlangen der vermuteten Art ließ sich in irgendeinem Augenblick meiner Jugend aufpfropfen, wie wüst mir auch Psychotherapeuten in meinen späteren Depressionsperioden zusetzten« (S. 305).

Wie jeder fiktive Charakter, der es verdient, daß man ihn im Gedächtnis behält, ist auch Humbert das Geschöpf der einfühlsamen

Phantasie seines Autors. Nabokov hat ihn mit einem Ödipuskomplex versehen, und er hat ihm eine Anzahl von Widerständen gegen das Verständnis seiner selbst mitgegeben. Und zudem hat er eine Nebelwand aufgerichtet, um das Geheimnis seines Helden vor neugierigen Blicken zu verbergen. Für einen Schriftsteller treibt er ein seltsames Spiel. Gewinnt er es, dann entgeht dem Leser der Sinn des Buches.

Aus dem Englischen von Hilde Weller

Anmerkungen

1 V. Nabokov, *Speak, Memory: A Memoir.* London 1950, S. 10.
2 V. Nabokov, *Lolita.* Reinbek bei Hamburg 1964, S. 333.
3 V. Nabokov, Vorwort zu *The Defense.* New York 1964, S. 10–11.
4 L. Trilling, »The Last Lover«, *Encounter,* Vol 11, 1958.
5 Alle Seitenzahlen beziehen sich auf die Taschenbuchausgabe des Rowohlt Verlages, Reinbek bei Hamburg 1964. Deutsch von Helen Hessel.
6 Der »goldene Zweig« war der Mistelzweig an der Eiche, die den Donnergöttern der Antike (Zeus, Jupiter, Thor usw.) heilig war, weil sie besonders leicht vom Blitz getroffen wurde. In einer neueren Arbeit führt Freeman die magischen Eigenschaften sexueller und mit der Zeugung verbundener Art der Mistel auf und kommt zu dem Schluß: »Im Lichte psychoanalytischen Verständnisses ist die Antwort klar: die Mistel ist ein Symbol der zeugenden und phallischen Kraft des Vatergottes in Gestalt des Samens.« (J. D. Freeman, »Thunder, Blood and the Nicknaming of God's Creatures«, unveröffentlichtes Manuskript, Department of Anthropology, Australian National University, Canberra.)
7 Es handelt sich um ein englisches Wortspiel, das auf deutsch nicht wiederzugeben ist. In der hier herangezogenen deutschen Fassung von *Lolita* ist der Titel *My Cue* mit *Q und ich* übersetzt. »Q«, der Anfangsbuchstabe des Namens Quilty, wird im Englischen wie das Wort »cue« ausgesprochen, das Queue = Billardstock bedeutet. A. d. Ü.
8 »Vivian Darkbloom« ist ein Anagramm von »Vladimir Nabokov«. In einem Artikel in *Life International* heißt es: »Mittlerweile spielte er trotz aller Bedenken mit dem Gedanken an eine Veröffentlichung, und da er es für klug hielt, anonym zu bleiben, führte er eine Person namens Vivian Darkbloom in das Buch ein. Der Name, ein Anagramm von Vladimir Nabokov, war als heimlicher Untertitel gedacht« (»Lolita and the Lepidopterist«, *Life International,* 13.4.1959, S. 68). Hier identifiziert sich Nabokov insgeheim mit einer weiblichen Person, die mit Quilty zusammenarbeitete, um ein Stück mit dem Titel *Die Dame, die den Blitz liebte* zu schreiben.
9 Man könnte auch so argumentieren, daß Humberts Besessenheit auf seine Identifikation mit Lolita, dem »unschuldigen« Kind, hinweist, und daß seine »Liebe« zu ihr mit dem »Wunsch« identisch sei, seine Mutter hätte ihn so geliebt, wie er Lolita liebt.
10 »Lolita and the Lepidopterist«, op. cit. p. 65.

Janine Chasseguet-Smirgel

Letztes Jahr in Marienbad

Zur Methodologie der psychoanalytischen Erschließung des Kunstwerks[1]

Übersicht: Die psychoanalytische Deutung von Kunstwerken bedient sich gewöhnlich der biographischen Methode, ihr Interesse gilt vorwiegend dem Inhalt, ihr Verfahren läßt sich als Anwendung der klassischen Methode in einer nicht-klassischen Situation charakterisieren (es fehlen die freien Assoziationen des Künstler-Patienten). So hat M. Bonaparte die Erzählungen E. A. Poes als Verarbeitungsformen (sublimierte Nekrophilie) lebensgeschichtlicher Traumen (des Todes seiner jungen Mutter) interpretiert und sie – entsprechend der ödipalen Thematik – zu Mutter- und Vaterzyklen gruppiert. Chasseguet-Smirgel zeigt, daß die Wahl dieses Interpretationsrahmens die Deutungsmöglichkeit zentraler, im Werke Poes perennierender Symbole einschränkt, Sie schlägt vor, der Psychoanalyse einen Weg zum Verständnis der ästhetischen *Form* durch einstweilige Ausklammerung der lebensgeschichtlichen Daten und durch Konzentration auf das Kunstwerk selbst zu eröffnen. Als geeignetes Objekt solcher Analyse bietet sich der Film »Letztes Jahr in Marienbad« an, bei dem der Stil selbst zum Inhalt geworden ist. Chasseguet-Smirgel dechiffriert diese inhaltgewordene Form als eine Ästhetik des Scheiterns (bei der Herstellung von Objektbeziehungen).

1. Kritik der biographischen Methode

Die Kunst war für die Psychoanalyse immer eine Quelle fruchtbarer Entdeckungen und das bevorzugte Gebiet zur Erprobung ihrer Hypothesen. Umgekehrt scheint die Kunst ihrerseits durch die Psychoanalyse keine ebenso große Bereicherung erfahren zu haben. Tatsächlich sind die methodischen Schwierigkeiten bei der Psychoanalyse eines Kunstwerkes so groß, daß die Zulässigkeit eines solchen Verfahrens überhaupt in Frage gestellt werden könnte. Der häufigste Einwand gegen jeden Versuch, ein Kunstwerk psychoanalytisch zu erklären, betrifft die Formulierung von Deutungen, die sich ja nicht auf freie Einfälle stützen können, so wie sie dem Therapeuten in der analytischen Behandlungssituation zur Verfügung stehen. Im Besonderen scheint sich diese allgemeine Kritik gegen ein psychoanalytisches Vorgehen zu rich-

ten, das in erster Linie auf die Deutung des »Inhalts« eines Kunstwerkes abzielt, wobei es sich wesentlich auf Anhaltspunkte stützt, die es der *Biographie* und vor allem der *Pathographie* des betreffenden Künstlers entnimmt. Eine solche Methode, das Kunstwerk psychoanalytisch zu betrachten, entspricht der Auffassung, die psychoanalytische Behandlung sei ein Ermittlungsverfahren, um gewisse, oft verdrängte, traumatische Elemente zu eruieren und die Triebkonflikte ans Licht zu ziehen. Demnach sollten in einem analogen Verfahren jene pathogenen Elemente im Kunstwerk aufgespürt werden, auf die man durch die Kenntnis biographischer Daten hingeführt wird. Man hätte also die Überwertigkeit gewisser Themen zu erklären, gewisse Symbole zu erhellen, und vor allem müßte man versuchen, eine Beziehung zwischen der Persönlichkeit des Autors, besonders in ihren pathologischen Aspekten, und dem Inhalt des Werkes herzustellen.
Eine Kritik dieser biographischen Methode hat meiner Meinung nach an drei Punkten anzusetzen:
1) Die Lebensdaten des betreffenden Künstlers, die der Psychoanalytiker heranzieht, haben letzten Endes *nicht mehr Bedeutung als jene, die dem Therapeuten während der Behandlung von Dritten zugetragen werden.* Also widerspricht diese Methode der Auffassung, daß es immer nur ein *subjektives* Erlebnis ist, das in der Analyse rekonstruiert wird.
Der übliche Vorwurf gegen dieses Vorgehen, daß »der Autor letzten Endes doch nicht auf der Couch liege«, sollte meiner Meinung nach noch dadurch ergänzt werden, daß jede solcher Deutungen dazu neigt, den Autor zwangsweise auf die Couch zu legen und die klassische Methode in einer ganz und gar nicht klassischen Situation anzuwenden.
2) Der ein Kunstwerk deutende Psychoanalytiker ist von den biographischen Daten so fasziniert, daß er Gefahr läuft, seine Untersuchung durch Einseitigkeit zu verfälschen. So kann ein Thema, das in einem Werk immer wieder auftaucht, durchaus mit einem Ereignis im Leben des Autors in Zusammenhang stehen. Trotzdem erschöpft dieser Bezug nicht alle seine Bedeutungen. Wir wissen vor allem, daß das Unbewußte sich eines Ereignisses bemächtigen kann, um es als symbolische Verkleidung einer *Wunschphantasie* zu benutzen.
Auf diesen Punkt möchten wir näher eingehen, und zwar anhand des 1933 erschienenen Buches von Marie Bonaparte über Edgar

Allan Poe[2], das zu einer Reihe von psychoanalytischen Studien gehört, die sich mittels der biographischen Methode dem Kunstwerk annähern wollen.
Das klassische Buch Marie Bonapartes ist ein Musterbeispiel ihrer Darstellungskunst, sowohl was die Feinheit der Deutungen, den Reichtum des Belegmaterials als auch den kräftigen Geist betrifft, der es belebt. Alle diese unbestreitbaren Vorzüge werden jedoch in den Dienst einer Methode gestellt, über deren Wert man streiten kann.
Um die von Marie Bonaparte angewandte Methode in den Blick zu bekommen, müssen wir uns von Anfang an darüber klar sein, welches Gewicht sie dem historischen Material beilegt und mit welch außerordentlicher Sorgfalt sie dieses Material zusammengetragen hat. Das Werk umfaßt denn auch drei dicke Bände (1165 Seiten). Im ersten Band sind allein 354 Seiten einer minutiösen, aus den verschiedensten Quellen stammenden Biographie Poes gewidmet. Im Verlauf der Arbeit sucht Marie Bonaparte in Poes dichterischem Werk eine Anzahl von Themen freizulegen. Sie unterteilt das ganze Werk in einen »Zyklus Mutter« und einen »Zyklus Vater«, die ihrerseits wieder andere Zyklen einschließen. So finden wir im »Zyklus Mutter« den »Zyklus der tot-lebenden Mutter«, den der »Mutterlandschaft«, das Geständnis der Impotenz und den »Zyklus der ermordeten Mutter«. Der »Zyklus Vater« umfaßt den »Zyklus von der Auflehnung gegen den Vater«, den »Konflikt mit dem Gewissen« und den »Zyklus von der passiven Hingabe an den Vater«.
Da wir auf dieses umfangreiche Werk nur kurz eingehen können, schlage ich vor, einen der Mutter-Zyklen genauer zu betrachten, und zwar den der »tot-lebenden Mutter«, der sicher von besonderem Interesse ist, da er die Welt Poes weitgehend beherrscht.
Marie Bonaparte arbeitet die Thematik vom »Leben im Tod« in einer Reihe von Erzählungen Poes heraus, in deren Mittelpunkt dahinschwindende Heldinnen wie Berenice, Morella, Ligeia, Magdalen (im *Untergang des Hauses Usher*), Eleonore stehen. Sie alle, zuvor Gegenstand einer glühenden, erhabenen Leidenschaft, sterben in der Blüte ihrer Jugend, von einem geheimnisvollen Übel dahingerafft. Nach ihrem Tode treten seltsame, beunruhigende Erscheinungen auf. Die totgeglaubte, schon beigesetzte Heldin erhebt sich aus ihrer Gruft und erscheint unter dramatischen Umständen im Kreise der Ihren, nur um sogleich

endgültig zu sterben. Oder aber sie liegt auf dem Totenbett und entwindet sich in mühsamem Kampf dem Tode. Diese Inhalte bringt Marie Bonaparte in Zusammenhang mit einem bestimmten biographischen Ereignis im Leben des Dichters, dem Tode der Tänzerin und Schauspielerin Elizabeth Arnold, der Mutter des damals dreijährigen Edgar. Ich zitiere:

»Wenn Poe unaufhörlich und mit soviel Lust die Krankheit, den Tod und die Beerdigung seiner Mutter – die übrigens meistens lebend beerdigt wird – reproduziert, so hat das seinen Grund darin, daß seine erwachende Erotik für immer an die Frau fixiert war, die gleichsam mit Attributen der Krankheit und des Todes geschmückt dalag, eines Todes, an dem man im Unbewußten und in der Kindheit nicht glaubt, der hier nichts anderes sein kann als eine Reise, von welcher man heimkehren kann« (a.a.O., Bd. II, Seite 19).

Sicher hat das Bild der sterbenden, später der toten Mutter Poes Vorstellungswelt entscheidend beeinflußt. Könnte man aber der Deutung von Marie Bonaparte nicht eine andere überordnen, die dem symbolischen Gehalt dieser Bilder besser Rechnung trägt?
Wenn wir vorerst einmal die Novellen Edgar Allan Poes als Ganzes betrachten, so wie es in Marie Bonapartes Buch geschieht, ohne uns ausschließlich an das Thema der scheintoten Mutter zu halten, fällt uns auf, daß wichtige Elemente dieses Themas häufig auch in anderen Zusammenhängen auftreten. So handelt es sich manchmal um eine *wirkliche Tote.* In *Der Doppelmord in der Rue Morgue* findet sich folgende Stelle[3]:

» . . . da man eine ungewöhnliche Menge Ruß in der Feuerstelle bemerkte, wurde eine Untersuchung des Kamins vorgenommen und (schrecklich zu berichten!) der Leichnam der Tochter herausgezogen, den Kopf zu unterst; in dieser Stellung war er ein beträchtliches Stück die enge Öffnung hinaufgetrieben worden. Der Körper war noch ganz warm. Bei seiner Untersuchung wurden zahlreiche Hautabschürfungen festgestellt, zweifellos verursacht von der Heftigkeit, mit welcher er hinaufgestoßen und wieder herausgezogen worden.«[4]

Es kann sich aber auch um zwei Wesen handeln, von denen das eine lebendig begraben, das andere wirklich tot ist. So wird in *Der schwarze Kater* die tote Frau aufrecht in einem Kamin eingemauert, auf ihrem Kopf die lebende schwarze Katze.
Ein andermal ist ein Mann begraben worden, während eines seiner Organe, das Herz, noch lebt und den Mörder verrät. In *Die Tatsachen im Falle Valdemar* wird der Körper des Opfers durch

Magnetismus zwischen Leben und Tod erhalten, wobei nur seine schwarze Zunge sich noch bewegt.
Es scheint sich also nicht nur um das Thema der scheintoten Mutter zu handeln, sondern um verschiedene Verarbeitungen ein und derselben zugrundeliegenden Phantasie, die wir nun zu präzisieren versuchen. Sie strukturiert sich nach folgendem Schema: Ein Inhalt (ein weiblicher, männlicher, sogar tierischer Körper) ist eingeschlossen in einem *Behältnis* (Zimmer, Kamin, Gruft). Wir werden nun die verschiedenen Eigenschaften von Behältnis und Inhalt aufzuzeigen versuchen.
Das Behältnis kann ein Zimmer sein, das gewisse Eigentümlichkeiten aufweist. Betrachten wir z.B. eine Passage aus der von Marie Bonaparte verkürzt wiedergegebenen Erzählung *Ligeia:*

»Dann folgt die Beschreibung des Gemachs, das in einem hohen Turm liegt, prächtig und unheilverkündend geschmückt ist, mit seinem düsteren Fenster, einer schwarzen Decke, vier ägyptischen Granitsarkophagen, die in den vier Ecken des Zimmers stehen, einer einzigen Hängelampe mit verschiedenfarbigen Lichtern; das Zimmer ist mit Teppichen aus schwerem Goldstoff verhängt, in die seltsame schwarze Ungeheuer gewirkt sind, ein ständiger künstlicher Luftstrom zieht durch die Räume ...« (Bonaparte, a.a.O., Bd. II, Seite 39f.).

Am häufigsten handelt es sich – wie wir schon wissen – um eine *Gruft*. Hier die Schilderung einer solchen aus *Der Untergang des Hauses Usher:*

»Das Gewölbe, in dem wir ihn niedersetzten (und das so lange nicht geöffnet worden war, daß unsre in der Stickluft fast verlöschenden Fackeln uns kaum die nächste Umgebung erkennen ließen), war klein, dumpfig, ohne jegliche Öffnung, die dem Licht Zutritt gewährt hätte, und lag in großer Tiefe genau unter jenem Teil des Gebäudes, in dem sich mein Schlafzimmer befand. Offensichtlich war es, in den vergangenen Zeiten des Faustrechts, als Burgverließ übelster Sorte benützt worden; in späteren Tagen dann als Lagerungsort für Pulver oder andere hoch feuergefährliche Stoffe; denn ein Teil des Fußbodens war, ebenso wie das ganze Innere des langen Tunnelganges, durch den wir hereingekommen waren, sorgfältig mit Kupfer ausgekleidet. Auch die Tür aus massivem Eisen war gleichermaßen geschützt – ihr ungeheuerliches Gewicht erzeugte, wie sie sich in ihren Angeln wälzte, ein ungewöhnlich durchdringendes Knarren und Kreischen« (Poe, Werke I, a.a.O., S. 654).

Es kann sich auch um einen Brunnenschacht oder einen Kerker handeln. Der Held der Erzählung *Grube und Pendel* ist von der Inquisition in einem entsetzlichen Kerker eingesperrt worden.

»Die Schwärze ewiger Nacht umschloß mich. Ich rang nach Atem. Die Dichte der Finsternis schien mich zu erdrücken und zu ersticken. Die Luft war unerträglich dumpf« (Poe, Werke II, a.a.O., Seite 725).

Über die allgemein bekannte Episode mit dem Pendel will ich nichts sagen; ich möchte nur daran erinnern, daß jenes Pendel, dessen unerbittliches Vorrücken irgendeinmal den mit engen Riemen gefesselten Körper horizontal durchschneiden muß, von einer gemalten Darstellung der »Zeit« gehalten wird.

»Tage verstrichen – ja, es mag sein, daß viele Tage verstrichen –, ehe er so dicht über mir schwang, daß mich sein beißender Atem traf. Der Ruch des geschärften Stahles drang mir in die Nüstern« (a.a.O., Seite 735 f.).

Später bemerkte der Gefangene, daß zwischen den eisernen Wänden seines Gefängnisses und dem Boden eine wohl einen halben Zoll breite Ritze klafft, aus der schwefliges Licht dringt.

»Die Hitze nahm rasend zu, und zitternd, wie in einem Anfall von Fieberfrost, blickt' ich noch einmal empor. Da hatte sich die Zelle abermals verändert – und diesmal lag die Veränderung ersichtlich in der *Form* ... Der Raum war quadratisch gewesen. Nun aber sah ich, daß zwei seiner eisernen Winkel spitzer geworden waren – die beiden anderen entsprechend stumpf. Die schreckliche Verschiebung wuchs mit einem leisen rasselnden oder ächzenden Geräusch. Im Augenblick hatte sich der Grundriß des Gemachs in einen Rhombus verwandelt« (a.a.O., Seite 743 f.).

Wir erfahren, daß das Gefängnis in dieser Weise seine Form verändert, damit der Gefangene gezwungen ist, sich in den Brunnen zu stürzen.

»Da scholl es verworren heran – ein Summen von Stimmen! Da rauschte ein lauter Tusch von vielen Trompeten! Da rollte ein rauhes Grollen als wie von tausend Donnern! Die feurigen Wände wichen! Ein ausgestreckter Arm ergriff den meinen, da mir eben die Sinne schwanden und der Schlund mich umfing. Es war der Arm von General Lasalle. Die Franzosen hatten Toledo besetzt. Die Inquisition war in den Händen ihrer Feinde« (a.a.O., Seite 745).

Nun einige Beschreibungen, nicht mehr des *Behältnisses*, sondern des *Inhalts*:
Ich erinnere an die Schilderung des noch warmen Körpers der Toten im Kamin in *Der Doppelmord in der Rue Morgue* mit seinen Abschürfungen, seinen dunklen Quetschwunden. Hier die Schilderung von Lady Rowenas Körper in *Ligeia*:

»Es mag um Mitternacht gewesen sein, oder vielleicht auch früher oder später, denn ich hatte auf die Zeit nicht acht gegeben, als ein schluchzender Laut, leise, doch ganz bestimmt, mich aus meiner Verträumtheit aufschreckte. Ich *fühlte* daß er von dem Bett aus Ebenholz her kam – dem Bett des Todes ...
Schließlich wurde unverkennbar, daß ein schwacher, ein ganz leichter und kaum wahrnehmbarer Schimmer von Farbe auf den Wangen erschienen war und längs den eingesunkenen kleinen Venen ihrer Augenlider ...
Nach kurzer Zeit jedoch wurde es gewiß, daß ein Rückfall eingetreten sei ...
und unmittelbar darauf war auch schon all die übliche steife Starre eingetreten.«
Eine Stunde später sieht man
»deutlich – ein Zittern um die Lippen. Binnen einer Minute darauf entspannten sie sich, und gaben eine helle Linie, die Perlenzähne, frei ... Ein Hauch von Rot lag nunmehr stellenweise über Stirn, über Wangen und Kehle; eine spürbare Wärme durchdrang die ganze Gestalt; ja, sogar ein leichter Herzschlag war vorhanden« (Poe, Werke I, a.a.O., Seite 630ff.).

Aber, bemerkt Marie Bonaparte, die pflichtgemäßen Bemühungen des Gatten sind vergeblich. Lady Rowena sinkt in einen um so schrecklicheren Tod zurück. So folgen einander Wiederbelebungen und Rückfälle. Dann:

»Der größere Teil der fürchterlichen Nacht war verbracht, und sie, die tot gewesen war, regte sich wieder einmal – und diesmal mächtiger als bislang, obgleich auffahrend aus einer Auflösung, die in ihrer äußersten Hoffnungslosigkeit entmutigender gewesen war, als alle bisherigen ... Mit ungewohnter Energie flammte das Gesicht auf von Farben des Lebens – die Glieder entspannten sich – und wären nicht die Augenlider noch so krampfig zusammengepreßt gewesen, und hätten nicht die Binden und Gewandungen des Grabes der Gestalt noch ein Friedhofsgepräge gegeben, ich hätte mir einbilden können, daß Rowena diesmal endgültig die Fesseln des Todes abgeschüttelt habe« (a.a.O., Seite 633).

Herr Valdemar aber (*Die Tatsachen im Falle Valdemar*) erfährt *in articulo mortis* eine eigenartige Behandlung, die Marie Bonaparte folgendermaßen zusammenfaßt:

»Er (der Erzähler) wird von dem Sterbenden einen Tag vor dessen Tod ans Lager gerufen, hypnotisiert ihn und verzögert dadurch das Eintreten des furchtbaren Augenblickes. Der Tod kommt trotzdem. Aber: die Auflösung ist aufgehalten worden. Sieben Monate hindurch kann der Tote noch seine schwarze, angeschwollene Zunge bewegen und mit seiner

Stimme aus den Jenseits sprechen. Sobald man ihn jedoch aus seinem langen Trancezustand erwecken will, zerfällt in weniger als einer Minute sein ganzer, verfaulter Körper« (Bonaparte, Bd. III, a.a.O., Seite 129). »Dort auf dem Bette, ... da lag eine nahezu flüssige Masse von widerlicher – von abscheulicher Fäulnis« (Poe, Werke Bd. II, a.a.O., Seite 853).

In *Das verräterische Herz* tötet der Held einen Greis, dessen Blick ihn mit Entsetzen erfüllt, zerstückelt den Leichnam und begräbt ihn unter den Dielen des Zimmers. Die Polizei erscheint zu einer Untersuchung, der Mörder stellt seinen Stuhl genau dorthin, wo unter dem Fußboden der Leichnam liegt, setzt sich und plaudert ungeniert mit den Polizisten, als plötzlich das Herz des Toten laut zu schlagen beginnt und damit den Mörder zum Geständnis zwingt.

So weisen zahlreiche Eigenschaften auf den *analen* und *aggressiven* Aspekt des *Behältnisses* hin: Gerüche, Besudelung, Schmutz, explosive Geräusche, manchmal auch verletzende und schmerzhafte kontraktive Eigenschaften sind so häufig, daß sie unsere Deutung rechtfertigen.

Was dagegen den *Inhalt* betrifft, so läßt der Wechsel von Leben und Tod, der Aspekt eines oft nur teilweisen Überlebens, etwa eines einzigen Organs (Zunge oder Herz), an das phallische Teilobjekt in seinem Wechsel zwischen Erektion und Schlaffheit denken.

Es handelt sich also wohl um die Phantasie der *analen Einführung des Phallus, gefährdeter Inhalt eines gefährlichen Behältnisses.*

Man könnte in der Deutung dieser Phantasie sogar noch weitergehen, wenn man ihre verschiedenen Ausgestaltungen verfolgte, die von einer als schuldhaft erlebten bis zur aggressiv-quälerischen analen Einführung reichen.[5]

Marie Bonaparte hat den analen, d.h. sadistischen Charakter des Materials nicht übersehen. Aber sie versteift sich auf seinen biographischen Charakter und ist dadurch gezwungen, eine Unterteilung vorzunehmen, und zwar einerseits in Erzählungen, in denen eine lebendig begrabene Frau vorkommt, die sie, wie wir gesehen haben, mit der sterbenden Mutter Poes gleichsetzt, deren Tod vom Sohn nicht angenommen und deren Auferstehung erwartet wird (sie bezieht sich hier also auf ein bestimmtes lebensgeschichtliches Ereignis); andererseits faßt sie solche Erzählungen zusammen, in denen Männer vorkommen, die sie mit dem Vater oder dem Autor selber identifiziert. Auf diese Weise finden wir Deutungen, die das Behältnis unberücksichtigt lassen, wenn es sich um kataleptische Frauen handelt, die in einer Gruft beigesetzt wurden oder scheintot in einem dunklen, seltsamen Zimmer auf einem Bett von Ebenholz liegen. Wenn es sich dagegen um einen Mann handelt, den Marie Bonaparte mit dem Dichter selber identifiziert, wird das Behältnis dem mütterlichen Uterus gleichgesetzt, und es wird wiederum nicht berücksichtigt, wenn sie die männliche Figur mit dem Vater identifiziert.

Der gemeinsamen Struktur der Phantasien aber, die fast allen Erzählungen Poes zugrunde liegt, scheint Marie Bonaparte keine Aufmerksamkeit geschenkt zu haben.

Diese Deutung eines Themas, das in Poes Werk eine zentrale Stelle einnimmt, soll keineswegs die von Marie Bonaparte entwickelten Deutungen ersetzen. Hier handelt es sich um eine Arbeitshypothese, die man neben anderen aufstellen kann, da der Reichtum eines solchen mehrfach determinierten Werkes verschiedene Deutungen zuläßt. Das Ziel dieser Untersuchung ist denn auch, anhand eines einfachen Beispieles zu zeigen, daß die biographische Methode, so faszinierende Einblicke sie auch gewährt, doch Gefahr läuft, gewisse Aspekte zu verkennen, selbst wenn man sich nur an den von ihr einzig berücksichtigten Inhalt hält. Im ganzen also hält diese Methode nicht, was sie verspricht.

Die biographische Methode, die sich nur auf die *Inhalte*, vor allem auf die unbewußten Triebregungen richtet, ist kein Schlüssel, der die Eigenart eines Werkes zu erschließen vermag. Wir können nämlich bei den verschiedensten Persönlichkeiten und Künstlern eine gewisse Gleichförmigkeit der unbewußten Inhalte und vor allem der diesen zugrunde liegenden Triebe feststellen. So finden wir den Ödipuskomplex im *Hamlet* so gut wie im Schwank – wie wir ihn auch beim Normalen, beim Hysteriker, beim Zwangs- oder psychosomatisch Kranken finden. Die Verarbeitung dieses Komplexes jedoch und seine Integration in die Gesamtpersönlichkeit ist von Individuum zu Individuum völlig verschieden. Die biographische Methode aber interessiert sich – falls sie sich der psychoanalytischen Strömung verschrieben hat – im allgemeinen nur für die Erhellung der unbewußten Triebinhalte, so daß die eigentliche Essenz eines Werkes ihr entgeht. Sie ist denn auch nie *auf die Form, den Stil* eines Werkes eingegangen, die doch dessen Eigenart und Einmaligkeit bestimmen.

Andere psychoanalytische Studien befassen sich mit dem Kunstwerk nicht in erster Linie, um Werk oder Künstler besser zu verstehen, sondern um das Verständnis des Unbewußten im allgemeinen zu vertiefen. Die Analyse eines Werkes ist dann Mittel der Erkenntnis und nicht Ziel an sich. So etwa, wenn Ferenczi Gullivers Phantasien untersucht oder wenn Melanie Klein *L'Enfant et les sortilèges*[6] deutet. Vor allem aber ist Freud selber so vorgegangen, weil er in Literatur und Kunst das eindrücklichste Material zu finden meinte, um die klinische Beobachtung zu erweitern und zu bereichern. Dieses Bestreben, die Psychoanalyse auf keinen Fall auf einen speziellen Rahmen – etwa den therapeutischen – festzulegen, finden wir überall in seinem Werk. Freud selber verwendet die biographische Methode eigentlich nie, weder wenn er Macbeth oder Rosmersholm untersucht, um das Verständnis für Menschen, die am Erfolg scheitern, zu vertiefen, noch wenn er die Wirkung des Unheimlichen in Hoffmanns *Phantasiestücken* aufzeigt, noch auch wenn er einige der von der Psychoanalyse entdeckten Mechanismen in Jensens *Gradiva* bestätigt findet. Einzig *Eine Kindheitserinnerung des Leonardo da Vinci* bildet eine Ausnahme. In keinem dieser Fälle beschäftigt Freud sich mit der Form, dem Stil des Werkes, ihn interessiert nur der Inhalt. Im *Moses des Michelangelo* sagt er selber, daß ihn »der Inhalt eines Kunstwerks stärker anzieht als dessen formale und technische Eigenschaften, auf welche doch der Künstler in erster Linie Wert legt«[7]. Könnte nicht gerade das ein Grund sein – und nicht etwa eine in der Psychoanalyse selbst liegende Schranke –, warum seine Bemühungen auf diesem Gebiet nicht eigentlich fruchtbar wurden?
Man kann sich das Unbewußte als ein Reservoir für eine gewisse Anzahl von »psychischen Gestaltungen« vorstellen, die bei allen Menschen ähnlich und älter sind als ihre jeweilige individuelle Geschichte, in welche dann die einzelnen Ereignisse und die von ihnen ausgelösten Gemütsbewegungen wie in Gußformen einfließen. Ein solches Bild des Unbewußten könnte uns einen Weg zu einer wesensgemäßeren Analyse des Kunstwerks erschließen, d.h. eine Untersuchung ermöglichen, die sich von den individuellen, lebensgeschichtlichen Begebenheiten freigemacht hat. Einen Versuch von Claude Lévi-Strauss, der auf einer analogen Auffassung des Unbewußten beruht, verdanken wir fesselne Entdekkungen zum Verständnis der Mythen.[8] Ein entsprechendes me-

thodologisches Vorgehen erlaubt uns, auch im Verständnis des Kunstwerks einen Schritt weiter zu gehen; wir müssen uns jedoch fragen, ob es für eine erschöpfende Deutung genügt, ob es die Besonderheit eines Werkes erschließen kann. Claude Lévi-Strauss gibt uns selber die Antwort, indem er zeigt, worin Mythos und Dichtung sich unterscheiden: Im Gegensatz zur Dichtung findet er »die Substanz des Mythos weder im Stil noch in der Form der Erzählung..., sondern in der *Geschichte*, die erzählt wird«. Dadurch unterscheidet sich von vornherein der Mythos vom Kunstwerk, denn während der Mythos einzig aus dem kollektiven Unbewußten schöpft, wird das künstlerische Universum überwiegend von der einzelnen Persönlichkeit geschaffen. Die mythischen Gestalten gehören einer vorgeprägten, archaischen, ewigen Welt an, während das Kunstwerk sich auf verschiedenen Ebenen ansiedeln kann.

Wir stoßen also wieder an eine Grenze. Doch wenn auch das Sichtbarmachen der Strukturen ein wichtiger Teil unseres Vorgehens ist, wollen wir es nicht dabei bewenden lassen, denn das hieße doch, auf einen Zugang zu dem einzigartigen Element, das der Stil darstellt, verzichten.

Wir wissen, daß eine starke Strömung innerhalb der Psychoanalyse dahin tendiert, das Interesse von den unbewußten Inhalten, vom Es und vom historischen Material weg auf das Studium des Ichs und auf die Beziehungen des Subjektes zur Welt der Objekte hin zu verlegen. Natürlich handelt es sich nicht darum – oder sollte es sich jedenfalls nicht darum handeln, das Interesse für die unbewußten Inhalte und die subjektive Geschichte überhaupt aufzugeben; es handelt sich vielmehr darum, diese Elemente in das Studium der Objektbeziehungen einzubeziehen.

Ich schlage vor, den Ausdruck »Objektbeziehung« hier folgendermaßen zu verstehen: Gemeint ist *der spezifisch ganzheitliche Charakter* der Bewegung, mit welcher das Subjekt auf sein Liebes- oder Haß-Objekt zustrebt. Diese Definition unterscheidet sich von den einschränkenden Bedeutungen, die dieser Begriff in der Psychoanalyse manchmal erhält, z.B. hinsichtlich der Triebreifung (orale, anale oder genitale Objektbeziehung) im Sinn der von Freud entdeckten Entwicklungsphasen, oder hinsichtlich der Art der Beziehungen eines Subjekts im Sinne einer gegebenen Krankheitseinheit (hysterische, psychotische, allergische Objektbeziehung etc.). Man spricht in der Psychoanalyse genau wie in der Psychiatrie von einer hysterischen, psychotischen usw. *Struktur*. Auf diese Weise erfaßt man beim Individuum die jeweilige Anordnung der psychischen Elemente und ihrer Potentialitäten, während die Objektbeziehung die ganzheitliche Entfaltung dieser selben Elemente in ihrer auf das Objekt gerichteten Funktion meint. Eine Struktur, sogar wenn sie sich auf Kombinationen von Elementen und ihre Zusammenhänge bezieht, ist statisch im Gegensatz zur Objektbeziehung, die wesentlich dynamisch ist. Wenn also ein Psychoanalytiker zu diagnostischen Zwecken die Objektbeziehung eines Patienten beurteilt, meint er die gesamte raum-zeitliche Entwicklung dieser Beziehung, wie wir ja auch die Form eines Kunstwerkes nicht anders erfassen können als in der Gesamtheit seiner Entfaltung.

Damit verlassen wir das Gebiet der triebhaften, also unspezifischen Inhalte und wenden uns dem Studium einer individuellen Beziehung zu, die man als »persönlichen Lebenstil« auffassen kann. Wäre nun nicht eine entsprechende psychoanalytische Betrachtungsweise des Kunstwerks denkbar, die dazu führen könnte, die Analyse des unbewußten *Inhalts* mit einer Analyse des *Stils*, der Form des Werkes zu integrieren? Und wäre uns damit nicht die Möglichkeit gegeben, von der Psychoanalyse her die Beziehungen zwischen Gehalt und Form und ihre intimen Verschränkungen ein wenig zu erhellen?

Der vorliegenden Studie liegt also der Begriff der *Objektbeziehung* zugrunde. Nun kann der Psychoanalytiker in seiner klinischen Arbeit das Wesen der Objektbeziehung studieren, d.h. im wesentlichen jene Art des Kontaktes, den der Kranke im Verlauf eines manchmal nur kurzen und an anamnestischen (biographischen) Daten armen Gesprächs zu ihm, seinem Arzt, herstellt. Die lebensgeschichtlichen Daten tragen wohl zur Erhellung der Ätiologie der entstehenden Objektbeziehung bei, ihre Kenntnis ist ohne Zweifel therapeutisch von Nutzen, aber für die diagnostische Bewertung dieser Beziehung sind sie nicht unbedingt erforderlich.

Nach denselben Gesichtspunkten – denen der Objektbeziehung – ließe sich wohl auch ein Kunstwerk *allein aus sich selbst, unabhängig von der Lebensgeschichte des Autors*, analysieren. Für das Studium des Stils und der Objektbeziehung ist das Kunstwerk selber, als subjektiver und unmittelbarer Ausdruck des Unbewußten, wichtiger als die mittelbaren, »objektiven« lebensgeschichtlichen Daten. Wir wollen also zur Vereinfachung im folgenden die nicht im Kunstwerk selber gegebenen Daten in Klammern setzen. Selbstverständlich kann eine wesensgemäße Analyse zusätzlich bereichert und bestätigt werden durch die Verwendung lebensgeschichtlicher Daten, ob es sich nun um das persönliche Schicksal oder um die ästhetische Richtung handelt, der das Werk angehört. Aber überschreiten wir damit nicht den Rahmen der eigentlich psychoanalytischen Forschung? Natürlich bleibt eine Reihe von methodologischen Fragen abzuklären. Und doch scheint mir von vornherein, daß dieses analytische Vorgehen der Psychoanalyse erlauben würde, in der Kunst nicht mehr bloß eine Bestätigung (und sei diese noch so fesselnd) ihrer Hypothesen zu sehen, d.h. eine Bereicherung ihrer Einsichten in das Unbewußte – was an sich schon einen beträchtlichen Gewinn bedeutet –; ein solches Vorgehen könnte der Psychoanalyse erlauben, die Besonderheit eines Werkes, seine Form, seinen Stil zu erhellen.

2. *Letztes Jahr in Marienbad – eine Ästhetik des Scheiterns*

Hat der Zuschauer die ungewohnten Rhythmen und Klänge und die ersten Bildfolgen des Films in sich aufgenommen, so merkt er, daß er an der allmählichen Entzifferung einer Liebesgeschichte teilnimmt, die sich zwischen dem klassischen Trio des Romans und des Theaters abspielt. Er wird, allerdings auf recht ungewöhnliche Weise, nach und nach in verschiedene, einander durchdringende Ebenen der Imagination eingeführt (tatsächliche Imagination, fiktive Imagination und jene Imagination dritten Grades: das Spiel innerhalb des Spiels). Durch diese Vieldeutigkeit drückt der Held des Films (gespielt von Giorgio Albertazzi, im Text von Robbe-Grillet »X« genannt) seine Wünsche und seine Ängste aus, indem er durch seine Stimme die Stimme des Schauspielers ersetzt, der in dem gleichzeitig auf der Leinwand erscheinenden Theaterstück den Helden spielt: » . . . Weit weg von diesem Dekor, das mich jetzt umgibt, vor Ihnen, die noch immer den erwarten, der aber nicht mehr kommt, der es nicht mehr wagt, uns zu *trennen*, der Sie mir nicht mehr *entreißen* wird . . . (Pause): Kommen Sie?«
Wie ein *Leitmotiv* kehrt das Thema der durch den Rivalen »M«

(gespielt von Sacha Pitoeff) verhinderten Vereinigung wieder. M geistert durch den Film. Bei jeder Begegnung zwischen X und A (Delphine Seyrig) taucht er auf, im Garten, bei der Statue, in Hotelräumen, immer rätselhaft ruhig und von beängstigender Sanftmut. Er flößt X Angst ein, und dieser entdeckt dieselbe Angst auch bei A:

Stimme von X: »Er ist es, vor dem Sie Angst haben (Pause); er ist es, von dem Sie sich *unsichtbar überwacht* fühlen, der plötzlich vor Ihnen steht.« (Hier zeigt sich ein Anflug von Verfolgungsangst.) – »Sie fürchten, daß er kommt oder vielleicht schon da ist, wenn ich noch einmal *in Ihr Zimmer eindringe*.« – »Ein paar Monate, ein paar Stunden, ein paar Minuten (Pause), ein paar Sekunden noch ... als ob Sie selbst zögerten, bevor Sie *sich von ihm trennen* ... von sich selbst ... wie wenn seine Silhouette ...«

Diese Angst vor dem Rivalen gipfelt in der Szene an der Balustrade. Der Held verschwindet, bevor der Rivale erscheint. Die Balustrade, die er eben überstiegen hatte, ist umgefallen, ein Stück davon liegt am Boden, als Abbild eines Schadens, eines Risses, einer Wunde – Symbol der Kastration. Übrigens scheint der Rivale M beinahe übernatürliche Kräfte zu haben. So gewinnt er auch immer beim Kartenspiel. Er könnte auch einmal verlieren, sagt er, aber faktisch gewinnt er immer. Das heißt, daß diese Macht ihm innewohnt, daß er sie nicht irgendwelchen Zaubertricks verdankt. Dadurch erscheint sie nur noch beunruhigender, und dies um so mehr, als in vielen Volkserzählungen und Legenden einzig der Teufel im Spiel unbesiegbar ist. An einer Stelle nähert sich M dem X, um ihm zu der Statue, die dieser gerade betrachtet, historische Erläuterungen zu geben. Er kennt die Tatsachen, er weiß, daß die dargestellten Personen in einen *Hochverratsprozeß* verwickelt waren. So scheint er alles zu wissen, also auch, was in seinem eigenen Leben sich anspinnt. Auch diese Allwissenheit wirkt wie ein Beweis seiner Macht.

Wir wissen, daß hinter dieser banalen Situation der Rivalität zweier Männer um eine Frau sich im Unbewußten immer die *infantile Ödipussituation* abzeichnet, die beherrscht ist von der Angst vor dem Rivalen. Diese Situation bildet das leicht erkennbare und überall gegenwärtige Grundgewebe des Films. Trotzdem ist von vornherein klar, daß sie in keiner Weise die Spezifität des Werkes erschließt, da wir ja die Ödipussituation in fast allen künstlerischen und literarischen Schöpfungen finden können. Wir müssen also in der Analyse der Filminhalte noch einen Schritt weiter gehen, um die Art der ödipalen Beziehung, so wie sie vom Helden (X) erlebt wird, genauer zu erfassen. Dabei kommen uns gewisse Elemente zu Hilfe.

Kurz nach Beginn des Films hören wir in aufgefangenen Gesprächsfetzen zum erstenmal von »einem Schuh mit abgebrochenem Absatz«, ein Bild, das dann verschiedentlich wiederkehrt, so in der seltsamen Szene, in der A unter einem Gewitterhimmel mit schnellen, mechanischen Schritten durch die Alleen des Parks geht, *in der Hand einen ihrer Schuhe.*

Etwas später sagt X, in seinem Bemühen, A von ihrer gemeinsamen Vergangenheit zu überzeugen:

»Eines Tages, aber das muß wohl später gewesen sein, haben Sie sich dort doch *einen Ihrer hohen Absätze abgebrochen*. Während Sie Ihren Schuh auszogen, mußten Sie sich auf meinen Arm stützen. Der Absatz war beinahe abgerissen, hing nur noch an einem schmalen Lederstreifchen.«

Die Hingabe der Frau (indem sie den Arm des Mannes als Stütze annimmt) wird also von ihrer Verstümmelung abhängig gemacht (dem zerbrochenen Absatz). Die Worte werden gesprochen, während das Paar tanzt und kurz bevor zum erstenmal das Zimmer im Bild erscheint, das heißt also, in dem Moment, wo der erotische Wunsch sich präzisiert.

Von diesem ersten Aufblenden des Zimmers an gewinnt das Thema der Verstümmelung (der Kastration) immer mehr an Breite. In einer neuen Ansicht des Zimmers sieht man A wieder, *einen Schuh in der Hand haltend*, danach umgeben von einer *großen Menge von Schuhen*, wie wenn diese Vervielfältigung sie der Wiederherstellung ihrer verlorenen Integrität versichern müßte. Aber nach Robbe-Grillet mißlingt diese Wiederherstellung; er betont die Zwecklosigkeit von A's Gesten, die sinnlos Schuhe sucht, wo keine sind, an ihren schon beschuhten linken Fuß einen Schuh anziehen will, usw.

In einer nächsten Ansicht des Zimmers wird das Glas, das A im vorhergehenden Bild in der Hand hielt (die Ansichten von Bar und Zimmer wechseln ab), zum Symbol der Schändung und Verstümmelung:

Drehbuch: X geht einen Schritt auf sie zu . . . A will zurück und stößt dabei den Hocker um, der hinter ihr steht. Auch das daraufstehende Glas wird weggeschleudert und zerbricht am Boden. Aber genau im Moment des *Zerbrechens* wird abgeblendet.

In der Bar sammelt der Kellner die Scherben des zerbrochenen Glases sorgfältig in einer Serviette, auch dies, wie um das zerstükkelte Objekt wiederherzustellen.
Zur selben Thematik gehört das zerrissene Armband, ein Element, das ebenfalls mehrmals vorkommt.
Nach der angedeuteten Vergewaltigung ist es X, der aufschreit »Nein, nein . . .«, als ob er ungeschehen machen möchte, was sich als Phantasie oder in Wirklichkeit eben abgespielt hat, der also die Idee der Vergewaltigung von sich weist und sie durch eine Reihe von Bildern ersetzt, in denen A immer hingebender, immer zustimmender die Arme ausbreitet und ihn anlächelt.
In Wirklichkeit projiziert X seinen Sadismus auf die Person des Rivalen. Sein Wunsch, A zu töten, und zugleich die Projektion dieses seines Wunsches auf M geht aus zwei aufschlußreichen Szenen hervor.
Nach der Szene auf dem Schießstand, wo X schießt, ohne daß sein Schuß hörbar wird (Impotenz), erscheint A in lange schwarze Schleier gehüllt, aufrecht in einem Dekor von düsteren Gewölben wie in einer Kirche oder einer Gruft (ein Teil des Hotels in den Ausmaßen einer Kathedrale aus schwarzem Marmor), ein Bild des Todes, das die Szene ihrer Ermordung durch X vorwegnimmt. Der erotische (sadistische) Aspekt dieses Mordes geht aus Robbe-Grillets Text deutlich hervor:

Sie hat die Augen weit aufgerissen, den Mund halb geöffnet, wie in einer Art *Ekstase*. Ihr Kleid ist diesmal in ausgesprochen aufreizender Unordnung, auch das Haar löst sich sehr *verführerisch*.
A: Ein Arm ist gegen das Haar zurückgebogen, die Hand *offen, preisgegeben* . . ., die andere Hand mit ausgestrecktem Zeigefinger ans Kinn gelegt, wie um nicht zu schreien . . .
X: »Und *jetzt sind Sie doch wieder hier . . . Nein, dieser Schluß ist nicht richtig* . . . Ich brauche *Sie lebendig (Pause), lebendig!*«

So macht X die Phantasievorstellung des Mordes ungeschehen und gibt, könnte man sagen, A dem Leben zurück, so wie auch die Verstümmelung durch die Multiplikation der Schuhe ungeschehen gemacht wurde, wie die Scherben des zerbrochenen Glases aufgesammelt wurden und das Bild der geschändeten Frau durch das Bild einer hingebenden ersetzt wurde.
Man kann sich denken, daß diese regressiv-sadistische Liebe von

X gleichzeitig auch von Schuldgefühlen und Angst erfüllt ist, denn er wird hin- und hergerissen zwischen seinem Wunsch, das Objekt zu verstümmeln und zu töten, und der Angst, es entschwinden zu sehen. Sein Sadismus bekommt eine zweideutige Tönung, wenn A bald als weißer Schwan, bald als dunkler Vogel vor uns erscheint, Sublimierung und Konflikt, Ebenbild der Gefühlsambivalenz, deren Objekt sie ist. Die Verwandlung von A in einen Schwan steigert noch den Sadismus: Schändung und Mord werden in einer Welt ganz in Weiß begangen: Federn, Spitzen, Zimmer, Schneelandschaft . . . Der geträumte Angriff wird um so ungeheuerlicher, je reiner das Opfer ist.
Diese dem Angriff vorausgehende Aufwertung erscheint im Film mehrfach: die Absätze sind hoch, damit sie um so leichter abbrechen; das Weiß ist fleckenlos, damit es um so schmutziger wird. Auf einer entsprechenden Ebene scheinen die sichtlich phallischen Federn, die A also Macht und Integrität verleihen sollen, letzten Endes ihr menschliches Wesen zu bedrohen und sie dem Schuß des Jägers um so wehrloser auszuliefern.
Wir können jetzt in der Triade Kastration – Schändung – Mord die Thematik erkennen, die den ganzen Film durchzieht, eine ausnehmend *sadistische Thematik*, weil Erotik und Aggression in schmerzhafter Disharmonie aufeinanderstoßen.
Wir haben demnach einen Ödipuskomplex vor uns, der in regressiv-sadistischer, schuldhafter Weise erlebt wird. Das zeigt die *Impotenz* von X (sein Schuß ist unhörbar), die Projektion seines Triebwunsches auf M und seine verschiedenen Versuche, das Objekt wiederherzustellen.
So werden wir dazu geführt, nach der Wirkung zu fragen, die diese sadistische Konfliktsituation von X auf seine Objektbesetzung hat.[9]
Worte wie Bilder helfen gleichermaßen, diese Wirkungen zu verdeutlichen. »Erstarrt« ist ein Wort, das in Robbe-Grillets Text ständig vorkommt, auf jeder Seite, in jedem Abschnitt, fast in jedem Satz. Die Gäste des Hotels, die Diener, die Worte, die Statuen sind wie durch Zauber erstarrt.

Gleich zu Beginn des Films sagt die Schauspielerin *(auf der Bühne des Theaters):* »Diese ganze Geschichte ist jetzt zu Ende. Sie geht zu Ende. Ein paar Sekunden noch . . . und sie ist völlig *erstarrt*.«
Der Schauspieler: » . . . für immer, in einer marmornen Vergangenheit, wie diese Statuen, wie dieser *in Stein geschnittene* Garten, sogar wie dieses

Hotel mit seinen von nun an *verlassenen* Sälen, seinen *bewegungslosen* Dienern, die *stumm*, wohl lange schon *tot*, in den Ecken der Gänge Wache stehen, in den Galerien, in den *verlassenen* Sälen, durch die ich Ihnen entgegen ging, auf der Schwelle aufgerissener Türen, die ich durchschritt, eine nach der andern, Ihnen entgegengehend wie zwischen zwei Hecken von *unbeweglichen, erstarrten* Gesichtern . . .«
Mehrere Aufnahmen zeigen statische stumme Personen wie Wachsfiguren in einem Museum. Der französische Garten ist regelmäßig, wie ohne Vegetation (nur flache rechteckige Rasenflächen), in *streng geometrischen* Formen geschnittene Sträucher, sehr breite, kiesbestreute Alleen, Treppen aus Stein, Terrassen mit *steinernen* Balustraden, und da und dort große *Statuen*, die auf ziemlich hohen viereckigen Sockeln stehen, Könige und Königinnen in antiker Gewandung, mythologische Figuren, pompöse Haltungen, abgebrochene Bewegungen, Posen, die eine bestimmte Bedeutung zu haben scheinen, die uns jedoch entgeht; aber auch *Sockel* mit eingemeißelten Namen, auf denen *keine Figur* steht.
Die ganze Landschaft ist leer, *ohne ein lebendes Wesen.*

Die Kamera erfaßt in langsamen seitlichen Schwenkungen Perspektiven von Alleen, Reihen kegelförmiger Bäume, schnurgerader Hecken.
Aus der Beschreibung durch X kennen wir schon die leeren, dunklen, kalten Räume des Hotels, seine lastende Schwere, den Marmor, die Säulen.
Das von Ornamentik und Bildwerk überwucherte Hotel steht scheinbar im Gegensatz zu dem verlassenen Park. Man spürt jedoch, daß beide gleich erstarrt, unbeweglich und tot sind. Wir befinden uns in einer mineralischen, in Versteinerung begriffenen Welt, aus der alle Wärme und Bewegung vertrieben ist; die Regelmäßigkeit, die Geometrie der Formen lassen sie völlig abstrakt erscheinen.
Die Aufnahmen von Personen und Dingen erscheinen nur als bildhafte Projektionen der inneren Welt von X, seiner Gefühle und Affekte. Es ist eine Objektivierung der Bewegung, der Bindungsenergie zum anderen Menschen, seiner Fähigkeit zur »Besetzung«, die aufgestaut, gehemmt, wie versteinert ist. Unübersteigbare Hindernisse richten sich zwischen ihm und dem Objekt auf: Spiegel, Wände aus Glas, Türen, unendliche Korridore. Eine der männlichen Figuren spricht diese Unmöglichkeit, dem anderen näherzukommen, aus:

»Dieses Geflüster, in das Sie mich einschließen und das schlimmer ist als Schweigen! Diese Tage, schlimmer als der Tod, die wir hier Seite an Seite

leben, Sie und ich, wie zwei Särge, die nebeneinander in der Erde liegen, unter einem ebenso erstarrten Garten!«
Die Frau: »Schweigen Sie doch!«
Der Mann: »Ein Garten in beruhigender Ordnung, mit gestutzten Sträuchern, regelmäßigen Alleen, in denen wir Seite an Seite, Tag für Tag gehen, nur eine Handbreit voneinander entfernt, ohne uns doch je nur um Fingersbreite näherzukommen . . .«

Die beiden Menschen sind also durch eine unüberwindliche Distanz voneinander getrennt, und die Unmöglichkeit, zueinander zu kommen, läßt sie wie Tote erscheinen, jedes in seinem Sarg, noch über das Leben hinaus voneinander getrennt.
Aus demselben Gefühl innerer Leblosigkeit vergleicht X das Paar, das er mit A bildet, mit den Statuen des Gartens: »Das könnten genau so gut Sie und ich sein.«
Das Fehlen jeden Bandes, jeder Beziehung zwischen den Wesen, ihre Isolierung wird evident in dem Gespräch über einen Hund, der neben anderen Figuren auf einem Sockel steht. A vermutet, daß der Hund das Paar begleite, daß er der Frau gehöre, während X glaubt, er sei nur zufällig dazu gekommen. A glaubt, der Hund schmiege sich an die Frau, also gehöre er wirklich zu ihr. Für X drängt er sich an die Frau, weil auf dem Sockel so wenig Platz ist.
So witzig das klingt, es ist deswegen doch nicht weniger aufschlußreich. Das affektive Band, die Zugehörigkeit wird ersetzt durch ein zufälliges, konventionelles, formales Band ohne Substanz und Bedeutung. Die Wesen gehen wirklich »nebeneinander her, ohne sich je zu begegnen«. Wenn man die Deutung noch weiter treiben wollte, könnte man annehmen, daß der Hund das dem Paar Gemeinsame darstelle, ihren gemeinsamen Besitz, die Brücke, das Band, den Phallus, formal zwar vorhanden, nicht aber in seiner vereinigenden Funktion.
Die Suche nach A, die aufreibende Verfolgung, bedeutet die verzweifelte Anstrengung von X, aus seiner Isolierung herauszukommen, um über seine blockierte Affektivität, das heißt seine Fähigkeit zur Objektbesetzung wieder verfügen zu können.
Wirklich scheint es, als ob für X in dieser toten Welt einzig das Gesicht von A noch lebendig sei, das *gleichzeitig* das geliebte Objekt und sein eigenes Verlangen nach einer Objektbesetzung bedeutet.
Der Zusammenbruch seiner Objektbesetzung, an deren Stelle

eine abstrakte, trostlose Welt getreten ist, könnte übrigens einen realen, bestimmbaren Ausgangspunkt gehabt haben, z.B. ein Trauma. Wenn aber *Letztes Jahr in Marienbad* wirklich etwas geschehen war, so müßte dieses Ereignis wohl zusammenhängen mit jenem überraschenden klimatischen Detail, das mehrfach erwähnt wird: dem Einfrieren der Teiche mitten im Sommer, Symbol für das plötzliche, völlige Einfrieren aller affektiven Strebungen des Helden.[10] Seine vergeblichen Bemühungen, seine Liebesfähigkeit aus der lähmenden Kälte zu befreien, müssen in ihm eine ständige, peinigende Spannung erzeugen, die sich in der Art äußert, wie er A durch seine Überredungsversuche quält.[11] Es ist ein Verhalten, das A als schmerzlichen Zwang empfindet, das aber meiner Meinung nach weniger einem wirklich sadistischen Antrieb entspricht als der Verzweiflung, die X über seine eigene Ohnmacht und seinen hartnäckigen Kampf zur Überwindung der Hemmung empfindet.[12] Seine mangelhafte Integration des Ödipuskonflikts und des Sadismus lassen X zurückschrecken vor der Besetzung eines Objekts, auf das er dennoch nicht verzichtet, das er hartnäckig verfolgt, wobei er immer am selben Hindernis scheitert und es doch immer aufs neue versucht.
Die Ausweglosigkeit, in welcher der Held sich deshalb befindet, erscheint im Bild der *labyrinthischen Welt*, in der das Drama sich abspielt:

Endlose Korridore ... Reihen von Türen, von Galerien, von Seitengängen, die ihrerseits wieder in leere Säle münden ... immer diese selben fensterlosen Galerien, diese selben Portale ... ein Irrgarten immer derselben Wege.
Leere Säle, Gänge, Säle, Türen, neue Säle, leere Stühle, tiefe Sessel, dicke Teppiche, schwere Vorhänge, Treppen, Stufen, eine Flucht nach der anderen ... Leuchter, Perlen, blinde Spiegel ... Korridore, soweit das Auge reicht ... Es ist eine verschlossene, ausweglose Welt, alles wird zum Hindernis, zum Hinterhalt auf dem Weg zum Objekt.
X: »Kommen Sie näher! – Ganz nahe! – Immer Wände, immer Gänge, immer Türen, und auf der anderen Seite wieder Wände. – Sie wissen nicht, durch was ich alles gegangen bin, um zu Ihnen zu kommen.«

Es ist klar, daß diese Welt ohne Ausweg die Unmöglichkeit darstellt, das Objekt wirklich zu erreichen, und zugleich auch den verzweifelten Versuch, zu ihm zu gelangen. Diese Welt ist aber auch eine grenzenlose Welt, auf die das Bild des Labyrinths genau zutrifft: die Gänge, die nirgends hinführen (geschlossene Welt)

erstrecken sich ins Unabsehbare (unbegrenzte Weite). Das Unbegrenzte ist hier ein Bild der psychischen Welt des Helden. Als X die Statuen auf ihren Sockeln beschreibt, bittet er A, *ihnen keine Namen zu geben*. Sie könnten ebensogut ganz andere Abenteuer gehabt haben.
Die Weigerung, den Figuren Namen beizulegen, erscheint hier als Weigerung zu definieren: Er will den Gestalten (mit denen er sich, wie er selber zugibt, identifiziert) ihre Anonymität und damit die Möglichkeit unendlich vieler Schicksale belassen.
Es scheint, daß X dieses *narzißtische Universum*, in dem sein Ich grenzenlos mit der Umwelt verschmilzt, nicht verlassen möchte. Es gibt für ihn aber auch keine *Zeit*, die ja ebenfalls Grenze, Bestimmbarkeit, Maß bedeutet, kein Vorher und Nachher, keine Chronologie; und dadurch ist auch die Biographie, d.h. die eigentliche Geschichte des Helden aufgehoben.
Wir wissen, daß Robbe-Grillet ganz bewußt seinen Film auf dieses Ineinanderspielen von Vergangenheit und Gegenwart, von Phantasie und Realität aufgebaut hat. Die Phantasie wird dadurch bedeutsamer und der Vorstellung von der äußeren Welt gleichgestellt. Eine Vorstellung, sagte Robbe-Grillet, ist immer präsentisch und bestimmt den eigentlichen Wert des subjektiv Erlebten. So richtig aber diese psychologischen Überlegungen, die kein Analytiker bestreiten wird, auch sein mögen, scheinen sie mir doch eine noch tiefere Bedeutungsebene zu besitzen. Der grenzenlose Raum der Welt des Helden muß die Dimension der Zeit ausschließen. Raum und Zeit als Kategorien gehören zusammen. Man kann nur beide zugleich erleben oder aufgeben. Aus dem Fehlen von raum-zeitlichen Kategorien aber leitet sich ohne Zweifel die Nicht-Unterscheidbarkeit von Realität und Phantasie her.
In der Tat ist diese Welt ohne Grenzen eine Projektion des Ichs des Helden. Ich und Nicht-Ich sind eins. Alle Personen des Films erscheinen wie Teile des Ichs des Helden. Die Worte, die eine dieser Personen spricht, werden zum Echo seiner eigenen Worte: er vollendet den Satz, den ein anderer in der Schwebe läßt. Das Paar auf der Bühne des Theaters, das nebeneinander herlebt, ist offensichtlich ein Doppel des Paares, das X mit A bilden möchte. Nicht einmal die Spiegel können helfen, in der Betrachtung des eigenen Bildes seine Einheit zu finden; sie vervielfältigen das Bild ins Unendliche, vertiefen den Raum, in dem er sich verliert. Auch

das Objekt (so wie dieses fragmentierte Ich es sieht) wird entsprechend vervielfältigt (die Fotos in der Schublade). Auf den ersten Streifen des Films sehen wir das Spiegelbild einer Person in einem aus zwei Stücken zusammengefügten Spiegel. In jedem Teil des Spiegels ist die Spiegelung anders, wird die Person also vertikal durchgeschnitten, so daß das Bild eines zerteilten Körpers entsteht. Ein entsprechendes Spiegelbild von A bestätigt uns später, daß das Objekt nur eine Spiegelung, eine Projektion des fragmentierten Ichs des Helden ist.

Diese Auslösung des Ichs in einer Welt jenseits von Raum und Zeit, für die die Gesetze der Logik noch nicht gelten, ist ein Kennzeichen aller vom *Primärprozeß* beherrschten Zustände, der Anfänge des kindlichen Seelenlebens, der tiefen Regression, des Wahns, des Traums – alles Zustände, die in direktem Gegensatz zu der unbeugsamen Präzision des Gegenspielers M stehen. Als X sich nicht entschließen kann, die Statue näher zu *definieren*, tritt M herzu und sagt:

»Gestatten Sie, ich glaube, ich kann Ihnen genauere Auskunft geben. Diese Statue stellt Karl III. und seine Gemahlin dar, aber natürlich stammt sie nicht aus jener Zeit; die Szene ist der Schwur vor dem Landtag während des Hochverratsprozesses. Die Kostüme sind ganz echt nach der Zeit.«

M's Begabung für das Glücksspiel hängt wahrscheinlich mit dieser peinlichen Genauigkeit zusammen. Sie erlaubt ihm Berechnung, Beherrschung, Taktik. M ist an die Realität angepaßt. Er ist »positiv«, macht Geschäfte (das Frühstück mit Anderson). Er stellt also genau die Persönlichkeit dar, auf die, wie wir gesehen haben, X seinen eigenen Sadismus projiziert. Er ist gewissermaßen der sadistische Teil von X, den dieser selbst nicht annehmen kann. Nun bedeutet Sadismus aber auch die Möglichkeit, auf ein Objekt einzuwirken, es zu ergreifen, es zu beherrschen. Der Sadist erreicht seinen Zweck, trifft ins Schwarze, spielt sein Spiel mit Erfolg, während der Schuß von X unhörbar ist. X erwähnt übrigens selber seine Unfähigkeit, sich eines Objektes zu bemächtigen: »Immer waren Wände um mich her, fugenlos, glatt, glänzend, immer nur Wände.« Das Unbestimmte und Unbegrenzte widersetzt sich dem Sadismus, dem Zugriff und damit der Beherrschung und der Genauigkeit.[13] Aber in diesem Einssein mit dem Unendlichen findet X eine andere Art regressiver Befriedigung, ein Allmachtsgefühl, wie es entsteht, wenn die Schranken setzen-

den Kategorien der Realität wegfallen. Der Konflikt entsteht in dem Moment, wo sein Verlangen nach dem Objekt ihn aus diesem magischen Bezirk zu vertreiben droht.
Der Film setzt ein mit einer Reihe von Bildern, Fragmenten eines barocken Dekors, Bauten, die zusehends weitläufiger, tiefer und komplizierter werden. Eine erst kaum hörbare Stimme, die allmählich an Volumen gewinnt, illustriert sozusagen mit Worten die jeweils aufblendenden Bilder:

»Noch einmal gehe ich durch diese Gänge, diese Säle, diese Galerien, dieses Gebäude aus einem anderen Jahrhundert, durch dieses riesige, verschwenderische, barocke, düstere Hotel, wo endlos ein Korridor dem anderen folgt, schweigend, verlassen, überladen mit dem düsteren, kalten Prunk von geschnitztem, eingelegtem Holzwerk, Stuck, Marmor, blinden Spiegeln, Bildern in düsteren Farben, Säulen, schweren Draperien, Reihen und Reihen von Türen, Galerien, Korridore, die in verlassene Salons führen, Säle, überladen mit dem Prunk eines anderen Jahrhunderts ...«

Während dieser ganzen Bildfolge sehen wir, wider Erwarten, nicht den Sprecher selbst; an seine Stelle ist der Baukörper getreten. Der Held, von dem wir nur die Stimme hören, wird tatsächlich durch die Architektur dargestellt. Hotel und Park sind sein eigenes Abbild und spiegeln sein Hauptproblem: den Verlust seiner Objektbesetzungen und seinen Versuch, diese wiederherzustellen.
Die barocke Architektur überzieht das Hotel bis in die hintersten Winkel mit Stukkaturen, Gesimsen, Muschelformen, aufs feinste gedrechselten Wandleuchtern. Und damit noch nicht genug: hinzu kommt noch eine Scheinarchitektur, gemalte Kapitelle, gemalte Portikos, Säulen, Perspektiven, wie wenn alle diese Stukkaturen und Täfelungen noch nicht genügten, um die riesigen Flächen zu überziehen. Offenbar entsprechen diese alles überwuchernden Verzierungen der krampfhaften, vergeblichen Anstrengung des Helden, die Objektbesetzung zu vollziehen, so, als ob er ein übriges tun müßte, um sich zu versichern, daß wirklich alles getan worden sei bei diesem erschöpfenden Bemühen. Man kann das Vorgehen mit der »Überfütterung« (bourrage)[14] in den Zeichnungen Schizophrener vergleichen, deren Wahn eine ähnliche Problematik enthält. Die barocke Architektur[15] ist wegen ihrer ornamentalen Maßlosigkeit ebenfalls gelegentlich als wahnwitzig bezeichnet worden. (Man darf daran erinnern, daß

eines der von dem geisteskranken Bayernkönig Ludwig erbauten Schlösser als Hintergrund für den Film dient.) Die Verwendung der Täuschungen, des Blendwerks und der Vorspiegelungen kann in dieser Sicht auch als ein Versuch betrachtet werden, das Unerreichbare dadurch zu erreichen, daß die *Qualität* der Besetzung durch ihre künstliche Form ersetzt wird.
Nur scheinbar steht der Park im Gegensatz zur Architektur des Hotels; tatsächlich ist er eine Entsprechung der affektiven Leere, in der sich der Held nach dem Scheitern seiner Objektbesetzung befindet:

»Der Park dieses Hotels war eine Art französischer Garten, ohne Bäume, ohne Blumen, ohne irgendwelche Vegetation . . . Kies, Stein, Marmor, gerade Linien, Oberflächen ohne Geheimnis. Es schien auf den ersten Blick unmöglich, sich darin zu verirren . . . in den geraden Alleen, zwischen diesen Statuen mit den erstarrten Gesten und diesen Granitstufen, auf denen Sie sich jetzt für immer verloren haben, in der stillen Nacht, allein mit mir.«

Gleichzeitig bedeutet der statische, versteinerte Charakter dieser mineralischen Welt doch auch so etwas wie den Versuch, den angstbereitenden dynamischen Vorgang der Abziehung der Besetzung aufzuhalten. Alles spielt sich ab, wie wenn das Subjekt zwischen der Unmöglichkeit, seine Objektbesetzung zu erhalten, und dem Entsetzen vor einem schwindelnden Sturz ins Leere ein rettendes Gleichgewicht in dieser Versteinerung und Geometrie seiner Welt suchte. Hier ist noch ein Gefüge von festen Punkten, auf das man sich stützen kann, die »beruhigende Ordnung der regelmäßigen Alleen«.
Dennoch scheint man Hotel und Park nicht als Gegensatz von »außen« und »innen« sehen zu sollen.[16] Beide sind vielmehr zugleich geschlossen und unbegrenzt. Wie wir gesehen haben, sind die Korridore des Hotels unendlich lang und ohne Ausgänge. Ebenso ist der Park ein unendlicher Raum, »aus dem man nicht entfliehen kann«. Der Film klingt aus mit Worten von X, in denen er von dem Park spricht, in welchem er sich jetzt mit A für immer verlieren wird. Wir sehen also, daß trotz seiner »beruhigenden Ordnung« auch der Park, wie das Hotel, zur ewigen Suche nach einem unmöglichen Ausweg zwingt. Das Symbol dafür ist das Labyrinth, das Bild einer zugleich verschlossenen und grenzenlosen Welt. Für diese Welt gelten Begriffe wie außen und innen natürlich nicht. Hotel und Park erscheinen daher, wie ich schon sagte,

als zwei sich ergänzende Aspekte der affektiven Leere des Helden und seiner immer wieder vereitelten Versuche, seine Objektbesetzungen wiederzubeleben.
Die Mechanismen, deren sich der Held bei seiner Suche nach einer Objektbesetzung bedienen möchte, finden ihren Ausdruck also gerade in der Konfiguration von Hotel und Park. Nirgends macht dieses zwanghafte Suchen halt, auch nicht vor dem Spiel, das, wie öfters festgestellt wurde, in diesem Drama der Gefühle einen ungewöhnlichen Platz einnimmt.
Das Spiel scheint eine wahre Faszination auf den Helden auszuüben. Er versucht sich auf alle Weise darin: mit Karten, Dominosteinen, Streichhölzern. Sogar außerhalb des eigentlichen Spiels stellen die Personen die Spielsituation her, wie unter dem Einfluß einer fixen Idee, unter Verwendung von Fotos, Blumenblättern, Fetzen eines Briefes, sogar den Scherben eines Glases, die vom Kellner dem Schema des Spiels entsprechend (Anweisung des Drehbuchs) gesammelt werden. Allgemein hat das Spiel einen doppelten Aspekt: einerseits ist es Technik, Berechnung, Geschicklichkeit, andererseits ist es Glück, d.h. Erwartung des Wunders, Hoffnung, Magie. Wir sagten schon, daß dies auf einer bestimmten Ebene die ödipale Rivalität, deren Preis die Frau ist, ausdrückt. In einer tieferen Schicht aber erscheint der ödipale Rivale (M) als Repräsentant der sadistischen Komponente des Helden, die dieser nicht annehmen kann und auf den anderen projizieren muß. Die Stellung der beiden Partner wird klar: M ist Selbstsicherheit, Wille, Geschicklichkeit, Taktik, während X zwar auf diese realistischen, praktischen Trümpfe verzichtet, aber dennoch nicht am Sieg verzweifelt und sich einzig an die Stärke und Intensität seines Verlangens klammert. Im Augenblick der Verwirklichung aber scheitert er. Auch dieser letzte Versuch führt übrigens zu keinem Ausweg, wie die von der üblichen Spielweise abweichende überlange Reihe von Dominosteinen zeigt, die Robbe-Grillet als »kompliziert, labyrinthisch, verrückt« kennzeichnet (Drehbuch).
So kristallisieren sich die Inhalte des Films zu einer Struktur, einer *Gestalt*, einer einmaligen »psychischen Form«.
Es handelt sich um einen Mann, dessen ödipale Wünsche an seiner mangelnden Triebreife scheitern. Diese Unreife zwingt ihn zur Regression auf eine narzißtische Stufe, auf der alle Gesetze der Realität aufgehoben sind; sie zwingt ihn aber auch zu

immer neuen Versuchen, seine Objektbesetzung wiederherzustellen.
Weil die anal-sadistische Komponente nicht richtig integriert ist, sind diese Versuche, denen immer eine Dimension fehlt, zum Scheitern verurteilt. Trotzdem kann der Held nicht anders als sie unaufhörlich zu wiederholen.
Die Originalität der Form ist hier Funktion und Ausdruck des besonderen Bandes, das den Helden mit seinem Objekt verknüpft, d.h. seiner Objektbesetzung. Also sind *Fabel und Stil in eins verschmolzen; man könnte sagen: der Stil ist zur Fabel*, das Behältnis zum Inhalt geworden. Genauso wie der Inhalt sich nach den Gesetzen des Primärprozesses entwickelt, übernimmt der Stil alle Merkmale dieser psychischen Dimension. Die Zeitfolge ist umgestoßen; die Episoden überschneiden sich, das Exposé ist fragmentarisch, sprunghaft; die logische Entwicklung ist durch freie Einfälle ersetzt, so daß also das Material sich um einige Kernpunkte gruppiert, die für die Erzählung der Fabel unwesentlich, für ihre tiefere Bedeutung aber durchaus wesentlich sind. Das ganze Werk mutet uns an wie die Ouvertüre zu einem Teilstück des unbewußten Lebens, und wie dieses hat es weder Anfang noch Ende. Wir befinden uns an einem beliebigen Punkt einer unendlichen Bahn. Der Film setzt ein mit einer leidenschaftlichen Musik, »wie sie sonst am Schluß eines Films ertönt« (Drehbuch), und dann beginnt die Stimme des Schauspielers: »Noch einmal gehe ich durch diese Gänge . . .«
Daß man so mitten ins Unbewußte, in den Primärprozeß versetzt wird, bildet einen der Hauptgründe für die Ablehnung, auf die der Film bei manchen Zuschauern gestoßen ist. Sie konnten es nicht ertragen, daß er sich über alle Gesetze der Logik hinwegsetzt. Das ist ein *Widerstand*, der in manchem Ähnlichkeit hat mit jenem, auf den die Psychoanalyse so oft trifft, weil sie allen die Existenz des Unbewußten in Erinnerung ruft. Für den Zuschauer aber, der keine Angst vor dem plötzlichen Einbruch des für gewöhnlich unterdrückten Unbewußten hat, ist der Film geradezu hinreißend durch sein Eintauchen in eine psychische Dimension, in der alle schöpferischen Kräfte des Menschen wurzeln, die Loslösung von Ratio und Logik zu einer berauschenden Freiheit.[17]
Mir scheint, daß auch die *dramatische* Seite des Werkes aus diesem Kopfsprung in den Primärprozeß zu erklären ist, ein Aspekt, den übrigens die Autoren in ihren Kommentaren selbst hervor-

heben. Die Welt des Primärprozesses ist die der Vereinfachung. Die Situation, die Figuren sind ihres einmaligen, akzidentellen Charakters entkleidet, geblieben ist nur das Schema, das Wesen. Deshalb ist auch gesagt worden, A sei wie eine Figur aus einem Modejournal. Wirklich ist A auf eine gewisse Form von Weiblichkeit hin stilisiert, wie sie eben in der Welt des Primärprozesses vorkommen mag, die ja die Welt der Kategorien und nicht der Individuen ist.

Ein anderer Aspekt der Form enthüllt sich in der Wiederholung analoger Elemente, in der periodischen Wiederkehr eines gegebenen stilistischen Details, dem der Autor jedesmal ein neues Element hinzufügt, ein Vorgehen, das der ständig wiederholten Bewegung des Helden entspricht, die er von Mal zu Mal bereichert und perfektioniert, und die doch jedesmal wieder scheitert. Dieser wiederholte Anlauf, der sich immer an derselben Schwierigkeit stößt und trotzdem wieder und wieder versucht wird, wobei die Methode jedesmal vervollkommnet wird, verwandelt den klassischen, linearen Stil in einen »zerhackten« Stil, wie die Zähne einer Säge. Die Darstellung bemüht sich, dem wiederholten Anlauf ein Maximum an Erfolgschance zu geben, indem sie sich immer stärker verfeinert, die geringsten Merkmale aufstöbert, genaueste Angaben anhäuft, ohne daß es ihr gelingt, ihre immanente Qualität, nämlich daß sie immer gleich inadäquat bleibt, zu ändern. Dieses Vorgehen hat Ähnlichkeit mit der schizophrenen »Überfütterung« (bourrage), von der ich anläßlich des barocken Stils des Hotels sprach: es bedient sich einer ähnlichen Häufung von Einzelheiten. Es ähnelt der Schizophrenie aber auch in der geometrischen Vereinfachung der Formen, die ich beim Thema der geraden Linien des Parks andeutete. Es verwendet dieselbe scheinbare Präzision. Daher auch der Übergang von der angeblichen Erinnerung zu dem ihr entsprechenden Bild, vom Bild zur Musik, von der Stimme zum Gestus, die leichte Verschiebung sogar im Akzent des Helden, als gleichsam physikalische Entsprechung der Hemmung.

Auch die Musik ist Ausdruck derselben Besetzungsschwierigkeit, desselben immer wieder abgebrochenen Aufschwungs. Robbe-Grillet schreibt im Drehbuch »serielle Musik« vor, in der die Klänge durch Pausen unterbrochen sind, *diskontinuierlich, Töne und Akkorde unverbunden . . .*, zugleich erregend und irgendwie in der Schwebe gelassen. Auf diese Weise tragen alle Formele-

mente (verbale, visuelle, musikalische) gleichmäßig dazu bei, das Scheitern der Objektbeziehung darzustellen.
Abschließend sei noch einmal gesagt: Die ästhetische Form des Films leitet sich nicht aus der Kompensation eines Mangels her, auch nicht aus einem Objektverlust oder einer narzißtischen Wunde (unzweifelhaft häufige Motivationen des künstlerischen Schaffens), sondern es ist das Scheitern, das den organisierenden Mittelpunkt für das Werk wie für die Art der Darstellung bildet. Man kann sich aber denken, daß die vollkommene Übereinstimmung zwischen der Form und dem Inhalt, die beide eine Wunde, die Kastration, verbergen, in sich schon eine Befriedigung und Reparation darstellt, so wie es etwa Gloucester in Richard III. auszudrücken scheint (von Freud einmal zitiert):

> »Ich, um dies schöne Ebenmaß verkürzt,
> Von der Natur um Bildung falsch betrogen,
> Entstellt, verwahrlost, vor der Zeit gesandt
> In diese Welt des Atmens, kaum halb fertig,
> ...
> Weiß keiner Lust, die Zeit mir zu vertreiben,
> Als meinen Schatten in der Sonne spähn
> Und meine eigne Mißgestalt erörtern.«

Damit berühren wir natürlich ein weiteres Problem, das der Sublimierung. Wir ahnen, daß zwar die Objektbeziehung, die in einem Kunstwerk ausgedrückt ist, sich in der Form widerspiegeln wird, daß aber das gesamte Werk, soweit es die Objektbeziehung des Künstlers selbst ausdrückt, diese doch nicht voll deckt, denn sie unterliegt dann einer wesentlichen Verwandlung durch das Hinzutreten eines neuen Elements: der Funktion, die der schöpferische Akt für den Künstler besitzt.

Aus dem Französischen von Johanna Bally

Anmerkungen

1 Dieser Essay wurde geschrieben, als der Film »Letztes Jahr in Marienbad« in den Pariser Kinos anlief. Es kann dem Leser nicht entgehen, daß die Autorin über den Strukturalismus von Claude Lévi-Strauss damals nur ungenügend informiert war. Immerhin war die auf dem Strukturalismus basierende *Nouvelle Critique* noch nicht auf ihrem Höhepunkt, so daß dieser Versuch, die Klippen der traditionellen biographischen Methode zu vermeiden, damals noch neuartig war. Daß für diese (psychoanalytische) Deutung eines Kunstwerks, und zwar seiner Form wie seines Inhaltes, ausschließlich psychoanalytische Begriffe verwendet werden, dürfte m.E. mindestens seinen methodologischen Wert behalten.
Der ursprünglich für psychoanalytisch wenig geschulte Leser bestimmte Text wurde als Vortrag in Cérisy-la-Salle auf der Tagung »Kunst und Psychoanalyse« im Juli 1962 gehalten. Wesentliche Teile davon sind in dem bei Editions Mouton erschienenen Tagungsbericht enthalten.
Die vorliegende Übersetzung beruht auf dem in der *Revue française de Psychanalyse,* Bd. XXXIII, 1969, veröffentlichten Text.

2 Zitiert wird nach der deutschen Übersetzung von Fritz Lehner: Marie Bonaparte, Edgar Poe. Eine psychoanalytische Studie. Bd. I–III. Wien (Int. Psa. Vlg.) 1934, text- und seitenidentische Neuausgabe als suhrkamp taschenbuch 592, Frankfurt/M. 1981.

3 Ich berücksichtige hier nur die von Marie Bonaparte selbst zitierten Textstellen.

4 Hier und im folgenden wird nach der neuen deutschen Poe-Übersetzung von A. Schmidt und H. Wollschläger zitiert: *Edgar Allan Poe,* Werke Bd. I–III, hg. v. K. Schuhmann und H. D. Müller. Olten (Walter-Vlg.) 1966, 1967, 1973. Hier Bd. I, S. 737.

5 Anhand echter klinischer Fälle habe ich eine Arbeit über »Eine der Phobie und der Paranoia gemeinsame Phantasievorstellung« geschrieben, in der ich die verschiedenen Verarbeitungen untersuche, die dieselbe primitive Phantasievorstellung der analen Einführung in diesen beiden nosolgischen Einheiten erfährt.

6 von Colette; Musik von Maurice Ravel.

7 GW X, 172.

8 Hier werden wir an gewisse Aspekte des Werkes von C. G. Jung erinnert.

9 Unter Besetzung kann man Qualität und Stärke der Anziehung verstehen, mit der das Subjekt auf das Objekt hinbewegt wird.

10 In ganz anderem Zusammenhang finden wir einen damit übereinstimmenden Prozeß: Der Ausbruch einer Schizophrenie zeigt sich oft in einem Weltuntergangsgefühl an, das dem Rückzug der Besetzungen aus der Objektwelt entspricht. Das Universum erscheint dem Kranken als kalte, trostlose, lunare Leere. Bald aber werden Bemühungen um die Wiederherstellung der verlorenen Besetzungen sichtbar: das ist dann der Wahn.

11 »Es ist die Geschichte einer Überredung«, sagt Robbe-Grillet.

12 Das Hindernis stammt aus dem Über-Ich, also von den verinnerlichten Elternfiguren; zugleich handelt es sich aber auf einer anderen Ebene um die gegen das Objekt gerichtete Aggression.

13 Das Aufkommen der Kategorien der Realität, der Beherrschung und des Sadismus entspricht zeitlich im wesentlichen der analen Entwicklungsphase.

14 Ein von Dr. Ferdière eingeführter Ausdruck.

15 »Barock« wird hier im selben Sinne verwendet, wie es auch Robbe-Grillet tut.

16 François Weyergans, »Im Labyrinth« (*Cahiers du Cinéma*, Sept. 61): »Der Kritiker müßte hier die Dialektik zwischen innen und außen anmerken ...«

17 Es müßten einmal die Beziehungen untersucht werden zwischen der immer größer werdenden Toleranz für die Manifestationen des Primärprozesses in der Kunst unserer Zeit und, parallel dazu, ihrer Vertreibung aus Moral und Organisationsformen des Lebens in unserer zeitgenössichen Zivilisation.

Edith Weigert
Sören Kierkegaard Gemütsschwankungen[1]

Es klingt vielleicht überheblich, wenn ein ausländischer Gast über das dänische Genie spricht, dessen prophetische Schriften das Denken späterer Generationen überall in der Welt beeinflußt haben. Kierkegaard war ein Vorläufer der Existentialphilosophie und der analytischen Psychologie. Seine Psychologie war die eines Dichters und Philosophen, nicht die eines Naturwissenschaftlers. Sie entsprang aus seinen Selbstbeobachtungen. Es gelang ihm, in seinen Tagebüchern seine seelischen Erlebnisse in ihren feinsten Nuancen zu schildern; auch seine poetisch-philosophischen Schriften sind eine verschleierte Autobiographie.
Es ist viel über Kierkegaard geschrieben worden, in der dänischen und in anderen Sprachen. Für meine begrenzten Zwecke fand ich das Buch Johann Hohlenbergs (6), des dänischen Biographen, besonders nützlich, außerdem Fanny Lowtzkys Schrift über *Sören Kierkegaard* (31), mit dem Untertitel »Subjektive Erfahrung und religiöse Enthüllung. Eine psychoanalytische Studie einer Fast-Selbstanalyse«. Fanny Lowtzky beschreibt, wie nah Kierkegaard dem Erkennen seines Ödipuskonfliktes war und wie er versucht hat, ihn mit Hilfe von Philosophie und Religion zu lösen. Seit dem Erscheinen dieses Buches, 1935, haben wir ein tieferes Verständnis der psychoanalytischen Ich-Psychologie gewonnen. Ernst Kris hat durch sein Buch *Psychoanalytische Erforschung der Kunst* (28) Licht auf den Prozeß der schöpferischen Sublimierung geworfen. Lawrence Kubie (29) hat beschrieben, was die vorbewußten Prozesse zur Kreativität beitragen. Diese beruht ja auf der Freiheit im Sammeln, Zusammenstellen, Vergleichen und Neuorganisieren von Ideen. Kubie macht geltend, daß dieser Beitrag der vorbewußten Prozesse zur Kreativität ebenso allgemein ist wie ihr Beitrag zu späteren Neurosen, die die Kreativität beeinträchtigen oder zerstören (5). Erik H. Erikson hat in seinem Buch *Young Man Luther* (2) die inneren Revolutionen eines anderen religiösen Genies neu zum Leben erweckt, das ebenso wie Kierkegaards an manisch-depressiven Gemütsschwankungen litt. Wir zögern, eine psychiatrische Klassifikation auf ein Genie anzuwenden. Aber Kierkegaards Gemütsschwankungen haben Extreme erreicht, in denen sowohl seine Subjekt-

als auch seine ganze Objektwelt angenehm oder schmerzlich verwandelt erschienen (12). Zwei Beispiele mögen diese extremen Schwankungen illustrieren. 1829 schrieb er in sein Tagebuch (18):

»Das ganze Dasein ängstigt mich, von der kleinsten Mücke bis zu den Geheimnissen der Inkarnation; ganz ist es mir unerklärlich, am meisten ich selbst; das ganze Dasein ist mir verpestet, am meisten ich selbst. Groß ist mein Leid, grenzenlos; keiner kennt es, außer Gott im Himmel, und er will mich nicht trösten; keiner kann mich trösten, außer Gott im Himmel, und er will sich nicht erbarmen.«

In einem »Versuch in der experimentierenden Psychologie« (in *Die Wiederholung*, 1843) schrieb er (23):

». . . Punkt ein Uhr hatte ich das Höchste erreicht und ahnte das schwindelerregende Maximum, das auf keinem Thermometer des Wohlbefindens mehr angegeben wird – nicht einmal auf einem poetischen. Der Körper hatte seine irdische Schwere verloren: ja, es war, als hätte ich überhaupt keinen Körper mehr. Jede Funktion genoß ihre volle Befriedigung; jeder Nerv war für sich wohlgestimmt . . . Jeder Gedanke zog mit einer feierlichen Freudigkeit in meine Seele ein, der törichteste Einfall nicht weniger als die reichste Idee. Das ganze Dasein war wie verliebt in mich und bebte in schicksalsschwangerem Rapport mit meinem Wesen . . .«

Kierkegaard war sich klar darüber, daß die Wurzeln seiner Melancholie in seiner Kindheit lagen. Er schrieb in den *Tagebüchern*, daß Kummer, den man als Erwachsener erlebt, einen zwar auch deprimieren könne (19):

»Furchtbar [aber] ist es, wenn eines Menschen Bewußtsein von Kindheit an unter einem solchen Druck steht, daß nicht einmal die Elastizität seiner Seele, noch aller Freiheitsdrang diesen Druck mehr abzuschütteln vermögen, der sozusagen jenseits des Bewußtseins liegt.«

Es fällt auf, daß Kierkegaard in seinen Schriften nie seine Mutter erwähnt. Bei Hohlenberg heißt es, daß sie eine gute Hausfrau gewesen sei, eine Henne für ihre Küken, die sie auf ihrem Flug nicht zu begleiten vermochte (7). Selbst wenn eine starke frühe Bindung zwischen Sören und seiner Mutter bestanden hatte, so war sie doch bald durch eine intensive Identifizierung zwischen Vater und Sohn abgelöst worden. Der Vater war ein begabter Melancholiker, der von religiösen Skrupeln gequält wurde. Als einsamer, hungernder und frierender Hirtenjunge hatte er Gott verflucht, weil Gott keine Notiz von ihm nahm, aber später hatte er sich zu einem reichen Kaufmann heraufgearbeitet. Seine erste, sehr geliebte Frau starb ohne Kinder. Seine zweite Frau heiratete er noch während des Trauerjahrs, weil sie von ihm geschwängert worden war. Aber er hat sie nie geliebt. Sören erriet diese Umstände als die Ursache der Schuldgefühle seines Vaters aus dessen verschleierten Andeutungen. Der Vater war bei Sörens Geburt 57 Jahre alt, und Sören war das letzte von sieben Kindern. Der alte Mann sah seinen Reichtum und seinen Erfolg als Fluch an. Seine zweite Frau und fünf von seinen Kindern starben vor ihm. Sören war ein etwas buckliges, frühreifes Kind mit reicher intellektueller und seelischer Begabung. Da er nicht stark war, verteidigte er sich gegen Neckereien, die ihm sein absonderliches Aussehen einbrachte, mit Witz und dialektischem Talent. Er wurde aus diesem Grunde »die Gabel« genannt (8). Auch er erwartete einen frühen Tod. Sein Vater sah in ihm ein Opferlamm, das dazu bestimmt war, seine Schuld zu sühnen. Sören litt wie sein Vater an »stiller Verzweiflung« und an Wachträumen (25a, 20). Der Vater war früh in den Ruhestand getreten, um sich ganz der Erziehung seines Lieblingssohnes zu widmen. Sie unternahmen zusammen lange ermüdende Wanderungen durch die Zimmerflucht ihres Hauses, jeweils ein anderes Land und seine Leute besuchend. Dabei sprachen sie mit Leuten, die nur in ihrer Einbildung existierten und argumentierten über die düsteren Aspekte der Religion. Aber der Vater hatte auch periodische Ausbrüche von Jähzorn, nach denen sich der Sohn schuldig, verzweifelt und spirituell hilflos fühlte (9).

Wir können in Kierkegaards Gemütsschwankungen einen erblichen Faktor nicht ableugnen, aber seine symbiotische Identifikation mit dem melancholischen Vater muß sein Leiden sehr verstärkt haben. Freud hat in einer Fußnote zu *Das Ich und das Es* im Zusammenhang mit Melancholie »geborgte Schuldgefühle« erwähnt (4). Fenichel hat diesen Begriff übernommen in seinem Artikel über »Identifikation« (3). Identifikation ist ein erstes Stadium der Objektliebe. Charakteristisch für solche Identifikation ist Ambivalenz und emphatische emotionelle Ansteckung. Auf dieser Stufe wird der primäre Prozeß der emotionellen Orientierung noch nicht von rationalem Verstehen beherrscht. Die Sehnsucht nach der ursprünglichen Einheit in Vertrauen und absoluter Sicherheit ist da, aber zu lange andauernde, übermäßig beschützende Symbiose erstickt die eigenen instinktiven Impulse des Kindes und leitet sie in eine falsche Richtung, nach Therese Benedek (1) ein Merkmal der »depressiven Konstellation«. Der Kranke entwickelt einen defensiven sekundären Narzißmus, der bei Kierkegaard durch ein messianisches Ich-Ideal verstärkt wurde, der Retter des depressiven Vaters zu werden; ein grandioses Ziel, das eine aufs ganze gehende Entscheidung forderte, an der der junge Mensch wieder und wieder scheiterte. Sören konnte sein einsames, einzigartiges Ich noch nicht von dem überwältigenden »Du« (des Vaters) unterscheiden. Die symbiotische Einheit mit einem Vater, der die positiven Werte des Lebens nicht bestätigen konnte und dessen Gefühlsleben zerrissen war durch Spaltung zwischen himmlischer und profaner Liebe, rief in dem Sohn Zweifel an seiner eigenen Rolle als Mann hervor. In *Stadien auf dem Lebenswege* beschreibt er eine Ur-Szene unter dem Titel »Salomons Traum«:

Der Sohn war gesegnet in seiner Liebe zu seinem Vater, schreibt er. Einmal wachte er in der Nacht von einem Geräusch auf, und weil er dachte, es sei ein Überall, schlich er sich in das Zimmer seines königlichen Vaters. Er fand den alten Helden in tiefer Verzweiflung und in bitteren Selbstbeschuldigungen gegen seine sexuelle Gier. Der Sohn ahnte, »daß man ein Sünder sein muß, um Gottes Auserwählter zu werden . . .«. »Was ist Qual der Sympathie, wenn nicht das, daß man sich des Vaters, den man am höchsten liebt, schämen muß?« »Und Salomo war wie einer, dem das Rückgrat geknickt ist, so daß er seinen eigenen Körper nicht tragen kann.« (Eine Anspielung auf Sörens Buckel und ein symbolischer Ausdruck für seine Kastrationsangst.) (25)

Die Last der geborgten Schuldgefühle verhinderte eine volle Konsolidierung von Kierkegaards Ich. Sein Über-Ich war in viele Ich-Ideale gespalten, und diese riefen in einer verlängerten Adoleszenz stürmische Identitätskrisen hervor, wie sie Erikson in Luthers Jugend beschreibt (2).

Auf seines Vaters Wunsch studierte Kierkegaard Theologie, aber er wandte sich bald in Rebellion ästhetischen Interessen, romantischer Dichtung, zu. Er wurde ein brillanter Redner in Debattierklubs. Er verbrachte die Nächte in Kaffees, Theatern und in eleganten Restaurants, das Geld seines unbeständig nachsichtigen Vaters verschwenderisch ausgebend. Von den Wertmaßstäben seiner Familie her betrachtet, führte er ein lockeres Leben. Erst nach seines Vaters Tod beendete er seine theologischen Studien ohne neue Unterbrechungen, aber er ließ sich nicht ordinieren.

Ein Jahr vor seines Vaters Tod traf er Regine Olsen, die damals 14 Jahre alt war, 10 Jahre jünger als Sören. Es war eine Liebe auf den ersten Blick.

Regine wurde das Mädchen seiner erotischen Träume. Drei Jahre lang trug er diese Träume mit sich herum. Nachdem er sein Examen gemacht hatte, erklärte er sich ihr. Er war sehr beredt in seiner Leidenschaft, überwandt ihr Zögern und verlobte sich mit ihr. Aber sobald er sich verpflichtet hatte, verwandelte sich das Bild seiner stürmischen Hoffnungen in das bleiche Abbild seiner Erinnerungen. Er wurde das Opfer von Zweifeln. Konnte er, belastet mit depressiven Gemütsschwankungen, wie er war, die Verantwortung für diese Bindung auf sich nehmen, würde die Kluft zwischen seiner erotischen Ekstase und den Pflichten einer Ehe in ihm jemals zu überbrücken sein? Würde er nicht das Mädchen und sich selbst zerstören? War er nicht ein frivoler Verführer, ein Faust, ein Don Juan, oder Ahasverus, der ewig wandernde Jude? War es nicht egoistisch, Rettung durch Liebe zu verlangen? Konnte er denn so vertrauen wie Sarah, Tobias' Braut in der biblischen Legende, deren sechs frühere Gatten in der Hochzeitsnacht von einem Dämon getötet wurden und die trotzdem Tobias' Liebe erwiderte, um durch sie geheilt zu werden? Er sah sich in der Rolle von Hamlet oder von Richard III. Diese Flut von männlichen und weiblichen Vorbildern sind ein Hinweis auf die Angst, die die Gefahr der Ich-Desintegration anzeigt. Kierkegaard schrieb (22):

»Das Unglück ist, daß, sobald man sich etwas ausgedacht hat, man es selber wird. Neulich sprach ich dir über meine Idee für einen Faust. Jetzt erst weiß ich, daß ich mich selber beschrieb. Es kommt selten vor, daß ich über eine Krankheit nachdenke oder lese, ohne daß ich sie bekomme.«

Ein Jahr lang versuchte Kierkegaard, die konventionelle Rolle des rücksichtsvollen Bräutigams zu spielen. Er versuchte, Regine davon zu überzeugen, daß er ihrer nicht würdig war. Er war tief bekümmert über ihre fordernde Abhängigkeit von ihm. Sein Konflikt band ihn in zwei Richtungen: »Tue es, und Du wirst es bedauern, tue es nicht, und Du wirst es auch bedauern« (10). Schließlich löste er die Verlobung auf, gedemütigt durch seine Niederlage, Regines Kummer und die Anschuldigungen der Kopenhagener Gesellschaft.

Er rettete sich vor der Desintegration durch ein Fieber der Produktivität in einer Art manischer Gemütsverfassung. Er schrieb, um sich selber zu finden, um sich Regine verständlich zu machen, sie zurückzugewinnen, nicht als seine Frau, aber als die Muse seiner Produktivität. Er schrieb unter einer Reihe von Pseudonymen: Victor Eremita, Konstantin Konstantius, Johannes de Silentio, Frater Taciturnus, dem »Quidam« seines psychologischen Experimentes, usw. Hinter diesen Pseudonymen verbarg er sich in Scham und brach doch auch wieder hervor in trotziger Selbstenthüllung. Die Pseudonyme weisen auf seine verschiedenen Vorbilder hin, die Ich-Ideale, mit deren Hilfe er die verschie-

denen Seiten der Realität zu erfassen suchte. Kierkegaards sokratische Selbstironie spielte manchmal mit diesen verschiedenen Rollen wie ein Kind, doch auch tiefernst in seiner Suche nach Integration. Bei seinem inneren Mit-sich-selbst-zu-Gericht-Gehen: »Schuldig? Nicht schuldig?« (26) empörte er sich wie Hiob, gegen den sich Gott und der Teufel verschworen hatten, ihm alles wegzunehmen, um seinen Glauben zu prüfen. War er, Sören, nicht auch unschuldig? Gab es noch eine Hoffnung, die seine Zukunft neu gestalten würde, oder war er in die Hölle eingetreten, wo Hoffnung und Liebe tot sind?
Er dichtete den Antigone-Mythos um, weil er Regine sein geheimes Schicksal erklären wollte: Antigone hatte entdeckt, daß in Ödipus', ihres Vaters Leben, ein Verbrechen verborgen, und daß sie die Frucht eines unglücklichen Inzests war. Ihr Vater starb, ohne ihr oder irgend jemanden sein Geheimnis anzuvertrauen. Antigone wagte nicht, die Liebe des Mannes offen zu erwidern, den sie heimlich liebte, wei sie sich durch ihre Kindespflicht gebunden fühlte. Sie durfte erst lieben, wenn sie starb (13).
Kierkegaard wiederholte das Thema des Ödipuskonfliktes in vielen Variationen. In der Variation von *Periander, Tyrann von Korinth* (27) beschreibt er die Widersprüche in seines Vaters Charakter. Periander sprach wie ein weiser, gottesfürchtiger Mann, aber er handelte wie ein Irrer. Er hatte eine Inzestbeziehung zu seiner Mutter gehabt und hatte seine Frau ermordet. Sein Sohn lehnte sich gegen ihn auf, aber vergab ihm dann. An diesen Variationen des Ödipus-Themas fällt auf, daß immer der Vater schuldig ist, und daß das Kind die Schuld entlehnt. Die Antigone-Version weist auf Kierkegaards weibliche Identifikation und die homoerotischen Aspekte seiner Vaterbindung hin.
In seinen zahlreichen Schriften fand allmählich ein Ausgleich der dialektischen Spannungen statt, die seine Seele zerrissen hatten. Seine doppelgeschlechtliche Veranlagung, seine männlichen und weiblichen Identifikationen, seine aktiven und passiven Ich-Ideale erreichten langsam das Stadium einer Ich-Integration und Überich-Konsolidierung. Kierkegaard brauchte niemals seine Muse um Inspirationen zu bitten. Ideen flogen ihm zu. Und was er dankbar und passiv als Inspiration empfing, das arbeitete er aktiv und energisch in seine eigenen Überzeugungen um. Sein erstes Buch *Entweder – Oder* stellte den Kampf in seinem Inneren zwischen sinnlicher, ästhetischer Unmittelbarkeit und endlosen ethi-

schen Reflektionen dar. Die Widersprüche zwischen dem Es und seinem Über-Ich, in psychoanalytischer Terminologie, erscheinen noch unlösbar. Aber er begann, eine Lösung des Konfliktes auf religiöser Ebene zu ahnen.

In *Furcht und Zittern* nähert er sich der Lösung seines Konfliktes durch eine neue Interpretation der Legende von Abraham und Isaak. Abraham war bereit, seinen einzigen geliebten Sohn, seine Hoffnung für die Zukunft, zu opfern, dem Willen Gottes gehorchend, wie er, Abraham, ihn verstand, allein, ohne die Zustimmung anderer Menschen. Er vollzog die Bewegung »der unendlichen Resignation« (14), er stand dem Nichts, das das menschliche Dasein umgibt, gegenüber, er nahm sein Schicksal freiwillig entgegen und überwand dadurch das Erlebnis der Versagung. Und der Sohn wurde Abraham zurückgegeben, nicht im Leben nach dem Tode, sondern jetzt und hier, durch »die Bewegung des unendlichen Glaubens« (15). Dank seines *credo quia absurdum* ward der Sohn ihm neu anvertraut, nicht mehr als selbstischer persönlicher Besitz in seiner beschränkten Existenz. Der Ausblick in die Ewigkeit hatte sich ihm geöffnet durch seinen Sprung in den Glauben, in die auf immer unberechenbare Zukunft. Kubie spricht von dem »Sprung in das Dunkel des Genius« (30)

Die Legende von Abraham und Isaak erinnert uns daran, daß Sörens Vater seinen Lieblingssohn als Opferlamm für die Sühnung seiner Schuld ansah. Die Überlieferung von Abraham und Isaak war die Grundlage des Bundes der Juden mit Gott gewesen; auf ihr beruht die Sitte der Beschneidung. Vom Vater entliehene Schuldgefühle ließen die Lehre von der Erbsünde, die Verdammung einer asozialen Sexualität und das Dogma von der Sühnung der Sünden durch den Opfertod des Sohnes entstehen. Die autobiographischen Mitteilungen in *Furcht und Zittern* zeigen, daß Kierkegaard sich freimachte von dem Abhängigkeitsverhältnis zu seinem Vater und seiner Identifikation mit ihm. Und in dem Grade, in dem er sich freimachte von dieser Abhängigkeit, fielen auch die Ketten seines eigenen defensiven Narzißmus von ihm ab, ebenso wie sein Ehrgeiz und seine Eigensucht in seinen persönlichen Beziehungen. Nach einer langen Suche nach Identität fand er sich schließlich und erholte sich von der »Krankheit zum Tode« (24), in welcher er verzweiflungsvoll versucht hatte, gleichzeitig, »er selbst und nicht er selbst« (24) zu sein. Er suchte nach »dem Ritter des Glaubens« (14) in einmal geborenen Menschen, die einfach der Unmittelbarkeit des Lebens vertrauen, während andere, so wie er selbst, wiedergeborene, nur durch den »Sprung in den Glauben« zu diesem grundlegenden Vertrauen zurückfinden können (14). Und dieser Sprung ist mehr als eine vernünftige Berücksichtigung der Realität. Er sagt (21):

»Es gilt eine Wahrheit zu finden; die Wahrheit ist *für mich, die Idee zu finden, für die ich leben und sterben will*... Was nützte es mir, daß die Wahrheit vor mir dastände kalt und nackt, gleichgültig, ob ich sie anerkennte oder nicht, eher ein ängstliches Schaudern bewirkend als eine vertrauensvolle Hingabe?«

Auf dieser Basis hat er seine eigene subjektive Philosophie und Religion aufgebaut. Er protestierte gegen die systembauende Philosophie von Hegel, die das Universum der menschlichen Erkenntnisfähigkeit umfaßt. Kierkegaard hat sicher viel von Hegels dialektischem Denken gelernt. Er hat das Entweder-Oder der Entscheidung gegenüber dem Sowohl-als-Auch des synthetischen Gedankenprozesses betont, die Religiosität gegenüber der philosophischen Spekulation. Kierkegaards Interesse war das Individuum, seine subjektiven Bedürfnisse und Leidenschaften und seine Furcht vor Desintegration in der Spannung zwischen seinen Leidenschaften und den ihnen durch die Realtität auferlegten Beschränkungen. Er sah das menschliche Wesen in dem Prozeß der Selbstwerdung, den Mut, seiner selbst bewußt, durchsichtig zu werden in dem Kampf gegen die Kräfte des Selbstbetruges, der Isolierung und der Illusion. So entdeckte Kierkegaard schon, was in der Psychoanalyse ein Jahrhundert später entwickelt wurde.

Ich werde nicht auf Kierkegaards Religion und Philosophie eingehen. Ich wollte nur ein Skizze seiner persönlichen Entwicklung geben. Es ist Kierkegaard gelungen, im Vertrauen auf seine eigene spirituelle Potenz die subjektive Freiheit zu erlangen, die seinen Willen mit seinem Schicksal vereinigte. Er hatte seine symbiotische Identifikation mit seinem Vater erlebt und den Wiederholungszwang eines defensiven Narzißmus als »Erbsünde« erfahren. Seine Ich-Integration, seine schöpferische Befreiung, erlebte er als Geschenk der göttlichen Gnade.

Kierkegaard blieb bis zu seinem frühen Tode im Alter von 45 Jahren ein polemischer Kämpfer, als ob er die Grenzen seiner schwer errungenen Ich-Stärke gegen das Eindringen der feindlichen Welt und der feindlichen Vater-Imagines verteidigen müßte. Er kämpfte gegen die anonyme Korruption des Journalismus,

und er mußte sich, empfindlich wie er war, bittere Gegenangriffe im *Corsaire*, dem dänischen *Punch*, gefallen lassen. Er kämpfte gegen den Mangel an Authentizität des Individuums, das als Folge seiner mehr oder minder hypokritischen Anpassung an die Massengesellschaft seine subjektive Freiheit und Verantwortung verliert. Er kämpfte gegen die Kompromisse und die unernste Selbstgefälligkeit der modernen, organisierten Kirche und hat in diesem Kampf kein Blatt vor den Mund genommen. Er hat tapfer gekämpft und hat beim Kämpfen eine persönliche Beziehung zu dem Gott der Liebe gefunden. Er hat keine Schätze gesammelt. Bei seinem Tode war nur genug Geld für die Beerdigung vorhanden. Er hat zu Lebzeiten keinen Ruhm geerntet, aber er hatte die Überzeugung, daß seine Ideen zukünftige Generationen beeinflussen würden.
Gerade als er die letzten Seiten seines Buches *Der Augenblick* (17) beendet hatte, fiel er bewußtlos von seinem Sofa und wurde ins Krankenhaus gebracht, wo er nach einem Monat starb. Sein letztes Buch handelt von dem schwangeren Augenblick, in dem die Zeit die Ewigkeit berührt und eine persönliche Entscheidung fordert. Im Gegensatz zu der rationalistischen Idee von der Identität von Subjekt und Objekt, die Einheit von Gedanke und Sein, sagt Kierkegaard: »Der Mensch ist eine Synthese von Endlichem und Unendlichem« (24a). Aber diese Synthese ist das Gegenteil von Identität. Sie ist die Basis der existentiellen Verzweiflung, sie trennt das Subjekt vom Objekt, den Gedanken vom Sein, und sie enthüllt die dynamische Unsicherheit des Geistes.
In Kierkegaards letzten Wochen fanden ihn seine Freunde und Verwandten frei von Unruhe, obwohl er wußte, daß ihm der Tod bevorstand. Sein Arzt, seine Pflegerin und seine Besucher, alle erlebten eine strahlende Heiterkeit in dem sterbenden Mann, »vom Herzen kommende Liebe, einen gesegneten, gelösten Schmerz, durchdringende Klarheit und ein fröhliches Lächeln« (11). Auf Kierkegaards Leben und Entwicklung passen Bertrand Russells Worte (32):

»Mit Ausnahme der seltenen Geister, die ohne Sünde geboren werden, müssen wir alle eine Höhle der Dunkelheit durchschreiten, bevor wir den Tempel betreten können. Das Tor der Höhle ist Verzweiflung und ihr Boden ist mit den Grabsteinen verfehlter Hoffnungen gepflastert. Dort muß das Selbst sterben, dort muß der Eifer, die Gier der ungezähmten Wünsche erschlagen werden, denn nur so allein kann die Seele befreit werden aus der Herrschaft des Schicksals. Aber aus der Höhle führt das Tor der Entsagung wieder in das Tageslicht der Weisheit, in dessen Strahlen eine neue Einsicht, eine neue Freude, eine neue Zärtlichkeit scheint, das Herz des Pilgers zu erfreuen.«

Kierkegaard hatte große Schwierigkeiten zu überwinden infolge seines reichen, aber tragischen Erbguts: Die physische Behinderung, die Last seiner geborgten Schuldgefühle in einer zu langen symbiotischen Identifizierung mit dem melancholischen Vater, der ihn einerseits verwöhnte, andererseits quälte und ihm kein Vorbild selbstsicherer Männlichkeit sein konnte. Sören litt unter der Ambivalenz dieser Beziehung und unter den dialektischen Spannungen der Doppelgeschlechtlichkeit während der stürmischen Identitätskrisen seiner verlängerten Adoleszenz. Er konnte sich nicht befreien von dem »Pfahl in seinem Fleische«, wie er es nannte, der Kluft zwischen seiner erotischen Leidenschaft und der Sehnsucht nach ehelicher Liebe und Treue. Aber seine Bereitschaft zur Regression trat in den Dienst der Ich-Integration und der schöpferischen Sublimierung des Künstlers, wie Ernst Kris sie beschrieben hat (28). Er arbeitete sich als Erwachsener durch seinen Ödipuskonflikt hindurch: er sagte Ja zu den Grenzen seines Ichs, verzichtete auf die Übertretungen des defensiven sekundären Narzißmus, und in der Erneuerung eines grundsätzlichen Vertrauens wuchs er hinaus über die Grenzen seiner individuellen Existenz. So wie Luther vor ihm und Freud nach ihm und andere geniale Menschen nahm er die Gefahr des Nicht-Seins auf sich, die in dem Mangel an Verständnis seiner Zeitgenossen lag, und vertraute seine Ideen zukünftigen Generationen an.

Aus dem Englischen von Oskar Sauer

Anmerkung

1 Vortrag auf dem 21. Kongreß der Int. Psychoanalytischen Vereinigung in Kopenhagen, 1959.

Literatur

(1) Benedek, Therese, »Toward the Biology of the Depressive Constellation«, *Journal of the Am. Psychoanalytic Ass.* 3. S. 389–427.
(2) Erikson, Erik H., *Young Man Luther*, 1958, New York, Norton.
(3) Fenichel, Otto, »Identification«, *Int. Ztschr. Psychoanal.*, 1926, XII, 3, S. 318.
(4) Freud, S., *Das Ich und das Es,* GW, VI, 395.
(5) Siehe auch Greenacre, Phillis, »The Family Romance of the Artist«, *The Psychoanalytic Study of the Child*, 1958, XIII, N. Y., Int. Un. Pr., S. 9–36.
(6) Hohlenberg, Yjohannes, *Sören Kierkegaard*, translated by T. H. Croxall, 1954, N. Y., Pantheon.
(7) – Op. cit., S. 42.
(8) – Ibid.
(9) – Ibid.
(10) – Op. cit., S. 91.
(11) – Op. cit. S. 268.
(12) Jacobson, Edith, »Normal and Pathological Moods: Their Nature and Functions«, *The Psychoanalytic Study of the Child,* 1957, XII, S. 73–113.
(13) Kierkegaard, Sören, *Entweder – Oder*, Jena, S. 126–149.
(14) *– Furcht und Zittern*, Jena, 1923, S. 11–64.
(15) – Ibid., S. 65 ff.
(16) – Ibid.
(17) *– Der Augenblick*, Jena, 1923.
(18) *– Die Tagebücher*, 1953, im Kösel-Verlag, S. 118/119.
(19) *– The Journals*, 1938, N.Y., Oxford Univ., Pr., Nr. 420 (meine Übersetzung).
(20) – Ibid., Nr. 483 (meine Übersetzung).
(21) *– Die Tagebücher,* S. 44.
(22) *– The Journals,* Nr. 90 (meine Übersetzung).
(23) *– Furcht und Zittern / Die Wiederholung*, Jena, 1923, S. 161.
(24) *– Die Krankheit zum Tode*, Jena, S. 62.
(24a) – Ibid., S. 12.
(25) *– Stadien auf dem Lebenswege*, Jena, 1922, 225 ff.
(25a) – Ibid., S. 177/178.
(26) – Ibid., S. 163–365.
(27) – Op. cit., S. 292–296.
(28) Kris, Ernst, *Psychoanalytic Explorations of Art*, 1952, New York, Int. Univ. Press.
(29) Kubie, Lawrence, Neurotische Deformationen des schöpferischen Prozesses, 1966, Rowohlt Verlag.
(30) – Op. cit.
(31) Lowtzky, Fanny: *Sören Kierkegaard*, 1935, Wien, Int. Psychoa. Verlag.
(32) – Russell, B., *Mysticism and Logic,* 1929, New York, Norton (meine Übersetzung).

J.-B. Pontalis
Flauberts Krankheit

I

Mit zehn Jahren schreibt er an seinen Freund Chevalier: »Wenn du willst, daß wir uns zusammentun, um zu schreiben, dann werde ich Komödien schreiben, und du wirst deine Träume schreiben ... Ich hatte dir gesagt, daß ich Stücke machen würde, aber nein, ich werde Romane machen, die ich im Kopf habe, und zwar: die schöne Andalusierin, der Maskenball, Cardénio, Dorothée, die Maurin, der unverschämte Neugierige, der vorsichtige Ehemann ... Ich habe beinahe dreißig Stücke, und viele davon werden wir beide, Caroline, zusammen spielen« (I, 1, 2, 5).[1] Aber mit Dreißig, und bis zu seinem Tode, ist es nur noch eine immer wiederholte Klage, die, bevor sie ihn zum Gegenstand der Legende machte, für seine Freunde eine nur wenig verständliche Schwierigkeit beim Schreiben bedeutete; man gehe nur den Index des Briefwechsels unter der Rubrik *Madame Bovary* durch: »Flaubert hat in einer Woche eine Seite von Mme. B. geschrieben ... drei Seiten ... dreizehn Seiten in sieben Wochen ... Er ist von neuem an seiner ewigen Bovary ... Mme. Bovary muß werden, oder er muß darüber krepieren ... Er kommt mühsam voran, er würde nicht für mehrere Millionen nochmal von vorn anfangen ... Es ist ein Mühlstein, der ihn zermürbt, er macht ihn fertig, er ist völlig erschöpft.«
Ein solcher Kontrast, zumindest in diesem Grad, ist in der Literatur selten und bleibt für die Kritik ein Rätsel. Kürzlich hat es Mme. Durry in ihrer Einleitung zu einer Sammlung unveröffentlichter Texte ganz offen zugegeben, wie vor ihr schon Thibaudet: »Der erstaunlichste Moment in Flauberts schriftstellerischer Existenz ist der Zwischenraum, der die erste *Education* und die erste *Tentation* von *Madame Bovary* trennt.« Man führt immer das »Grauen« an, die über einem Satz verbrachten Tage, die über einigen Seiten verbrachten Monate, in Überdruß, in Mutlosigkeit und einer mürrischen Wut, und man macht aus Flaubert einen Gekreuzigten der Literatur, den Märtyrer einer trübseligen Religion. Das ist zuviel, oder nicht genug, wenn man sich erinnert, daß dieser junge Mann von neunundzwanzig Jahren, der sich so ein-

schließt, lange Zeit fieberhaft und mit Leichtigkeit geschaffen hat, ohne geringere Anforderungen an sich zu stellen.
Sicher, da ist seine »Krankheit«, der Unfall von 1844, den du Camp mitgeteilt hat, der nach Epilepsie aussieht, und vielleicht eine Syphilis, die er sich 1850 in Beirut zugezogen hätte;[2] es ist wahrscheinlich, daß Flaubert, wenn er von Mme. Bovary sagt, »daß sie ganze Tage in halbwegs kataleptischer Starre zubrachte... Dann kamen wieder Zustände großer Exaltation«, nicht weit davon entfernt ist, die »Arbeits«tage des Zyklothymen, der er war, zu beschreiben. Jedoch hindern ihn diese Krankheit, welches auch ihr Name sei, ihre Auswirkungen und die sie begleitende Behandlung nicht daran, spät in der Nacht, oft im Morgengrauen, wenn er sich entschließt, seine Bovary beiseitezulegen, Briefe zu schreiben, die manchmal überreichlich beweisen, daß seine Feder nicht paralysiert ist. Und schließlich ist nicht einzusehen, warum eine Krise epileptischer oder hysterischer Art und eine Syphillis das ästhetische Gewissen in einem solchen Maß empfindlich machen sollten, daß die Ausdrucksgeste des Schriftstellers gehemmt würde. Aber man sieht gut, was dieser allzu leichtfertige Rückgriff auf die Krankheit leisten soll: er bezeichnet, ohne Rechenschaft von ihnen zu geben, jene Kräfte, die Flaubert gefesselt halten, die seine Berufung in eine schmerzhafte Aufgabe, sein Unternehmen in ein Schicksal verwandeln, das ihn zerfrißt und ihn vom Leben abschneidet; nicht nur vom äußeren, sondern auch von dem Leben, das der Schriftsteller in seiner Schöpfung selbst erfahren kann; stellt man sich Flaubert vor, wie er in Croisset sein eigener Gefangener geworden ist, dann glaubt man ihn mit irgendeiner peinlich genauen und düsteren Arbeit beschäftigt. Unbestreitbar hat dieser Mann etwas von einem Kranken; aber wenn es nicht die Krankheit wäre, die man meint?
Eine andere Erklärung, eine neue Frage: nach der Lesung der ersten *Tentation* – Flaubert las vor; es dauerte zweiunddreißig Stunden – empfehlen ihm Bouilhet und du Camp bestürzt, sich an einen Roman zu machen, der ihn zwingen würde, seine unglückselige Neigung zum oratorischen Überschwang zu besiegen; Bouilhet soll Flaubert sogar die Geschichte der Delphine Delamare vorgeschlagen haben. Es muß zugleich etwas Komisches und etwas Unheimliches an diesem Gespräch gewesen sein: »Da du für die große Orgel nicht taugst, warum willst du dich nicht lie-

ber an die Neuigkeiten vom Tage halten? Du wirst dann schon weitersehen.« Man weiß, daß Flaubert das Urteil und die Empfehlung seiner Freunde tief bekümmert akzeptierte. So soll *Madame Bovary* geboren worden sein. Man würde dann verstehen, daß der Roman, der als Versuch gegen seine Natur begonnen wurde, als Stilübung beabsichtigt war, nur in klagender Verbissenheit hat fortgeführt werden könne, und daß, selbst von den Momenten der Niedergeschlagenheit abgesehen, sein Autor in ihm oft nur eine taube Nuß gesehen hat. Diese Diagnose stellte schon Baudelaire: »Er hat seinen Stil auf trockenes Brot setzen und seine Phantasie zügeln wollen, so ungefähr wie die vollblütigen Frauen, die, ihre Versuchung fürchtend, sich eine Pinte Blut abzapfen lassen.« Man könnte sogar heute noch in dieser langen Bußübung so etwas wie einen Nachklang der Kastration finden, die Flaubert, wie berichtet, an sich selbst vorzunehmen versucht hat.

Die traditionelle Erklärung hält der Prüfung kaum stand. Zunächst ist die »Quelle«, die man dem Roman gewöhnlich zuspricht, keineswegs die einzige; das Dokument Pradier und der Briefwechsel zeigen, daß sich Flaubert nicht nur von einer Zeitungsnotiz, sondern auch von Situationen hat inspirieren lassen, die ihn unmittelbar betrafen. Vor allem weiß man, daß er sich in dieses Werk, wie vielleicht in kein anderes, selbst hineingelegt hat; nicht nur aus bloßem Berufsethos identifiziert er sich mit seiner Heldin in jedem Augenblick ihrer Geschichte, indem er sich so weit in ihre »Jungmädchenträume« und ihre »Knutschereien« versetzt, daß er bestimmte Empfindungen, die er ihr leiht, selbst verspürt (»Ich hatte Arsengeschmack im Mund« (V, 951), schreibt er später an Taine) und durch sie preisgibt, was er immer verschwiegen hat: das Geheimnis seiner Krisen. Die Kritiker haben leichtes Spiel, wenn sie feststellen, daß Flaubert von seinen hundertmal wiederholten Vorschriften der Unparteilichkeit und der Unempfindlichkeit in der Kunst abweicht, daß es keine Unterbrechung des Zusammenhangs zwischen seinen ersten autobiographischen Erzählungen und *Madame Bovary* gibt; daß sie schließlich sein Eingeständnis nicht gebraucht hätten, um ihn in Emma ebenso wie in Frédéric Moreau, im heiligen Antonius oder in Bouvard wiederzuerkennen.

Man kann diese Urteile hinterher leicht für begründet halten, sie beseitigen nicht den ersten Eindruck, der durch die Müdigkeit, die die Briefe ausdrücken, immer wieder bestätigt wird; »man schreibt nicht die Bücher, die man will«, sagte er, und er hat *Madame Bovary*, sein vollendetstes Buch, nicht gewollt, selbst wenn er in jeder Zeile gegenwärtig ist, nicht so gewollt, wie er seine großen mißlungenen Bücher wollte, die er immer wieder aufnahm und die mit seinen Obsessionen genährt sind. Es sei denn, man hielte dafür, daß *Madame Bovary*, weit davon entfernt, das Ergebnis einer Vernunftentscheidung zu sein, der sich Flaubert wie einer Therapie unterworfen hätte – nämlich der Beredsamkeit den Hals umzudrehen –, der Gegenstand einer so persönlichen Wahl gewesen sei, daß sie mehr das feindliche Gesicht des Schicksals als das einer glücklichen Spontaneität angenommen hat. Flaubert selbst schwankt in seinen Urteilen, um von seinen Stimmungen nicht zu reden: bald ist sein Buch nur ein *Pensum*, die mühsame Übung eines Strebers, den man Generationen von Schülern als Beispiel anführen wird, bald wieder, man merkt es an der bebenden Intensität bestimmter Begriffe, weiß er, daß »es etwas sehr Gutes sein wird«; was uns betrifft, die wir *Madame Bovary* lesen, so sehen wir manchmal nur einen allzu fleißigen Roman in ihr, der einen unglaublichen Apparat von Entwürfen, Plänen, Notizen – Szenen, Partien, Sätzen, die ausgeführt werden sollen – nur schlecht verbirgt; und dann wieder denken wir, daß dieses Buch, scheinbar Stück für Stück kontrolliert, bloßer Gegenstand der verkrampften Gewissenhaftigkeit eines Akkordarbeiters der Literatur, die Dichte, das Geheimnis, die Autonomie eines unbekannten Organismus besitzt, den wir immer wiedersehen lernen müssen.

Kurz und gut, man dreht sich im Kreis: man korrigiert eine Erklärung durch das Gegenteil, und man nuanciert diese, um zur ersten zurückzukehren. Dieser Bruch zwischen dem Glanz des Stils und dem Grauen, diese immer wiederholten Klagen, dieses Ausbreiten der Schwierigkeiten und die minuziöse Geduld, von der man niemals weiß, ob sie über jene triumphieren wird, wie soll man sie also verstehen? Man stellt die Hypothesen nebeneinander, man macht ein »neurasthenisches« Temperament geltend, zuviel Neigung zur Masturbation, die schmerzliche Lage, Rentner zu sein (glücklicher Balzac, der dem Geld nachlaufen mußte!), ein zu einfaches Thema, übermäßige Skrupel, denen eine gewisse Koketterie beigemischt ist, da er ständig auf den Wert des Werks hinweist, indem er gesteht, wieviel Arbeit es ihn kostet.

Man könnte die Argumente vervielfachen, doch verglichen mit dem Selbstportrait, das uns Flaubert in seinem Briefwechsel von sich gibt, wären es niemals genug; man begegnet hier einem Mann, der völlig in seiner Arbeit aufgeht, der ihr sein übriges Leben, zum Beispiel des Zusammensein mit seiner Geliebten, unterordnet; das klingt dann ungefähr so: »Wir werden uns sehen, wenn ich auf Seite 94 sein werden.« Wie sollte man nicht an die Geschichte denken, die Moravia von einem Schriftsteller erzählt, der auf jeden Verkehr mit seiner Frau verzichtet, um sein Werk zu vollenden? Wenn es sich mit Flaubert so verhält, und wenn er so unbewußt und hartnäckig den Primat der Literatur über alles andere zum Ausdruck bringt, dann muß man die Erklärung für sein Leiden zunächst in seiner Behandlung der Sprache suchen.

Die erste Diagnose seiner Krankheit liefert er uns selbst: »Die Laster meines Geistes: Überschwang, Planlosigkeit, Angeberei mit Ideen und Ausdrücken«; und seit *Novembre*, den er mit einundzwanzig Jahren schreibt, macht er sich über diese Wortbesessenheit, die ihn auffrißt, keine Illusion mehr: »er war ein Mensch, der immer wieder in den falschen Ton, in die Unverständlichkeit geriet und großen Mißbrauch mit Epitheta trieb . . . Er starb, aber langsam, nach und nach, *ohne daß irgendein Organ krank gewesen wäre*.«[3] Das ist das Schicksal, das ihn erwartet. Als er im September 1851 *Madame Bovary* beginnt, weil er deshalb seine »Gauklernatur« (I, 154), die großen Versuchungen des Wortes, die ihn heimsuchen, exorzisieren, will er »über die Gewohnheit, von sich selbst zu singen«, die nur einen selbst erfreut, »mitleidig lächeln«; als er auf die Literatur Louise Colets mit »genügt es, von einem Gefühl ergriffen zu sein, um es auszudrücken?« (I, 120) reagiert, weiß er mit Bitterkeit, daß die Antwort Nein ist; ihre Gegenanklagen klären ihn hinreichend darüber auf, daß es nicht genügt, kraftvoll zu sprechen, um gehört zu werden (und deshalb fühlt er sich niemals in der Gesellschaft von Frauen wohl), und die Gedichte, die sie ihm zu lesen gibt, bestätigen wie ein Karikatur, wovon er sich zu überzeugen beginnt: wenn der Anspruch erhoben wird, die Heftigkeit der Bewegungen der Leidenschaft ohne Umschweife auszudrücken, so gibt es keine Garantie, daß etwas anderes daraus entsteht als eine alberne, hochtrabende Literatur; »wenn man ergriffen sein müßte, um andere zu ergreifen!« (II, 213).

Die Behandlung, die er sich auferlegt, ist methodisch; hier ein Beispiel: »Ich werde von Vergleichen aufgefressen wie von Läusen; ich verbringe meine Zeit nur damit, sie zu knacken, meine Sätze wimmeln davon.« Er verbirgt es nicht: seine Bilder sind Parasiten. Das heißt, daß man um gut zu erfinden, der Welt »wenig Realität« zuerkennen, sie aus einiger Entfernung anschauen muß wie eine mögliche unter anderen, und in ihr gleich nur einen gewissen Zusammenklang von Worten lesen muß; dann ist das Bild nicht mehr Parasit, sondern »König des Wahren«. Man denke an Balzac, dessen Welt genügend unwiderlegbar ist, so daß Marx ihre Wahrheit anerkennt; man erinnere sich an seine Bilder, die wie Klischees losgehen und in einer Art von Überbietung mit einem Triumph über das Maß und die Wahrscheinlichkeit, die wir ihnen entgegenstellten, enden. Aber Flaubert glaubt nicht an die höhere Wirklichkeit des Bildes, er hält die »Metapher« für eine Verzierung; es kommt vor, daß er sich eines über zweiunddreißig Zeilen »festgehaltenen Vergleiches« rühmt; wirklich, er hält ihn am ausgestreckten Arm fest, wie ein Jahrmarktsringer. Wenn er nicht die eigene Kraft des Bildes sieht, dann deshalb, weil er bis zur Obsession von der der Dinge durchdrungen ist. Hier liegt der Ursprung seines Ennui. »Ich bin mit dem Ennui geboren, er ist die Lepra, die mich zerfrißt« (I, 173). Vielleicht, aber sie zerfrißt nicht die Dinge. Dieser Ennui ist nicht die moderne Krankheit des Bewußtseins, die es von seiner Welt fortzieht, sondern eine Krankheit des Seins, die sich so sehr ausbreitet, daß sie alles befällt; er ist nicht, wie bei Mallarmé, ein Mittel, um sich von »den festen und gewichtigen Dingen« zu befreien und damit die letzte Aufgabe der Sprache vorwegzunehmen: Abwesenheit zu schaffen[4]; sondern im Gegenteil ein Mittel, sich von einer schlüpfrigen Realität wie von einem zu schweren Boden aufsaugen zu lassen. Denn diese Wirklichkeit, die Flaubert fasziniert, ist nicht die Wirklichkeit, die die positivistische Wissenschaft beobachtet oder die die Naturalisten herausputzen, und es sind nicht ihre Brillen, die sie sichtbar machen; es wäre vielmehr eine fühlende Natur, die die Gegenwart ertränkt und das Individuum in sich einsaugt.

Man muß sich in jedem Fall hüten, ihr irgend etwas hinzuzufügen, was es auch immer sei, und sich völlig den Entzückungen dieser Einverleibung überlassen. »Manchmal, wenn ich einen Kiesel, ein Tier, ein Bild lange betrachtet hatte, hatte ich das Gefühl, in sie einzutreten.« Das normale Ergebnis dieser Art von Operationen ist das Schweigen, und es mag sein, daß er viele der mühseligen Tage von Croisset damit zugebracht hat, das Universum im Rauch einer Pfeife aufzulösen. Das Dumme ist, daß Flaubert zu sprechen begonnen hat, und seine einsamen Feste schläfern seine besten Freunde ein; die Hämorrhagien, die die Zusammenhanglosigkeit der Zeit beseitigen und in eine dem Herzen fühlbare Ewigkeit münden sollten, die funkelnden Bilder, die das Wirkliche zu seinem Schmelzgrad bringen sollten, enden in der Logorrhöe eines Träumers. »Er starb, ohne daß irgendein Organ krank gewesen wäre«; ja, aber dieser Wille, der Welt zu sterben – denn es war eine Art von Tod, die Flaubert in dem suchte, was er irgendwo seine »kontemplative Ergießung« nennt –, schafft nur leere, tönende Grabmäler. Er wird es also anders anpacken müssen.

Selbst wenn er davon völlig überzeugt wäre und fähig wäre, zu neuem Leben zu erwachen, fände er deswegen doch nicht weniger diese fressende Lepra wieder, die ihn so empfindlich für das Groteske und die Dummheit macht. »Es gibt Gesten, Klänge von Stimmen und Albernheiten, die mich fast schwindeln machen« (I, 102): alles das, was, von den Menschen kommend, im Leeren hängt, bevor es in der Materie versinkt; alles das, was noch *einen Anspruch erhebt*, wie jene Gegenstände – die Mütze des jungen Bovary, das Paar Stiefel –, die sich unbedingt nützlich machen wollen. Wie sollte man wagen, diesem Überfluß noch etwas hinzuzufügen, der alles überwältigt und selbst den Geist versanden und versteinern läßt (die Gemeinplätze)? »Von der ganzen Politik gibt es nur eine Sache, die ich verstehe, das ist der Aufstand« (I, 114).[5] Weil sie in einem Ausbruch das verneint, was die ganze zufriedene Epoche ihm wiederholt: das Vertrauen in den Fortschritt und die Ordnung. Der Aufstand ist ein Bild, das Ereignis wird und den Menschen zu Stein werden läßt.

Man hat oft auf die Sonderbarkeit der Beziehung Flauberts zu dieser Dummheit hingewiesen, die ihn krank macht und buchstäblich fasziniert. Ein Beispiel unter Tausenden: schreibt er einen Gratulationsbrief an einen Kollegen, so bittet er ihn um diesen kleinen Dienst: »Heben Sie mir die Dummheiten auf, die über Ihr Buch gesagt werden.« Faulbert hat immer gern die menschlichen Urteile auf die Reflexe einer albernen Tierart zurückgeführt, die Ideen auf ein bißchen Tinte, um schließlich die

Enzyklopädie des Wissens in eine nicht gerade komische Posse zu verwandeln und den Geist in flagranti zu ertappen: nämlich als den Frosch, der sich aufblasen will, bis er so dick ist wie der Ochse; Bouvard und Pécuchet sind die armen Verwandten von Monsieur Teste.
Dieses Unternehmen hat wohlverstanden einen präzisen sozialen Sinn; Flauberts Beziehung zur Dummheit ist ganz die Transposition seiner Beziehung zur Bourgeoisie. Man kennt die ubueske Gestalt des *Garçon*[6], die sich Flaubert und seine Kameraden als Kinder ausgedacht hatten, und die ihn sein Leben lang begleitete; sie dient ihm dazu, durch die Emphase, die Parodie, die Obszönität die bürgerlichen Tugenden in Frage zu stellen: er ist eine komische Figur, die aber die anderen komisch erscheinen läßt. Er ist das einzige »Über-Ich«, das Flaubert jemals für sich anerkannt hat, der einzige Schrecken, den er den Bourgeois, die er so zu hassen vorgab, entgegengesetzt hat. »Ich rasiere mich nie, ohne zu lachen, so dumm erscheint mir das.« Ja, aber er rasiert sich doch. »Die Dummheit sehen und sie nicht mehr tolerieren.« Gut, aber hier ist sein letzter Wunsch als Schriftsteller: »Einen solchen Eindruck der Müdigkeit und des Ennui zu erzeugen, daß man beim Lesen dieses Buches *(Bouvard et Pécuchet)* glauben könnte, ein Kretin habe es gemacht.« Seine ständige Versuchung: »die Materie zu sein« *(Saint Antoine)*, verwandelt sich in diese Zwangsvorstellung: die Dummheit zu sein *(Bouvard et Pécuchet)*. »Es geht nicht darum, gegen den Bourgeois zu Felde zu ziehen, er ist tot«; also kein Haß, keine Revolte, überlassen wir das den *Krämern* und *Strolchen*, wir Künstler haben etwas Besseres: den Dummheitenkatalog. Kener wird in das Kollegium der Künstler aufgenommen, wenn er nicht imstande ist, einen vorzulegen.[7] Flaubert ist sich nicht darüber im unklaren, daß er der Komplize der Bourgeois ist, er kann es nicht ignorieren; seine Renten, seine Ängste, seine Gewohnheiten halten es ihm jeden Tag vor Augen; und, in viel vertraulicherer Weise, sein Ennui und sein Sinn für das Groteske: »Bouvard und Pécuchet erfüllen mich bis zum Platzen«; wenn es ihm an Schwung fehlt, begnügt er sich damit, seinen Zustand so zu beschreiben: »friedliche Begräbnisstimmung«. Man könnte es nicht besser sagen.
Wenn man Flauberts Skrupel beim Schreiben nicht mit diesem Komplex von Vorurteilen in Verbindung bringt, wie könnte man sie dann verstehen? Wenn er mit dem bekannten Eifer Assonan-

zen und Hiatus anprangert, besessene Jagd auf die *qui* und die *que* macht, sich für Zäsuren, Enjambements und Satzschlüsse begeistert[8], dann geschieht es nicht aus der Sorge, sich gut auszudrücken; wenn er glaubt, »daß es nur eine Weise gibt, eine Sache auszudrücken, ein Wort, es zu sagen, ein Adjektiv, es zu kennzeichnen, und ein Verb, es zu beleben« (Maupassant), und wenn ihn diese Überzeugung so viel Mühe kostet, dann nur darum, weil er ihr nicht denselben Sinn gibt wie La Bruyère. Und wie könnte er es auch? Die klassische Rhetorik war auf die Vorstellung einer Rede gegründet, die die wahren Beziehungen der Dinge ausdrückt; sie setzte eine feste, universale Realität als einziges Objekt der Wahrnehmung, der Wissenschaft und der Philosophie voraus. Alles ist gesagt, man kann es nur noch besser sagen und, wie die Mathematiker, eine elegantere Lösung für ein schon bekanntes Problem geben. Der Leser sieht dieselbe Wahrheit wie der Autor: die Kommunikation ist durch eine Art prästabilierter Harmonie sichergestellt. Schließlich, wenn ein Werk vollkommen lesbar ist (aber man muß lesen lernen, darin besteht die Bildung), dann darum, weil die Welt vollständig entzifferbar ist (man muß sich nur des Anfangs, der Ordnung versichern, »die Geheimnisse lokalisieren«, und darin besteht die Philosophie).

Der Zauber des Stils liegt für Flaubert nicht allein in seiner Übereinstimmung mit irgendeiner Realität: Idee, Gefühl oder Gegenstand; was er bei den klassischen Schriftstellern findet, ist eine peinlich genaue Aufmerksamkeit gegenüber dem Rohstoff der Literatur: der Sprache. Aber sein Besessensein von Sätzen, von dem seine Mutter sagte, es habe ihm die Gefühle abgetötet, ist die eines Malers für die Farben, die Gegenstände, nicht die eines Redners oder Puristen. Manchmal spricht er von der Sprache, als ob die Sprache nichts anderes aussagte als sich selbst: »Für dieses Buch *(Madame Bovary)*, das nur ein Stil ist, ist der Stil selbst die ständige Gefahr. Der Satz berauscht mich, und ich verliere die Idee aus den Augen« (VI, 455). Das bedeutet, daß er den Stil nicht, mit Buffon, als »Ordnung und Bewegung, die man in seine Gedanken bringt« definieren kann, noch die Idee als den Gegenstand einer Intuition des Intellekts; sie ist nicht schon vor dem Ausdruck da: »die Form und die Idee sind für mich eins«; sie läßt sich nicht einkreisen, denn sie ist eine Erwartung, eine Intention; »je weiter ich gehe, desto unfähiger fühle ich mich, die Idee wiederzugeben« (II, 206). Nirgends zeigt er vielleicht besser, was ihn von den Klassikern trennt – und Mallarmé annähert –, als in diesem Axiom: »Man muß immer an den Stil denken und so wenig wie möglich schreiben, nur um die Erregung der Idee zu dämpfen, die eine Gestalt annehmen will und die sich ruhelos in uns dreht, bis wir für sie eine genaue, treffende, *ihr selbst entsprechende* Gestalt gefunden haben.« [9] Der unbedingte Glaube, von dem Maupassant spricht, »daß es nur eine einzige Weise gibt, eine Sache auszudrücken«, wird also nur deshalb die Quelle so vieler Schwierigkeiten, weil der geistige Hintergrund, auf den sich eine solche Gewißheit im allgemeinen gründet, für Flaubert zu existieren aufgehört hat; er kann sich auf nichts beziehen, was vor dem Stil läge. Er weiß es und sagt es, aber er wünscht, es wäre anders; dann »verzehrt er sich in Plänen« (»wenn der Plan gut ist, stehe ich Dir für den Rest gerade«; leider nein!), häuft Entwürfe, wie wenn er hoffte, sich dadurch von der einzigen Arbeit zu befreien, die wichtig ist: der Arbeit am Ausdruck. Aber wenn es wahr ist, daß er in *Madame Bovary* nur eine Absicht hatte: »Einen Ton wiederzugeben, die Schimmelfarbe des Lebens der Kellerasseln«, und wenn nach den Worten Prousts »der Verstand bei ihm Vibration eines Dampfschiffs, Farbe des Schaums, Insel in einer Bucht werden will« [10], wie hätte er sich über das Wesen dieser Vorarbeiten, ja über alle die Tugenden täuschen lassen, die man so gerühmt hat? »Es ist eine Gewalttour, glaube ich – was die Knappheit und Klarheit anlangt –, was aber nicht hindert, daß es gräßlich ist« (III, 3).

Es kommt vor, daß er sich der anderen Seite zuwendet, zu den »Dingen«, und Zuflucht bei einer Beobachtung und Dokumentation wissenschaftlichen Charakters sucht; sehr häufig geht er bei seiner Erforschung der Wirklichkeit ganz ähnlich vor wie einer, der Karteikarten anlegt. Allein ebenso wie seine Behandlung der Sprache nur scheinbar an die der Klassiker anknüpft, ist es oberflächlich, seine Weise, an die Welt heranzugehen, als naturalistisch zu bezeichnen. Gerade das Übermaß seines dokumentarischen Ehrgeizes – man denke etwa an die Auskünfte, die er von seinen Korrespondenten mit einer bizarren Genauigkeit erbittet – offenbart den Unterschied. Sein Wille zur Präzision erreicht mit *Bouvard et Pécuchet* die Halluzination: »Ich werden ihre geologischen Exkursionen unternehmen.« Man braucht nur die Briefe und Reiseberichte dieses angeblichen Romanciers der Beobachtung zu lesen, um sich von seiner Unfähigkeit zu überzeugen, alle

die flüchtigen, deutlichen Zeichen zu entdecken, die die Welt demjenigen gibt, der sie zu sehen versteht; keiner hat weniger als er den stendhalschen Sinn für das Faktum, das Bruchstück der Unterhaltung, die einen Menschen, ein Milieu sichtbar machen. Er ist umständlich wie ein Fremdenführer.
Wenn man das Unglück des Realismus, der das Inventar einer schon fertigen, schon gesehenen Realität gibt und sich damit zwingt, die Literatur mit dem Manierismus des Schreibens zu verwechseln, bei Flaubert lebhafter als irgendwo anders fühlt, dann deshalb, weil er ihn als eine Sackgasse, nicht als ein Rezpet erlebt. Um sich zu trösten, träumt er von einem Buch, das nur Stil wäre, das seine völlige Gleichgültigkeit gegenüber dem Gegenstand aussagte; allein er schreibt deswegen doch keine Gedichte, sondern Erzählungen, Romane und sogar Boulevardstücke. Er entfremdet sich in der Sprache, hört aber darum nicht auf, sich auf eine psychologische und soziale Realität beziehen zu wollen. Kurz, er schwankt zwischen Mallarmé und Zola. Das auch deswegen, weil er weiß, daß er am Ursprung einer neuen Kunst steht: »die Prosa ist gerade gestern entstanden; das muß man sich klarmachen«.

Dieses Schwanken, diesen Zweifel, dieses Unbehagen findet man in der Beziehung zwischen seiner Literatur und seinem Leben wieder. Sehr bald akzeptiert er sich, wie er ist, mit einer bitteren Genugtuung; mit fünfundzwanzig Jahren ist er schon sechzig Jahre alt. Er widmet sich der literarischen Arbeit mit einer außergewöhnlichen Ausdauer, manchmal sogar mit Heftigkeit, ohne daß sie jemals für ihn eine ihn befreiende Leidenschaft gewesen wäre. Eine bestimmte Vorstellung vom Schriftsteller, dessen Beruf es ist, Bücher zu schreiben, stammt unbestreitbar von ihm, indes ist er weit davon entfernt, Handwerker sein zu wollen; er weiß zum Beispiel, daß er alles, was er seinen Büchern gibt, seinem Leben entzieht. Er unterscheidet sich nicht nur von den anderen Menschen, sondern auch von den anderen Schriftstellern, und eben das ist es, was Louise Colet so aufbringt; er macht seine Rendezvous in Mantes eher von dem Kapital, das beendet werden soll, als vom Kalender abhängig, er behauptet, daß er nur dann schreiben könne, wenn er es sich versage, wie die anderen zu leben, daß man sogar nur von dem gut sprechen könne, was man sich zu erleben versagt – als ob die Handlungen und Gefühle den

Gebrauch der literarischen Sprache vergeblich oder unmöglich machten. Er würde sich also die Einsamkeit und die Untätigkeit auferlegen, um seine ästhetischen Forderungen zufriedenzustellen, ohne daß diese Entscheidung etwas von Heldentum an sich hätte: der *vates* wird zum *Einsiedler*.

Allein, die Strenge überzeugt nur halb; solch radikale Entscheidungen wirken künstlich, und wir spüren den Konflikt zwischen Leben und Literatur besser bei Stendhal und bei Malraux, die sich dem einen wie dem anderen gewidmet haben. Ist es tatsächlich *Madame Bovary*, der Flaubert Louise Colet opfert, ist es nicht vielmehr seine Mutter?[11] Und dann, was opfert er eigentlich? Irgendeine Beamtenkarriere wie die Ernest Chevaliers. Auf seiner Orientreise benimmt er sich wie jeder beliebige Bürger (welch ein Unterschied zu Nerval!), dem der Tourismus bald auf die Nerven geht, monatelang träumt er von einer mit einer »üppigen Kurtisane« verbrachten Nacht. Seine Verachtung für das bürgerliche Leben hat übrigens nichts Radikales, wie man sich denken kann; »Beduine, solange Sie wollen; Bürger, niemals« (IV, 455), erklärt er großartig, aber er kann sich sehr wohl wegen seiner Renten beunruhigen, kann sehr gut seine familiären Pflichten erfüllen und hat meines Wissens niemals die »entrée du Garçon« im Salon der Prinzessin Mathilde vollführt.
Daher erwartet er nichts von der Literatur, aus dem Grund, weil er sein Leben schon eingesetzt hat, aber er widmet sich ihr völlig; er arbeitet seine Bücher aus wie ein Handwerker sein Meisterstück, aber er verachtet aufrichtig sein Schriftstellertum.[12] Man versteht, daß er mit dieser widerspruchsvollen Haltung keinen Anlaß hat, glücklich zu sein. Selbst wenn er schreibt, läßt er sich keinen Ausweg: er überwacht, er überlistet sich nicht mehr, als er den Leser überlistet; zur gleichen Zeit wie er schreibt, liest er, was er schreibt, er läßt niemals seinen Satz laufen, er nimmt sein Buch vor und liest das Geschriebene noch einmal laut, mit wechselndem Tonfall, er schreibt es immer wieder ab, als ob er Angst hätte, sich zu verlieren. Was der Dichter durch eine Art Gnade empfängt – zumindest soll er diese Illusion vermitteln –, sucht Flaubert durch die Arbeit zu erlangen. »Ich bin nur Literatur, und ich kann und will nichts anderes sein.« Diese Worte, die Kafka gesagt hat, und die von Flaubert sein könnten, passen auf Kafka schlecht, auf Flaubert aber sehr gut. Wenn er es sich versagt, sein

Laboratorium zu verlassen, und Worte sucht und Rhythmen ausprobiert, dann deshalb, weil die Sprache, um ein fruchtbarer Vermittler zu sein, darauf verzichten muß, nur ein Mittel zu sein. Wenn er sich mit genügend Verbissenheit an sein Unternehmen bindet und sich in sein System einschließt, glaubt Flaubert alles wiederzufinden, was er verliert. Es ist also besser, in Croisset zu leben, als in Indien. Um diesen Preis wird *Madame Bovary*, wahrer sein als alle Reiseberichte, die *Education sentimentale* autobiographischer als *Novembre*, und *Bouvard et Pécuchet* wird den Klang eines anklagenden Bekenntnisses haben.

Inwieweit ist Heuchelei in dieser Haltung? Flaubert teilte mit ziemlich vielen Zeitgenossen die Vorstellung von einem literarischen Absoluten, das grundsätzlich eine bedingungslose Hingebung fordert; er *schreit* seine Sätze heraus wie ein Mönch seine Lobpreisungen: die Kunst wird die Welt retten, und den Künstler mit ihr. Aber glaubt er das wirklich? Die Art des besessenen Akkordarbeiters liegt ihm gewiß viel mehr als die des Hohenpriesters, der *Schmöker* mehr als das *Buch*. Er hört nicht auf, sich darüber zu ärgern, daß man in der *Madame Bovary* »allzusehr die Schrauben bemerkt, die die Bretter des Kiels zusammenhalten«, daß sie »mit dem Lineal gezogen, ins Korsett gesteckt und zum Ersticken verschnürt« ist, aber er fährt unermüdlich nach derselben Methode fort – nach der Methode, die sich überall um ihn herum bewährt, in seiner Familie, die er bewundert, in dem Handel, der Industrie, der etablierten Ordnung, die er verachtet bei allem geheimen Einverständnis; Croisset ist nicht weit von Rouen, die Aktie *Arbeit* ist die sicherste.

Aber es ist eine merkwürdige Arbeit, die Flaubert für die seine hält: er verwandelt nicht, er verleiht den Dingen eine neue Substanz. Die Eroberung des Wirklichen scheint ihm nämlich schon vollzogen zu sein. Man sehe *Madame Bovary* an: Aus Voltaire ist Homais geworden, der Aufstand der Romantik endet in den albernen Träumereien eines Notariatsschreibers, Balzacs Finanzmänner hatten wenigstens Format, Lheureux ist nur ein kleiner Schuft; nirgends fixe Ideen – man begegnet niemals Menschen von einem solch besessenen Willen, daß sie es fertigbringen, eine Leidenschaft in Macht zu verwandeln –, sondern keiner kann sich den Gemeinplätzen entziehen; es gibt keine Helden: »zum ersten Mal wird man einen Autor sehen, der sich über seine jugendlichen Helden mokiert«. Fern von den anderen, von einer objektiven Welt, die man nur auszusagen brauchte, von einem Publikum, das man nur zu rühren brauchte, fühlt sich Flaubert der Sprache um so näher, als er sie mit all der Kraft, mit all der prachtvollen Selbstgenügsamkeit ausstattet, die der Welt für immer fehlen wird. Man müßte die Welt, so wie sie ist, zwingen, sich in Literatur zu verwandeln, müßte die Substanz der Dinge in verbale Substanz übersetzen. Was für eine Sprache setzt das voraus?

Wenn ich mich der Worte nur bediene, heißt das, daß ich nur die Absicht habe, mich der Gegenstände zu bedienen: das wäre das Reich der Instrumentalität. Wenn ich der Sprache jede Autonomie versage, leugne ich zugleich die nackte und überwältigende Gegenwart der Wirklichkeit und reduziere sie auf den bloßen Gebrauch, den ich von ihr mache. Aber Flaubert beabsichtigt nicht, sich der Dinge zu bedienen; wenn er dazu gezwungen wird, gerät er in Zorn. Das ist auch der Grund, aus dem es ihm widerstrebt, für einen Schriftsteller zu gelten, der sich der Worte bedient, ihre Wirkungen kennt, eine Rhetorik anwendet und sich auf ein Publikum bezieht. »Ich bin ganz einfach ein Bürger, der zurückgezogen auf dem Lande lebt, und beschäftige mich mit Literatur«, bekennt er am liebsten.

Aber wenn er aus der Sprache nicht ein Zeichensystem im Dienst einer Realität machen will, will er auf der anderen Seite die Wirklichkeit auch nicht in Rede verwandeln. Was ihn fasziniert, ist der Stoff der Dinge, ihre verzaubernde Gegenwart und ihr Zerfall, der ganz von Materie durchdrungene Sinn, der die Farben, die Düfte, die Träume schafft. Um nach den Widersprüchen die Lösung zu entdecken, die Flaubert ihnen zu geben vesucht hat, genügt es, *Madame Bovary* zu lesen.

Man findet es normal, Aufschluß über einen Politker in seinem Verhalten gegenüber der Macht, den Interessen, den Institutionen zu suchen, über einen Maler in der Weise, wie er den Raum und die Gegenstände behandelt; warum haben es die Kritiker so eilig, ihr Loch in die Wand aus Sprache zu schlagen, die der Schriftsteller aufgerichtet hat, um dahinter den Menschen zu wittern, den sie verdecken soll? In dieser Haltung ist viel von Verachtung für die Literatur, der man doch zu dienen scheint. Was Flaubert betrifft, der so ganz Schriftsteller hat sein wollen, so lernt man, wie Proust es geahnt hatte, mehr über ihn, wenn man seinen Gebrauch der Verben untersucht, als wenn man seine karge Biographie zusammensetzt. Seine Schwierigkeiten, seine

Entscheidungen, seine Leidenschaften, seine Kämpfe, seine psychologischen und gesellschaftlichen Irrwege, man muß sie in seinen Akten des Ausdrucks lesen. Die Sprache bleibt die einzige Wirklichkeit, an der sich zu messen er bereit ist. Er mauert sich mit *Madame Bovary* ein. Absichtlich oder ohne es zu wissen, muß er sich da ganz preisgeben. Wenn wir ihn fassen wollen, müssen wir in das Innere des Gefängnisses vordringen.

II

Mehr als ein großes Buch verschleiert seinen wahren Gegenstand – doch *Madame Bovary*? »Die Unausgeglichenheit einer Seele zeigen, die zwischen ihren Träumereien in der Realität hin- und herschwankt, ihren Weg zum Ehebruch und dann zum Selbstmord«: so viel zum Titel, nach einem Flaubert-Spezialisten[13]; was den Untertitel betrifft, *Moeurs de Province*, so soll er dazu einladen, hinter der Biographie (mit moralisierender Tendenz) eine Milieustudie (mit karikaturistischer Tendenz) zu suchen. Die Gleichung ist bekannt: Flaubert, das ist der Realismus. Kein Geheimnis also: ein Mann, der fünf Jahre lang damit beschäftigt ist, in einer sozialen Realität eine psychologische zu beschreiben.

Aber man kommt in dem Moment in Schwierigkeiten, in dem man sich vornimmt, diese Realitäten zu definieren. Thibaudet deutete das an, als er behauptete, *Madame Bovary* sei mehr als eine Biographie, sei der Roman der menschlichen Biographie; Jules de Gautier hat es energischer ausgedrückt, indem er den Begriff des *Bovarysme* schuf[14], um die Berufung, die die meisten Personen Flauberts gemeinsam haben, zu bezeichnen: die Suche nach einer Form, sei es, daß sie sich eine Attrappe ausborgen und sie parodieren, sei es, daß sie eine gesellschaftliche Rolle übernehmen und sich in ihr bisweilen entfalten. Wenn es schwierig ist, zum Beispiel die Personen zu definieren, die Flaubert seine *Kleine Frau* und diesen *Dummkopf* von Léon nannte, dann nicht deshalb, weil sie zu komplex oder zu vielschichtig wären; aber sie lassen sich verführen, von imaginären Konstruktionen einfangen: Emma zerstört einen privaten Mythos nur, um einen anderen mit Leben zu erfüllen; sie tut das – und das ist das einzige Zeichen, das sie von ihrer Umgebung unterscheidet – mit einer leidenschaftlichen Intensität, die sich am Ende überstürzt und in Raserei umschlägt, wenn die Mythen verfallen und sie aufhört, sich von ihnen betrügen zu lassen. Wie könnte der Leser in den Personen dieses Stils einen festen Kern oder das einfache Verbindungsprinzip finden, das die Einheit eines Verhaltens garantiert und das man als Charakter bezeichnet? Ihr Leiden ist es gerade, sich nicht auf dergleichen beziehen zu können, weil ihnen Flaubert eine solche Sicherheit als Heilmittel für die *Leere*, die sie in sich selbst wahrnehmen, verweigert hat. Das bedeutet freilich nicht, daß sie sich in jedem Moment neu erfinden; nichts ist weniger frei als diese Menschen, selbst beim Scheitern. Keine Spontaneität, keine Initiative; wenn Emma sich entschließt, zu lieben oder zu fliehen, dann ist es, als ob ihre Träume plötzlich zu schwer würden und sie ins Handeln stürzten. Von den ersten Seiten des Buches an läßt sich schon das Schicksal der Personen an ihrer Ohnmacht, an ihrer Kleidung ablesen, aber mehr wie ein Parfum, das verfliegt, als wie eine geheimnisvolle Kraft der Entfaltung. Man könnte sich ebensowenig auf irgendeinen Determinismus berufen, und man muß es Flaubert danken, daß er den großen wissenschaftlichen Mythen des 19. Jahrhunderts nicht geglaubt hat: der Vererbung und dem Einfluß der Umwelt. Aber im Unterschied zu den zeitgenössischen Romanschriftstellern, die sich gleichfalls, viel systematischer, weigern, zu einer psychologischen oder gesellschaftlichen Kausalität Zuflucht zu nehmen, ist Flaubert weit davon entfernt, ein Leben auf eine einfache Folge von Verhaltensweisen, ein Sein auf den zusammenhanglosen Fluß seiner Erscheinungen zu reduzieren; selbst die unbeständige Emma bleibt immer an die Phantasien ihrer Jugend gebunden, und wenn Flaubert zum Beispiel über Charles und die Wollust spricht, die er in seinem Schmerz gefunden habe, scheint er ihn plötzlich heller zu beleuchten, nicht aber uns einen wirklich unerwarteten Aspekt zu enthüllen. Wenn er schließlich seinen Roman unter »das ist die Schuld des Schicksals« stellt, dann zeigt dieses Schicksal nichts Übermenschliches noch Tragisches; es wäre vielmehr unter-menschlich, und man müßte seine Zeichen in einem dumpfen Leben der Dinge und der Orte finden, das sich hinter dem Bericht von den Ereignissen regt.

Man sieht, die Personen Flauberts, weder Charaktere, die man analysieren, noch Verhaltensweisen, die man registrieren könnte, weder biologische oder soziale Produkte, noch schöpferische

Spontaneitäten, sind nicht leicht zu fassen. Man wird also in *Madame Bovary* ein diffuses Vorhandensein des Psychologischen erkennen; versagt man sich, es zu lokalisieren, dann hat man wenigstens den Gewinn, in dem Roman mehr als die Leiden einer unglücklich verheirateten Frau und sogar mehr als die Odyssee einer in eine unerreichbare Fülle verliebten Seele zu suchen. Wenn schon eine abgegrenzte, sofort erkennbare psychologische Realität nicht gegeben ist, finden wir in dem Werk dann eine soziale Realität, die in dieser Weise definiert wäre? Der erste Text, den Flaubert veröffentlicht hat, *Une leçon histoire naturelle, genre Commis* – oder Beschreibung des Büroangestellten in der Manier eines Entomologen –, bewies schon mehr als seinen Geschmack an der Beobachtung, seine Leidenschaft für die Karikatur. Und selbst in einer Genreszene wie der der Jahresversammlung der Landwirte von Yonville geht er über das Sittenbild hinaus und erhebt sich, wie Thibaudet gut gesehen hat, zu einer Art Dialektik des Gemeinplatzes. Es ist wahr, daß sich jeder große Romanschriftsteller fragt, was diese Gesellschaft, die er zum Ausdruck bringt, *bedeutet*, aber was gerade an *Madame Bovary* erstaunt, ist, daß sich Flaubert nicht die Mühe macht, die wesentlichen Kräfte ans Licht zu bringen, die das augenscheinliche Funktionieren des sozialen Lebens maskiert. Er analysiert die Gesellschaft ebensowenig, wie er die Individuen analysiert, und aus demselben Grund: er stellt sich das Soziale nicht als eine Realität vor, die von außen auf die Menschen einwirkte und die zwar ihre Gesten und Gedanken beherrschte, ihnen aber zugleich die Möglichkeit ließe, sich offen gegen sie aufzulehnen; sondern wie eine Luft, die sie zugleich hervorbringen und einatmen und die bis in ihre träumerische Innerlichkeit eindringt. Die wütende Aufmerksamkeit, die Flaubert auf die Sprache aller seiner Gestalten wendet, und die Mühe, die er sich macht, uns für jede von ihnen Muster zu liefern, hängen mit der vor einem Jahrhundert revolutionären Anschauung zusammen, die in dem Gesellschaftlichen eine Dimension der Person und nicht nur ein System von objektiven Kräften und sogar von Leidenschaften sah; man denke unter vielen Beispielen an das erste Zusammentreffen Emmas und Léons im Gasthaus: sie glauben, ihre süßen Geheimnisse preiszugeben, verraten aber nur ihre gesellschaftliche Stellung; ohne daß sie es wissen, schlägt sie sich in der Konkretion des Menschlichen nieder, die aufhört, dem Bereich des nur Pittoresken anzugehören:

dem individuellen Sprechen. Dieser Verhexung entkommt keiner: weder Emma noch Homais; die Liebesworte Rodolphes stehen neben der Rede des Regierungsrats.
Das Psychologische durchdringt alles, das Gesellschaftliche wird ins Innere verlegt – wir haben hier das genaue Gegenteil eines Realismus, definiert als Inventar einer Realität in der dritten Person. Aber das Erstaunlichste ist nicht, daß Flaubert sich einem solchen Realismus zu entziehen vermag, sondern daß man mit der Kritik des Vorurteils, das den einen an den anderen bindet, beginnen muß. Denn er selber wußte sehr gut, an was er sich zu halten hätte. »Man glaubt, daß ich in die Wirklichkeit verliebt bin, während ich sie verabscheue«, ein Geständnis unter vielen, das seine Ästhetik begründet: »die Vorfälle der Welt erscheinen dem Romancier, sobald er sie wahrnimmt, wie für den Gebrauch einer zu schildernden Illusion transponiert, und in einem solchen Maße, daß alle Dinge, seine eigene Existenz einbegriffen, keinen anderen Nutzen zu haben scheinen«.[15] Wenn er die Wahrheit sagt, und wenn wir sein starrköpfiges, schmerzhaftes Unternehmen verstehen wollen, empfiehlt es sich – was er selbst hundertmal nahelegt –, viel mehr als diese Wirklichkeit, die er verabscheut, das zu befragen, was sie für ihn werden könnte: ein Stil.

Proust hat in einem berühmten Artikel[10] von dem »großen rollenden Trottoir der Flaubertschen Seiten mit ihrem ununterbrochenen, monotonen, trübseligen, endlosen Vorbeiziehen« gesprochen; er hat gezeigt, durch welche stilistischen Neuerungen und durch welche leichten, aber systematischen Deformationen der Syntax sich Flaubert sofort kenntlich gemacht hat: *Adverbien* werden an den Schluß eines Satzes verwiesen, wie um ihn zu beschweren, oder dahin gesetzt, wo man sie am wenigsten erwartet, um »die Löcher zu stopfen«; die Konjunktion *et* beginnt einen untergeordneten Satz, um anzuzeigen, daß »die zurückflutende Welle sich von neuem schließen wird«; *erlebte Rede*, um die Reden und die Handlungen in denselben anonymen Fluß zu verschmelzen und in gleicher Weise das Wort des Autors und den Blick des Lesers in einer vergeblichen Ewigkeit aufgehen zu lassen; *frequentatives Imperfekt*, Zeit der Dauer, die die Dinge wirksam macht, die menschlichen Gefühle und Gesten dagegen stokken läßt. Sicher, »die hermetische Kontinuität des Stils« wird in

Madame Bovary noch von einer allzu sichtbaren karikierenden Absicht unterbrochen, von Worten des Autors, und in den schlechtesten Partien von Beschreibungen, die ihrem Gegenstand ganz äußerlich bleiben: all das beweist, daß der zusammenhängendste Stil weder das Produkt einer bewußten Wahl noch einer Laune ist.
Wenn man versucht, diese Bemerkungen zu vervollständigen, so sieht man, daß sie alle in dieselbe Richtung gehen. Flaubert verachtet das Präsens, das streng objektive und lokalisierte Tatsachen feststellt, oder aber eine atemlose, wie von dem bevorstehenden Augenblick verschlungene Zeit ausdrückt. Sein *passé simple* hat nicht den logischen und beruhigenden Wert, den ihm die Erzählung im allgemeinen verleiht; es bezeichnet ein Schauspiel, von dem man nicht so recht weiß, für wen es gegeben wird und wer an ihm teilnimmt (zum Beispiel: »ein metallisches Röcheln schleppte sich [se traîna] durch die Lüfte«, usw.). Was das *ewige Imperfekt* betrifft, dessen schwere und düstere Bewegung man niemals vergißt, so faßt es alles in seiner unbegrenzten Dauer zusammen (»Man hatte sich Adieu gesagt, man sprach nicht mehr; die weite Luft umgab ihn (. . .). Sie lächelte darunter bei der lauen Wärme; und man hörte die Wassertropfen, einen nach dem anderen, auf den ausgespannten Moiré fallen«), wenn sich der Satz nicht hart wie eine Welle bricht und in kurzen Sätzen im Perfekt zurückfällt. Dieser magische Rhythmus der Perioden und Zäsuren, das langsame und verborgene Aufsteigen, dann das Zurücksinken erzwingen ein schleppendes Zeitmaß der Dinge, die in dem Augenblick zerfallen, in dem man erwartet, sie endlich reifen zu sehen. Noch mehr, sie bedeuten, daß das Schicksal hier nicht auf eine Realität hinter unserer Welt, sondern auf eine Dauer gegründet ist; merkwürdigerweise werden zu Beginn der *Madame Bovary* Erinnerungen beschworen: »Wir waren bei den Aufgaben (. . .). Es wäre jetzt keinem von uns mehr möglich, sich an irgend etwas von ihm zu erinnern«, und man weiß, daß im folgenden niemals mehr von diesem *uns* die Rede sein wird. Aber das ist schon genug: der ganze Roman ist damit unter das Zeichen einer kollektiven Erinnerung gestellt, die beinahe sofort aufhört, von einem Subjekt getragen zu sein, und, anonym geworden, die Gefühle und Handlungen, die Ereignisse und die Dinge sich spontan in Sprache organisieren läßt, als ob sie die Zeit aus sich selbst absonderten und man an ihnen »diese Verlängerung der

Perspektive, die die Erinnerung den Objekten verleiht«[16], ablesen könnte.
Madame Bovary erscheint also wie ein absichtlich monotones und schwerfälliges Lied: die Tatsachen kündigen sich von weither an, die Themen werden immer wieder aufgenommen, sie verlieren nur die Weite ihres Ausschwingens, die Schicksale erfüllen sich von selbst, und der fiebrigen Sinnlichkeit Emmas gelingt es nicht, eine immer wieder einsetzende Klage zu brechen.
Man sieht, daß man nicht vom Stil sprechen kann, ohne sofort auf eine Weltansicht verwiesen zu werden; es läuft also auf das gleiche hinaus, die Art und Weise, in der Flaubert die Sprache verbiegt, oder die Originalität seiner Beziehung zu den Dingen zu analysieren; als würde, wie man sich denken kann, eine stilistische Anlayse vor allem die Anstrengung Flauberts bestätigen, eine Realität fühlbar zu machen, die von derjenigen verschieden ist, die sich die Sprache gewöhnlich kenntlich zu machen bemüht. Wenn die Sprache einer neuen Aufgabe verpflichtet wird, muß sie eine Metamorphose erfahren, die ihr verbietet, ein leerer Schmuck zu sein, der sich über den Stoff der Dinge erhebt; Flaubert muß sie also ihrerseits verstofflichen, beschweren, ihren Aufschwung brechen und den Ruin in ihren Triumphen selbst ansiedeln, wie in den Dingen, für die er uns eine nur um so zwingendere Entsprechung zu geben bestimmt ist. Die Worte werden also mehr als ein durchsichtiges Glas, aber weniger als ein neuer Stoff – denn die Sprache ist menschlich, und es ist sicher nicht der Ruhm des Menschen, den es zu feiern gilt. Vergessen wir nicht, daß *Madame Bovary* daraus entstanden ist, daß die Sprache in den Anklagezustand versetzt wurde, und daß Flaubert den ganzen Roman über nicht aufhört, zugleich ihre Macht und ihre Unbeständigkeit zu zeigen. Zu ihrem Unglück ist Emma in eine Wortwelt getaucht, und es sind immer die Worte, die sie verführen; mit Léon: »ein fortgesetzter Austausch von Büchern und Romanzen«; mit Rodolphe: »ihr Selbstbewußtsein dehnte sich wollüstig in der warmen Flut dieser Sprache«.[17]
Warum sollte man also, und wäre es in sensationellen stilistischen Neuerungen, eine Ausdrucksverwandlung lokalisieren wollen, die radikal genug ist, um ihr Instrument in Frage zu stellen? Außerdem ist der Stil eines Autors eine Gesamtheit von Zügen, die uns hilft, ihn zu kennzeichnen: das Gesicht ist es, was uns ein Handwerker von sich selbst zeigt – und das er selbst nicht ohne

Wohlgefallen betrachten kann –, nicht seine Hand, die arbeitet. Der Vorteil, den Flaubert aus den Mitteln der Sprache zieht, ist offensichtlich einer grundsätzlichen Bedeutungsintention untergeordnet, die jetzt gefunden werden muß. Dazu fordert uns der sorgfältige Kommentar Léon Bopps auf.[18]

Man hat oft auf die Vorliebe Flauberts für die grotesk-traurigen Gegenstände hingewiesen: die *Mütze*, die, das Buch eröffnend, seine ganze Perspektive und nicht nur die schwerfällige Lächerlichkeit Bovarys ankündigt, die *Torte* bei dem Hochzeitsessen und das großartige *Spielzeug* der Kinder Homais, dessen lange Beschreibung Flaubert auf Bouilhets Drängen wieder strich; aber dieses Beiwerk ist nur der auffälligste Aspekt dieser »Voreingenommenheit für die Dinge«, wie sie sich in *Madame Bovary* verkörpert; Bopp macht ein ganzes Netz von Schlüsselobjekten sichtbar, in denen sich Sehnsüchte und Enttäuschungen kristallisieren, das Wesen der Provinz sich niederschlägt und der Verfall einer Zeit sichtbar wird. Wir erinnern nur an den *Hochzeitsstrauß*, den Emma verbrennt, als sie Tostes verläßt (wo sie bei ihrer Ankunft einen gleichen Strauß entdeckt hatte, der von der ersten Frau Bovarys stammte), an den *Pfarrer aus Gips*, der in dem Garten von Tostes zu zerbröckeln beginnt und während des Umzuges zerbricht, und an das *Zigarrenetui* »mit grüner Seide gestickt und auf der Mitte der Oberseite mit einem Wappen geschmückt«, das Charles bei der Rückkehr vom Ball bei den Vaubyessard auf dem Weg entdeckt, und dessen »Duft einzusaugen« Emma liebt: alles Objekte von symbolischem Wert.
Und da man eine Gestalt nicht aufgrund ihres Charakters, selbst nicht aufgrund ihrer Gefühle identifizieren kann (»mein Ehemann liebt seine Frau ein wenig in derselben Weise wie mein Liebhaber«, bemerkt Flaubert), und da jede an einer gleichen grundlegenden Unzulänglichkeit leidet, sind es, im besonderen bei Emma, Zeichen, die sie ankündigen: ihre so oft wiederholten Aufenthalte am Fenster, ihr Hängenbleiben – das Kleid, das sich in den Disteln, im hohen Gras verfängt –, ihre Ohnmachten, ihr unwiderstehliches Verlangen, sich auf jemanden zu stützen (sogar auf Homais' Schulter, als sie spürt, daß sie sich in Léon verliebt, oder auf die ihres Ehemannes während ihres Abenteuers mit Rodolphe): unter vielen anderen Zeichen läßt sich gerade hieran die bedrückende Gegenwart Emmas erkennen, bis sie sich

beim Ankleiden der Toten durch dieses letzte Zeichen vollendet: ein schwarzes Erbrechen.
Es gibt noch andere Zeichen, die die wenigen Ereignisse begleiten, die aus der kompakten Monotonie der Erzählung herausragen: den großen Sprung, den Bovarys Pferd zur Seite macht, als dieser zum ersten Mal in das Gut Bertaux kommt, um den alten Rouault zu versorgen; den Fensterladen, der die günstige Antwort Emmas auf seinen Heiratsantrag ankündigt; das Barometer, das von der Wand fällt, als Emma ihren Mann nach seinem unglückseligen chirurgischen Versuch haßt; den zerrissenen Brief, der aus dem Fiaker fliegt; und vor allem die *Laute in der Ferne*, »das Gackern einer Henne aus der Ferne, die irgendwo im Hof ein Ei gelegt hatte«, das der verliebte, von Emma faszinierte Bovary hört, den Schrei Hippolytes nach seiner Amputation, den zweifellos allzu symbolischen Schrei des blinden Bettlers und den schönsten, anonymen, diesen »undeutlichen und langgezogenen Schrei« nach der Liebesvereinigung, während Rodolphe, die Zigarre zwischen den Zähnen, die Zügel der Pferde repariert.
Flaubert überträgt diese seine Leidenschaft für die Gegenstände, die bei ihm unbestreitbar bis zum sexuellen Fetischismus ging[19], auf alle seine Personen: auf Emma natürlich, für die die Welt immer auf ihre sinnlichen Aspekte reduziert scheint, auf das, was man riechen, was man mit dem Blick und der Hand liebkosen kann; aber auch Charles berührt als junger Ehemann die Kämme und die Ringe seiner Frau, und als sie tot ist, verliebt er sich in ihre Kleider und kauft sich Lackstiefel für eine posthume Verführung; selbst eine Episodenfigur wie Justin sinnt über Emmas Schuhe nach, deren »Schmutz sich unter ihren Fingern als Staub ablöste«. Hat man schließlich bemerkt, daß die ersten entscheidenden Begegnungen zwischen Emma und Charles um einige Gegenstände kreisen, und daß dieses Insistieren ihnen in der Wärme und dem Dunkel des Saales, in dem sie sich abspielen, eine ganz eigentümliche erotische Resonanz verleiht?
Diese Beispiele von vielen genügen ohne Zweifel, eine Vorstellung von der Anlage des Werkes zu geben, von seinen Kraftlinien, die sich über die Einteilung in Szenen hinweg durchsetzen, von der Beständigkeit der Themen, die vor der Vielfalt der Personen da sind, von dem subtilen Spiel der gewollten und ungewollten Verknüpfungen, die diesem Gesang einer einzigen Stimme ein

Beben der Lebendigkeit verleihen. Man sieht also, wie das Buch eine Existenz gewinnt, sehr verschieden von der, die wir ihm zunächst zudachten und die Flaubert in seiner Entmutigung gelegentlich in ihm sah; indes wird uns hier keine neue Deutung vorgeschlagen; es ist nur, als wenn wir plötzlich den Grund für das unkontrollierte Erschlaffen der Züge in einem vertrauten Gesicht verstünden, das uns das Herz einschnürt. Flaubert träumte davon, daß *Madame Bovary* den Eindruck der Fülle eines bebenden und atmenden Leibes geben und uns »den fein ausgeklügelten Plan, die wirkungsvollen Verknüpfungen, alle Berechnungen des Entwurfs« vergessen lassen könnte, die er zwar für nötig hielt, von denen er aber fürchtete, sie könnten allzu sichtbar hervortreten.

Wenn ein Roman mehr ist als der Bericht eines Lokalereignisses, wenn er ein Fluidum, einen Rhythmus, eine Seinsweise hat, die ihn in allen Punkten mit einem lebendigen Wesen vergleichbar machen, mit seinen besonderen Verhaltensweisen und seinen Gefühlsbereichen, dann deshalb, weil ein sofort ablesbarer Sinn von einer ganzen Bewegung getragen ist, die manchmal in einer Inszenierung, in Dialogen, in einer Formel innehält. Ein Beispiel: die soziale Bedeutung der *Madame Bovary*. Sie ist diffus, wie wir gezeigt haben, aber leicht nachzuweisen: der Aufstieg Homais' und das Scheitern Emmas lassen uns eine Bourgeoisie erkennen, die ihre Träume zur gleichen Zeit liquidiert, in der sie ihre Macht und ihre Industrie organisiert. Aber diese doppelte Bewegung sehen wir niemals ausdrücklich bezeichnet [20], sie verkörpert sich in einem Gegenstand, einem Gesicht, einem Ort. Was fasziniert Emma bei dem Ball auf dem Schloß? Ein kindischer, lallender Greis mit hängenden Lippen: »Er hatte ein wüstes Leben hinter sich, voller Zweikämpfe, toller Wetten und Frauengeschichten, hatte sein Vermögen durchgebracht und war der Schrecken seiner Familie gewesen.« Er symbolisiert in den Augen Emmas den Überfluß, die Zweckfreiheit, die reine Erfüllung, und immer sind es diese Aspekte der Welt, die sie anziehen; sie sucht ihre Zeichen immer wieder in den Kirchen, in den Verlockungen zur Reise, in den Stoffen, in den Romanen und in dem Duft der Zitronenbäume, den sie einzuatmen träumt: verbotene Vergnügen in einer Gesellschaft, deren kategorischer Imperativ die Bereicherung ist, in der allein der Wucherer Lheureux [21] vollkommen ungezwungen tätig ist. Welches ist der wahre Ursprung dieser Anlage Em-

mas, die Wurzel ihres Bovarysmus? Flaubert entscheidet darüber nicht: das Provinzleben, der Ehemann, der sich in der Langeweile häuslich eingerichtet hat, die mittelmäßige soziale Stellung, es könnte sein, daß alle diese Übel am Ende nur Ausdruck des Unglücks sind, Frau zu sein: »Ein Mann ist wenigstens frei (...). Aber eine Frau ist fortwährend eingeschränkt (...). Es gibt immer irgendeine Sehnsucht, die verführen will, irgendeine Konvention, die zurückhält.« Allerdings wird ein solcher Gedanke nicht als Erklärung vorgeschlagen, er entsteht vielleicht ganz allein aus der Schwäche Emmas. Was die Entwicklung des Schicksals seiner Heldin zur Katastrophe anlangt, so läßt sie Flaubert immer so erscheinen, als ob der Verfall eher aus den Dingen als aus dem Bankrott der Sehnsüchte hervorginge: auf das zauberhafte Fest bei den Vaubyessard folgt der erbärmliche Kostümball in Rouen; dem mit einem schwarzen Pferd bespannten Tilbury des Vicomte, dem sinnlichen Ausritt mit Rodolphe entspricht am Ende nur noch die Fahrt durch Rouen in einem Wagen, »verschlossener als ein Grab und hin- und hergeworfen wie ein Schiff«.
Bopp weist auf eine Reihe anderer »Korrespondenzen« hin (*Madame Bovary* erscheint im selben Jahr wie *Les Fleurs du Mal*), er scheint sie aber gelegentlich für das Ergebnis allein von Flauberts künstlerischem Wollen oder seiner Leidenschaft für die Komposition zu halten. Er geht damit an dem vorbei, was sich für uns ganz deutlich aus seinem Kommentar ergibt: *Madame Bovary* ist keine Biographie, der eine Milieustudie und die Beschreibung einer Atmosphäre hinzugefügt worden wären; man weiß nicht genau, wo das Psychologische, das Soziale, das Gefühl anfangen und aufhören; die Liebesleidenschaft, die religiösen Krisen, die Worte sind alle sozialisiert, und selbst in der Berührung mit der Natur, die die Romantiker mit einer Intuition des Sein verwechselten, sieht Flaubert nichts anderes als eine Heuchelei der Sprache. Das läuft auf die Feststellung hinaus, daß die psychologischen und sozialen Bedeutungen erst dann unbezweifelbare Realität und Ausstrahlung erhalten, wenn es dem Schriftsteller gelingt, sie in seiner Sprache sich verkörpern zu lassen, sie in den Gesten und Worten, die er mitteilt, ebenso spürbar zu machen wie in dem geringsten Gegenstand, den er beschreibt. Ein Maler, der Farbdrucke herstellt, ein naturalistischer Romanschriftsteller machen nicht so viele Umstände: der Himmel ist blau? Ich nehme

Blau von meiner Palette; diese Frau ist traurig? Ich hole ein paar zarte Eindrücke aus meiner Erfahrung, ein paar Adjektive aus meinem Synonymenwörterbuch. Aber sobald es um *Ausdruck* geht, ist der Sinn Ergebnis, indirekt erzielt, nicht vorgängig gesucht.
Flaubert empfindet das, wenn er vom »Verhüllen und Verschmelzen« des Erzählten spricht, vom »Ton in Ton Malen«, oder auch davon, »das dramatische Element im allgemeinen Ton des Buchs aufzulösen«. Er weist darauf hin, wenn er behauptet: »der Stil ist ebensosehr *hinter* den Worten wie *in* den Worten«, und: »Man muß Bilder machen, muß die Natur zeigen, wie sie ist, aber vollständige Bilder, man muß das Oben und das Unten malen.« Aber um die Mühe, die ihn diese Arbeit gekostet hat, und ihren genauen Sinn zu verstehen, muß noch ihr wahrer Ursprung verdeutlicht werden.

Erinnern wir uns zunächst daran, auf welchen Verzicht die Absicht Flauberts bei der Abfassung der *Madame Bovary* sich gründet: auf den Verzicht darauf, seine Träume in prunkvolle Wortgehäuse einzuschließen und der Versuchung nachzugeben, imaginäre Szenen mit allem Glanz auszustatten; auf das Mißtrauen gegenüber einer Sprache, die nur den Rausch sucht und die Bewegung der Dinge verfälscht, die es gerade wiederaufzuspüren gilt.
In einer bekannten Briefstelle heißt es: »Wörtlich genommen sind zwei verschiedene Leute in mir: einer, der ins Maulaufreißen verliebt ist, in die lyrischen Aufschwünge, in Adlerflüge, in alle Klangmittel der Sprache; ein anderer (...), der die Dinge, die er wiedergibt, fast stofflich fühlen machen möchte« (II, 303). Hier drückt sich mehr aus als das Eingeständnis eines Konflikts zwischen zwei Tendenzen, nämlich die Suche nach einer neuen Ausdrucksweise, die weder »lyrisch« – leerer Prunk der Sprache – noch »vulgär« – vergebliche Aufwertung der Realität – ist. Besonders da, wo es sich um Emma handelt, fühlt man bei Flaubert den Willen, seine Sprache nach der undeutlichen Sprache des Scheins zu modeln, der treu zu bleiben er sich bemüht. Denn der Sprache zu dienen – d.h. sie so viel wie möglich aussagen zu lassen – und »die Poren der Dinge« sichtbar zu machen, ist ein und dasselbe. »Es gibt unbedeutende Dinge, die mich im Innersten pakken; ich verfalle in endlose Träumereien und Abschweifungen.«

Das heißt doch zugeben, daß sie eben nicht unbedeutend sind. Flaubert ist nur deshalb von den Dingen so fasziniert, weil er gleichzeitig nicht weiß, was sie sind, und davon überzeugt ist, daß sie von einem Sinn durchdrungen sind, der in ihnen wohnt wie Düfte in einem verlassenen Haus, wie ein Leib in einem Kleidungsstück, das auf einem Stuhl liegt.

Dieser Sinn, man ahnt es bereits, liegt nicht in der Brauchbarkeit. »Nicht ohne ein gewisses Vergnügen habe ich meine Spaliere zerstört, alle meine Blumen zerhackt, meinen Garten verwüstet gesehen. Wie ich so all die kleinen künstlichen Einrichtungen des Menschen betrachtete, die über den Haufen zu werfen die Natur fünf Minuten gebraucht hatte, bewunderte ich, wie die wahre Ordnung sich in der falschen wiederherstellte, erblickte ich in dieser atmosphärischen Abfuhr eine Art von Rache.« Aus diesem Vergnügen Flauberts an dem Unwetter spricht sein grämlicher Dünkel, nicht eine Art baudelairescher Satanismus. Die Menschen bilden sich ein, daß ihr Belieben – Wort oder Tat – eine Ordnung aus dem Chaos hervorgehen läßt, und schon kehrt ein bißchen Hagel die Rollen um und läßt sie mit zerstreuten urweltlichen Gegenständen zurück, in denen sie wohl oder übel die Spuren ihrer Tätigkeit erkennen müssen. Die Welt des Menschen auf halbzerbrochene Melonenglocken in nasser Erde reduziert, das tröstet über vieles hinweg. Denn wer wollte eigentlich Flaubert daran hindern, jene sichtbare oder verborgene »wahre Ordnung« der Natur zu bewundern, wenn die »künstlichen Einrichtungen« ihm Übelkeit verursachen? Warum schließt er sich in seinem Zimmer ein[22], schläft einen Teil des Tages, arbeitet nachts, und verzichtet bald darauf, »durch die Felder, an den Ufern« zu wandern? Der Gegenstand ist weder, was ich von ihm sehe, noch was ich aus ihm mache, mag sein; aber nackt, befreit von den Phantasien und der Arbeit des Menschen, was bleibt von ihm übrig? Er verfault, er ist Nachgeben, Niederlage, und die Natur, diese Summe von Gegenständen, ist nicht die feste, hierarchische, heitere Ordnung, die man uns lehrt, sondern eine große willenlose Seele, durchzogen von undeutlichen Strömungen, und mit keinen anderen Bewegungen als leichtem Auffahren und tiefem Zurücksinken. *Madame Bovary* ist nichts als eine immer wiederholte Frage: »Woher kam denn jenes Ungenügen des Lebens, jenes augenblickliche Faulen der Dinge, auf die sie sich stützte?«[23]

Was für Konsequenzen zieht diese Haltung auf dem Gebiet der

ästhetischen Schöpfung nach sich? Und zuerst hinsichtlich der Sprache im engeren Sinn? Sie wird sich auf halbem Weg zwischen dem Anspielen und dem Benennen halten, sie wird ebensosehr verhüllen wie enthüllen müssen. Benennen – oder die Erscheinungen nach Kategorien ordnen – heißt zugeben, daß das Wort eine gebieterische, exemplarische Ordnung stiften kann; in jedem echten Benennen ist immer etwas Göttliches: ich schaffe das Ding, indem ich den Namen gebe; mindestens identifiziere ich mit dem Benennen einen dauerhaften, fertigen Gegenstand. Nun erkennt Flaubert weder diesen noch irgendeinen anderen Charakterzug dem Gegenstand zu, der nach Ausdruck drängt, aber nicht mehr *Natur* als die Menschen hat. Die Anspielung ihrerseits setzt eine Komplizität voraus: man spielt auf etwas an, über das die menschlichen Betrachtungsweisen sich einigen können; aber eine wahre Übereinstimmung gibt es nur für die, die die Gegenstände herstellen oder sich ihrer bedienen; andernfalls ist jeder in seinen Mythen eingeschlossen. Flaubert sucht also einen Stil zu erfinden[24] – es ist nicht gesagt, daß er immer damit Erfolg hat –, der uns in das Innere der Erscheinung eindringen läßt, ohne von vornherein eine von ihnen zu bevorzugen, und uns zumindest eine Entsprechung für ihre tatsächliche Bewegung bietet. Wenn das Verfahren mühsam ist und nach Schlichen verlangt, so bedeutet das, daß man mit den Dingen niemals zu Ende kommt, wenn man sich einmal nicht mehr damit begnügt, sie einfach in die Hand zu nehmen, und von der »Wut des Ausdrucks« besessen ist. Auf jeden Fall kommt einer der Hauptgründe für Flauberts Schwierigkeiten daher.

Zugleich wird es schwer, sich damit zu trösten, daß man in der Literatur den entscheidenden Eingriff sieht, der sowohl eine halb versunkene Natur als auch einen nutzlosen Menschen retten soll. Gewiß, Flaubert hat dazu beigetragen, den Mythos des »Heils durch die Kunst« zu stärken, aber dieser gewinnt unter seiner Feder nicht immer ein großartiges Aussehen: »Das Leben ist nur mit einer Marotte erträglich. Sobald man seine Träume aufgibt, stirbt man vor Traurigkeit. Man muß sich krampfhaft daran festhalten und hoffen, daß sie einen mitreißen« (V, 759). Wenn die Kunst uns letzten Endes vom Ekel befreien soll, fängt sie doch damit an, ihn zu verschärfen. Und dann ist die Kunst vielleicht nichts anderes als eine hysterische Suggestion (Emma) oder ein ein bißchen trübes Laster. Binet, der Steuereinnehmer, verwendet seine freie Zeit darauf, Serviettenringe zu drechseln; und Flaubert schreibt: »Was für eine sonderbare Manie, sein Leben damit zuzubringen, daß man sich über Wörtern aufreibt und sich Tag um Tag damit abmüht, an Sätzen zu feilen.« Geben wir doch zu: das ist nicht gerade ermutigend.

Aber, wird man sagen, schreiben ist doch immer noch mitteilen. Nur, an wen könnte sich dieser Einsame, der das Bürgertum, das Volk, die Schriftsteller verachtet, wohl wenden? Jede Mitteilung beruht auf dem Willen, einen Standpunkt, eine Leidenschaft, eine Absicht mit anderen zu teilen; oder aber auf einer Gemeinsamkeit der psychologischen oder sozialen Natur. Doch Flaubert träumt von nichts anderem – und findet eine bittere Lust dabei –, als eine menschliche und natürliche Welt, die zur gleichen Zeit entsteht und zerfällt und nicht aufhört zu verfaulen, in seine düstere Prosa zu hüllen. Denn die Dinge, von denen zu schreiben er sich entschlossen hat, liebt er nicht.

Die Krankheit der Sprache, die ihn zerfressen hat, untergräbt nach der Ansicht der Fachärzte die Literatur seit einem Jahrhundert immer weiter. Aber diese Literatur verdankt ihre glorreichen Niederlagen vielleicht dem Elend des Schriftstellers und lebt von ihm. Zumindest pflegen sich die Kritiker auf diese Weise zu trösten.

Aus dem Französischen von Annette und Georg Roellenbleck

Anmerkungen

1 Flaubert, *Correspondance* (Edition Conrad); die römischen Ziffern bezeichnen den Band, die arabischen die Brief-Nummer.

2 Die Diagnose ist weiterhin umstritten, jedenfalls bei den Literaturhistorikern. Vgl. Dumesnil, *Flaubert* (Anhang) und Pommier in *Progrès Médical,* August 1947.

3 Hervorhebungen von mir.

4 Vgl. Blanchot, *Faux pas:* »Die Anwesenheit *(présence)* der Worte ist uns Bürge für die Abwesenheit *(absence)* alles übrigen« (S. 203).

5 Man vergleiche diese kühne Erklärung mit den entsetzten Schmähungen, die Flaubert an die Commune richtet.

6 »Er war eine Art moderner Gargantua, von homerischen Taten, in der Haut eines Handelsreisenden. Der Garçon hatte ein besonderes, dröhnendes Lachen, das unter den Eingeweihten eine Art Erkennungszeichen war.«
»Die Beredsamkeit des Garçon glänzte vor allem in einer Parodie der großen

Prozesse, die in dem großen Billardzimmer Flauberts im Hôtel Dieu stattfand. Da wurden die drolligsten Verteidigungsreden für Angeklagte gehalten, Leichenreden auf Lebende, saftige Späße, die drei Stunden dauerten« (Tagebuch der Goncourt).

7 Das Dumme ist, daß Flaubert selbst mehr als einmal darin erscheinen müßte. Wir wollen nur eine Briefstelle zitieren, wo er behauptet, im Besitz des Geheimnisses des Todes Théophile Gautiers, des anderen großen »Artisten«, zu sein: »Er ist an einem langen, hinuntergewürgten Wutanfall gestorben, an dem modernen Geschmeiß. So nannte er es, und diesen Winter hat er es mir mehrfach wiederholt: ich krepiere an der Commune ... Die Luxusarbeiter sind unnötig in einer Gesellschaft, in der der Pöbel herrscht.« (VI, 1345)

8 »Es ist geschafft. Ich habe nur noch ungefähr zehn Seiten zu schreiben, aber ich habe schon alle Satzschlüsse« (Brief an Gautier).

9 Hervorhebung von mir.

10 »A propos du style de Flaubert«, NRF, 1. Januar 1920.

11 An Louise Colet schreibt er: »Wenn ich nicht nach Paris kommen kann, wie Du es wünscht, so deshalb, weil ich hierbleiben muß. Meine Mutter braucht mich; schon die kürzeste Abwesenheit tut ihr weh. Was für andere nichts wäre, ist für mich viel«, usw. Ein anderes Mal bittet er sie: »Von Donnerstag an addressiere Deine Briefe an mich bitte so: An Herrn du Camp bei Herrn G. F., weil man glaubt, daß die Briefe, die ich jeden Tag von Dir bekomme von ihm seien, und wenn er hier ist, würde es sonderbar erscheinen, wenn ich trotzdem welche erhielte; man könnte mich ausfragen.« Mit fünfzig Jahren schreibt er an Frau Schlésinger, seine große platonische Liebe, auf deren Besuch in Croisset er hofft: »Ich würde Sie so gern bei mir empfangen, Sie im Zimmer meiner Mutter schlafen lassen!« (VI, 1335).

12 Vgl. den berühmten Brief vom 26. Juni 1852, in dem er du Camp antwortet, der ihn nach Paris holen will, wo Ruhm und Ansehen zu erwerben sei: »*Bekannt zu werden* ist nicht meine Hauptsorge ... Ich habe besseres im Sinn, nämlich, mir selbst zu gefallen ... Die Lorbeeren, die man sich da (in Paris) aus den Händen reißt, sind ein bißchen mit Scheiße bedeckt, darüber wollen wir uns doch klar sein«, usw.

13 René Dumesnil, *Gustave Flaubert*, 3. Aufl., S. 337.

14 Den er ein bißchen naiv definierte als »das dem Menschen verliehene Vermögen, sich anders zu verstehen, als er ist«.

15 Vorwort zu *Dernières chansons* von L. Bouilhet.

16 *Madame Bovary*, Zweiter Teil, Kapitel 5.

17 Auch Charles, der Schwätzer, hätte seine Chancen gehabt. Sein verschlafenes Schweigen regt nicht zum Träumen an; aber wenn er redet, ist es noch schlimmer. Er schreit *Charbovari*, als er nach seinem Namen gefragt wird, stottert »Vater Rouault, Vater Rouault...«, als er um Emmas Hand anhalten will; später schreibt er an Rodolphe, daß Emma »zu seiner Verfügung steht und daß er auf sein Entgegenkommen rechnet«, und antwortet auf die Anzeige von Léons Heirat mit Fräulein Léocadie Lebeuf: »Wie glücklich wäre meine arme Frau gewesen!« usw. Diese Unfehlbarkeit in der Ungeschicklichkeit ist sein Schicksal.

18 Léon Bopp, *Commentaire sur Madame Bovary*, Paris 1951.

19 Bei Louise Colet weckten wahrscheinlich ihre Pantoffeln die lebhaftesten Gefühle in ihm. Und in einem Entwurf zur *Madame Bovary* heißt es: »Kleine Vorfälle: Lèon nimmt einen Handschuh (hält das für kühn, steigert sich da hinein).

Zu verstehen geben, daß er mit dem Handschuh ..., ihn überzieht und, den Kopf darauf gelegt, auf dem Kopfkissen schläft.« In den Notizen, die Flaubert für seinen eigenen Gebrauch machte und die J. Pommier und G. Leleu zu Beginn ihrer Ausgabe der *Madame Bovary (neue Fassung)* zusammengestellt haben, finden sich tausend brutale Hinweise auf die Art und Weise, in der die Gegenstände die Sinnlichkeit erregen.

20 Außer in den allerletzten Zeilen des Buchs: »Homais' Kurpfuscherei hat einen unheimlichen Umfang gewonnen. Seine Behörde duldet ihn, und die öffentliche Meinung empfiehlt ihn immer mehr. Kürzlich hat er das Kreuz der Ehrenlegion erhalten.«

21 Wenn man die Bedeutung kennt, die Flaubert der Wahl der Namen beimaß, ahnt man, daß in diesem eine durchsichtige Absicht vorliegt.

22 Man sehe sich aus Interesse eine Abbildung an: ein schönes Beispiel für ein gekünsteltes Arrangement!

23 Dritter Teil, Kapitel 6.

24 Er definiert ihn, so gut es geht: »rhythmisiert wie der Vers, und genau wie die Sprache der Naturwissenschaften«.

Bruce Mazlish
Autobiographie und Psychoanalyse
Zwischen Wahrheit und Selbsttäuschung

Es besteht kaum ein Zweifel, daß die Autobiographie, wie wir sie kennen, zu Beginn des 19. Jahrhunderts ins Leben trat. Das OED[1] behauptet, daß es Robert Southey war, der im Jahre 1809 die Bezeichnung im Englischen als erster verwandte. Das mag zutreffen, unterzieht man aber Southeys Verwendung des Wortes einer näheren Betrachtung, so hat es den Anschein, als handle es sich um einen mehr zufälligen und – wie er ihn gebraucht – bedeutungslosen Neologismus:

»Das Leben des Malers Francisco Vierira«, so schrieb Southey in *The Quarterly Review*, » . . . von ihm selbst dargestellt. Viel ist über das Leben von Malern geschrieben worden, und es ist daher sonderbar, daß dieses sehr amüsante und einzigartige Musterbeispiel einer Autobiographie gänzlich übersehen werden konnte.«

Doch vermutlich drückte sich Southey besser aus, als ihm selber bewußt war, denn die Kombination von Merkmalen, die sich hinter dem Wort »Autobiographie« im modernen Sinne verbarg, war bereits in dem Jahrzehnt vor 1809 aufgetaucht, einem Jahrzehnt, das wir als die frühe »romantische Periode« bezeichnen.
Und in der Tat gewann die Beschäftigung mit dem Selbst während der Romantik neue Aspekte, die von der vorausgehenden Seelenerforschung religiöser Art verschieden waren. Wenn ich also eine bündige Definition der »modernen« Autobiographie zu geben hätte, würde ich sagen, daß es sich um ein literarisches Genre handelt, das der Romantik seine Entstehung verdankt und uns unter einem spezifischen gegenwärtigen Gesichtspunkt ein Bild von der kohärenten Gestaltung einer individuellen Vergangenheit darbietet, und zwar mittels Selbstbeobachtung und Rückerinnerung besonderer Art. Sie schildert das Selbst als eine sich entwickelnde Einheit, die sich in genau bestimmbaren Phasen wandelt, und sie verbindet das Wissen vom Selbst mit dem Wissen von der Außenwelt; beide zusammen ermöglichen es uns dann, die Realität in ihrer Tiefe und Wahrheit zu erfassen.
Lassen Sie mich bei dieser Definition kurz verweilen. Von der Romantik wird häufig angenommen, sie habe sich mit dem Exoti-

schen und Illusionären befaßt, und oft war das auch der Fall. Von viel zentralerer Bedeutung für sie war jedoch das, was ich den »romantischen Empirizismus« nennen will: das Bemühen, mit der Realität auf intensivere und wahrhaftigere Weise zu Rande zu kommen als mittels philosophischer und wissenschaftlicher Abstraktionen. Sicherlich war dies der Fall, wo es sich um das Wissen vom Selbst handelte, das auf die verschiedenen verwandten psychologischen Lehren aufgebaut war und von Wordsworths »pulsnahem« Wissen übertroffen wurde. So bezeichnet Wordsworth in den *Lyrical Ballads* seine Dichtkunst als »Experiment«, in dem er sich der »wirklichen Sprache der Menschen« bedient, die am besten »im niederen, ländlichen Leben« studiert werden könne, weil dort »unsere elementaren Empfindungen in größerer Einfachheit nebeneinander bestehen«. Diese Empfindungen werden jedoch nicht in der Isolierung erlebt, abgetrennt von allen anderen Gefühlen, sondern vielmehr »abgewandelt und gelenkt von unseren Gedanken, die in der Tat Repräsentanten aller unserer vergangenen Gefühle sind«. Wir nehmen Realität daher als individuelle Erinnerung wahr, und dies ist die einzige Art, sie *wahrhaft* wahrzunehmen. John N. Morris sagt über Wordsworths *The Prelude* folgendes:

»Der sehr hohe Anspruch, daß der Akt der Rückschau und Komposition als solcher die Quelle eines Wissens sei, welches die von der Erfahrung festgehaltenen speziellen Wahrheiten übertrifft, unterscheidet Wordsworths Autobiographie von allen früheren englischen Beispielen dieser Form.« (*Versions of the Self*, 1966, S. 16)

Nach Wordsworth vermittelt dieses »höhere« Wissen vom Selbst zugleich das Wissen um die Außenwelt. »Der Dichter«, so sagt er, »betrachtet Mensch und Natur als im wesentlichen aufeinander abgestimmt und den Geist des Menschen als natürlichen Spiegel der schönsten und interessantesten Eigenschaften der Natur ...«

Wordsworths Betonung des Selbst als des Schlüssels zur Realität ertönt auch von jenem Mann, der, wie Arthur Lovejoy es ausdrückt, 1798 als erster das Wort »romantisch« populär machte: Friedrich Schlegel.[2] »Alle sogenannten Romane«, sagt uns Schlegel, sollten »nach der Masse von eigener Anschauung und dargestelltem Leben, die sie enthalten«, eingeschätzt werden. Aber selbst bei den Romanen von Richardson und Fielding, so gut sie sein mochten, mußte Schlegel feststellen: » . . . wie sparsam und tropfenweise wird einem in allen diesen Büchern das wenige Reelle zugezählt! Und welche Reisebeschreibung, welche Briefsammlung, welche Selbstgeschichte wäre nicht für den, der sie in einem romantischen Sinne liest, ein besserer Roman als der beste von jenen?«

Es ist demnach die in »romantischem Geiste« geschriebene Autobiographie, die uns die engste Berührung mit der Realität ermöglicht, und wie wir bei Wordsworth gesehen haben, sind Erinnerung oder Rückschau auf Gefühle und Gedanken Methode oder Mittel, dies zu erreichen. An diesem Punkte sind wir zumindest zweier Elemente meiner »bündigen Definition« der Autobiographie habhaft geworden.

Auf der Suche nach einem weiteren Element können wir uns nun an Goethe wenden: der Betrachtung des Selbst als einer *sich entwickelnden* Einheit in einer *sich entwickelnden* Welt. In einer berühmten Passage schreibt er, daß es die Hauptaufgabe der Biographie (wir setzen hier statt dessen: Autobiographie) sei:

»den Menschen in seinen Zeitverhältnissen darzustellen, und zu zeigen, inwiefern ihm das Ganze widerstrebt, inwiefern es ihn begünstigt, wie er sich eine Welt- und Menschenansicht daraus gebildet und wie er sie, wenn er Künstler, Dichter, Schriftsteller ist, wieder nach außen abgespiegelt. Hierzu wird aber ein kaum Erreichbares gefordert, daß nämlich das Individuum sich und sein Jahrhundert kenne, sich, inwiefern es unter allen Umständen dasselbe geblieben, das Jahrhundert, als welches sowohl den Willigen als Unwilligen mit sich fortreißt, bestimmt und bildet, dergestalt, daß man wohl sagen kann, ein jeder, nur zehn Jahre früher oder später geboren, dürfte, was seine eigene Bildung und die Wirkung nach außen betrifft, ein ganz anderer geworden sein.« *(Dichtung und Wahrheit)*

Es ist der *Bildungsroman*, den Goethe und seine Zeitgenossen im Sinn haben, und sie dehnten lediglich die Vorstellungen von Entwicklung auf das Selbst aus, die von so verschieden orientierten Denkern wie Condorcet (mit seinen 10 Stufen des geistigen Fortschreitens), Saint-Simon (mit seinem Gesetz von den 3 Stufen, das bald darauf von Comte weitergeführt wurde) und Hegel (mit seiner »Vernunft«, die sich durch verschiedene nationale Volksgeister entfaltete, dialektisch ein zunehmend höheres Niveau erreichte und schließlich von Marx »materialisiert« wurde) für die Menschheit und die Gesellschaft ausgearbeitet worden waren.

Wo aber kommen die für das Selbst in Aussicht genommenen

Entwicklungsstadien her? Hier stehen wir auf weniger sicherem Boden. Der Begriff der Kindheit, so belehrt uns Philippe Ariès, bildet und bestätigt sich erst im 19. Jahrhundert, und der größte Teil des Jahrhunderts ist eher ein Schlachtfeld für widerstreitende Ansichten als eine Zeitspanne der Klarheit. Wordsworths Kind kommt, »Ruhmeswolken hinter sich«, von Gott; das Kind Rousseaus ist Emile und zugleich Rousseau selbst (der, wie er eingesteht, »noch ein Kind ist«); Dickens' Kinder sind Oliver Twist und die Zirkusleute in *Harte Zeiten* Wenn wir unter Kindheit die ersten sechs oder sieben Lebensjahre verstehen, dann widmet ihr selbst Rousseau nur etwa drei Seiten (1712–1718) in seinen *Bekenntnissen*! Meinen wir mit Kindheit hingegen das Alter bis etwa zum 16. Lebensjahr, reserviert er ihr das ganze erste Buch, das heißt etwas über dreißig Seiten von insgesamt sechshundert. Am Anfang des zweiten Buches (1728–1731) sagt er: »Obgleich nur ein Kind . . .«, beendet aber den langen Satz, indem er sich selbst im gleichen Atemzug als »Jüngling« bezeichnet.

Es ist klar, daß die Frage nach der Kindheit als einer Stufe der individuellen Entwicklung von enormer Bedeutung und Komplexität ist. Im Hinblick auf unsere Zwecke brauchen wir nur festzustellen, daß ihre Existenz ein Problemfeld darstellt, und können uns einer anderen Stufe der Selbstentfaltung zuwenden, die um diese Zeit sichtbar wird: der Adoleszenz, die vielleicht zuerst in der »Sturm und Drang«-Idee Gestalt annahm. Doch auch die Adoleszenz ist ein höchst ungenau definiertes Stadium während des ganzen 19. Jahrhunderts – erst zu Beginn des 20. Jahrhunderts kam sie voll zu ihrem Recht. Wie man aber bereits hundert Jahre vorher verschwommen wahrgenommen hatte, ist sie von dunklen Wolken der Melancholie umschattet und dem Gefühl, daß das Leben sinnlos und leer sei. Oft scheint es, als stehe der einzelne mit seiner Zeit nicht in Einklang oder nicht auf der ihm zukommenden Entwicklungsstufe. So kann diesem Adoleszenzstadium häufig der Begriff der »Entfremdung« zugeordnet werden. Paradoxerweise wird auch die Selbstbeobachtung, die diese Phase kennzeichnet, teilweise als Ursache der Entfremdung, teilweise aber als der einzige Weg angesehen, der zu einer gesunden Verbindung mit dem Leben und der Gesellschaft zurückzuführen vermag. Diesen Gedanken werden wir in Kürze noch einmal aufgreifen.

Ist die »Sturm und Drang«-Periode einmal überwunden, wird das

Leben im allgemeinen als ein einziges Stadium fortschreitender Reifung – und beruflicher Leistungen – betrachtet. Und wenngleich es natürlich auch für einige weiterhin von Melancholie und gelegentlichen Zusammenbrüchen gekennzeichnet bleiben mag, so ist es eben doch bis ins Alter und schließlich zum Tode ein homogenes Stadium. Diese Vorstellung vom Selbst, das sich in definierbaren Phasen wandelt, ist meines Erachtens für das frühe 19. Jahrhundert höchst charakteristisch. Es ist demnach die Vorstellung vom Selbst, die auch zu einer stilisierten Methode der Organisation sowie der Wahrnehmung des Selbst wird, wenn man daran geht, eine Autobiographie zu schreiben. Mag sie in ihren Details zutreffen oder nicht, eine Darstellung, wie ich sie gerade vorgetragen habe, deutet nichtsdestoweniger wirklich darauf hin, daß man zu allen Zeiten davon überzeugt war, daß das Selbst sich entwickelt, und zwar stufenweise. Dem müssen wir nun hinzufügen, daß eine derartige Entwicklung wahrgenommen werden konnte, indem man einen bestimmten Punkt in der Zeit ins Auge faßte – etwa das mittlere Lebensalter oder den Moment des beruflichen Erfolges – und rückschauend sein Leben überblickte. Auf diese Weise konnte man erkennen, daß es eine deutliche Form und eine besondere Bedeutung hatte. Ein anderer Ausgangspunkt und – Chateaubriand bewies es, als er aus drei verschiedenen Anlässen seine Memoiren neu schrieb – die Bedeutung wäre eine andere gewesen.
Nunmehr haben wir, wie ich hoffe, einen vollen Kreis beschrieben und sind zu meiner bündigen Definition der Autobiographie zurückgekehrt:

Sie ist die kohärente Gestaltung einer individuellen Vergangenheit unter einem spezifischen gegenwärtigen Gesichtspunkt, erzielt mit den Mitteln von Selbstbeobachtung und Rückerinnerung einer besonderen Art, worin das Selbst als eine sich entwickelnde Einheit, die sich in definierbaren Phasen wandelt, gesehen wird; wo das Wissen vom Selbst sich mit dem Wissen um die Außenwelt verbindet und beide zusammen es uns ermöglichen, die Realität zu erfassen.

Wenn wir John Morris in seinen *Versions of the Self* folgen wollen, können wir dem hinzufügen, daß die Methode der Wahl zur Erkennung der Bedeutung des Selbst bestehe darin, zu zeigen, daß das Individuum durch das Tal des Leidens, der Düsternis und der Schmerzen gewandelt sei, wie es in der »Sturm und Drang«-Periode sich im allgemeinen darstellt – eben in der »Selbstbeobachtung«, von der bereits die Rede war. William James schilderte also (wie Morris uns erinnert) die Erfahrungen der vorhergegangenen zwei oder drei Generationen, wenn er versicherte, daß nur die »kranke Seele«, das »gespaltene Selbst, das in eigener Person krankhafter Melancholie zum Opfer gefallen ist, die Welt als das zu erkennen vermag, was sie ist«. Nach Morris' These sind

die Erfahrungen, die in den Autobiographien des 19. Jahrhunderts festgehalten wurden ... weltliche Gegenstücke der religiösen Melancholie und Bekehrungen, wie sie in den Autobiographien der früheren Glaubenshelden niedergelegt sind ... »Selbst« ... ist das moderne Wort für »Seele«.

Es ist wohlbekannt, daß die Disziplin, die heutzutage beansprucht, vom »Selbst«, insbesondere vom »kranken« und »gespaltenen« Selbst, am kenntnisreichsten zu sprechen – wobei sie den Begriff der Seele vollkommen veränderte –, die »Wissenschaft« der Psychoanalyse ist. Es erscheint daher nützlich zu prüfen, welche Auswirkungen der psychoanalytische Begriff des Selbst auf jenes literarische Genre hatte, das angeblich mit den aufschlußreichsten und »realsten« Selbstporträts aufwartet: die Autobiographie.

Die Untiefen

Die Autobiographie vor Freud, wie introspektiv sie auch gewesen sein mochte, hatte stets nur das bewußte Denken zum Gegenstand. Aus dieser Sicht bestand das Gedächtnis aus den »Repräsentanten aller unserer vergangenen Gefühle«, aber diese »Repräsentanten« konnten nur dann heraufbeschworen werden, wenn man sich geruhsam an der Oberfläche seiner Gedanken entlangbewegte. Freud ändert all das, indem er zeigte, daß das Bewußtsein nur die Spitze des Eisbergs der seelischen Vorgänge bildet und darunter die ungeheure Masse unseres Unbewußten sich ausbreitet. Das Vordringen zu dieser Masse war nicht leicht. Freud schilderte das in seiner Selbstdarstellung so:

»Woher kam es nur, daß die Kranken so viel Tatsachen des äußeren und inneren Erlebens vergessen hatten, und diese doch erinnern konnten, wenn man die beschriebene Technik auf sie anwendete? Auf diese Fragen erteilte die Beobachtung erschöpfende Antwort. All das Vergessene war irgendwie peinlich gewesen, entweder schreckhaft oder schmerzlich oder beschämend für die Ansprüche der Persönlichkeit. Es drängte sich von selbst der Gedanke auf: gerade darum sei es vergessen worden, d.h. nicht bewußt geblieben. Um es doch wieder bewußt zu machen, mußte man etwas in dem Kranken überwinden, was sich sträubte, mußte man eigene Anstrengung aufwenden, um ihn zu drängen und zu nötigen. Die vom Arzt erforderte Anstrengung war verschieden groß für verschiedene Fälle, sie wuchs im geraden Verhältnis zur Schwere des zu Erinnernden. Der Kraftaufwand des Arztes war offenbar das Maß für einen Widerstand des Kranken. Man brauchte jetzt nur in Worte zu übersetzen, was man selbst verspürt hatte, und man war im Besitz der Theorie der Verdrängung.«

Verdrängung und Widerstand sind die Kräfte, die den Weg zu unserem Unbewußten blockieren und verhindern, daß wir zu den tiefsten Schichten unseres Selbsterlebens vordringen. In der Hypnose kann es gelingen, daß wir uns teilweise erinnern, dies jedoch ohne bewußte Lenkung. Als der wahre Sprengsatz aber, mit dem wir möglicherweise einen Teil der Verdrängung und des Widerstandes beseitigen können, die unsere Vergangenheit verhüllen, erwies sich die »freie Assoziation«. Diese Methode, insbesondere wenn sie auf die Traumdeutung angewendet wird, öffnet einen Tunnel zu unserem Unbewußten, dem wir dann unsere tiefsten Erinnerungen zu entreißen vermögen. Gleich Hamlet bietet die Psychoanalyse »mehr Dinge zwischen Himmel und Erde, als unsre Schulweisheit sich träumen läßt«. Und sie tut das – wie außerordentlich passend – eben durch die Träume selbst!
Welche Erinnerungen sind es nun, die unsere Träume höchst verblüffenderweise enthüllen? Freud erklärt es so:

»Bei der Suche ... wurde man in immer frühere Lebenszeiten des Kranken zurückgeleitet und langte endlich in dessen ersten Kindheitsjahren an ... die Eindrücke dieser frühen Lebensperiode, obwohl sie meist der Amnesie verfallen, hatten unvertilgbare Spuren in der Entwicklung des Individuums zurückgelassen ... Das es sich aber in diesen Kindererlebnissen immer um sexuelle Erregungen und um Reaktionen gegen dieselben handelte, stand man vor der Tatsache der infantilen Sexualität.«

Verdrängte Erinnerungen, freie Assoziation als Mittel, sie aufzuspüren, und infantile Sexualität als Quelle jener ersten Erinnerungen, die unsere spätere Entwicklung so machtvoll beeinflussen – dies sind die nunmehr vertrauten Ideen der Freudschen Psychologie. Welche Wirkung haben sie auf die Autobiographie? Wenn wir zu meiner ursprünglichen Definition zurückkehren, erkennen wir, daß drei Elemente durch die Psychoanalyse verfeinert oder neu definiert wurden: das Mittel der »Selbstbeobachtung und Rückerinnerung«, das Selbst »als eine sich entwikkelnde Einheit, die sich in definierbaren Phasen wandelt«, und – zumindest implizit – unser Wissen vom Selbst und der Außenwelt und damit unser Erfassen der Realität.

Offensichtlich sind der Selbstbeobachtung und Erinnerung neue Möglichkeiten geboten worden, mittels derer sie ihre Aufgabe der Erwerbung größeren Wissens über das Selbst erfüllen können. Sei es durch einen professionellen Analytiker oder Selbstanalyse, sei es einfach durch eine vage Vorstellung von der psychoanalytischen Theorie – und letzteres ist sicher die vorherrschende Methode: der Autobiograph von heute sieht sich gezwungen, sich mit Erinnerungen auseinanderzusetzen, mit denen seine Vorgänger, glücklicherweise oder unglücklicherweise, nicht gesegnet waren. Selbst wenn er sich entschließt, dieses Bewußtsein nicht in sein Buch aufzunehmen, muß der Autobiograph von heute mit einem Leser rechnen, der eine solche Aufnahme erwartet und dort, wo sie fehlt, Teile davon aus eigenem ergänzt. Auf diese Weise erhält selbst das Weggelassene noch eine besondere Bedeutung.

Den vielleicht stärksten, wenngleich vernachlässigten Einfluß auf die Autobiographie hat die Psychoanalyse durch den Begriff des Selbst, das sich in definierbaren Phasen entwickelt, ausgeübt. Seit Freud bildet die kindliche Sexualität einen zentralen Punkt in jedem Bericht über eine Persönlichkeitsentwicklung. In der Tat enthält das orthodoxe Freudsche Schema die Neigung, das übrige Leben als unabdingbare Verarbeitung der Impulse und »Komplexe« – insbesondere des Ödipuskomplexes – anzusehen, die notwendigerweise in der Kindheit, das heißt bis zum Alter von etwa fünf bis sechs Jahren, erlebt werden. Die darauf folgende Latenzzeit ist weiter nichts als eine Pause. Pubertät und Adoleszenz sind lediglich neue Schlachtfelder, auf denen der alte Kampf ausgefochten wird, und man hat den Eindruck – obwohl man Freud damit bis zu einem gewissen Grade entstellt –, daß über das Endergebnis schon früher entschieden wurde. Das Mannesalter und seine Errungenschaften scheinen nur die speziellen neurotischen, wenn nicht psychotischen, Mittel des Durcharbeitens oder Ausagierens unserer früheren Komplexe zu exemplifizieren. Partielle Befreiung vom Determinismus unserer »Erinnerungen«, um es einmal so auszudrücken, kann nur, wenn überhaupt, durch

die therapeutische »Umerziehung« mittels Psychoanalyse errungen werden.
Wollte man einem solchen Schema folgen, wäre seine Auswirkung auf die Autobiographie die, daß man ein riesiges erstes Kapitel über die Kindheit und die mit ihr einhergehenden sexuellen Regungen hätte, ein kleines Kapitel über die Nebensächlichkeiten der Latenzzeit, ein größeres Kapitel über die Adoleszenz bis zu Erfolg oder Versagen im Beruf und so weiter. Von diesem »Idealtyp« einer Autobiographie scheinen die Schriftsteller nur teilweise angetan zu sein, sei es wegen der Schwierigkeit, ihrer frühesten Erinnerungen habhaft zu werden, sei es aus Diskretion oder Unglauben. Dennoch war der Einfluß des Freudschen Denkens auf unsere Vorstellung von den Entwicklungsstufen tiefgreifend. So berühren uns die spärlichen drei Seiten, die Rousseau in seinen *Bekenntnissen* seiner Kindheit widmet, nicht mehr als wahrhafte und tiefe Selbstbeobachtung. Typischer wäre heutzutage beispielsweise, daß Arthur Koestler auf den etwa 80 ersten Seiten seines Buches *Arrow in the Blue* (1952) eine psychoanalytisch orientierte Beschreibung der ersten sechzehn Jahre seines Lebens, einschließlich vieler Beobachtungen aus seiner Kindheit, gibt.
Es wäre jedoch ein Fehler, zu glauben, daß die Psychoanalyse selbst auf Freuds früheste Formulierung der individuellen Entwicklungsstufen fixiert geblieben sei. Freud begann bekanntlich in seinem Buch *Das Ich und das Es* (1923) das Schwergewicht von den Es-Trieben auf Abwehr und Anpassung des Ichs zu verlegen. Diese Aufgabe wurde dann von seiner Tochter Anna (*Das Ich und die Abwehrmechanismen*, 1936) und zahlreichen anderen, insbesondere Heinz Hartmann (*Ich-Psychologie und Anpassungsprobleme*, 1937–39) übernommen und weitergeführt. Mit dieser Verschiebung tritt das Bewußtsein in gewissem Sinne wieder in seine Rechte. Es sind nicht allein die wütenden Es-Triebe, die uns für alle Zeit prägen, sondern das Miteinander von Es und Ich, wenn dieses versucht, der Triebe Herr zu werden und sie mit der Realität in Einklang zu bringen. Wenngleich die Kindheit weiterhin ein überaus wichtiges Entwicklungsstadium bleibt, so haben die Psychoanalytiker sie doch nach und nach in einem neuen Lichte sehen gelernt und zudem ihre Auswirkungen durch die Erkenntnis ins rechte Gleichgewicht gesetzt, daß das, was sich in der Kindheit ereignet, nicht einfach in Reserve gehalten oder in

der Latenzperiode und der Pubertät neu aufgelegt wird, sondern einer wirklichen *Entwicklung* und somit Veränderung unterliegt. Natürlich leugnen sie die kindliche Vergangenheit nicht, vielmehr bauen sie auf ihr auf. Und die Architektur der Identifikation, wenngleich auf die Identifikation in der Kindheit gegründet, weist eine Gestalt auf, die von der der Fundamente verschieden ist.

Für diese Neubewertung und der daraus folgenden Revision der Theorie der stufenweisen Entwicklung des Individuums, die seither als Lebenszyklus bezeichnet wird, spielt Erik H. Erikson eine hervorragende Rolle. Der Bedeutung, die nun dem Es und dem Ich gleichermaßen zugebilligt wurde, fügte er die Betonung des Über-Ichs hinzu. Darüber hinaus hat er alle drei Prozesse – die biologischen Triebe, die bewußte Geistestätigkeit und das »Gewissen« der Kultur (das heißt, das Ich-Ideal und das Über-Ich) – in einem faszinierenden, subtilen Miteinander vereint, das für alle Entwicklungsstufen Gültigkeit hat. Zur Krönung seines Ansatzes hat er den verschiedenen Stadien des Lebenszyklus mehr oder weniger gleich viel Gewicht verliehen. Nach seiner Typologie gibt es acht »Menschenalter«: das oral-sensorische, das muskulär-anale, das lokomotorisch-genitale, Latenz, Pubertät und Adoleszenz, jugendliches Erwachsenenalter, Erwachsenenalter und Reife, und jedes hat seine eigenen Entwicklungsmöglichkeiten. Dies alles war und ist bei Freud potentiell vorhanden. Erikson besaß die künstlerische Vorstellungsgabe und das Genie, es voll ausgebildet ans Licht zu bringen.

Ich kann mich des Gefühls nicht erwehren, daß es in dieser Angelegenheit einen »kulturellen Rückstand« gibt und noch geraume Zeit Biographien im Sinne der frühen Formulierungen Freuds geschrieben und zweifellos gelesen werden. Das heißt, das Es und die Kindheit werden unangemessen und unkritisch überbetont werden. Allmählich jedoch werden die Extrapolationen und Verfeinerungen der Freudschen Theorien durch Nachfolger wie Anna Freud, Heinz Hartmann und Erik Erikson bekannter werden. Dann werden wir unsere Aufmerksamkeit in höherem Maße dem Ich und Überich sowie anderen Phasen als der Kindheit zuwenden. Ich glaube, daß dies bereits im Gange ist. So handelt es sich zwar bei neueren Formulierungen noch immer um »tiefenpsychologische« Theorien, doch haben sie neue Höhen erklommen. Das äußert sich vor allem in dem Interesse an der Interaktion von Es und Ich mit dem Über-Ich sowie in dem Bemühen, dem Wesen und dem Prozeß des letzteren pragmatisch und effektiv auf die Spur zu kommen, wie es in Eriksons Werk beispielhaft geschieht, und Goethes Forderung erfüllen »... den Menschen in seinen Zeitverhältnissen darzustellen, ... wie er sich eine Welt- und Menschenansicht daraus gebildet und wie er sie ... wieder nach außen abspiegelt«.

Um einen solchen Menschen darzustellen, müssen sich Autobiographien, wenn sie uns überzeugen sollen, im Idealfall mit dem Selbst als einer sich entwickelnden Einheit befassen, die einen Eriksons Vorstellungen entsprechenden Lebenszyklus durchläuft und im Einklang mit einer sich verändernden Welt steht.

Nun wirft die Psychoanalyse außerdem auch Licht auf die Frage, was am Selbst und der Welt wahr und real ist. Roy Pascal beispielsweise widmet in seinem Werk *Design and Truth in Autobiography* ein ganzes Kapitel der Undefinierbarkeit von Wahrheit (»Elusiveness of Truth«). Mit vollem Recht besteht er darauf, daß sowohl Fakten als auch Gefühle wahr sein müssen. Die Wahrheit von Fakten läßt sich vermutlich verifizieren, wenn auch deren einfach Weglassung schwerer festzustellen und oft signifikanter ist als Irrtum oder Lüge. Die Gefühlswahrheit ist demgegenüber eine privatere Angelegenheit; im allgemeinen sind wir bereit, an die Echtheit der Empfindungen des Autobiographen zu glauben, und zwar eher wegen der künstlerischen Überzeugungskraft, die er insgesamt aufzubringen vermag, als aufgrund irgendwelcher Beteuerungen. Unter psychoanalytischen Aspekten erhält dieses Problem eine neue Nuance, da wir nun fragen, was wir als »faktische« und »psychische« Realität anzusehen haben.

So war Freud zunächst schockiert, als seine Patienten ihm berichteten, daß sie als Kinder von ihren Eltern verführt worden seien. Noch schockierter war er, als er entdeckte, daß diese Erzählungen faktisch unwahr waren. »Als ich mich gefaßt hatte«, sagt er in seiner *Selbstdarstellung*,

»zog ich aus meiner Erfahrung die richtigen Schlüsse, daß die neurotischen Symptome nicht direkt an wirkliche Erlebnisse anknüpften, sondern an Wunschphantasien, und daß ... die psychische Realität mehr bedeute als die materielle.«

In diesem Lichte müssen wir also autobiographische Schilderungen wie etwa die Charles Darwins betrachten, wenn er uns berichtet:

»Meine Mutter starb im Jahre 1817, als ich wenig über acht Jahre alt war, und es ist seltsam, daß ich mich kaum an irgend etwas an ihr erinnern kann, außer ihrem Totenbett, ihrem schwarzen Samtkleid und ihrem sonderbar konstruierten Arbeitstisch.«

Das ist in der Tat seltsam, und wir können nur annehmen, daß Darwin an seine Behauptung selber glaubt, weil sie für ihn ein Stück psychischer, nicht aber faktischer Realität ist. So dürfte es sich auch mit seiner Feststellung im nächsten Abschnitt verhalten, daß »die Sammelleidenschaft ... bei mir sehr stark und offensichtlich angeboren war, da keine meiner Schwestern oder mein Bruder jemals daran Gefallen fand«. In Wahrheit, so erinnert er sich an anderer Stelle, sammelte sein Bruder Pflanzen, wahrscheinlich genauso leidenschaftlich wie Darwin selbst. Wieder einmal wird uns bewußt, wie die psychische Realität über die faktische Realität siegt. Siet dem Aufkommen der Psychoanalyse ist uns deutlicher bewußt und sind wir besser gerüstet, unser Augenmerk auf das zu richten, was jeder Autobiographie zugrundeliegen muß: das Zusammenspiel von faktischer und Gefühlswahrheit, von faktischer und psychischer Realität.

Neurose und Normalität

Betrachten wir die Autobiographie so wie ich sie hier definiert habe und wie sie durch die Freudsche Theorie modifiziert wird, gibt es dann psychoanalytische Biographien, auf die wir hinweisen können? Bevor wir uns zwei Beispielen zuwenden, dem von Sigmund Freud und Ernest Jones, sei eine Vorbemerkung gestattet. Die Psychoanalyse stellt ihre Befunde normalerweise in Form von Fallgeschichten dar. Im allgemeinen nehmen diese Fallgeschichten ihren Anfang mit der Neurose, die den Patienten zum Therapeuten geführt hat. So beginnt Freud in »Frau Emmy v. N.«, dem ersten Fall, den er in *Studien über Hysterie* (zusammen mit Breuer) niederschrieb, folgendermaßen: »Am 1. Mai 1889 wurde ich Arzt einer etwa vierzigjährigen Dame, deren Leiden wie deren Persönlichkeit mir soviel Interesse einflößten, ... daß ich mir ihre Herstellung zur Aufgabe machte«; in dem berühmten Fall des *Kleinen Hans* sagt er: »Die auf den folgenden Blättern darzustellende Kranken- und Heilungsgeschichte eines sehr jugendlichen Patienten ...« Und in dem gleichermaßen berühmten

Fall des *Rattenmannes* heißt es: »Ein jüngerer Mann von akademischer Bildung führt sich mit der Angabe ein, er leide an Zwangsvorstellungen schon seit seiner Kindheit, besonders stark aber seit vier Jahren.« Demnach bildet die *Neurose* den »spezifischen gegenwärtigen Gesichtspunkt«, den ich in meiner Definition der Autobiographie bereits erwähnte, und es ist die *Analyse* der Neurose, in der das ganze frühere Leben des Patienten sich dann entfaltet.

In einer »normalen« Autobiographie nun geht diese Entfaltung in linearer, erzählender und höchst chronologischer Weise vor sich, und ihr Ausgangspunkt ist natürlich keine Neurose (zumindest keine offensichtliche). Auch Fallgeschichten lesen sich teilweise, als wären sie reine Erzählungen, oder, wie Freud es nannte, Kiplingsche »Just so«-Geschichten. Dennoch besteht ein wesentlicher und weitreichender Unterschied zwischen Autobiographien und Fallgeschichten. Den Kern der letzteren bildet die nichtlineare Analyse eines Charakters mittels Träumen und freien Assoziationen, wie er in der akuten Neurose erkennbar wird. Ferner wird das Material in einem Zeitschema dargeboten, das, wenngleich es einige Elemente tatsächlicher Chronologie enthält, hauptsächlich mit psychischer Zeit und den darin sich abspielenden Ereignissen zu tun hat. Auch liegt das Schwergewicht nicht auf dem Linearen, sondern auf dem systematischen »Im-Kreise-Gehen«, wie Erikson es genannt hat, mit dem der Prozeß verbunden ist, welcher die Interaktion von Es, Ich und Über-Ich eines Individuums klären soll.

Nach dieser Vorbemerkung brauchen wir vielleicht nicht überrascht zu sein, daß unsere beiden Autoren – Freud und Jones –, wenn sie Autobiographien und keine Fallgeschichten schreiben, die üblichen linearen, erzählenden, chronologischen Berichte geben. Lassen Sie mich beide Beispiele kurz betrachten.

Freuds *Selbstdarstellung* wurde 1925 erstmals veröffentlicht, als er 69 Jahre alt war, und 1935 durch eine Nachschrift ergänzt. Sie wurde auf Wunsch für eine Artikelserie mit dem Titel *Die Medizin der Gegenwart in Selbstdarstellungen* verfaßt und hatte demnach von vornherein einen professionellen Hintergrund. Doch ist es interessant zu bemerken, daß Freud diesen »Gelegenheits«-Anlaß durch das, was er sagt, in die Darstellung des wirklichen, zentralen Anliegens seines Lebens umwandelt. Er beginnt mit der Bemerkung, daß er »Bearbeitungen, wie die hier erforderte, schon wiederholt veröffentlicht« habe, das heißt also autobiographische. Insbesondere verweist er auf die *Geschichte der psychoanalytischen Bewegung* (1914) und die *Fünf Vorlesungen über Psychoanalyse* (1909–10). Man kann nicht umhin, daraus zu schließen, daß Freud sein Leben in erster Linie als das »Leben« der psychoanalytischen Theorie und Bewegung, die er geschaffen hatte, betrachtete, und in hohem Maße auch umgekehrt. Wenn wir ein modernes Schlagwort benutzen wollten, könnte man sagen, Freud habe seine »Identität« durch die Psychoanalyse erlangt. Es war die Clark University in Amerika, die Freud die erste öffentliche Anerkennung zuteil werden ließ, indem sie ihn im Jahre 1909 einlud, die *Fünf Vorlesungen* dort zu halten, und Freud bestätigte, um was es ging, als er in seiner Einleitung sagte: »Ich nehme an, daß ich diese Ehre nur der Verknüpfung meines Namens mit dem Thema der Psychoanalyse verdanke, und beabsichtige daher, Ihnen von der Psychoanalyse zu sprechen.« Aus der *Selbstdarstellung* wissen wir aber, daß Freud von sich selbst spricht, wenn er über die Psychoanalyse spricht. Er gibt zu, daß alle Schriften aus den Jahren 1909, 1914 und 1925 mehr persönliche Betrachtungen enthielten als üblich oder andernfalls nötig gewesen wäre. Und in dem autobiographischen Versuch von 1925 fügt er nur hinzu: » . . . muß ich versuchen, nun ein neues Mengungsverhältnis zwischen subjektiver und objektiver Darstellung, zwischen biographischem und historischem Interesse zu finden«. Der nächste Abschnitt beginnt: »Ich bin am 6. Mai 1856 zu Freiberg in Mähren geboren, einem kleinen Städtchen der heutigen Tschechoslowakei.«

Allerdings bemühen sich auch viele der üblichen Autobiographen um eine Darstellung, in der subjektive und objektive Elemente sich verbinden (Freuds neues »Mengungsverhältnis« bezieht sich natürlich nur auf seine beiden früheren Versuche). Was Freuds Behandlung der »subjektiven« Einstellung angeht, so wird unsere Hoffnung auf deren tiefergehende psychoanalytische Erforschung in der *Selbstdarstellung* enttäuscht. Lassen Sie mich zwei Beispiele anführen. Freuds einziger Hinweis auf seine Frau Martha findet sich in einem Abschnitt, wo er erklärt, wie sie ihn daran hinderte, zum anerkannten Entdecker der örtlichen Betäubung durch Kokain zu werden. In seinen Worten: »Ich kann hier . . . erzählen, daß es die Schuld meiner Braut war, wenn ich nicht schon in jenen jungen Jahren berühmt geworden bin

[1886]«; und nachdem er den Anlaß erklärt hat, schließt er: »... ich habe aber mein damaliges Versäumnis meiner Braut nicht nachgetragen.« Können wir ernstlich glauben, daß Freud irgendeinen seiner Patienten mit einer so »leichtherzigen« Feststellung hätte davonkommen lassen? Ein Blick auf Jones' umfangreiches Kapitel über die »Kokainepisode« (Kapitel VI in seinem *Leben und Werk von Sigmund Freud*) zeigt ein etwas anderes Bild. Darüber hinaus muß man natürlich feststellen, daß angesichts der Bedeutung, die Freud der Sexualität beimaß, und der Wahl einer Gattin der Aufruhr, in den ihn die Gewinnung der Frau seines Herzens versetzte, sehr wohl zu den »subjektiven Elementen« einer echten tiefenpsychologischen Autobiographie gehört hätte. All das aber fehlt in der *Selbstdarstellung*.

Wenn wir uns nun der psychoanalytischen Bewegung selbst zuwenden, stoßen wir auf folgende Feststellung in Freuds *Fünf Vorlesungen*: »Wenn es ein Verdienst ist, die Psychoanalyse ins Leben gerufen zu haben, so ist es nicht mein Verdienst. Ich bin an den ersten Anfängen derselben nicht beteiligt gewesen.« Diese Ehre gebührt laut Freud Dr. Josef Breuer. Um die Zeit, als die *Geschichte der psychoanalytischen Bewegung* geschrieben wurde, hört sich die Geschichte anders an. »Als ich im Jahre 1909 auf dem Katheder einer amerikanischen Universität«, so bemerkt Freud nun, »zuerst öffentlich von der Psychoanalyse reden durfte, habe ich, von der Bedeutung des Moments für meine Bestrebungen ergriffen, erklärt, ich sei es nicht gewesen, der die Psychoanalyse ins Leben gerufen. Dies Verdienst habe ein anderer, Josef Breuer ... Aber wohlmeinende Freunde haben mir seither die Erwägung nahegelegt, ob ich meiner Dankbarkeit damals nicht einen unangemessenen Ausdruck gegeben.« Nachdem er diese Zweifel nun teilt, beendet er den betreffenden Abschnitt damit, daß er den größten Teil dessen, was er Breuer als Verdienst angerechnet hatte, wieder zurücknimmt. In der *Selbstdarstellung* schließlich unterstreicht Freud die Tatsache, daß seine psychoanalytischen Theorien und Methoden sich weitgehend von denen Breuers unterschieden, und erklärt: »Durch mehr als ein Jahrzehnt nach der Trennung von Breuer hatte ich keine Anhänger. Ich bin völlig isoliert.« Kurzum, aus der Perspektive von 1925 war Freud zum einzigen und einsamen Schöpfer der Psychoanalyse geworden.

Welche Art analytischer Erklärung bietet Freud für seine Mei-

nungsänderung hinsichtlich seines Anteils an der Schaffung der Psychoanalyse an, eine Frage also, die mit starken Emotionen in bezug auf Priorität und Verlangen nach Ruhm sowie in bezug auf seinen ehemaligen Freund Breuer (später Adler und Jung) verknüpft ist? Die Antwort lautet: so gut wie keine. Zwar ahnt Freud verschwommen, daß sein Bericht durch einen veränderten Standpunkt beeinflußt war – 1909 war er ein Unbekannter, 1914 der angefeindete Führer der psychoanalytischen Bewegung und 1925 schließlich der unangefochtene Vater der Psychoanalyse –, aber er geht dieser verschwommenen Ahnung nie auf den Grund. Tatsächlich könnte Freuds *Selbstdarstellung* ebenso gut von einem Nichtanalytiker geschrieben worden sein!
Interessanterweise hat uns aber Freud dennoch etwas hinterlassen, was im Grunde ein psychoanalytischer Bericht über sein Leben ist. Er ist in seiner *Traumdeutung* enthalten (1900). Dort liefert er nicht nur mit unglaublicher Kühnheit seine revolutionären Theorien dem Zorn der Schulmediziner aus, sondern auch sein eigenes Selbst in seinen »subjektivsten« Manifestionen. Denn eine außerordentlich große Zahl der dort analysierten Träume waren seine *eigenen*, wie er schließlich 1908 (im Vorwort zur 2. Auflage) gestand.

»Für mich hat dieses Buch nämlich noch eine andere subjektive Bedeutung, die ich erst nach seiner Beendigung verstehen konnte. Es erwies sich mir als ein Stück meiner Selbstanalyse, als meine Reaktion auf den Tod meines Vaters, also auf das bedeutsamste Erlebnis, den einschneidendsten Verlust im Leben eines Mannes. Nachdem ich dies erkannt hatte, fühlte ich mich unfähig, die Spuren dieser Einwirkung zu verwischen.«

So entblößte und analysierte Freud in der *Traumdeutung* die tiefsten Quellen seiner Psyche: sein Erleben des Ödipuskomplexes, seine Rivalitätsgefühle den Geschwistern gegenüber – die die Vorläufer der Breuers und Jungs seiner späteren Jahre waren –, seine aggressiven Triebe, seine weltlichen Ambitionen und so weiter.
Hätten diese »Enthüllungen«, denn das sind sie, auch in seiner *Selbstdarstellung* erscheinen sollen? Und wenn schon nicht in diesem Bericht, den er verfaßte, um einer offiziellen, berufsständischen Anfrage nachzukommen, in einem Meisterwerk, das sein Leben zusammenfassend dargestellt hätte? Oder ist psychoanalytisches »Fall«-Material seinem Wesen nach für das autobiographische Genre ungeeignet? Diesen Fragen werden wir nachzuge-

hen haben, nachdem wir einen Blick auf ein weiteres Beispiel einer Autobiographie eines Psychoanalytikers geworfen haben: Ernest Jones' *Free Associations* (1959).

Unfreie Assoziationen

Jones begann mit der Niederschrift seiner Autobiographie im Jahre 1944 und vollendete das Manuskript eines Entwurfs, der in elf Kapiteln sein Leben bis 1918 schilderte. (Man fragt sich, ob die Nebeneinanderstellung von zwei Kriegsenden rein zufällig ist.) Wie uns seine Tochter in einem Nachwort mitteilt, verschob Jones die Niederschrift wegen der Schwierigkeiten, die es bereitete, offen die »Uneinigkeit und Verstimmungen [zu behandeln], die die Entwicklung der Psychoanalyse begleiteten, sowie die Mängel einiger ihrer wohlbekannten Vertreter. Diese aus seiner Sicht darzustellen, hätte als übermäßig subjektiv gelten können.« Er bewältigte diese Schwierigkeiten, indem er die monumentale Freud-Biographie schrieb, in der seine Verknüpfung mit der Psychoanalyse – seine Tochter sagt: »Die Geschichte von Ernest Jones ist im wesentlichen die der Psychoanalyse« – in der Geschichte ihres Begründers untertaucht und mit ihr verschmilzt. Erst 1957, nachdem er *Leben und Werk von Sigmund Freud* vollendet hatte, begann er mit einer Überarbeitung seiner Autobiographie, doch nahm ihm der Tod bereits im folgenden Jahr die Feder aus der Hand.
Keinesfalls nun ist Jones' Autobiographie eine Übung in »freier Assoziation«! Sie ist vielmehr ein höchst sorgfältiger und präziser linearer, erzählender und chronologischer Bericht über das Leben Jones', in dem ein Höchstmaß an Interesse den äußeren Ereignissen seiner Laufbahn, ein Minimum seinem persönlichen, seinem Innenleben gewidmet ist. Das ist Tatsache, obgleich Jones in den beiden ersten Absätzen der ersten Kapitels, das den Titel »Origins« trägt, etwas anderes behauptet:

»Ich wurde am 1. Januar 1879 als erstes Kind und einziger Sohn meiner Eltern im Kirchspiel Llwchwr des Dorfes Rhosfelyn geboren; es wurde 1852 von der Great Western Railway in Gower Road umbenannt, ein Name, den mein Vater später in das Mischprodukt Gowerton umändern ließ. Es ist im Zentrum von Gwyr (Gower) gelegen, dem alten Königreich zwischen Swansea Bay und Caermarthen Bay, und von Swansea und Lla-

nelly je ungefähr sechs Meilen entfernt, doch wird es von der direkten Straße zwischen diesen beiden Städten nicht durchquert.
Es ist eine allgemeine Erfahrung der Psychoanalytiker, daß ein Patient bereits in der ersten Behandlungsstunde und oft im allerersten Satz die wichtigsten Geheimnisse seines Lebens andeutet. Dies mag allerdings in so verschleierter Weise geschehen, daß es Monate oder Jahre mühsamer Arbeit kosten kann, bevor es möglich wird, den tieferen Sinn zu erkennen. Wäre ich in der Lage eines solchen Patienten, könnten die einleitenden Sätze dieses Buches in ähnlicher Weise verwendet werden.«

Jones fügt dann hinzu: »Ich weiß, daß das Wesentliche meines Lebens in diesen Sätzen verborgen liegt, wenn es auch einiger Prüfung bedarf, es zu entziffern oder seine verschiedenen Elemente zu unterscheiden. Lassen Sie mich sehen; es mag sich als lohnend erweisen, diesem Gedankengang zu folgen – auf jeden Fall sollte die psychoanalytische Geisteshaltung dadurch deutlich werden.«
Siehe da! An dieser einzigen Stelle seiner Autobiographie, wo Jones behauptet, einem »Gedankengang« zu folgen, finden wir weder freie Assoziationen noch, wie ich glaube, einen wirklichen Einblick in die psychoanalytische Geisteshaltung. Statt dessen erhalten wir einen äußerst kunstvollen, logischen und am Bewußtsein orientierten Bericht über seine familiäre und geographische Herkunft und ihre vermutlichen Auswirkungen auf sein späteres Leben. Natürlich ist Jones ein zu guter Analytiker, um nicht einige Selbsterkenntnis erlangt zu haben, von der er uns, seinen Lesern, einige Brocken und Bröckchen zukommen läßt. Aber beim Lesen seines Berichts wächst in uns das Gefühl, daß das meiste, was er sagt, eine Abschirmung, ja in der Tat eine *Abwehr* dagegen darstellt, daß wir in sein Unbewußtes eindringen. So ist dieses Kapitel, ist das Buch angefüllt mit Nebensächlichkeiten, etwa der Feststellung, daß sein Vater, Thomas Jones, »frühzeitig zum Baptismus bekehrt wurde ... durch den großen Prediger gleichen Namens, Thomas Jones, den Vater dreier berühmter Söhne, von denen einer in meinen Studententagen am University College von South Wales dort Prinzipal war«. Hier wird uns Sand in die Augen gestreut. Was spielt es für eine Rolle, daß der Mann, der den Vater von Ernest Jones bekehrte, drei berühmte Söhne hatte? Und doch sind Jones' Memoiren voll von Andeutungen und Abschnitten über Leute, deren einziger Anspruch auf Aufnahme in das Buch darin zu bestehen scheint, daß sie »berühmt«

im Sinne des britischen Establishment waren (insbesondere natürlich des medizinischen). Offenbar handelt es sich mehr um das Fallenlassen von Namen als um Selbstenthüllung, obwohl diese vielleicht gerade deshalb unbewußt erfolgt.
Was uns nicht zuteil wird, ist irgendein Einblick in Jones' tiefste Gefühle, wie ihn die freie Assoziation vermittelt. So berichtet er uns beispielsweise: »Meine Mutter hatte gewünscht, mir den Namen Myrddin zu geben, doch meinem prosaischen Vater mißfiel dies und er zog es vor, mich nach dem zweiten Sohn der Königin Victoria Alfred Ernest zu nennen ... Diese Entscheidung war nicht leicht zu verzeihen, und als ich heranwuchs, legte ich wenigstens den ersten dieser beiden unwillkommenen königlichen Namen ab.« Weshalb war der Name »unwillkommen« und »nicht leicht zu verzeihen?« Mißfiel Jones der »zweite Sohn«, empfand er ihn als Schmähung? (In seinem ersten Satz hatte er uns mitgeteilt, daß er »das erste Kind und der einzige Sohn« war.) Wir erfahren es nicht.
Ein weiteres Beispiel. Jones enthüllt, vielleicht unabsichtlich, ein bestimmtes Schema (pattern) in seinem Liebesleben. Die erste Episode erinnert ein wenig an die Kokainepisode Freuds. Im Jahre 1902 lernte Jones eine Freundin seiner Schwestern kennen, die, so berichtet er uns, »mir mit so sympathischer Offenheit anvertraute, wie unglücklich sie über ihre Verlobung mit dem falschen Mann sei – es war ihr vierter derartiger Versuch –, daß es mich veranlaßte, ihren Kummer zu zerstreuen, indem ich mich ritterlich erbot, an seine Stelle zu treten ... es war ein Fehler, den ich in Kürze heftig zu bereuen hatte«. Es war die »Reue« darüber, daß die Verlobung ihn den Beginn einer glänzenden medizinischen Laufbahn kostete. Dazu kam es, weil Jones' Braut sich etwa ein Jahr nach der impulsiven Verlobung einer Blinddarmoperation unterziehen mußte. »Obgleich es eine sechsstündige Reise bedeutete, wollte ich natürlich bei ihr sein«, teilt er uns mit. Infolgedessen fuhr er zu ihr, obwohl er an einem Krankenhaus tätig war, nach dessen Vorschriften es verboten war, die Nacht außer Haus zu verbringen, denn er glaubte, daß er von dieser Regel dispensiert sei. Seine Abwesenheit wurde entdeckt und befunden, daß er nicht die erforderliche Genehmigung besessen hatte. Er wurde seines Postens enthoben und von ähnlichen Stellungen ausgeschlossen. »Erfolg« hatte sich in »Versagen« verwandelt (dies die Titel von zwei Kapiteln) und geriet so durch einen

scheinbaren Zufall an die Psychoanalyse, ein Gebiet, das nicht zum medizinischen Establishment seiner Zeit gehörte.
Interessanterweise teilt Jones erst zwanzig Seiten später etwas mehr über diese Verlobung mit, wie er sagt, »Maude Hill (aus der bekannten Birminghamer Familie Hill). Einige Jahre älter als ich ...« Es kam zum Bruch. Darüber hinaus berichtet er nichts über seine Gefühle anläßlich dieser Liebesgeschichte, die dazu führte, daß er seinen hochgeschätzten »Erfolg« einbüßte. 1916 heiratete Jones schließlich eine junge Walliser Musikerin: »Bei unserem dritten Treffen machte ich ihr einen Heiratsantrag.« Ihr Tod führte zu Jones' Wiederverheiratung im Jahre 1919. Seine Tochter aus dieser Ehe berichtet im Nachwort, Jones und ihre Mutter »waren innerhalb von drei Tagen verlobt und innerhalb von drei Wochen verheiratet«.
Nun hat niemand das Recht, in Jones' Privatleben einzudringen und eine Erklärung von ihm zu verlangen, weshalb er sich in so überstürzter Weise mit verschiedenen Frauen verlobte. Man kann aber sagen, daß ohne eine solche oder ähnliche Erklärung wir weder ernstlich von »freien Assoziationen« noch von einer psychoanalytischen Autobiographie sprechen können. Lassen Sie mich hinzufügen, daß ich keinesfalls sagen will, Jones' Autobiographie sei wertlos, wenngleich das wenige, was ich über ihn gesagt habe, um eine bestimmte These zu beweisen, diesen Anschein erweckt haben mag. Ich meine auch nicht, daß Jones kein glänzender Psychoanalytiker und hochherziger Charakter gewesen sei. Ganz im Gegenteil: er war ein außerordentlich befähigter Analytiker, eine Haupt- (wenn nicht *die* Haupt)stütze der internationalen psychoanalytischen Bewegung und ein unvergleichlicher Biograph Freuds. Ich sage lediglich, daß Jones' Autobiographie, ebenso wie die Freuds, nahelegt, daß es eine psychoanalytische Autobiographie möglicherweise überhaupt nicht geben kann, selbst wenn die Besten sich daran wagen. Wenn es sie aber gibt, dann einzig als Fallgeschichte.

Das überprüfte Selbst

Es ist an der Zeit, einige allgemeine Schlußfolgerungen zu ziehen. Ich will deren vier anbieten. Meine erste Schlußfolgerung lautet, daß die Autobiographie auch nach Freud das ist, was sie immer war: in erster Linie ein bewußt gestaltetes *literarisches Produkt*. Als solches kann sie nicht einfach anstelle eines hochstilisierten und -strukturierten Berichts über die Entwicklung des Selbst eines Individuums, wie es sich unter einem spezifischen gegenwärtigen Gesichtspunkt – nicht dem der Neurose – darstellt, freie Assoziationen, Traumanalysen oder sonstige Bestandteile einer üblichen Fallgeschichte liefern. Gewiß, es ist denkbar, daß das Schreiben einer Autobiographie möglicherweise ein Ersatz für eine wirkliche Therapie sein kann. Roy Pascal deutet das an, wenn er die Möglichkeit in Betracht zieht, seine eigene Autobiographie zu schreiben: »Man könnte zufrieden sein, wenn man empfinden könnte, daß das eigene Selbst einen Zusammenhalt besitzt, daß es sich natürlich und organisch entwickelt hat, daß es »sich selbst treu geblieben« ist, und wenn man innerhalb dieses Rahmens gewisse intensive Erlebnisse, deren Bedeutung der Analyse trotzt(!), die aber ganz besonders unser eigen waren, einordnen könnte.« Nichtsdestoweniger werden Therapie und Analyse hierdurch nicht zur Autobiographie.

Die zweite Schlußfolgerung besagt, daß die Psychoanalyse möglicherweise keine potentielle Bereicherung der autobiographischen Literatur mit sich bringt, sondern sich im Gegenteil als hemmender Einfluß erweist. Sie könnte in der Tat zur Abwehr echter Selbstenthüllung führen. In früherer Zeit hatte Rousseau seine *Bekenntnisse* als Mittel zur Sühnung seiner Sünden benutzt und, wie einer seiner neueren psychologischen Biographen, William Blanchard, feststellte, hatte er auch entdeckt, daß

> ein volles Bekenntnis, in dem er sich tränenvoll seinem Vater zu Füßen warf und seine hilflose Abhängigkeit erklärte, diese furchterregende Gestalt mitleidig stimmte und jenen Liebesbeweis erbrachte, den er so glühend ersehnte ... dieselbe Tendenz ist auch in seinem Werk unverkennbar.[3]

Rousseaus gesteigerte psychologische Erkenntnis ging also mit deren Nutzbarmachung Hand in Hand, und zwar derart, daß sie eine wirkliche Selbsterkenntnis verhinderte. Ihrem Wesen nach völlig andersartig, ähnlich jedoch hinsichtlich ihrer Defensivfunktion, ist beispielsweise der Verwendung ihrer psychoanalytischen Erkenntnisse durch Freud und Jones, um eine allzu intime oder indiskrete Zurschaustellung ihrer selbst in ihren Autobiographien zu vermeiden. Wo ein naiverer Mensch die tieferen Wahrheiten über sich selbst hinausschreien mag, ist Analytikern vom Schlage Freuds und Jones' *bewußt*, was sie als Ausdruck ihres *Unbewußten* zu verdrängen haben. Paradoxerweise mag dann die Autobiographie, die vorgibt, die meisten freien Assoziationen zu liefern, in Wahrheit die wenigsten bieten.

Eine dritte Schlußfolgerung hingegen setzt dieses Urteil ins Gleichgewicht, indem sie auf die positiven Beiträge der Psychoanalyse zur Autobiographie aufmerksam macht. Sobald wir akzeptieren, daß die Autobiographie ein sorgfältig strukturiertes literarisches Produkt ist, erkennen wir, daß die Psychoanalyse dem Genre ein neues weltliches Vokabular liefert, um die alten religiösen Bezeichnungen für das seelische Erleben zu ersetzen, sowie eine neue Definition der »kranken« und »gespaltenen« Seele. Die Psychoanalyse bietet auch eine Reihe von Entwicklungsstadien neuen Stils an, und diesen Stadien ordnet sie sowohl neue Schwerpunkte – etwa die größere Bedeutung der Kindheit – als auch neue Signifikanzen zu, beispielsweise die der kindlichen Sexualität als Formelement des späteren Charakters. Kurzum, der Gegenstand der Autobiographie wird in zunehmendem Maße zum »psychoanalytischen Menschen«. Die Autobiographie hingegen wird, wie ich gesagt habe, weder nach Form noch Inhalt psychoanalytisch.

Die vierte und letzte Schlußfolgerung ist die, daß die Einwirkung der Psychoanalyse auf die Autobiographie wahrscheinlich beim Leser stärker ist als beim Schreibenden. Die psychoanalytischen Theorien, selbst wenn sie nur »in der Luft liegen«, lehren uns, Autobiographien auf eine neue Weise zu lesen. Sie lehren uns, neue Ansprüche zu stellen. Auf jeden, der auch nur teilweise mit ihrer Theorie und Methode vertraut ist, übt die Psychoanalyse einen Zwang aus, sich der Autobiographie auf »psychoanalytischem« Weg zu nähern. Wir sind daher zumindest potentiell auf die tieferen Bedeutungen – Eriksons *The Meaning of Meaning It«* sowohl dessen, was gesagt, als auch dessen, was nicht gesagt wird, eingestellt. Wir bestehen darauf, gleichermaßen Signale aus der Tiefe des Unbewußten zu erhalten wie Oberflächenbeschreibungen vom Bewußtsein. Ich habe darauf hingewiesen, daß der Verfasser einer Autobiographie nicht imstande sein mag, uns beides bewußt und wirkungsvoll darzubieten, doch wir als Leser können und müssen es aus den Erlebnissen, die er schildert, für uns erschaffen. *In summa*, die höheren Anforderungen werden eher an uns, die Leser, gestellt als an den Autor.

Durch diese gesteigerten Anforderungen wird eine tiefere Erkenntnis unserer eigenen Seele sowie der des Autobiographen zum zwingenden Gebot. Wie Erik Erikson in seinem Artikel »On the Nature of Psycho-Historical Evidence: In Search of Gandhi« so glänzend ausführte, muß eine neue Typologie für das Verständnis der Autobiographie ausgearbeitet werden, und in ihrem Mittelpunkt muß nicht nur das eigene »Übertragungs«-Problem des Autobiographen stehen, sondern ebenso unser eigenes »Gegenübertragungs«-Problem. Erikson sagt:

»Die Übertragung ist eine universelle Tendenz, die immer dort wirksam wird, wo Menschen in eine Beziehung zu anderen in der Weise eintreten, daß der andere auch Personen symbolisiert, die in der Zeit vor dem Erwachsensein erlebt wurden. Er wird so der Neuinszenierung kindlicher und jugendlicher Wünsche und Ängste, Hoffnungen und Befürchtungen nutzbar gemacht ... Das spielt in der klinischen Begegnung eine Rolle von einzigartiger Bedeutung, und nicht nur in bezug auf das Verhalten des abhängigen Patienten gegenüber dem Arzt. Es ist auch Teil dessen, was der Kliniker an sich selbst beobachten muß. Auch er kann auf verschiedene Patienten eine Vielzahl unbewußter Strebungen übertragen, die *seiner* kindlichen Vergangenheit entstammen. Das nennen wir *Gegenübertragung*.«

Nun sind Autobiographen keine Patienten und wir, die Leser, keine Ärzte. Doch einer der wichtigsten Gründe für einen Menschen, eine Autobiographie zu schreiben, ist der Wunsch, schreibend zu entdecken, was er *war* und damit, was er *ist*, was sein Leben *bedeutet hat* und was es im gegenwärtigen Augenblick *bedeutet*. Und so ergeht es auch dem Leser der Autobiographie. In der »klinischen« *cum* »literarischen« Begegnung mit dem Selbst des Autobiographen wird ihm eine gewisse Erkenntnis sowohl *jenes* Selbst als auch seines *eigenen* zuteil; jedenfalls sollte sie ihm zuteil werden. Die Psychoanalyse ist befähigt, dem Leser dabei zu helfen, diese Erkenntnis auf ihrer niedrigsten Stufe zu erwerben, beispielsweise durch das Verständnis von Übertragung und Gegenübertragung, Projektion und Verschiebung und so weiter. So ist die Autobiographie, psychoanalytisch betrachtet, doppelsichtig. Sie vermittelt uns eine zweifache Erkenntnis: die von Entwicklung und Bedeutung unserer selbst wie die des »anderen

Selbst«, das heißt des Verfassers der Autobiographie. Die Begegnung ist also nicht nur klinisch und literarisch – sie ist in einem neuen und besonderen Sinne kreativ.

Aus dem Englischen von Hilde Weller

Anmerkungen

1 Oxford English Dictionary.
2 Friedrich Schlegel, *Kritische Schriften*, München 1956, S. 327.
3 William H. Blanchard, *Rousseau and the Spirit of Revolt* (1967), 247.
4 Erik H. Erikson, »On the Nature of Psycho-Historical Evidence: In Search of Gandhi«, *Daedalus* (Sommer 1968), S. 698.

Drucknachweise

Lawrence S. Kubie, Die Wechselwirkungen zwischen schöpferischen und neurotogenen Vorgängen: Kapitel 2 aus L. S. Kubie, *Psychoanalyse und Genie*, rde 244, Reinbek bei Hamburg 1966, S. 44 ff. Mit freundlicher Genehmigung des Rowohlt Verlages.

Theodore Lidz, August Strindberg. Eine Untersuchung über die Beziehung zwischen seiner Schöpferkraft und seiner Schizophrenie: *Int. Journal of Psycho-Analysis* 45 (1964), S. 399 ff.; dt. Übers.: *Psyche* XVIII (1964/65), S. 591 ff.

E. C. M. Frijling-Schreuder, Honoré de Balzac, ein gestörter Junge, der nicht behandelt wurde: *Psyche* XVIII (1964/65), S. 606 ff.

Milton L. Miller, Balzacs Père Goriot: *The Psychoanalytic Quarterly* VI (1937), Nr. 1, S. 78 ff.

William G. Niederland, Analytische Studie über das Leben und Werk Heinrich Schliemanns: Max Schur (Hrsg.), *Drives, Affects and Behavoir*, Bd. II, New York (International Universities Press) 1965; dt. Übers. *Psyche* XVIII (1964/65), S. 563 ff.

William G. Niederland, Conrad Ferdinand Meyer – Eine tiefenpsychologische Studie: *Carolinum. Historisch-literarische Zeitschrift*, 34. Jg., Nr. 51, 1968/69, S. 28 ff.

Heinz Kohut, »Tod in Venedig« von Thomas Mann. Über die Desintegration künstlerischer Sublimierung: *The Psychoanalytic Quarterly* XXVI (1957), S. 206 ff.

L. R. Hiatt, Nabokovs »Lolita«: ein kryptisches freudianisches Kreuzworträtsel: *American Imago* 24 (1967), S. 360 ff.

Janet Chasseguet-Smirgel, Letztes Jahr in Marienbad. Zur Methodologie der psychoanalytischen Erschließung des Kunstwerks: *Revue française de Psychanalyse* XXXIII (1969); dt. Übers.: *Psyche* XXIV (1970), S. 801 ff.

Edith Weigert, Sören Kierkegaards Gemütsschwankungen: *Int. Journal of Psycho-Analysis* XLI (1960), S. 521 ff.

J.-B. Pontalis, Flauberts Krankheit: *Les Temps Modernes*, Nr. 100/101, 1954; dt. Übers.: J.-B. Pontalis, *Nach Freud*, Frankfurt 1968, S. 241 ff.

Bruce Mazlish, Autobiographie und Psychoanalyse. Zwischen Wahrheit und Selbsttäuschung: *Encounter* XXXV (1970), Nr. 4, S. 28 ff.

Wir danken dem Ernst Klett Verlag, Stuttgart, für die freundliche Genehmigung zum Abdruck der Beiträge, deren deutsche Fassung zuerst in der *Psyche* erschienen ist.

Von Alexander Mitscherlich
erschienen im Suhrkamp Verlag

Ein Leben für die Psychoanalyse. Anmerkungen zu meiner Zeit. 1980. Ln.

edition suhrkamp
Die Unwirtlichkeit unserer Städte. Anstiftung zum Unfrieden.
Krankheit als Konflikt. Studien zur psychosomatischen Medizin I.
Krankheit als Konflikt. Studien zur psychosomatischen Medizin II.
Freiheit und Unfreiheit in der Krankheit. Studien zur psychosomatischen Medizin III.

Bibliothek Suhrkamp
Die Idee des Friedens und die menschliche Aggressivität. Vier Versuche.
Versuch, die Welt besser zu bestehen. Fünf Plädoyers in Sachen Psychoanalyse.

suhrkamp taschenbücher
Thesen zur Stadt der Zukunft.
Massenpsychologie ohne Ressentiments. Sozialpsychologische Betrachtungen.
Toleranz. Überprüfung eines Begriffs.
Bis hierher und nicht weiter. Zwölf Beiträge. Herausgegeben von Alexander Mitscherlich.

Alexander Mitscherlich zu ehren
Provokation und Toleranz. Festschrift zum siebzigsten Geburtstag.

st 719 Dolf Sternberger
Über den Tod
272 Seiten
»Die Schriften, die in diesem Band gesammelt erscheinen, sind literarisch von verschiedener Art. Von der akademischen Dissertation, die gerade vor fünfzig Jahren entstanden ist, über die drei Essays bis zu den ›Petites Perceptions‹, die dem höheren Lebensalter zugehören, sind sie jedoch durch die Einheit des Gegenstandes verbunden. Es ist ein Gegenstand, den wir nicht verstehen können.«

st 721 Stephan Stolze
Innenansicht
Eine bürgerliche Kindheit 1938–1945
Mit einem Vorwort von Sebastian Haffner
192 Seiten
Was Stolze aus seiner Jugendzeit während des Dritten Reiches erzählt, ist nichts Großes, nichts Außerordentliches; es sind die Wellen der geschichtlichen Ereignisse in einer mitteldeutschen Kleinstadt, die er notiert: das Verhalten der Eltern, wenn »Sicherungsverwahrte« im Garten arbeiten; das Geplauder des SS-Mannes am Teetisch; was geschieht und nicht geschieht, als er den Jungbannführer zu grüßen versäumt oder als im Lebensmittelladen eine Jüdin mit ansteht.

st 722 Ulrich Plenzdorf
Legende vom Glück ohne Ende
366 Seiten
»Eine unwahrscheinliche, ja sogar unglaubliche Geschichte. Und dabei eine ganz einfache Geschichte, mit stark ausgeprägten realistischen Zügen, die das Unwahrscheinliche als möglich erscheinen lassen und selbst das Unglaubliche glaubhaft machen.« *Deutschlandfunk*

st 724 Oscar Walter Cisek
Der Strom ohne Ende
Roman
388 Seiten
Cisek führt uns an die vielgeteilte Donau vor ihrer Mündung im Schwarzen Meer und macht die Natur einer noch nicht vom Menschen besiegten Landschaft zum Gegenstand einer durch und durch epischen Dichtung. Selbst die düstersten Leidenschaften bleiben eingebettet in das Wirken der Elemente, in den Kreislauf der Jahreszeiten.

st 725 Weniamin Kawerin
Das doppelte Porträt
Roman
Aus dem Russischen übersetzt und
mit einem Nachwort versehen von Wolfgang Kasack
240 Seiten
Das doppelte Porträt ist die Geschichte von zwei Wissenschaftlern im Jahre 1954, dem Nutznießer und dem Leidtragenden der Stalinzeit. »Was hier erzählt wird, mutet den Leser wie Gegenwart an. Wer sich um Verständnis der heutigen Sowjetunion bemüht, wird in diesem Buch einen Schlüssel finden, nicht den einzigen, aber einen wichtigen.« *Hessischer Rundfunk*

st 726 György Konrád/Iván Szelényi
Die Intelligenz auf dem Weg zur Klassenmacht
Übersetzt von Hans-Henning Paetzke
408 Seiten
Die Ungarn Konrád und Szelényi haben die zunehmende Bedeutung der Intelligenzschicht – oder -klasse – im »realen Sozialismus« zum Gegenstand einer detaillierten und empirisch fundierten Untersuchung gewählt. Schon immer war die Intelligenz eine Schicht, die aufgrund des bei ihr monopolisierten gesellschaftlichen Wissens im Bündnis mit anderen Macht ausübte.

st 729 Stanisław Lem
Mondnacht
Hör- und Fernsehspiele
Aus dem Polnischen übersetzt von Klaus Staemmler, Charlotte Eckert, Jutta Janke und I. Zimmermann-Göllheim

Phantastische Bibliothek Band 57
272 Seiten
»Lem hat die Gattung der Science-fiction neu abgesteckt und ihr literarische Hochflächen erobert, die auf dem Niveau des philosophischen Traktats liegen, zugleich aber spannend sind wie ein gelungener Kriminalroman.«
Frankfurter Rundschau

st 730 Herbert W. Franke
Schule für Übermenschen
Phantastische Bibliothek Band 58
160 Seiten
Wo liegen die physischen und psychischen Grenzen des Menschen? Sind seine evolutionären Kapazitäten erschöpft oder ist er einer Anpassung an jene besonderen Aufgaben fähig, die die lebensfremden Räume der Tiefsee und des Weltraums mit sich bringen? Das »Institute of Advanced Education« schult die Elite von morgen. Zu den Mitteln gehört körperlicher Drill ebenso wie ein erbarmungsloses Überlebenstraining.

st 731 Joseph Sheridan Le Fanu
Der besessene Baronet
und andere Geistergeschichten
Deutsch von Friedrich Polakovics
Mit einem Nachwort von Jörg Krichbaum
Phantastische Bibliothek Band 59
304 Seiten
Le Fanus Geistergeschichten zeichnen sich durch die Schärfe der psychologischen Beobachtung und den in ihnen zutage tretenden Konflikt zwischen Traum und Wirklichkeit aus.

st 732 Philip K. Dick
LSD-Astronauten
Deutsch von Anneliese Strauss
Phantastische Bibliothek Band 60
272 Seiten
»Ein wenig ist die Lust zur Lektüre von Science-fiction verwandt mit der Lust zur Lektüre von Horrorgeschichten. Offenbar besteht eine Bereitschaft, das, was an Angstphantasie die säkularisierte Menschheit bedrängt, in der

Form der Lektüre sich vorsagen zu lassen, sich einreden zu lassen. Mit therapeutischem Effekt?«

Helmut Heißenbüttel

st 733 Herbert Ehrenberg
Anke Fuchs
Sozialstaat und Freiheit
Von der Zukunft des Sozialstaats
468 Seiten
»Herbert Ehrenberg und Anke Fuchs gelingt es, manche Frage zu beantworten, manche Unstimmigkeit zu widerlegen, Klischees in Zweifel zu ziehen, die Richtung künftiger Reformen darzustellen und das Erfordernis einer eigenständigen Sozialpolitik zu begründen. ... Noch lange wird man mit Gewinn nach diesem Buch greifen können, um etwas über die einschlägigen Teilbereiche der Sozialpolitik nachzulesen.« *Deutschlandfunk*

st 759 Gerlind Reinshagen
Sonntagskinder. Theaterstück und Drehbuch
(zusammen mit Michael Verhoeven)
Mit zahlreichen Abbildungen
216 Seiten
Die halbwüchsige Elsie erleidet das unfaßbare Ereignis des Zweiten Weltkriegs aus dem begrenzten Blickwinkel ihrer Kindheit. In dem bürgerlichen Mittelstandsmilieu einer Apothekerfamilie lügen sich die Honoratioren der mittelgroßen mitteldeutschen Stadt an der Nazizeit vorbei.

st 782 Die besten Bücher
der »Bestenliste« des SWF-Literaturmagazins
empfohlen von Mitgliedern der Jury
Herausgegeben von Jürgen Lodemann
176 Seiten
Die besten Bücher: erstmalig ernstzunehmender Wegweiser durch den Herbstbücherwald des Jahres 1981. Siebenundzwanzig Literaturkritiker stellen die besten Bücher dieses Herbstes vor, und sie begründen ihre Wahl. Im Anhang: Sämtliche Listen seit 1975, die bisherigen Jury-Mitglieder, eine Dokumentation zur Entstehung und Methode der Bestenliste sowie der ›Preis des SWF-Literaturmagazins‹.

Alphabetisches Gesamtverzeichnis der suhrkamp taschenbücher